适合中国妈妈的权威孕育指南

专家汇聚
孕育经典
高端品牌
精致享受

聪明宝宝全脑开发百科全书

Congming Baobao Quannao Kaifa
Baike Quanshu

岳然 / 编著

上海科学普及出版社

图书在版编目（CIP）数据

聪明宝宝全脑开发百科全书 / 岳然编著. —上海：上海科学普及出版社，2013.1(2015.1重印)
（百科全书系列）
ISBN 978-7-5427-5560-5

Ⅰ.①聪… Ⅱ.①岳… Ⅲ.①婴幼儿—智力开发—基本知识
Ⅳ.①G610

中国版本图书馆CIP数据核字(2012)第254434号

责任编辑　张怡纳
统　　筹　徐丽萍　刘湘雯

聪明宝宝全脑开发百科全书
岳　然　编著
上海科学普及出版社出版发行
（上海中山北路832号　邮政编码200070）
http://www.pspsh.com

各地新华书店经销　北京燕旭开拓印务有限公司印刷
开本720×1000　1/16　印张25　字数480 000
2013年1月第1版　2015年1月第2次印刷

ISBN 978-7-5427-5560-5　定价：24.80元

Contents 目录

PART 1 宝宝0～1个月

PART 2 宝宝1～2个月

Contents

目录

PART 4 宝宝3～4个月

PART 5 宝宝4～5个月

目录

PART 7 宝宝 6～7 个月

PART 8 宝宝 7～8 个月

Contents

目录

Contents

PART 12 宝宝 11 ~ 12 个月

PART 13 宝宝 1 岁 ~ 1 岁 3 个月

目录

Contents

目录

PART 16 宝宝1岁9个月~2岁

PART 17 宝宝2岁~2岁3个月

Contents

目录

PART 19 宝宝2岁6个月～2岁9个月

PART 20 宝宝2岁9个月～3岁

Contents

Part 1

宝宝0～1个月

宝宝的成长发育

身体发育

从胎动腹中开始，宝宝分别称为胎儿、新生儿、婴儿和幼儿。

胎儿：在母体内，由受精卵着床于子宫，从胚胎逐渐生长发育，在怀孕第9～10周结束胚芽期，一直到临产，在母体子宫内度过的生长发育过程，被称作胎儿期。

新生儿：从出生时候算起，生长到28天的宝宝被称作新生儿，即指满月前的宝宝。

从母体怀孕算起，胎龄满37周或者大于这个时间，初生体重在2500克以上的新生儿为正常。

在母体中不足37周出生的新生儿，一般称作早产儿，也叫未成熟儿。

妊娠期满37周，体重不足2500克的新生儿，称足月小样儿，也叫低体重儿。

一般说来，新生儿的正常指标如下：

体重	2500～4000克
身长	47～53厘米
头围	33～34厘米
坐高	（颅顶至臀）约33厘米
呼吸	每分钟40～60次

（续表）

心率	每分钟 140 次左右
体温	新生儿的正常体温为 36℃～37℃。但因为体温中枢功能尚不完善，新生儿的体温不稳定，受外界环境温度影响，体温变化很大。新生儿皮下脂肪少，体表面积相对产热大，容易散热，要注意保暖。冬季室内温度宜保持在 18℃～22℃，室温不能太低
粪便	出生 12 小时后，新生儿开始排胎便。胎便呈深绿色、黑绿色或黑色黏稠糊状，这是胎儿在母体子宫内吞入羊水中的胎毛、胎脂、肠道分泌物而形成的胎便。一般在出生三四天后，胎便就能排尽。喂奶后，新生儿的大便逐渐转成黄色。牛奶喂养的新生儿大便呈淡黄色或土灰色，并且呈固体，还常常会便秘。母乳喂养的新生儿大便多为金黄色糊状，次数多少不一，每天 1～6 次或以上
尿量	出生第一天尿量为 10～30 毫升，出生后 36 小时内排尿均属正常。随着哺乳摄入水分，宝宝的尿量逐渐增加，每天可排尿 10 次以上，每日总量可达到 100～300 毫升，满月前后可能达到 250～450 毫升。宝宝尿多是正常现象，不要因为嫌换尿布麻烦就减少喂水，尤其是夏季，喂水少，气温高，会让宝宝出现脱水热症

动作发育

新生儿一出生，就具备了运动和判断能力。父母亲温柔地和宝宝说话时，宝宝会随着声音有节律地运动。一开始，宝宝会转动头，上举手，伸直腿。继续谈话时，宝宝可能表演一些舞蹈样的动作，还可能会扬眉、伸足、举臂，有时候面部会有凝视或微笑的表情。

感知发育

视觉：人类学习知识的积累过程，有 85％是通过视觉而来，眼睛看东西的过程，能刺激大脑发育。新生儿一出生就具有视觉能力，34 周以上的早产儿与足月儿的视力相同。父母和宝宝对视，是情感表达的最重要方式。宝宝睁开眼睛时，可让宝宝看你的脸。因为新生儿视焦距调节能力差，你的最佳距离应当是 19 厘米。还可以在离宝宝 20 厘米处放一个红色的圆形玩具引起宝宝的注意，然后上下左右移动，宝宝会慢慢移动头和眼睛追随玩具。健康的宝宝睡醒后，一般都有注视和眼睛及头随着目标移动的能力。

听觉：新生儿的听觉很敏感。如果宝宝醒着时，拿一个小塑料盒装些豆子，在离宝宝耳边约 19 厘米处轻摇，宝宝的头会转向小盒的方向，有的还能用眼睛找到盒子。如果在宝宝的耳边轻轻地说话，宝宝也会转向说话一侧，你转到另一侧，宝宝也会找到另一侧。新生儿很喜欢听母亲说话的声音，因为在母腹中习惯的声音，会使宝宝感到亲切。宝宝不喜欢过响的声音和噪声，会将头转向相反的方向，甚至用哭声来表示抗议。

触觉：指新生儿对不同温度、湿度、物体以及疼痛的触觉感受能力。宝宝喜欢接触质地柔软的物体，嘴唇和手是触觉最灵敏的部位。触觉是新生儿安慰自己、认识世界、和外界交流的主要方式。宝宝从生命开始时，就有了触觉。习惯包裹在子宫内的胎儿，出生后自然喜欢紧贴母体的温暖环境。抱起宝宝时，宝宝会喜欢紧贴着、依偎着你。宝宝哭时，父母把宝宝抱起来并轻轻地拍一拍，就能满足新生儿触觉安慰的需要。

嗅觉：新生儿能认识和区别不同的气味。闻到一种气味，宝宝有心率加快、活动量改变的反应，并且能转过头朝着气味发出的方向，这是宝宝对这种气味有兴趣的表现。

味觉：出生后，宝宝就能精细地辨别食品的滋味。给出生仅一天的新生儿喝不同浓度的糖水就会发现，宝宝对比较甜的水吸吮力强，吸吮快，喝得多；比较淡的糖水喝得少；对咸的、酸的或苦的液体会表现出不愉快，喝酸橘子水时会皱起眉头。

宝宝的健康聪明与否，是一个综合判断。这里列出的数据和现象是一般情况下新生儿的指标，不要因为自己的宝宝某一项或几项达不到而惊慌失措，怕宝宝有什么不正常。即使是早产儿、低体重儿，按照正确科学的方法喂养，也能很快达到正常婴儿的水平，父母对此要有充分信心。

睡眠

新生儿时期，是人在一生中睡眠最多的时期，一般来说，每天要睡到 16～17 个小时，约占一天 70%的时间。宝宝总是睡睡醒醒，周期很短。睡眠周期约 45 分钟，随着成长，睡眠周期会越来越长，到婴儿期时，会达到90～120分钟。

睡眠周期包括浅睡和深睡。新生儿期浅睡要占到一半左右，伴随着成长，以后浅睡逐渐减少，到婴儿期时仅占总睡眠量的 1/5～1/4。

深睡时，新生儿很少活动，平静安

详，呼吸规则，眼球不转动。浅睡时则会伴有吸吮动作，面部有很多表情，有时似乎在做鬼脸，有时微笑，有时撅嘴，虽然闭着眼睛，但眼球会在眼睑下转动；四肢时时伴有舞蹈样动作，有时会伸伸懒腰或突然活动一下。浅睡时这些表现并不代表宝宝有什么不适，没必要用过多的喂养和呵护去打扰宝宝。

新生儿出生后，睡眠节律尚未养成，夜间要尽量少打扰，喂养间隔时间应当由2～3小时逐渐延长到4～5小时，让宝宝晚上多睡，白天少睡，尽快和成人生活节律同步。只有父母休息好了，才能更好地抚育宝宝成长。

新生儿具备的反射能力

觅食反射：妈妈用手指头抚弄一下宝宝的面颊，宝宝会转头张嘴，开始吸吮动作，准备吸吮乳汁。这种反射在出生后半小时就会出现。

抓握反射：碰到宝宝的手掌时，宝宝会握紧拳头。这种反应到1周岁后才消失，可以用来检查和判断宝宝的神经系统发育是否成熟。

惊跳反射：这是一种全身动作，在新生儿躺着时最清楚。遇到突如其来的刺激，例如较大的声音，宝宝的双臂会伸直，手指张开，背部伸展或弯曲，头朝后仰，双腿挺直。这种反射一般要到3～5个月时才会消失，如果不消失，则有可能神经系统发育不成熟。

强直性颈部反射：新生儿躺着时，头会转向一侧，摆出击剑者式的姿势，伸出宝宝喜欢的一边手臂和腿，屈曲另一边手臂和腿。这种反射机能，在胎龄28周时就出现了。

巴宾斯反射：碰到新生儿的小脚心，脚趾会张开成扇形，脚会朝里弯曲。6个月以后这种反射会消失。

踏步反射：托住新生儿腋下，让脚板接触平面，宝宝就会做迈步的姿势，好像要向前走。这种反射会在8周左右消失。

蜷缩反射：当新生儿缩起脚背碰到平面边缘时，会做出与小猫动作相似的蜷缩动作。这种反射在8周左右消失。

视觉、颈部反射：眼前闪过亮光时，宝宝会扭转颈部，尽力避开亮光。

这些先天性反射机能，既是宝宝成长以后形成条件反射的重要基础，又可作为新生儿神经系统发育的检查标准。

宝宝的左脑开发

语言能力

哭是语言的开始

宝宝不会说话，只会哭。但是哭的时候，爸爸妈妈可以学着宝宝的声音发声，宝宝一般对这种学他的声音反应会很敏感，会停下哭声来听，然后再接着哭。

在宝宝啼哭之后，爸爸妈妈可以发出与宝宝哭声相同的声音，这时宝宝会试着再发声。几次回声对答，宝宝喜欢上这种游戏似的叫声，渐渐地宝宝学会了叫而不是哭。

爸爸妈妈可以把口张大一点，用“啊”来代替哭声诱导宝宝对答，渐渐地，宝宝会发出第一个元音。如果宝宝无意中发出另一个元音，无论是“啊”或“噢”都应以肯定、赞扬的语气用回声给予巩固强化，并且应当记录。

无声的语言

在宝宝情绪好时，母婴面对面，相距约 20 厘米，宝宝会紧盯着你的脸和眼睛，当你们的目光碰在一起时，可以和宝宝进行无声的语言交流，即做出多种面部表情，如张嘴、伸舌、龇牙、鼓腮、微笑等。

当宝宝第一次出现逗笑时，切记要

记录下日期，作为宝宝心理发展的重要资料。宝宝在快乐的情绪中，各感官（眼、耳、口、鼻、舌、身等）最灵敏，接受能力也最好、最灵敏。过7～10天宝宝会笑出声音，这也是应该记录的日期。

多与宝宝说话

别看宝宝才刚刚出生不久，他已经能够从父母的话音中捕捉到父母的情绪，所以应该跟他多说话，这样会帮助他了解交谈是能够表达情感的。

经常与宝宝对答声音，他会对爸爸妈妈的声音很注意。以后，宝宝会发出“啊”、“噢”的声音，这时，爸爸妈妈也发出与宝宝相类似的声音对答，这就是与宝宝谈话的开始。

妈妈可以与宝宝细声低语地说悄悄话。还可以在离宝宝20厘米的距离处，嘴巴做夸张动作，教宝宝嘴唇张合。这种早期语言训练，对宝宝将来学说话很有作用。

尽可能地经常跟宝宝说说话，别在乎他懂不懂，宝宝听到你说话的声音才是至关重要的。

与宝宝说话应温柔

妈妈和宝宝说话时声音要柔和亲切，语调要富于变化。比如宝宝哭时，妈妈要用温和亲切的语调哄他，如“哎呀，我们家宝宝怎么了？来来，不哭啊，妈妈抱抱”，并观察宝宝的反应。在喂奶时，妈妈可以轻轻呼唤宝宝的乳名，如：“小龙，是不是饿了？妈妈给小龙喂奶来咯！”这样经常跟宝宝说话，能够给宝宝一种温暖和安全的感觉。

当你和宝宝说话时，他把注意力都集中在你身上，他会用眼跟踪你一会儿。当他处于这种状态时，要和他交流感情，紧紧地抱着他，注视他的双眼；或者在他的小床上弯下身子，温柔地跟他说话。

听觉能力

新生儿能分辨声音

新生儿能分辨声音。人们用仪器记录新生儿的肌肉活动、心跳速度和呼吸变化，发现宝宝对不同的声音有不同反应，对人的语音反应较为强烈，听到人说话时，会有动作反应，可以做出符合讲话内容的动作。

所以，从新生儿起，爸爸妈妈就可以通过声音来训练宝宝的听觉，在新生儿醒的状态下，妈妈可以多用和蔼亲切的声音来训练宝宝的听觉。

响铃，从声音的有无开始

在宝宝头部两侧摇铃，节奏时快时慢，音量时大时小。妈妈可以边摇边说："铃！铃！铃儿响叮当！"先不要让宝宝看到摇铃，而要观察其对铃声有无反应（如听到铃声停止哭闹或动作减少等），再训练宝宝根据铃声用眼睛寻找声源，每天 2～3 次。注意铃声不可过响，否则会影响宝宝听力。

让宝宝多接触声音

听觉训练可以是温柔地对宝宝说话，也可以轻声给宝宝唱一些歌，还可以听一些柔和悦耳的音乐，都能增强宝宝的听觉能力，还能增加父子或母子之间的感情，并能激发宝宝愉快的情绪，但音量一定要小。当然，还一定要避免过强烈的声音刺激，以免宝宝受到惊吓。

让宝宝听听音乐

妈妈在宝宝清醒时，尤其是在吃奶时，可以放些节奏缓慢、优美的音乐给宝宝听。但注意不要在短时间内频繁更换曲子，而应该在一段时间内只放一首短小、悦耳的曲子，让宝宝经常听。妈妈可每天让宝宝听 2～3 次音乐，可以增加宝宝的听觉能力和记忆力。

给宝宝念儿歌

宝宝一般对朗朗上口的儿歌比较容易产生兴趣。妈妈可以经常给宝宝念念儿歌，如在哄宝宝睡觉时，或在宝宝睡觉醒来时。儿歌容易刺激宝宝的大脑皮层，使宝宝记忆深刻。

多和宝宝说情景语言

妈妈可以结合当时的情景，对宝宝讲一些情景语言。如宝宝吃饭时，可以说："宝宝吃奶，快长大。"宝宝睡醒了，妈妈可以说："宝宝醒了吗？让妈妈看看。"

精细动作能力

训练抓握能力

宝宝一出生就有抓握的本领，如果妈妈用两个食指从宝宝的小拇指伸入手心，宝宝会很自然地抓住妈妈的手不放，这就是医学认为的新生宝宝几种先天反射中的握持反射。根据这种能力，妈妈可用花环棒、笔杆、筷子之类的物品让宝宝试握。但要注意，别伤到宝宝。

训练宝宝的握持能力可以在出生 20 天以后进行，一般等到宝宝睡醒时训练最好，这时容易引起宝宝的握持反射。刚开始时，妈妈可以训练新生宝宝的一只手，在宝宝能够握持妈妈的手指后，妈妈可以训练宝宝双手握持。

充分发挥宝宝的手部能力

手不仅是动作器官，而且是智慧的来源。多动手，大脑才能聪明，切不可怕宝宝抓脸便给他戴上手套，或捆起来不让动。应当创造条件，在不同生长发育阶段，让宝宝充分地去抓、握、拍、打、敲、叩、击、挖、画……使宝宝心灵手巧。

妈妈除了抓住宝宝的先天反射来进行必要的训练外，训练宝宝的精细动作能力，还应注意以下两点：

1. 不要把宝宝的手藏在衣服里。把宝宝平放在床上，让他随意握拳、挥拳。妈妈不要总是把宝宝的小手藏在衣服里，而应该让他经常看自己的手，玩手，充分地去抓、握、拍、打、敲、挖……宝宝手掌的皮肤有丰富的触觉神经末梢感受器，手部动作可以使宝宝感受丰富多彩的外部世界。
2. 经常给宝宝做手部按摩。妈妈在给宝宝喂奶时，可以用一只手托住宝宝，用另外一只手轻轻按摩宝宝的手指头。这样可刺激宝宝的神经末梢，有助于宝宝的大脑发育及手指灵巧。按摩的同时还可以和宝宝有眼神或声音上的交流，是增进母子情感的好时机。

触觉能力

对于宝宝，应当通过搂抱、亲吻等抚爱动作，一方面表达自己的爱，另一方面刺激宝宝的感觉器官，让宝宝通过接触感受到母爱，表现出喜悦。从哺乳开始，母亲的接触不仅给了宝宝营养物质维持生命需求，也给了宝宝抚爱的触觉刺激。听到母亲说话，感受到母亲的温暖怀抱和抚摩，看到母亲的笑脸，体味到无限的母爱，宝宝会在心理上得到满足。这样愉快的心情，为宝宝良好的性格发展、健康的人际交往、健全的适应行为奠定了基础。

智能开发从抚触开始

皮肤是人体接受外界刺激最主要的感觉器官，是神经系统的外在感受器。因此，早期抚触就是在宝宝脑发育的关键期给脑细胞和神经系统以适宜的刺激，抚触最好是从新生儿开始，这样做有助于促进宝宝的神经系统发育，从而促进其生长及智能发育。

抚触的好处

1. 抚触可以刺激宝宝的淋巴系统，增强宝宝抵抗疾病的能力。
2. 抚触可以改善宝宝的消化系统功能，

增进食欲。

3. 抚触可以抚平宝宝的不安情绪，减少哭闹。
4. 抚触可以加深宝宝的睡眠深度，延长睡眠时间。
5. 抚触能促进母婴间的交流，令宝宝充分感受到妈妈的爱护和关怀。

剖宫产宝宝更需要抚触

人类出生时必须经过母体和产道。产道非常狭窄，初生宝宝可以说是在强烈挤压中生出来的，加上人类皮薄毛少，所以触觉的感受分配也特别强烈。而且这也是人类生命中第一个强烈的感觉刺激，所以对大脑学习接受感觉信息的分辨能力特别强，进而会形成一种接受层次的分辨架构，也是大脑动作的奠基，对大脑日后发展的影响自然也非常的大。

而剖宫产儿正是缺少了这一过程，所以可能会有惧怕陌生、发音不良、挑食、偏食，以及笨手笨脚现象，这主要是早年触觉学习不良所致的。所以，加强对剖宫产的宝宝的触觉刺激，能部分弥补这一生产方式带来的不足。

抚触前的准备工作

在抚触前，妈妈首先要学习抚触的基本要求和手法，并且要做些准备工作。

1. 室温保持在22℃～26℃，必要时可用取暖器或空调加温。
2. 在抚触开始前，妈妈应该去掉戴在手上的手表、戒指和手链等装饰物品，以免抚触时划伤宝宝的皮肤。
3. 准备好干毛巾、给宝宝换洗的衣服和尿布，以便抚触完后能及时擦干宝宝的身体，换好衣服和尿布。
4. 抚触前，妈妈应先用热水洗净双手，擦干，再在手心倒入一些优质润肤油摩擦双手，以温暖手心，增加润滑度。这样给宝宝做抚触时能使他感觉舒服，还可有效防止宝宝皮肤干燥、皲裂。

宝宝的四肢抚触

对宝宝进行四肢的抚触，有助于新生儿的血液循环，促进皮肤的新陈代谢，增强宝宝皮肤抵抗疾病的能力，从而促进新生儿皮肤健康。

四肢抚触的方法是，母亲用双手抓住新生儿胳膊，交替从上臂向手腕方向轻轻捏动，好像挤牛奶一样，从上到下搓滚。对腿部的抚触方法与胳膊相同。

脚和手的抚触，同时也是对孩子自身功能的唤醒，有利于宝宝精细动作的发展。抚触的方法是，用两个拇指的指肚从宝宝脚跟向脚趾方向推进，推完后再逐个捏拉宝宝小脚趾的各个关节。

对宝宝小手的抚触方法与脚相同。

宝宝头部的抚触

一般宝宝抚触先从头面部开始，妈妈用两拇指从宝宝额前中央向两侧推，然后两拇指从下颌部中央向两侧滑动，让宝宝的上下唇形成微笑状。宝宝在出牙期间，抚触口腔周围能使宝宝感到很舒服。

妈妈两手从宝宝前额发际抚向脑后，最后两中指分别停在脑后，就像在给宝宝洗头一样。开始做时宝宝不一定配合，尝试几次后就能成功，时间长了宝宝就会发现做抚触时很舒服，以后就会期待妈妈为他做抚触。

抚触应该在温暖、宁静的环境中进行，妈妈可以一边抚触一边和宝宝说话，用温柔的目光和宝宝交流。

宝宝的胸背部抚触

做胸部抚触要裸露全身。妈妈用双手从宝宝的胸部外下方向对侧上方交叉推进，在胸部画个大的交叉。做胸部抚触时，宝宝会因突然裸露而感到不安，甚至发生哭闹。这时要注意房间的温度不宜太低。对宝宝来说，裸露是一种锻炼，经过裸露训练的宝宝，其耐寒力会比没训练过的宝宝强。

背部抚触可以放到最后做。做背部抚触时要将宝宝翻过身来，以脊椎为中分线，妈妈的双手与宝宝脊椎成直角，向相反方向重复移动，由背部上方到臀部，再到肩膀，重复多次。

在抚触过程中还可以放一些旋律优美的音乐。抚触时间为每次 10～20 分钟，每周三次。刚开始时，时间和次数可以少些，以后逐渐增加。

宝宝的日常抚摸

新生儿最早出现的感觉是皮肤感觉，所以妈妈要多抚摸宝宝，以发展宝宝的触觉。触觉的正常发展，对新生宝宝大脑的发展和全身动作的发展十分有利。时间长了，宝宝会习惯于和喜欢上这种活动，只要一平放仰卧，就会表现出愉快的情绪，静静地等待抚摸。

妈妈可以每天在宝宝吃饱后清醒的情况下，做下面的动作：

1. 让宝宝仰卧，双臂放在体侧。
2. 妈妈用手指轻轻抚摸新生宝宝的脸，抚摸的动作要缓慢，要非常轻，一边抚摸一边唱儿歌。
3. 妈妈用手指轻轻抚摸新生宝宝的脖子，抚摸的动作要缓慢，要非常轻，一边抚摸一边唱儿歌。
4. 尽量抚摸到宝宝的全身肌肤，如手、脚、背、小肚子等。

宝宝的右脑开发

适应能力

抚摸皮肤传递亲子情

在宝宝觉醒或和宝宝说悄悄话时，配以轻轻的皮肤抚摸，抚摸部位可以是头发、四肢、腿、腹部、背部、足背、手背、手指等。每天5～6次，每次3～5分钟，即每天15分钟以上，这可以发展触觉，促进生长，增进爸爸妈妈与宝宝的感情。

每天洗澡后应尽量抚摩宝宝，抚摩前要洗手，剪好指甲，摘下手表等金属物；可隔一层衣服或用柔软的毛巾轻轻抚摩，以防损伤皮肤。

呢喃细语，加深母婴感情

宝宝睡醒时，用缓慢、柔和的语调对宝宝讲些“悄悄话”，如：“噢，丁丁醒了，睡觉梦见妈妈了吗?”“丁丁，我是妈妈，妈妈好爱你。”每天2～3次，每次2～3分钟。

这不仅可以给宝宝听觉刺激，有助于宝宝早日开口说话，并能促进母婴之间的情感交流。对宝宝说话，最好用普通话反复和宝宝说，有条件的，可以同时用外语说同样的话。这样可以让宝宝储存标准、丰富的语音信息，可促进语言能力的发展。

与宝宝呢喃细语

轻轻地把宝宝抱起来，跟他面对面，温柔地、亲切地、慢慢地说你有多爱他，说他有多可爱，问他感觉舒服吗？肚子饿吗？告诉他爸爸今天做了什么事，刚才谁来看他，大家都好喜欢他。

对宝宝说这样的呢喃话语，应该是新爸新妈们感到最幸福的事情了。瞧！宝宝的两个眼睛正盯着你看，对你的嘴巴这样不停地动感觉很好玩，于是他用笑来向你做回馈，并期盼这样的动作能不断出现。亲子间的感情就是这样培养出来的。

常叫宝宝的名字

常叫宝宝的名字非常重要，用双臂抱着宝宝，或者坐在地板上，把宝宝放在大腿上抱着，看着他的眼睛，叫宝宝的名字。改变说话的声调，用“父母的话儿”和宝宝交谈。

“父母的话儿”是一种高扬的、像唱歌一样的声调，宝宝会很喜欢听。可以用宝宝的名字编成摇篮曲。给宝宝轻轻唱一支有趣的歌曲时，可以用宝宝的名字代替歌儿中的名字。经常说起他的名字，这样他就会明白自己的名字了，也会适应自己的角色。

视觉能力

促进宝宝的视觉发育

在出生两周后，新生儿就有了模仿母亲面部表情的能力。母亲张嘴，宝宝也会张；母亲伸出舌头，宝宝也会伸出。

新生儿半个月后，就可以进行视觉训练，但一定要注意循序渐进，一开始可以看黑白图片，然后用一些色彩明快的图案给宝宝看，应当注意光线不要太强，包括室内光线都要很柔和，不要用强光直接照射到宝宝的眼睛。家里的电视机一定要离宝宝远一些，避免让新生儿看电视。

让宝宝看黑白图形

对刚出生的小宝宝来说，外面的世界是模糊的，因为他的双眼还不能对焦，但是，他已经能看到光线的变化，并且对光源特别敏感。对黑白对比强烈、亮度高的图案或物品，新生儿会表现出明显的反应。同时，宝宝还很容易注视图形复杂的区域、曲线和同心圆式的图案。因此，对于这个月的宝宝来说，最好的视觉刺激玩具，就是各种对比强烈的黑白图形。

黑白图非常适合用来刺激训练宝宝的视觉发育。有的图图案简单，爸爸妈妈可以直接在A4纸大小的白纸板上，绘上简单的黑白图案，亲自为宝宝做早

教用具。

图片距离宝宝眼睛25厘米左右，并要上、下、左、右慢慢移动，不要把图片固定在一个位置上，防止发生斜视或“斗鸡眼”。让宝宝看这些图片时，每次时间不要过久，最好是在宝宝眼前慢慢移动图片，趁机让宝宝眼睛跟着图片转，趁机加强颈部运动，锻炼协调能力。

视觉训练刚开始以每次2～3分钟为宜。妈妈不可整天让宝宝盯着天花板，使新生宝宝得不到视觉刺激。

让宝宝看光亮

用一块红布蒙住手电筒的上端，开亮手电筒。将手电筒置于距宝宝双眼约30厘米远的地方，沿水平和前后方向慢慢移动几次。吸引宝宝注视灯光，进行视觉训练。最好隔天进行一次，每次1～2分钟，不可不蒙红布用手电筒直照宝宝的眼睛。

大动作能力

“太空漫步”，训练新生儿“行走”

虽然宝宝身体很软，连头都抬不起来，不会行走，但是宝宝天生就有行走的反射能力，这种反射一般会在出生后56天左右消失。在宝宝早期，爸爸妈妈可以充分利用宝宝的这种能力进行锻炼，可使宝宝的下肢肌肉得到锻炼，从而促进胸的发育成熟，促进智力发育。

具体做法：妈妈双手托在宝宝腋下，扶好宝宝的头，不要给宝宝穿鞋袜，让宝宝光脚接触床的平面，宝宝自然而然地就会做协调、交替的迈步动作，就像宇航员太空漫步一样。要把这种训练当成游戏来做，一边逗宝宝做，一边可以喊节奏。

行走训练可从出生后第8天开始，在吃奶半小时后或睡醒后进行，每天3～4次，每次2～3分钟。如果宝宝不喜欢走不要勉强，宝宝生病时不要做，早产儿不宜做这项训练。

宝宝的抬头训练

妈妈竖抱宝宝，使宝宝头部靠在自己的肩上，然后妈妈不要用手扶住宝宝头部，让宝宝的头自然立直片刻。每日4～5次，可以促进宝宝颈部肌肉张力的发展。

宝宝的俯腹抬头训练

宝宝空腹时（吃奶前），将他放在妈妈或爸爸的胸腹前，自然俯卧，妈妈把双手放在宝宝脊部按摩，并逗引宝宝抬头。也可将宝宝俯卧在床上，用玩具逗引宝宝抬头片刻，边练习边说“宝宝，抬抬头”，同时用手轻轻按摩宝宝背部，使宝宝感到舒适愉快，背部肌肉得到放松。这个训练可以训练宝宝头、颈部肌肉，还可使宝宝扩大视野，智力得到开发。

宝宝的蹬腿训练

将宝宝仰卧于床上，妈妈将几件发响软塑玩具放于墙边，并用一块有一点硬度的板挡立在软塑玩具前面，使宝宝在无意识的随意蹬踏中，逐渐引发有意识的用力踏蹬，从而训练宝宝双腿的灵活性及交替蹬踢能力。需要注意的是，硬板比较凉，妈妈不要让宝宝光脚蹬踏板。这个训练可以锻炼宝宝的腿部力量，为宝宝今后的学爬做准备。

爸爸妈妈要注意，如果宝宝有紧张、烦躁等不好的情绪，应立即停止训练，可抚摸宝宝的皮肤，使宝宝适应。

社交行为能力

教宝宝“认妈妈”

宝宝出生一两周后，就可以在他醒着的时候把他抱起来，让他的脸对着妈妈的脸，距离 20～30 厘米。母子眼睛对视，轻轻地跟宝宝说话，同时轻抚小脸蛋，或者让宝宝握住妈妈的手指，慢慢地摆动。妈妈可以轻轻哼着儿歌，或说些亲昵的话，每天抱着宝宝玩一会儿。

简单的交流过程中，可以促进母子间感情交往。宝宝感受到母亲怀抱中的安全、温馨和母爱，会令宝宝重温在母亲子宫内包裹时候的安详与温暖，打消宝宝初到人世间对陌生环境中的孤独、恐惧感，有益于宝宝脑部情绪中心发育，既可以促进宝宝感知能力发育，又可熟悉妈妈的声音，认识妈妈，并能提高宝宝的视觉训练和注意力。

随声舞动

在宝宝的床前悬挂色彩鲜艳或能发声的玩具，使它们在宝宝视线内摇晃，让宝宝注视，并随着玩具发声手足舞动。这样可以训练宝宝的社交能力。要注意玩具不应只挂在一侧，而是挂在床的四周，以免影响宝宝视力。

经常逗笑宝宝

越早出现逗笑的宝宝越聪明，爸爸妈妈要尽早逗宝宝笑，给宝宝创造模仿学习的条件。宝宝在快乐的情绪中，各感官（眼、耳、口、鼻、舌、身等）最灵敏，接受能力也最好。

爸爸妈妈要经常逗宝宝笑。宝宝学会在大人逗乐时报以微笑，与自己在睡觉时脸部肌肉收缩的笑不同。大人逗乐是一种外界刺激，宝宝以笑来回答，是宝宝第一个学习的条件反射。当宝宝第一次出现逗笑时，切记要记录下日期，作为宝宝的心理发展的重要资料。学会逗笑后，过 7～10 天宝宝会笑出声音，这也是应该记录的日期。

带宝宝熟悉环境

有的妈妈怕宝宝与人接触感染疾病，于是在新生儿期时将宝宝“禁锢”在家中，不与外界接触，这是不科学的。妈妈要从小培养宝宝的社会交往能力，从新生儿时期开始就让宝宝熟悉环境，并适应与人交往。

宝宝出生 15 天后，妈妈每天可将宝宝竖抱片刻，使宝宝能看到房间内各种形态的物品，并向宝宝介绍这些物品以及周围的景物，宝宝会对自己生活的这个环境感到熟悉。注意室内的光线不能太强，爸爸妈妈应用温柔的声音、表情对宝宝说话和微笑。让宝宝熟悉周围环境，增强社交能力。

让宝宝和家人多接触

家人要经常和宝宝亲切地说话，对他露出微笑，一边说话一边抚摸他的小手、小脚、小指（趾）头、手掌、手背、手腕，这就是在和宝宝做游戏了，宝宝会很开心。对于刚出生的宝宝来说，只要宝宝醒着，家人就要陪在宝宝身边照顾他，和他交流。这个训练可以增强亲人间的情感，同时发展宝宝的触觉。

尽量不要带新生宝宝去太拥挤、环境不好的地方，以免感染细菌，引发疾病。在给宝宝办满月酒时，尽量减少亲朋好友的探试。

教养重点与疑问解答

怎样安慰哭闹中的宝宝

一般来说，宝宝不会无缘无故哭闹，如果宝宝突然哭起来，可能是饿了、尿了、累了等，因为这是他表达需求的唯一方式。这时如果妈妈不理睬，会使宝宝失去接受大脑刺激的机会。所以，做妈妈的一定要回应宝宝的啼哭声，多给予宝宝安慰，这样做对宝宝大脑的发育是有好处的。

弄清宝宝哭闹的原因

当宝宝哭闹不休时，首先妈妈要明白宝宝哭闹的原因，如饿了、尿了、生病了等。如果排除了这些原因，发现宝宝就是想哭，这时妈妈可以抱着宝宝。这样会使他感到安全，也有助于使他精神集中。摇晃并轻拍他或是给他一个橡皮奶嘴也是安慰他的方式。

另外，有些宝宝听到单调的噪声会安静下来，比如真空除尘器的开动声。总之，宝宝需要抚慰时要用不同的方法试试看，千万不可放任他哭泣。

通过宝宝哭声判断宝宝的需求：

饥饿	当宝宝饥饿时，哭声很洪亮，哭时头来回活动，嘴不停地寻找，并做着吸吮的动作。只要一喂奶，哭声马上就停止，而且吃饱后会安静入睡，或满足地四处张望
感觉冷	当宝宝冷时，哭声会减弱，并且面色苍白、手脚冰凉、身体紧缩，这时把宝宝抱在温暖的怀中或加盖衣被，宝宝觉得暖和了，就不再哭了

（续表）

感觉热	如果宝宝哭得满脸通红、满头是汗，一摸身上也是湿湿的，被窝很热或宝宝的衣服太厚，那么减少铺盖或减衣服，宝宝就会慢慢停止啼哭
便便了	有时宝宝睡得好好的，突然大哭起来，好像很委屈，就可能是宝宝大便或者小便把尿布弄脏了，这时候换块干的尿布，宝宝就安静了
不安	宝宝哭得很紧张，妈妈不理他，他的哭声会越来越大，这就可能是宝宝做梦了，或者是宝宝对一种睡姿感到厌烦了，想换换姿势可又无能为力，只好哭了。妈妈拍拍宝宝告诉他“妈妈在这儿，别怕”，或者给宝宝换个体位，他又接着睡了
生病	宝宝不停地哭闹，用什么办法也没用。有时哭声尖而直，伴发热、面色发青、呕吐，或是哭声微弱、精神委靡、不吃奶，这就表明宝宝生病了，要尽快请医生诊治

快速回应宝宝的哭

宝宝哭的时候妈妈应快速回应宝宝，比如抱抱宝宝，宝宝饿了就给宝宝喂奶等。快速回应宝宝的啼哭，最终能使宝宝的啼哭减少。在出生头几周里得到妈妈更多回应的宝宝，在以后与人的沟通能力更强。在出生头几个月里，妈妈宜适当地回应宝宝的啼哭，宝宝长到 18 个月时，语言和认知能力发展会更好。

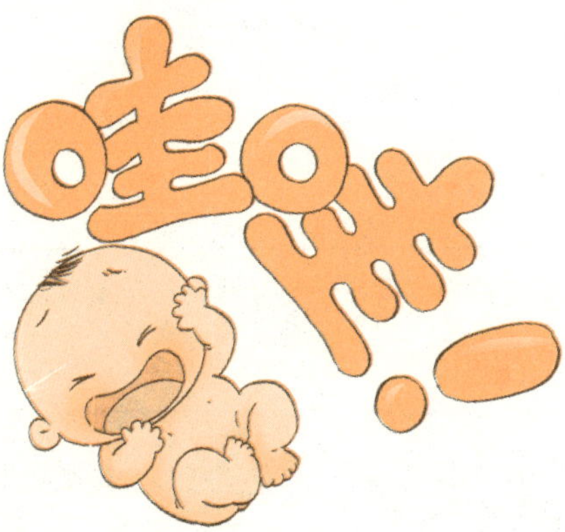

有些长辈认为，不要宝宝一哭就抱，不然会惯坏他的。这其实是没有科学依据的。宝宝哭很大一部分原因是缺乏安全感，所以妈妈的拥抱对他来说非常重要。

不要对哭闹中的宝宝发脾气

有的宝宝特别爱哭，妈妈本来事就多，宝宝一哭，心里就烦，于是就冲着宝宝大发脾气。这种做法是非常不好的。如果是与宝宝接触最亲密的人，尤其是妈妈的情绪不稳定，比如生气、沮丧、忧郁和焦虑等，往往容易“传染”给宝宝，从而使宝宝经常处于情绪紧张状态，更容易哭闹。所以，希望所有看护宝宝的人，尤其是妈妈，爱护宝宝，不要把不良的情绪“接种”给还不懂事的小宝宝，影响宝宝一生的心理发育。

宝宝老让人抱着睡，放下就哭怎么办

喜欢被妈妈抱在怀里是宝宝的天性。在妈妈的怀里，宝宝会感到最安全、最幸福。但是家人若是一味地迁就宝宝，一哭就抱或者抱在手上哄着睡，甚至睡着了也不放下，慢慢地宝宝就有了过分依恋即依赖心理，最后就变成只有抱着才肯睡觉了。特别是当宝宝半夜醒来时得不到妈妈的安慰，他就很难再自己入睡，这对培养宝宝独立入睡的习惯和形成夜间深睡眠、浅睡眠的自然转换都会造成不良影响。

父母应该从宝宝很小开始，慢慢让宝宝自己在宝宝床上睡觉，逐步培养其独立入睡的能力。另外，妈妈在宝宝睡前一定要做好准备工作，如果宝宝是饿着肚子或憋着尿入睡，又或者是环境太冷、太热，那肯定是睡不好的。

另外，为了培养宝宝的独立能力，妈妈应在适当的情况下，和宝宝一天分离开两三个小时，但是妈妈不要突然消失，也不要突然出现，这个过程是一个渐进的过程。比如妈妈需要去外面买点东西不方便带上宝宝，妈妈可以跟宝宝说："宝宝，妈妈出去买点东西，一会儿就回来啊！"然后把宝宝交给婆婆或其他家人看一两个小时。回来后要记得亲亲宝宝，并对宝宝说："宝宝，妈妈回来了。"让宝宝慢慢地习惯妈妈在身边是正常，妈妈不在身边也是正常的。否则就有可能引起宝宝的心理不稳定。

抱睡不利于宝宝独立个性的培养，也不利于宝宝养成良好的睡眠习惯，长期抱睡还不利于宝宝脊柱的正常发育。有的妈妈喜欢边抱边晃宝宝，很容易使宝宝脑部受损。

如何培养宝宝独自入睡的习惯

培养宝宝独自入睡，应从新生儿开始，且配合安全的环境与正确的方法。一旦错过新生儿阶段，就要等到上幼儿园或上小学的时候了。若强迫宝宝独睡，不但无法达到目的，反而会在宝宝心理上产生不好的后遗症。

宝宝独睡的环境布置

独立的空间：完全属于他的环境。

微暗的灯光：通常爸爸妈妈担心宝宝怕黑而将灯光开得很亮。事实上太亮的灯光无法使宝宝入睡，微暗的灯光有助于宝宝入睡。

安静的环境：可播放轻柔的音乐。

床边摆设：要注意床边摆设的安全性。

培养宝宝独睡的方法

拥抱、轻摇宝宝：建立宝宝的安全感，但切忌不可将宝宝上下摇晃。

拍拍宝宝：爸爸妈妈不要马上离开，可轻拍他，让宝宝消除一个人的焦虑感。

若宝宝有抱娃娃或枕头的习惯，可以让他抱。

使用安抚奶嘴：吸吮的能力是与生俱来的，若宝宝要靠此来寻求安全感，可以让他使用。但若有其他更好的办法，建议还是不用。

Part 2

宝宝1~2个月

宝宝的成长发育

身体发育

新生儿期结束以后，宝宝满月了。满月以后的这个月，是宝宝在整个婴儿时期发育最快的一个月。

各项参考生理指标如下：

体重	男婴　约 5.03 千克	女婴　约 4.68 千克
身长	男婴　约 57.06 厘米	女婴　约 56.17 厘米
头围	男婴　约 38.43 厘米	女婴　约 37.56 厘米
胸围	男婴　约 37.88 厘米	女婴　约 37 厘米
坐高	男婴　约 37.94 厘米	女婴　约 37.35 厘米

一个月月龄的婴儿，通常面部扁平，鼻阔，双颊丰满，肩和臀部显得较狭小，脖子短，胸部、肚子呈现圆鼓形状，小胳臂、小腿也总是喜欢呈屈曲状态，两只小手握着拳。

动作发育

宝宝发育 8 周，在俯卧时，下巴离开床的角度可以达到 45°，但不能持久。要到 3 个月时，宝宝的下巴和肩部才能都离开床面抬起来，胸部也能部分地离开床面，上肢支撑部分体重。宝宝在俯卧时，要着重看护，防止因呼吸不畅而引起窒息。

从出生到1个月的婴儿，动作发育处于活跃阶段，宝宝会做出许多不同的动作，特别精彩的是面部表情逐渐丰富。在睡眠中有时会做出哭相，撇着小嘴好像很委屈的样子，有时又会出现无意识的笑。这些动作都是吃饱后安详愉快的正常表现。

感知发育

1个月的婴儿，皮肤感觉能力比成人敏感得多，有时父母不注意，把一丝头发或其他东西弄到宝宝的身上，刺激到皮肤，宝宝就会全身左右乱动或者哭闹，表示很不舒服。这时的婴儿对冷、热都比较敏感，会以哭闹向大人表示自己的不满。宝宝的两只眼睛运动还不够协调，对亮光与黑暗环境都有反应。1个月的婴儿很不喜欢苦味与酸味的食品，如果喂给宝宝吃，宝宝会表示拒绝。

心理发育

经过1个月的哺育，宝宝对妈妈说话的声音会很熟悉，满月后的宝宝最喜欢听母亲的声音。轻轻呼唤他的名字时，宝宝会转过脸来看妈妈，因为宝宝在母腹内就听惯了妈妈的声音。如果突然听到陌生的声音，宝宝会吃惊，如果声音很大时，会感到害怕而哭起来。因此要给宝宝听一些轻柔的音乐和歌曲，对宝宝说话、唱歌的声音都要悦耳。宝宝这时很喜欢周围的人和自己说话，没人理的时候会感到寂寞而哭闹。

睡眠

这个月的宝宝，一天的绝大部分时间在睡眠中度过。每天能睡18～20个小时，其中约有3个小时睡得很香甜，处于深睡不醒状态。

宝宝的左脑开发

语言能力

让宝宝模仿大人的面部动作

在宝宝情绪很好、很稳定的时候搂抱他，并在他面前经常张口、吐舌或做多种表情，使宝宝逐渐会模仿面部动作或微笑，这样可以培养语言能力。注意不要做恐怖的表情给宝宝看，那样不利于宝宝的心理发育。

引逗宝宝发音、发笑

大人用亲切温柔的声音，面对着宝宝，使他能看得见口型，试着对他发单个韵母 a（啊）、o（喔）、u（呜）、e（鹅）的音，逗着宝宝笑一笑，玩一会儿，以刺激他发出声音。快乐情绪是发音的动力，引逗宝宝发音、发笑可以培养语言能力。要注意大人的口型一定要做对，以免误导宝宝发错误的音。

听觉能力

给宝宝听柔和的音乐

大约在这个月的时候，宝宝开始认识妈妈的面孔和关注一些声音了。他对人的说话声是敏感的，在听人的说话声时会用他自己的声音应答。他能活动自己的双臂和双腿。无论什么时候有人和他说话，许多脉冲刺激会经过他的神经细胞。这种相互作用的重复，有助于增强他大脑现存的传导联系，并会建立起新的传导联系。

宝宝也愿意听许多其他的声音，例如柔和的轻音乐。所以这时不妨常给宝宝放点柔和的音乐听听。尽管他仍然对客观事物和声音不具有很多的记忆，但是这种情况将慢慢地会起变化。

宝宝比较喜欢妈妈的声音，所以妈妈要多给宝宝哼歌。声音要柔和、欢快，不要离宝宝太近，声音也不要太大，以免刺激宝宝，引起惊吓。

寻找声源，辨别方位

将各种发声体，如八音盒、钟表、小勺、捏响玩具等，在宝宝视线内让宝宝听，并告诉他名称。待其注意后，再慢慢移开，让宝宝追声寻源，当宝宝辨出声源后，再变换不同方向。观察宝宝的眼、耳和手的动作，看宝宝对声源方向的反应。这个游戏可以用多种发声体训练听觉辨别力和方位听觉，但要注意选择音高、响度均不同的发声体。

跟着声音转头

妈妈手持色彩鲜艳的玩具（最好是可摇响的），在离宝宝眼睛 30 厘米远的地方，慢慢地移到左边，再慢慢地移到右边。让宝宝的头随着玩具做 180°的转动。这个游戏是集动作、视觉和听觉于一身的综合训练。妈妈在移动玩具时，将玩具发出声响。宝宝的头能朝左、朝右各转 90°，游戏即可停止。

精细动作能力

练练宝宝的抓握能力

新生儿时期，宝宝的手呈拇指在手心的握拳状，还不会抓握。随着他的成长，宝宝会把手放进嘴里吸吮，满月后的宝宝会把手放在眼前细看，到 2～3 个月时会把两手握在一起放在眼前玩。但此时的小手还不能主动张开，爸爸妈妈可以有意识地放一些带有细柄的玩具在宝宝小手中，如花铃棒、拨浪鼓、塑料捏响玩具等。

刚开始时，可先用玩具去轻轻地触碰宝宝小手的第一、二指关节，让宝宝感觉不同的物体。待小手完全展开后，把玩具柄放进小手中，使宝宝握紧，再慢慢抽出。也可以等宝宝抓住玩具后，握住小手帮助摇出响声，同时说“摇——摇——摇”，以引起宝宝的视听关注。除了让宝宝触摸和抓握带柄的玩具外，妈妈可以把自己的拇指或食指放进宝宝手心，宝宝碰到手指就会无意识地抓住，一会儿便放开。还可以把铅笔、水果糖或其他光滑的小玩具放进小手心，让宝宝抓住。

除了这些训练方法外，还可让宝宝的手去触碰某些物体，如吃奶时把宝宝的手放在母亲乳房上或脸上触摸。抱着宝宝时，前面放一些玩具让宝宝去触碰，以帮助其进行早期的感知活动。训练一段时间后，宝宝就会主动地抓握玩具。

抓握是最早的用手技巧

抓玩具，训练手的技能

分别把不同质地的玩具放在宝宝的手中保留一会儿。如果宝宝还不会抓握，可轻轻地从指根到指尖抚摸他的手背，这时他的握持反射就会中断，紧握的小手就会自然张开。此时可把玩具塞到他的两只手里，并握住宝宝抓握玩具的手，帮助他抓握。给宝宝抓握的玩具不可尖锐或有突出的棱角，以免误伤宝宝。

松握手指，提高触觉能力

妈妈把食指放在宝宝的手心让他抓握，并轻轻触动他的手向他"问好"，引起他的兴趣。待宝宝会抓后，爸爸妈妈再把手指从宝宝的手心移到手掌边缘，看他能否抓握。反复动作，直到熟练。

7周左右，宝宝开始较长时间地看自己的手，把手伸进嘴里，拍东西等，如果有成人用东西碰宝宝的手，宝宝的手掌开始伸开（在此之前宝宝的手是握拳的），爸爸妈妈可以多试试，让宝宝学会松手。

触觉能力

抱紧宝宝，传递爱意

将宝宝抱在怀里，适当给宝宝一点压迫感，两三秒之后再放松，这样一紧一松地重复数次。当宝宝被抱着时，可以给予皮肤一紧一松的压力，能大面积地刺激皮肤，从而促进触觉能力的发展。对刚出生的宝宝来说，感觉最舒适的就是被人抱着，宝宝可以通过被抱感受到爸爸和妈妈的温暖，心灵也会宁静下来。

抱紧宝宝的时候要注意观察他的表情，以宝宝不难受为准。在抱的时候不要太用力，要让宝宝看到你的脸。

不要束缚宝宝的身体

有些妈妈在宝宝出生后就用小包被将宝宝捆绑成一个蜡烛包，宝宝的手脚和身体都不能自由活动。还有的妈妈怕宝宝小手抓脸而将衣袖做得很长，并用带子扎缚衣袖，使宝宝手臂不能弯曲，小手无法触摸东西，这些都影响宝宝触觉功能的发展。

让宝宝睡在宽松的睡袋里，手脚和身体不受束缚，双手能从袖口中伸出触摸各种东西，手眼能协调一致活动，不断地探索，宝宝的学习潜力将进一步发展。

宝宝的右脑开发

适应能力

培养有规律的睡眠习惯

良好的睡眠习惯首先是按时睡觉，自然入眠。妈妈对宝宝爱不释手，吃饱以后还要把宝宝抱在怀里，摇着、晃着、拍着，或者是习惯于让宝宝叼着乳头或空奶嘴，这都是不良习惯。一定要注意在宝宝睡觉前不哄、不拍、不抱、不摇，更不要吃东西、叼奶头。

到了该睡觉的时候，把宝宝放到床上让他自己睡。宝宝小时候没有养成按时睡眠的习惯，可以放点轻柔的催眠曲，使宝宝建立起睡眠的条件反射。等到养成按时入睡的习惯后，就可以不再放音乐了。

训练宝宝的把尿和排便习惯

宝宝满月后，就可以训练把尿习惯。睡前睡后、饭前饭后、出去前和回来时，都可以把尿。给宝宝把尿时，可发出口哨声，使宝宝对排尿形成条件反射，以后一发出这种口哨声宝宝就会有尿意。训练一段时间后，白天就可以渐渐不用尿布，睡前尿一次，夜里把一次，夜里也不会尿床。

从满月起，就应该训练良好的排大便习惯，让宝宝按时排便，排便时间最好在清晨或晚上临睡前。早晨排便最好，晚上大便可以使宝宝在夜里睡得踏实。餐前大便可以让宝宝吃得好，不要餐后马上就大便。要先观察宝宝排便情况，然后根据宝宝的具体情况，有意识地训练定时排便。

宝宝排尿与大便的规律

宝宝的排便次数每个阶段都会不一样。通常，在刚出生时，宝宝每天排便4～5次；满月后一天1～3次；到周岁以后，有的宝宝两三天才排一次大便。6个月以内的宝宝，一昼夜要排尿20次左右，每次约30毫升；半岁至1岁时减少到15次，每次约60毫升；到2～3岁时，每天仅10次左右。

3个月以上的宝宝，往往会在大便时，显出与平时不同的表情，小嘴用力、扭腿、憋气、眼神发直、四肢僵硬、表情异样等。这些表现，往往会被细心的妈妈发现，这时就可把宝宝解大便。

把尿规律

把尿可以在宝宝睡醒后、喂奶后、喂水后10分钟、餐前、外出回家尿布未湿时进行。把尿时，可以发出声音信号，如“嘘嘘”声，逐渐形成宝宝的听声排尿的条件反射。如果把尿一两分钟宝宝不尿，可以过一会儿再把。把尿时间过长，宝宝感到不舒服，容易造成拒把，习惯也不易养成。

宝宝排尿时，如果发生遇尿则哭，要怀疑是否有不正常情况发生。因为当肾和膀胱感染时，就会出现排尿时的啼哭现象，同时伴有食欲不振、脸色发青、时常哭闹。遇到类似情况时，要给宝宝多喝水，加快代谢，还需在医生指导下用药物治疗。

排便规律

排大便训练可以选择早、晚进食后进行，用宝宝憋气排便的“嗯嗯”声提示和鼓励他排便，逐渐养成习惯。另外，宝宝往往排便前会有臭屁排出，也是其将要排便的预示。

视觉能力

大量的视觉刺激是必要的

宝宝刚出生时，还不能区分相同光线条件下的颜色。但宝宝的视觉是逐渐发育成熟的，刚出生2周时，妈妈抱宝宝喂奶时，宝宝就喜欢盯着妈妈的脸。一般在出生后10周左右，宝宝就能开始辨别颜色。月龄不同，宝宝能看清的距离不同，1～2个月能看清1米左右，3个月能看清5～7米远，3～4个月时宝宝就能跟成年人一样辨别不同的颜色。

对于宝宝出生后完全空白的大脑来说，各种刺激因素记录下来，逐渐形成脑部的沟壑，刺激因素越多，记录得也就越多，因此，早一点对宝宝进行色彩的训练，是有助于宝宝发育的。

宝宝虽说不能分辨颜色，但对视觉上的刺激反应却很强烈，能够看到明暗对比较强的地方。如果看妈妈的脸，宝宝会比较喜欢看物体的边缘和弯曲部位，当然，更喜欢看移动的物体。对于满月以后的宝宝，用色彩鲜艳夺目、五光十色且能移动和发出响声的玩具，在吃饱和觉醒状态给予适度的逗嬉，是有利于智力发育的。

宝宝喜欢看美的东西，不仅能盯住

进入视野的物体，还会追随物体移动的去向，东张西望寻找能刺激视觉的物体。逐步学会用眼睛涉猎周围环境的信息。

给宝宝看彩色的玩具

满月后，宝宝观看东西的能力、双耳的敏感程度都会有一个飞跃。这时的宝宝不会说话，父母亲却能从视觉、听觉、动作几个方面着手，与宝宝交流，可以用彩色玩具训练宝宝目光集中能力和追视能力。

在宝宝的小床边悬挂一些五颜六色的玩具，比如气球、毛绒玩具、彩带等，离宝宝的最佳距离为20厘米左右。每天睡醒觉之后，用这些彩色玩具逗宝宝，每天2～3次，每次时间因人而异，一般在3～8分钟。当宝宝看到后，再慢慢地弧形移动玩具（每秒移动7～8厘米），让他的视线追随玩具移动的方向。

一般来说，宝宝能长时间地注视这些东西，两只小手会不停地挥动，好像是要抓，或者是跟着挥舞。他还会皱着眉头，没有笑意，双眼紧紧地盯着这些玩具，这表明他正在认识和思索一件新鲜事物。

让宝宝看玩具

在宝宝小床的上方悬挂彩色气球、彩带、玩具等，想办法吸引住宝宝的目光，训练宝宝注视某一物体的能力。当宝宝醒时用鲜红色的玩具逗引他，看他有无视觉反应——眨眼。

看气球：训练宝宝追视能力

在宝宝睡床上方约7.5厘米处悬挂一个体积较大、色彩鲜艳的玩具，如彩色气球。妈妈一边用手轻轻触动气球，一边缓慢而清晰地说："宝宝看，大气球！"或："气球在哪儿啊？"

注意：悬挂的玩具不要长时间固定在一个地方，以免宝宝的眼睛发生对视或斜视。悬挂的物品也不要过重或有尖锐的边角，以防不慎坠落时伤着宝宝。悬挂的玩具或物品还应定期更换。

看世界：开阔眼界

挑选一个好天气，把宝宝抱到室外，让他观察眼前出现的人和事物，如大树、汽车等，并缓慢清晰地反复说给他听。这时的宝宝会手舞足蹈地东看西看，非常开心。外出时间可由3～5分钟逐渐延长至15～20分钟。开阔眼界，多看看外界的东西，对开发宝宝的智力大有好处。

大动作能力

竖抱宝宝练习抬头

可以用竖抱的方法，让2个月左右的宝宝练习抬头。

用两只手分别托住宝宝的背部和臀部，把宝宝竖抱起来，带到室内或室外看看周围事物，还可以用手指指点点，引起宝宝对各种事物的关注和兴趣。主要帮助宝宝练习抬头的动作，锻炼宝宝颈部的支撑力，也可以帮助宝宝认识周围的环境，培养其视觉能力和观察事物的能力。

由于此时宝宝的骨骼发育还比较差，不可能长时间地竖抱，因此持续时间不宜过长，练习时间最好每次1～2分钟。每次锻炼后，要用手轻轻抚摸宝宝背部，放松背部肌肉，让宝宝舒适并感觉到父母的爱抚。

锻炼完后，还可以让宝宝仰卧在床上休息片刻。

练习“爬”：促进大脑感觉统合的发展

在俯卧练习抬头的同时，可用手抵住宝宝的足底，虽然此时他的头和四肢尚不能离开床面，但宝宝会用全身力量向头方蹿行，这种类似爬行的动作是与生俱来的本能，与8个月时的爬行不同。

此时让宝宝爬，并不是让宝宝马上会爬，而是通过练习，促进宝宝大脑感觉统合的健康发展，同时，也是开发智力潜能、激发快乐情绪的重要方法。

如果没有这种训练，有些宝宝到11～12个月时才能爬。有的宝宝不会爬就直立行走，这将可能导致感觉统合失调症。

刚出生的宝宝就能够移动四肢，只是动作急促且尚未加以控制。在接下来的四年里，脑部逐渐改善伸展、抓取、坐、爬行以及奔跑等回路，这个最初的“爬行”训练对宝宝来说是相当重要的。

社交行为能力

抱着宝宝在屋里散步

抱着宝宝在屋内散步。观察他在看什么东西，对什么东西感兴趣。其实宝宝这时对很多东西都很好奇呢！看宝宝正在注意哪样东西，然后把这件东西指出来并告诉宝宝。例如看到洗衣机，就可以告诉宝宝：“这是咱家的洗衣机，洗衣机是用来洗衣服的。”不要在乎宝宝懂不懂，只管讲给他听，日后慢慢他就会知道是怎么回事了。重要的是宝宝很喜欢妈妈抱着他在屋子里边散步并和他说话，这是一种很好的传递爱意的方式。

笑是培养良好性格的开端

到3个月左右，当宝宝用社会性微笑回应成人时，最早的社会性游戏发生了。

在宝宝面前走过时，要轻轻抚摩或亲吻宝宝的鼻子或脸蛋，并笑着对他说“宝宝笑一个”，也可用语言或带响的玩具引逗宝宝，或轻轻挠他的肚皮，引起他挥手蹬脚，甚至渐渐“呀呀”发声，或发出“咯咯”笑声。

经常笑的宝宝招人爱，也能合群，是具有良好性格的开端。爸爸妈妈要注意观察哪一种动作最易引起宝宝大笑，经常有意重复这种动作，使宝宝高兴而大声地笑。

适当亲吻宝宝

当宝宝哭闹的时候，妈妈应该抱起宝宝，安慰宝宝并轻轻地亲吻宝宝。虽然并没有证明这种举措有医学价值，但是亲吻常能很快使宝宝情绪稳定，不再哭闹。

随着宝宝渐渐长大，他喜欢妈妈的皮肤抚触他的皮肤的感觉，亲吻会成为妈妈催眠宝宝的技巧的一部分。轻柔地抚摸宝宝的肚子、手臂和腿，然后用唇轻吻宝宝，宝宝会慢慢地放松并进入甜美的梦乡。

虽然宝宝还不会吻妈妈，但是如果妈妈将脸贴近宝宝，他会吸吮妈妈的鼻子，这也是宝宝对妈妈的吻的回应。

亲吻，不仅是让宝宝知道妈妈爱他有多深的最佳方式，而且可以让双方感觉平静和放松。

要注意的是，宝宝年幼，抵抗疾病的能力差，很可能传染上亲吻者正在患的流行性感冒等疾病，像感冒、结膜炎、口腔疾病等，都可能通过亲吻传染给宝宝。所以，家人或亲戚朋友如果是某种传染病的携带者或已经患有某些传染性疾病，最好避免亲吻宝宝。

教养重点与疑问解答

尽早发现宝宝的视力问题

医生为患有先天性白内障的宝宝选择的最佳手术时机，一般是在宝宝出生后的两个月之内。所以，爸爸妈妈在此前多注意观察宝宝，当光亮出现时，如果1个月的宝宝不眨眼睛，或不能集中目光跟踪前面来回摇晃的物体，或对声音没有任何反应，爸爸妈妈应怀疑发育迟缓，并带宝宝到正规保健机构去检查。有问题的话，越早发现对宝宝越有利。

哈佛大学的戴维·H·伯尔和托斯特·威赛尔对一个发现很感兴趣，那就是一个一只眼患有先天性白内障的宝宝，为什么在做了白内障摘除手术后仍然不能复明呢？

他们做了一个模拟实验，同时把一只新生小猫和一只成年猫的一只眼皮缝上。实验结果一目了然：在拆除小猫眼皮上的线之后，小猫仍然处于失明状态。

这是因为小猫脑内负责处理那只眼睛的视觉信息的神经元不能和其他的神经元建立联系，或者说，负责处理失明的这只眼睛视觉信息的神经元即使和其他的神经元建立了联系，也只是帮助另一只正常的眼睛传递视觉信息。而成年猫则不然，在拆线之后，它的视力立刻恢复正常。

这一实验结果表明：人在早年的某个特定阶段，脑内的神经元需要适宜的环境条件以便使其和其他的神经元发生联系，否则大脑的发育就会受到永久性的影响。

与宝宝分床睡更好

当宝宝从小就睡在自己的小床上时，他就会努力通过感知、视觉等各种能力寻找安全感，比如听见父母的声音、看见父母的面容、感受父母的爱抚等，渐渐明白在自己需要的时候，父母就会及时出现。这些足够的安全感会令宝宝安然入睡，并且宝宝的各种感觉发展也会得到丰富的刺激。

父母不忍心让宝宝独睡大多是因为心软，也是为方便照顾。事实上，当你将宝宝放在身边时，会出现许多隐患，比如你睡着了可能会压着宝宝，宝宝可能一整晚都呼吸着从你鼻子里呼出的废气；当宝宝习惯了你的气味和体温时，他独自在自己的小床上将很难入睡。从某种程度上来说，同床睡限制了宝宝从其他途径来获得安全感，同时养成了宝宝从小依赖爸爸妈妈的习惯。宝宝越大，依赖性就越强，心理上的不安全感就越强烈，分床也就越困难，将来可能为了分床还是不分床进行一场持久的拉锯战，这最终会对宝宝的身心健康造成很大影响。

建议宝宝出生后，妈妈可以给宝宝一个专门的小床，让宝宝自己睡。但是，在出生后的前 6 周，妈妈都应该将宝宝的小床放在自己的床边，因为宝宝需要频繁的哺乳。

给宝宝选择小床的要点

❶ 宝宝床的表面要光滑，没有毛刺和任何突出物；床板的厚度可以保证宝宝大一些的时候在上面蹦跳安全；结构牢靠，稳定性好，不能一推就晃。

❷ 床的拐角要比较圆滑，如果是金属床架，妈妈最好自己用布带或海绵包裹一下，以免磕碰到宝宝。

❸ 床栏杆之间的间距要适当，要保证宝宝的脚丫卡不进去，而小手又可伸缩自如。床栏最好高于 60 厘米，

宝宝站在里面翻不出来。

④ 摇篮床使用中要定期检查活动架的活动部位，保证连接可靠，螺钉、螺母没有松动，宝宝用力运动也不会翻倒。

⑤ 选购好小床后，妈妈还可以用可爱的玩具和鲜艳的色彩装点宝宝的小床，因为宝宝不仅要躺在小床里睡觉、游戏，还要在小床里学站、练爬，甚至蹦蹦跳跳。

Part 3

宝宝2~3个月

宝宝的生长发育

身体发育

体重	男婴　约 6.93 千克	女婴　约 6.24 千克
身长	男婴　约 63.35 厘米	女婴　约 61.53 厘米
头围	男婴　约 41.25 厘米	女婴　约 39.90 厘米
胸围	男婴　约 41.57 厘米	女婴　约 40.05 厘米
坐高	男婴　约 41.69 厘米	女婴　约 40.44 厘米

动作发育

3个月的宝宝，头能随着自己的意愿转动，眼睛随着头的转动而左顾右盼。家人扶着宝宝的腋下和髋部时，宝宝能坐着。让宝宝趴在床上时，宝宝的头可以稳稳当当地抬起，下颌和肩部能够抬起，前半身可以由两臂支撑起来。当宝宝独自躺在床上时，会把双手放在眼前观看、玩耍。扶着腋下把宝宝立起来，宝宝就会举起一条腿迈出一步，再举另一条腿迈一步，这是一种原始反射。

语言发育

3个月的宝宝在语言上有了一定的发展，逗他时，会非常高兴地发出欢快的笑声。当看到妈妈时，脸上会露出甜蜜的微笑，嘴里还会不断地发出咿呀的学语声，似乎在对妈妈说话交流感情。

感知发育

3个月的宝宝视觉有了发展，开始对颜色产生了分辨能力，对黄色最为敏感，其次是红色，见到这两种颜色的玩具很快能产生反应，对其他颜色的反应要慢一些。

宝宝已经认识奶瓶了，一看到家人拿着它，就知道要给自己吃饭或喝水，会非常安静地等待着。在听觉上发展也较快，已具有一定的辨别方向的能力，听到声音后，头能顺着响声转动180°。

心理发育

3个月的宝宝喜欢从不同角度玩自己的小手，喜欢用手触摸玩具，并且喜欢把玩具放在口里试探性地咬嚼；能够用咕咕哝哝的语言与父母交谈，有声有色地说得还挺热闹；会听自己的声音；对妈妈显得格外依赖，离不开。

睡眠

3个月的宝宝每日睡眠时间是17～18小时，白天睡3次，每次2～2.5小时；夜里可睡10个小时左右。

宝宝的左脑开发

语言能力

和咿呀学语的宝宝“对话”

3个月的宝宝会“咯咯”地发笑，高兴的时候还会自发地“咿”呀“啊”呀地“讲话”，这时作为妈妈要同样“咿”呀“啊”呀地去应答他，和他“对话”，可使其情绪得以充分地激发。也可以在宝宝情绪愉快时，用愉快的口气和表情，或玩具，让宝宝发出“呢”、“啊”声，或“咯咯”的笑声。一逗引宝宝主动发声，你就要富有感情地称赞他，亲热地抚摩以示鼓励，并与他你一言、我一语地“对话”，诱导宝宝出声搭话。

这样不仅是对宝宝最初的发音训练，而且也是母子情感交流的好方式。

在宝宝以后的成长过程中，父母应一直坚持与宝宝“对话”，积极应答他发出的各种声音。有条件的话，父母可以用普通话和外语交替着与宝宝说话。不过需要注意的是逗引宝宝发笑的时间不宜太长，否则宝宝会累的。

听觉能力

坚持反复听音乐

妈妈不要以为宝宝不懂欣赏音乐，其实宝宝对音乐的感受能力比大人强。最重要的是，音乐能发展宝宝的听觉能力。

妈妈可以固定在宝宝用餐或睡觉时放音乐。只要坚持反复地选择一些健康、有艺术欣赏价值，且又适合宝宝年龄特征的童谣、儿歌、现代或古典音乐等，陪伴宝宝进食、活动、睡觉，宝宝就会在成长过程中自觉或不自觉地像学会运用语言一样地迷上音乐，形成良好的音乐修养。

转圈叫宝宝名字

在宝宝清醒时，让他躺在柔软的地板上，妈妈绕着宝宝像绕着一个圆一样走动，走一步叫一声宝宝的名字，一共走八个方位。这时观察宝宝的头会不会随着声音慢慢转动，寻找声音的来源。不久，他就会识别爸爸妈妈的声音，听得懂自己的名字。爸爸妈妈的声音不必太大，跟平常交谈时的音量差不多就可以了。

听古典音乐有利于大脑发育

据有关研究报告指出，大脑中有很多与学习相关的连接点，古典音乐就可以激发这些连接点。听古典音乐的宝宝长大后会变得更聪明，而且数学也学得更好。

研究人员认为，古典音乐的复杂性及其特有模式，有利于宝宝认知能力的培养，也有助于帮助他们随着年龄的增长而学习有关数学、科学和语言方面的知识。听古典音乐还可以让宝宝的语言能力得到锻炼，因为音乐的节奏、音调和反复性能增强宝宝的语言表达能力。

听古典名家的曲子能够激发人的创造性和理性思维能力，宝宝身处其中，对时间和空间的感受也更强烈。古典音乐演奏出来的柔和旋律有助于使哭闹不止的宝宝平静下来，对于宝宝来说，听古典音乐同样是一种愉快的享受。但并不是所有的节奏都适合宝宝，应选用一些舒缓的乐曲。

早产宝宝可多听节奏明快的乐曲

有的早产宝宝呼吸节律每分钟不到30次，而正常宝宝每分钟约40次，让这样的宝宝经常听节奏明快的乐曲或儿歌，会促使他们的呼吸及节律加快，使得肺功能趋于正常。但是，为宝宝播放音乐的时间每次不得超过10分钟，并且绝不可以给宝宝戴耳机，以免损伤其娇嫩的听觉器官。

精细动作能力

训练宝宝抓东西

从3个月起，宝宝就会试着抓东西。这时，可以每天将他抱在怀里，用玩具或者食物引逗宝宝伸手抓。不要把物件放在宝宝抓不着的地方，只要能抓到手，就达到了游戏和训练的目的。宝宝把东西抓到手后，要给他玩一会儿，然后再慢慢从他小手中拿出来，再让他伸手抓。如果不放手，可以让他多抓一会儿。

宝宝能俯卧或能挺胸坐在妈妈怀里

时，可以把玩具放在他能伸手抓到的地方，让他主动抓来玩儿。然后，再把玩具换个地方，鼓励宝宝转头转身寻找。每当宝宝抓到玩具后，就会兴奋，妈妈要用语言、微笑和爱抚鼓励他。

爸爸妈妈要给宝宝更多够物、抓握的机会，可以在他看得见的地方悬吊带响玩具，扶着他的手去够取、抓握、拍打。悬吊玩具可以是小气球、吹气娃娃、毛绒玩具、小灯笼、彩色手套、袜子等，质地应多样化。但要注意玩具要经常变换，一是让宝宝觉得新鲜，二是防止斜视。还要注意吊挂玩具的绳子不可太长，以防缠绕住宝宝的手臂。

怎样为宝宝选择抓握玩具

由于宝宝喜欢把玩具和手拿到嘴里吃，所以爸爸妈妈要注意保持玩具的清洁卫生。给宝宝抓的玩具和物品要安全，不能用小颗粒、小球，以免宝宝吞咽，同时不能锐利有尖，要无毒无害。给宝宝抓的东西要经常变换，多种多样，用以训练感知能力，如换上硬、软、光滑的可以增加触觉，颜色、形状、大小可以训练视觉，水果、点心可以训练嗅觉，有声音、有音乐的玩具可以训练听觉。

触觉能力

让宝宝摸一摸玩具、衣服等

宝宝2～3个月时，手就有了抚摸动作，经常抚摸被褥、亲人、玩具，偶尔碰到什么东西就抓住不放。这时宝宝手的动作还不受意识支配，眼和手还不能配合，手的动作没有方向和目标。这一阶段可有意识地拉他的手，让他摸摸妈妈的手、脸，摸摸衣服或玩具等。

宝宝的右脑开发

适应能力

宝宝能认第一种物品了

现在宝宝可以认得一些东西了，如果试图反复教他认识某种东西，宝宝可以形成条件反射，当大人说到这个东西时，宝宝能用目光或手势找到它们。

妈妈抱宝宝站在台灯前，用手拧开灯说“灯”。初时宝宝盯住妈妈的脸，不去注意台灯。多次开关之后，宝宝发现一亮一灭，目光向台灯转移，同时又听到“灯”的声音，渐渐形成了条件反射。以后再听到大人说“灯”时，宝宝眼睛看着灯，就找到了目标。

锻炼认识了第一种物品，以后宝宝可以逐渐认识家中的花、门、窗、汽车等物，再渐渐学会用手去指，认识自己的玩具，听到声音会用手去拿。

不要让宝宝去拿尖锐物品，防止伤到宝宝。

藏猫猫，提高认知能力

通过藏猫猫游戏，不仅能让宝宝得到快乐，还能让他提高感官认知能力。

1. 将宝宝抱在怀里，让他面对着你。
2. 对宝宝说话、微笑或是扮鬼脸以吸引他的注意。
3. 如果宝宝开始注意你了，就用手帕盖住你的头和脸，他还会奇怪呢：“咦，人呢?”
4. 几秒钟后，移开手帕，对宝宝展开一个大大的笑容，然后说：“妈妈在这儿哪!”
5. 重复进行几次。

如果你想用手帕盖住宝宝的脸，手帕的质地应轻而柔软，别吓坏了宝宝或让他感到呼吸困难。别盖住宝宝的头太久，否则他会失去兴趣。此外，宝宝接受并了解这个游戏需要一个过程，因此，花样别变得太快。

这个游戏大人可以和宝宝玩很久，直到他周岁，所以要逐渐地变化。如用手帕挡住宝宝的脸，过几秒钟移开那块手帕，说“妈妈在这里”，宝宝大些后，让他自己移开布就更好玩了。挡住洋娃娃的脸或在镜子面前玩都是很好的方法。

晒晒日光浴

在人体皮肤中含有一种维生素 D_3 源，这种物质经日光中的紫外线照射后，才能转变为维生素 D_3，这是人体维生素 D 的主要来源。维生素 D 的主要作用在于促使身体吸收钙，预防佝偻病，也可以增强人体免疫力。适当的日光照射，可促进宝宝生长发育，预防佝偻病和贫血，增强机体的抗病能力。

根据宝宝体质状况，日光浴一般从出生后第 2 个月开始进行。妈妈选择阳光温和的时候，把宝宝抱出去晒太阳，可选择清洁、平坦、干燥、绿化较好、空气流通、避开强风的地方。出去时衣服要少穿，尽量露出宝宝的皮肤，刚开始可以露出头部、手和脚、臀部。日光浴一次进行的时间不宜太长，刚开始以 5～10 分钟为宜，以后可视宝宝的耐受情况，每隔 2 天增加 1 分钟。

在宝宝进行日光浴以前，应有 5～7 天以上的户外活动，这样宝宝有个适应的过程。另外，若日光照射后，宝宝出现虚弱感，或有大汗淋漓、神经兴奋、睡眠障碍、心跳加速（脉搏增加 30%）等情况，应减少或停止日光照射。

冷水浴可增强抵抗力

冷水浴可以提升宝宝对外界环境气温变化的适应能力，增强抵抗力。冷水浴方法很多，有冷水浸浴、冷水擦浴、冷水冲淋等。对 2 个多月的宝宝来说，冷水浸浴比较适宜。

用一个较大的盆盛水，以宝宝半卧位于盆中时，锁骨以下身体部位全浸入水中的水位为宜。当室温为 20℃～25℃时，水温为 35℃就行，每次浸泡时间不得超过 5 分钟。浸浴后，再以低 1℃～2℃的水冲洗宝宝全身。水浴完毕，妈妈要立即用大毛巾包裹好宝宝的身体并擦干水。浸浴每天锻炼一次，以后随着宝宝年龄的增长，耐受性增强，可逐渐降低水温至 28℃～30℃。

宝宝除了冷水浸浴外，平时洗澡、洗脸、洗脚水温也不要太高，以增强耐寒能力。

让宝宝闻生活中的各种味道

生活中的正常气味都可试着让宝宝闻闻，如喂奶时闻母乳香味，洗澡时闻肥皂香味，擦拭脐带时闻酒精味等。闻的时候告诉宝宝“这是肥皂的气味”，“这是酒精的气味”……

宝宝出生后就能对有气味的物质做出各种反应，如面部表情、不规则的深呼吸、打喷嚏、转头躲开等。对各种感官刺激的承受能力，都是宝宝社会适应能力的基础。

妈妈要仔细观察宝宝闻气味时的反应，看他喜欢哪些气味，不喜欢哪些气味，是什么表情等，以便于更了解宝宝。

让宝宝多看、多听、多摸、多嗅、多尝，能摸的都摸一摸，能摇动的都摇一摇，钟表声、动物叫声、风声、流水声等都听一听，闻闻醋，尝尝酸，这些都能锻炼宝宝完整的感知事物的能力。

视觉能力

教宝宝辨别颜色

这个月宝宝的颜色视觉能力已经接近成人了，对某些颜色情有独钟，如最喜欢红色，其次是黄色、绿色、橙色和蓝色。在训练宝宝的颜色辨别能力时，要以这几种颜色为首选，依次训练宝宝的色觉能力。

妈妈可以给宝宝看一些色彩鲜艳的卡通画片，通过这种方法来让宝宝接触不同的颜色，并且边看边给宝宝介绍。

这时的小宝宝虽然还不会说话，但他会高兴地咯咯笑起来，自己用小手指在画片上点来点去，嘴里咿咿呀呀的，模仿妈妈教的动作。当宝宝模仿妈妈的动作指点画片时，妈妈一定要对宝宝的“说话”做出反应，表扬他，称赞他，和他一起说。

这样不仅训练了宝宝对颜色最初的认识，同时也能增强宝宝对语言的理解能力。

试着分辨图形的形状

宝宝在3个月大时已有分辨形状的能力，因此可早日开掘强化这方面智能，逐渐通过可见形象物，熟悉抽象的数学概念，初步感知基本图形概念。

取5张轮廓图片，如圆形、三角形、正方形、长方形、心形等。拿一张图片在宝宝眼前30厘米的地方，从左到右慢慢移动，当图片在宝宝面前出现时，妈妈可以告诉宝宝形状的名称，如"这是圆形"、"这是心形"等，有些说不出来是什么形状的就不用说了，然后再换下一张，每张展示时间5～6秒，5张约30秒即可，每天可以玩5次以上。

为了让宝宝保持新鲜感，每天抽换两张新的图片。对宝宝特别偏爱的图片，可以拉着宝宝的小手轻轻地摸一摸，然后再亲亲宝宝。

黑白分明而又简洁的轮廓，可以提高宝宝辨别物体轮廓的能力，反复多次刺激一段时间后，待宝宝会说、会认了再增加新内容。

看鲜艳的图片

这个阶段的宝宝较喜欢红色和黄色，其次是绿色、橙色和蓝色。所以，妈妈在训练宝宝颜色辨别能力时，要以这几种颜色为首选，依次训练宝宝的色觉能力。

例如，妈妈抽出一张画有一朵红花的画片，然后握住宝宝的小手指，指点着画片模仿宝宝的一问一答："这是什么呀?""红花。""红花下面是什么?""绿叶。""红花有几个花瓣呀?""（握住宝宝的手指一瓣一瓣地点）一瓣，两瓣，三瓣。知道啦，红花有三片小花瓣。"

这时，宝宝会高兴地咯咯笑起来，自己用小手指在画片上点来点去，嘴里咿咿呀呀的，模仿刚才妈妈教的动作。

另外，在训练过程中，若宝宝表现得很积极，妈妈要表扬他、称赞他。

大动作能力

训练宝宝翻身

3个月的宝宝一般能从仰卧翻到侧卧，这时就可以训练宝宝翻身。

有侧睡习惯的宝宝：有侧睡习惯的宝宝学翻身比较容易，只要在宝宝左侧放一个有意思的玩具或一面镜子，再把宝宝的右腿放到左腿上，然后把宝宝的一只手放在胸腹之间，轻托右边的肩膀，轻轻在背后向左推，就会转向左侧。重点练习几次后，妈妈不必推动，只要把腿放好，用玩具逗引，宝宝就会自己翻过去。慢慢地，不必放腿，宝宝就能做90°的侧翻。可用同样的方法，帮助宝宝从俯卧位翻成仰卧位。

没有侧睡习惯的宝宝：妈妈可让宝宝仰卧在床上，手拿宝宝感兴趣的能发出响声的玩具分别在宝宝侧面逗引，对宝宝说“看，多漂亮的玩具啊”，训练宝宝从仰卧位翻到侧卧位。宝宝完成动作后，可以把玩具给宝宝玩一会儿作为奖赏。宝宝一般先学会“仰—俯”翻身，再学会“俯—仰”翻身。一般每日训练2～3次，每次训练2～3分钟。

妈妈帮助宝宝翻身时，动作要轻。开始练习时，可多帮助一些，等到宝宝自己要努力翻身时，只需稍稍助些力就行了。对那些动作发育较快的宝宝，妈妈不必过多地帮忙，可让他自己去练习。将玩具放在宝宝的体侧，宝宝为了抓住玩具会顺势翻成侧卧位，进而翻成俯卧位。宝宝练习翻身时，妈妈和家人要守护在宝宝身旁照顾。

翻身游戏——烙饼翻饼

1. 宝宝仰卧在床上，妈妈一个手指头逗引宝宝伸手抓住。
2. 妈妈拉住宝宝的手向宝宝的内侧，使宝宝身体变成侧卧。
3. 再帮助宝宝把腿拉向内侧。
4. 稍稍给宝宝一些力，使宝宝从侧卧成俯卧，完成翻身的动作。
5. 边做动作可边唱儿歌：“翻饼烙饼，宝宝吃馅饼。翻过来，掉过去，笑笑。”最后“笑笑”的时候可以在宝宝的腋窝、小脖子或肚皮上搔搔痒。

这个游戏可以增进宝宝身体的协调性，学习翻身的技能。学习翻身对宝宝来说并不是件容易的事，需要全身的力量和身体的协调性。妈妈应该给宝宝一些帮助，让宝宝初步体验成就感，可增强耐性，培养战胜困难的勇气。爸爸妈妈要在宝宝精神状态较好时玩这个游戏，若宝宝非常配合地完成了游戏，妈妈应该亲吻和拥抱宝宝，并高兴地告诉宝宝：“宝宝真棒，真有力气”、“翻得可真好”。

社交行为能力

多带宝宝到户外活动

户外活动可以充分利用自然界的空气、阳光和水对宝宝进行体格锻炼，不仅可以促进宝宝的新陈代谢，而且可增加机体对外界环境的适应能力，对体格发育也大有好处。另外，还能培养宝宝的社会交往能力。

带宝宝去户外时不要让阳光直接照到宝宝的眼睛，也不要让强光直接照射宝宝的皮肤，带宝宝到室外阴凉地方时应该戴上帽子，春季和秋季也应注意不要让太阳光长时间晒到宝宝的皮肤。就是在寒冷的季节，只要有阳光，不刮大风，在充分保护好宝宝手脚和耳朵的前提下，也可以带宝宝进行户外锻炼。

教宝宝认识家人

随着头部运动自控能力的加强，宝宝的视觉注意力得到更大的发展，能够有目的地看某些物像。宝宝更喜欢看妈妈，也喜欢看玩具和食物，尤其喜欢奶瓶。对新鲜物像能够保持更长时间的注视，注视后进行辨别差异的能力不断增强。对看到的东西记忆比较清晰了，开始认识爸爸妈妈和周围亲人的脸，能够识别爸爸妈妈表情的好坏。

如果爸爸妈妈从宝宝的视线中消失，宝宝会用眼睛去找，这就说明宝宝已经有了短时的、对看到物像的记忆能力。爸爸妈妈要抓住这个阶段，对宝宝的视觉潜能进行开发。可以让爷爷奶奶、外公外婆等亲人逗逗宝宝，告诉宝宝哪个是爸爸，哪个是妈妈，哪个是爷爷，哪个是奶奶……经过一段时间的教认，宝宝的脑海里就会留下每个家人的印象，时间长了，就能认识这些脸庞了，进而认识自己的家人。

教养重点与疑问解答

给宝宝用安抚奶嘴好不好

2～3个月的宝宝口唇感觉敏锐，他们可能学会了吮手。安抚奶嘴的作用是替代手指，相对吸吮手指不卫生、可能影响牙齿、口腔发育的情况，安抚奶嘴能消毒，同样也能起到安抚宝宝情绪的作用。

有的医生会告诉妈妈尽量不要让宝宝使用安抚奶嘴，但有的书本、杂志上又说安抚奶嘴可以用，其实这个矛盾的症结在于使用时间。安抚奶嘴确实能纠正宝宝咬手的习惯，但长久使用也会演变成坏习惯，宝宝六七个月大时就要考虑停用。

安抚奶嘴使用不妥当的影响

❶ 安抚奶嘴应用不当，比如使用时间超过1岁、每天应用过频、安抚奶嘴选择不当等，都会导致宝宝日后牙齿受损，表现为出牙延迟、牙齿长得不整齐、牙齿重叠等。

❷ 吸吮安抚奶嘴会限制唾液的正常分泌，不利于奶水或食物在口腔的消化。

❸ 吸吮安抚奶嘴时，宝宝的嘴唇和牙齿长时间粘贴在一起，使口腔分泌液的有形成分不易清除，将来容易导致龋齿。

❹ 不清洁的安抚奶嘴会将细菌带到宝宝的嘴里。有研究表明：使用安抚奶嘴的宝宝患中耳炎和呼吸道感染的概率明显高于不用安抚奶嘴的宝宝。

正确使用安抚奶嘴的方法

❶ 宝宝学会吸吮母乳前，最好不要让宝宝使用奶瓶，以免造成“乳头错觉”，影响母乳喂养。

❷ 安抚奶嘴在帮助宝宝顺利入睡后要轻轻取走，不要让宝宝一整晚都含着它。

❸ 注意安抚奶嘴的卫生，每天清洁并消毒，当它掉在地上或碰到脏物时，立即清洗干净，以免将细菌带入宝宝嘴里。

❹ 如果安抚奶嘴出现老化、有裂纹、变形、破损等情况，要及时更换，但不要经常更换不同类型的安抚奶嘴。

❺ 使用安抚奶嘴的时间不要太长，最好能在宝宝10个月至1岁前渐渐停止使用。

给宝宝听英语好不好

给2～3个月大的宝宝多听音乐会比多听英语更好，因为宝宝不感兴趣的声音对他来说是无意义的杂音，即使每天给宝宝听英文，他也不会记住，但音乐的旋律却能让他觉得舒适、快乐。当然，如果英文歌曲旋律不错，也是个不错的选择。

如果想让宝宝听英语，可以等到宝宝自己认识感官，听懂大人说话时(7～10个月）再开始。对宝宝来说，妈妈的声音最具感染力，所以，如果妈妈会英文歌曲，可以自己唱给宝宝听。但是，如果妈妈英文说得不是很标准，自己也不喜欢英语，则不应勉强跟宝宝说。

不要低估了婴幼儿的能力

即便是初生的宝宝，他也能运用自己的智能，主动在日常生活中去学习事物。他绝不是一个任人摆布的“东西”，他的情绪、需求、智能表现都应该受到尊重和信任。

过去，我们总把初生宝宝当成一个什么都不会，完全被动的生物体，整天只是浑浑噩噩地过日子，必须在大人的教导之下才能逐渐地增长智慧。但是，根据最近的研究得知，初生儿有很多智能是我们以前所不曾注意到的。他们不但能自己展开学习活动，也能主动地适应环境，甚至是改变环境。

只要用心观察，你将会发现一个初生不久的宝宝，会瞪着眼睛看着大人的脸，并且会扫视周遭环境。不到两个月他们就能分辨出妈妈的脸孔，只要妈妈一靠近，他就会睁大眼睛，露出笑容，摆开一副准备和大人玩耍的模样。

在声音的反应方面，他们在出生不久就会努力地转动头部，专心寻找声音的来源；不到一个月就能分辨出妈妈的声音，做出高兴的反应。

在生活上，他们也具有韵律感，例如跟着大人的说话而舞动四肢，配合大人的作息而逐渐调整他们的睡觉时间。

上面这些事其实大人都没有教他们，他们却在不知不觉中就会了，可见宝宝不是一个没有什么智能的生物个体，而是一个会自动学习，也会有操纵别人的小聪明。明理的大人应该放弃过去错误的成见，虚心而敏锐地观察宝宝，热心而真诚地诱导宝宝。

宝宝的智慧在初生时不是“全无”，而是“全备”，他是准备好在那里，等待运用的空间和时机。当我们给他足够的活动自由时，他就能依自己的需求，把智能一样一样地发展出来。好比一个杰出的运动家，纵使有一身高强的本领，但如果没有上场比赛的机会，就永远无法施展所长。爸爸妈妈准备好了吗？多给宝宝一些上场的机会吧！

爱笑的宝宝更聪明

爱笑的宝宝，长大后大多比较聪明。聪明宝宝对外界事物发笑的年龄比一般宝宝要早，笑的次数也更多。

从宝宝的发育进程看，一般 3 个月左右时，只要醒着，一看到家人熟悉的面孔或新奇的画片与玩具时，就会高兴地笑起来，嘴里“啊啊”地直叫，又抡胳膊又蹬腿，可谓手舞足蹈。另外，当吃饱睡足、精神状态良好时，尽管无外界刺激，也会自动发出微笑。前一种笑称为天真快乐效应，后一种称无人自笑。

天真快乐效应，是宝宝与人交往的第一步，在精神发育方面是一次飞跃，对大脑发育是一种良性刺激，被誉为“智慧的一缕曙光”。至于无人自笑，则是宝宝在生理需要方面获得满足后的心理反应，这两种笑均有益于大脑的发育。由此，父母多与宝宝接触，并用欢乐的表情、语言以及玩具等激发宝宝的天真快乐效应，同时注重喂养，吃饱睡足，促使其早笑、多笑，乃是智力开发的一大妙招，值得父母们重视。

Part 4

宝宝3～4个月

宝宝的生长发育

身体发育

体重	男婴　约 7.52 千克	女婴　约 6.87 千克
身长	男婴　约 65.46 厘米	女婴　约 63.88 厘米
头围	男婴　约 42.30 厘米	女婴　约 41.20 厘米
胸围	男婴　约 42.68 厘米	女婴　约 41.60 厘米
坐高	男婴　约 42.72 厘米	女婴　约 41.56 厘米
牙齿	有的宝宝已经长出 1～2 颗门牙	

这一段时间里，体重增长最快，身高相对比体重增加速度要慢一些，因此，宝宝在这个时期看上去会显得很胖。如果头围过小或过大，都要请医生检查：小头畸形、大脑发育不全、脑萎缩等病症会头围过小；脑积水、脑瘤、巨脑症等头围会过大。

动作发育

4 个月的宝宝做动作的姿势会比以前熟练得多，而且能够展示出对称性。抱在怀里时，宝宝的头能稳稳地直立起来。俯卧位时，能把头抬起，并和肩胛成90°夹角。拿东西时，小手和拇指较以前灵活多了。在成人的扶持下站立时，两腿能支撑住身体。

语言发育

这个时期的宝宝在语言发育和与成年人的感情交流方面进步较快。高兴时，会大声笑，声音清脆悦耳。当有人与他讲话时，他也会发出叽叽咕咕的声音，好像在和成人对话。此时的宝宝唾液腺正在发育，经常有口水流出嘴外，还会把手指放在嘴里吸吮。

感知发育

4个月的宝宝对周围的事物有较大的兴趣，喜欢和周围人一起玩耍。能识别自己的妈妈和面庞熟悉的人，能迅速认出经常玩的玩具。

心理发育

4个月的宝宝喜欢父母逗他玩，高兴了会开怀大笑，会自言自语，似乎在背书，咿咿呀呀个不停。会听儿歌，知道自己叫什么名字。能够主动用小手拍打眼前的玩具，对周围的玩具、物品都会表示出浓厚的兴趣。见到妈妈和他喜欢的人，知道主动伸手要抱。

睡眠

4个月的宝宝，睡眠时间每天在16～17个小时，白天睡3次，每次睡2～2.5个小时；夜间睡眠10个小时左右。

宝宝的左脑开发

语言能力

读书和唱歌给宝宝听

读书：给你的宝宝读书可提高他的语言技能并促进他的感官发育。但读书时语速要放慢，对不同的字可用不同的语音。经常停顿下来观察宝宝的反应，你会发现，他喜爱有节奏的韵律——大多数宝宝都是这样的。与你的宝宝一道唱韵律和谐的摇篮曲，你也会像宝宝一样享受这一美好时刻。

唱歌：即使你的音调不准，也应唱歌给宝宝听。可在录音机和 CD 上放那些专为婴幼儿写的歌。摇篮曲极适合用于哄宝宝，还可以放古典乐、爵士乐及流行曲调，但放的音量不要过大。把你的音乐库储藏的都让他听听。

教宝宝拟声语

这个时候，宝宝会发出各种不成语句的声音，这是宝宝在做唇、舌运动和发声练习。妈妈可以教宝宝小猫“喵喵”、小羊“咩咩”、小狗“汪汪”、火车“呜呜”等拟声语。这类拟声语比较容易发音。妈妈可以对宝宝说一些简单的单词，如“小狗”、“吃饭”、“洗澡”等。随着年龄的增长、词汇的增加，小宝宝更能熟练地运用。

在对宝宝的抚育中，妈妈是否热情地与小宝宝“交谈”，在宝宝学说话的过程中起着重要的作用，妈妈一定要引起重视。

和宝宝“咬耳朵”

妈妈应该经常贴着宝宝的耳朵，轻柔地说些悄悄话。宝宝可能还听不懂妈妈所讲的话，但妈妈不必顾虑，随便说什么都行，因为此期是训练宝宝语言智能的重点。妈妈多和宝宝说话，能帮助宝宝较快地成长，有益于宝宝智力的提升。

另外，跟宝宝说悄悄话时，开始最

好对着小宝宝的右耳讲话，因为右耳比较敏感，它与左脑语言思维相连，有益于宝宝智力的提升。这样的谈话也可以让爸爸参加，每次5分钟左右即可。

跟宝宝说话应慢、多反复

宝宝学习语言时，有很强的模仿能力。妈妈说话时宝宝会很仔细地观察妈妈的唇型，因此妈妈说话时速度要慢，注意发音正确尽量使用成人语言。妈妈可以反复讲，虽然在刚开始时宝宝不一定学会，但经过反复教，宝宝虽然还不会说，但已经形成了记忆。

听觉能力

叫名字训练宝宝回头

4个月时，宝宝能分辨不同声音，听得出身旁人的声音，能分辨出父亲、母亲或录音机中自己的声音。对妈妈的声音尤其敏感，只要妈妈一出声，头就会转向声音的方向。这时候，可在宝宝看不到的地方喊宝宝的名字，通过玩寻找声音来源的游戏，训练听力。

一般来说，宝宝前两个月就能听到声音回头去看，但到底能不能理解自己的名字，还需妈妈进一步观察。带宝宝去公园或有其他宝宝的地方，妈妈可先称呼其他小朋友，看看宝宝有无反应，然后再叫宝宝的名字，看他是否回头。

切记要用固定的名字称呼宝宝，如果妈妈一会儿说“宝宝”，一会儿说“文文”，或者经常更改名字，使宝宝无所适从，就会延迟叫名回头的时间。当宝宝听名回头向妈妈笑时，要将他抱起来吻一下，并说“你真棒”、“真聪明”，以示表扬。

避开噪声和过大的声音

宝宝过分暴露于噪声之中，是导致听力损伤的首要原因之一。研究表明，85分贝是耳朵在没有保护的情况下能够容忍的最高噪声，人耳对声音超过85分贝就会感到不耐受。

婴幼儿时期，宝宝的大脑、神经发育都非常娇嫩，耳朵也很娇嫩，因此妈妈不要让宝宝玩声音很大的发声玩具，以免给宝宝的听力造成不利的影响。此外，也应让宝宝远离舞厅、卡拉OK厅，或者放爆竹等超高分贝的场所。有些婴幼儿的玩具的撞击声可以达到110分贝，儿童用的电吉他发出的声音会更高，这些都会对宝宝的听力造成影响，妈妈要注意。

听声音找物体

让宝宝听闹钟、门铃、电话、电视机等声音，并且找声音的来源。妈妈要边找边说："咦，那是什么声音？"找到以后要告诉宝宝"这是电话"。

把铃铛等能发出声音的玩具或物品缝到五彩绳或橡皮套上，让宝宝仰躺在铺着柔软毯子的宝宝床上，把缝好玩具的五彩绳或橡皮套套在宝宝的手腕及脚踝上，当宝宝手舞足蹈的时候，你们就来一起听音乐。还可以把这些发出声响的东西缝到宝宝的小袜子上或衣服袖子上。

宝宝想做、想玩时，是进步的最佳时机。只要时机成熟，每个宝宝都会踏上成长的这一步。和宝宝游戏时，最重要的是玩宝宝想玩的游戏，同一种游戏玩过几次后，视宝宝的能力提高游戏的难度。

精细动作能力

帮助宝宝认识、把玩自己的小手

这个时候，宝宝手的活动范围扩大了，两只手能在胸前握在一起，经常把手放在眼前，这只手拿那只手玩，那只手拿这只手玩，或有滋有味地看自己的小手。这个动作是3～4个月大的宝宝动作发育的标志。

让宝宝反复凝视自己的手，宝宝可逐渐体会到手是身体的一部分。妈妈不要因为他把手放在嘴里就不断地呵斥、阻止他，反而应该和宝宝一起来玩。例如，妈妈可以握着宝宝的手说："这是宝宝的小手。小手手，小小手，拍一拍，瞅一瞅。"另外，为了锻炼宝宝精细动作的能力，妈妈还可让宝宝捡一些玩具，先一只手捡一个，慢慢发展到两只手同时捡。

逗逗飞，训练手眼协调能力

让宝宝背靠在妈妈怀里，妈妈双手分别抓住宝宝的两只小手，教他把两个食指尖对拢又水平分开，嘴里一边说"斗斗——飞"，如此反复数次。还可以分别对其余四指对拢又分开玩此游戏。这个游戏可以锻炼宝宝的小肌肉，同时可以训练宝宝的手眼协调能力和语言动作协调能力。游戏中动作一定要轻缓。

宝宝的右脑开发

适应能力

训练宝宝养成规律的睡眠习惯

宝宝的睡眠时间一般要比成年人多1/3，而且，睡眠质量好，是健康成长的关键。

要养成良好的睡眠习惯，首先要让宝宝按时睡觉，自然入睡。有些妈妈对宝宝爱不释手，让宝宝习惯于在母亲怀抱中摇晃着、拍打着入睡，或者让宝宝叼着乳头、空奶嘴睡觉，这都是不好的习惯。从小就要注意帮助宝宝养成在睡前不哄、不拍、不抱、不摇，更不要吃东西、叼奶嘴的好习惯。到该睡觉的时候，把宝宝放到床上让他自己睡。起初对没有养成按时睡眠习惯的宝宝，可以放些轻柔的催眠曲，使宝宝建立起睡眠条件反射。等到宝宝养成按时入睡的习惯后，就可以不用放音乐了。

宝宝小时候可以仰卧，稍大一些的宝宝则最好是侧睡，长大一些最好“卧如弓”。

侧卧睡眠时，以右侧卧为最好，有利于胃中食物向十二指肠方向移动，同时减少对心脏的压迫。

不要让宝宝蒙头睡觉。注意不要让宝宝压住耳朵，以防习惯后变成招风耳。

宝宝仰卧睡觉时，要注意把小手放在身体两侧，不要放在胸口上。

宝宝喜欢朝光亮的方向睡觉，妈妈要注意帮助宝宝转换体位睡眠，以免总是朝一个方向睡觉，影响到头形发育不端正。

看小朋友玩耍

爸爸妈妈应经常把宝宝抱到室外，让宝宝观看其他小朋友玩耍，天气寒冷不宜外出时，可抱着宝宝到有小孩的邻居家串门儿，或请邻居的小孩来家里玩。宝宝看其他小朋友玩耍时，爸爸妈妈应不断地和他说话：“看，这是小哥哥（小姐姐），他（她）们在踢球玩（跳皮筋）呢。”尽早地让宝宝接触与他年龄相近的小朋友，可促进发展其良好的同伴关系。

认识大自然

宝宝希望感觉更大空间的需要越来越大，爸爸妈妈可以多带宝宝认识大自然中的各种现象，锻炼宝宝的感知能力和适应能力。

感受不同的天气

风和日丽的时候，可以带宝宝去看看太阳、白云、蓝天等；刮风、下雨、打雷或下雪的时候，抱宝宝在窗边听一听、看一看，告诉宝宝他听到、看到的是什么。让宝宝感受不同的天气，会让宝宝对世界的认识多一种经验的感知和体会。

观察四季

春天天气暖和，让宝宝感受一下嫩嫩的新绿和万紫千红的花朵；夏天烈日炎炎，宝宝可以感受到浓郁的绿色；秋天天气凉爽，宝宝眼中到处都是金色；冬天白雪皑皑，让宝宝看看银白的世界。

宝宝观察这些景象时，爸爸妈妈要适时地告诉宝宝四季的变化和特点，可以与生活结合起来说。比如，夏天宝宝要穿薄薄的衣服，吃大西瓜；而冬天，宝宝要裹上厚厚的衣服，还要戴上小帽子、小手套，要吃热气腾腾的饭菜。

视觉能力

好高好高，换个角度看世界

大人用双手托起宝宝，将他轻轻地举上举下，转圈圈，让他从这些新的角度来观察周围的世界。当你把宝宝举向空中的时候，可以唱下面这首儿歌：“我是一只小小鸟，我是一只小小鸟，高高地飞，快乐地叫，自在又逍遥。从没有忧愁，从没有烦恼，有了妈妈的陪伴，世界多美好。”注意动作要轻柔，同时抱紧宝宝，让他有安全感，手一定要抓牢他。

为了不让宝宝老是处于他的低视野，有时候不妨把宝宝的视线提高，让他换个不同的角度来看这个世界。换个高度、观点来看平常熟悉的环境，可以提高宝宝的好奇心，提升心智的成长，同时还能让宝宝学会视觉搜寻。

看爸爸妈妈的轮廓照

把妈妈和爸爸的大头照打印成黑白的轮廓，插在各种图片中，你会发现宝宝特别偏爱妈妈的这一张。可以就把这张贴在宝宝的小床旁（距宝宝眼前30厘米左右），宝宝有事没事地会不由自主地对着妈妈的大头轮廓像注视，有时候还会笑出来呢。

宝宝 3 个多月大时，视觉开始往“关注物体的轮廓”发展了。黑白分明而又简洁的轮廓，可以提高宝宝辨别物体外廓的能力。

联系实物教宝宝认颜色

宝宝三四个月时就有了对色彩的感受力了，妈妈要抓住这个时期，用较好的方法帮助宝宝认识颜色。先认红色，如皮球，告诉宝宝这是红的，再告诉他番茄也是红的。宝宝会睁大眼睛表示怀疑，这时可再取 2～3 个红色玩具与番茄放在一起，肯定地说“红色”。也可让宝宝从各种色卡中挑出红色，把不是红色的放在一边，把红色的放在一起。渐渐地，宝宝就能逐渐认识红色了。其他颜色，妈妈也可用同样的方法进行训练。

妈妈要给时间让宝宝慢慢理解，颜色要慢慢认，千万别着急。不要同时介绍两种颜色，否则容易使宝宝混淆。

大动作能力

训练宝宝坐着

4 个月时，可以训练宝宝坐着。仰卧时，握住宝宝双手腕部，慢慢地把宝宝从平卧拉到坐位，然后慢慢放下，连续几次，待 5 个月时，就可练靠坐或倚坐，靠沙发背坐或父母胸前坐。也可在床上用枕头垫住背部或两侧以防倾倒，进行坐的训练。

开始靠坐时，宝宝常会向前倾或侧倾；5个月左右就能挺直腰背，并会慢慢离开依靠物，脱空稍坐片刻。6个月时；能在靠坐较稳的基础上练独坐。从靠稳到独立坐稳，前倾时可教会宝宝用上肢在前面支撑，慢慢就可以坐直。

靠坐或独坐较稳时，可以在宝宝前面放置玩具，让宝宝自由抓取，拿在手中摆弄玩耍。开始训练每次几分钟，逐渐延长至15～20分钟。

帮助宝宝翻滚

4个月时候宝宝能不完全地翻滚，从后往前或从前往后。在随后的一段时间里，他可能会掌握朝一个方向翻滚的要领了，以后，他将会专心朝另一个方向翻滚。眼下，他也许不能做到来回翻滚，但很快就能会的。

如果宝宝还不会自己翻滚，那么就玩一种游戏来帮助他学会。让他在地板上仰卧，把一个色彩鲜艳的玩具放在一侧，如果他转向玩具，轻轻推他以帮助他反复练习这一动作，相信宝宝是会喜欢这一游戏的。

也可以把宝宝放在地板上，轻轻地来回翻滚他。或者把一只大皮球放在他的腹部下，双手紧抱住宝宝晃动。这些都有助于锻炼宝宝自己翻滚的协调性。

宝宝做“俯卧撑”

让宝宝趴在床上或铺有草席或地毯的地上，在宝宝头侧用不倒翁或有声音的玩具逗引。宝宝先用肘撑起，大人把玩具从地上拿起来，逗引宝宝抬起上身。宝宝会把胳臂伸直，胸脯完全离开床铺，上身与床铺成90°角。

有时宝宝的一个胳臂用手撑，另一个胳臂用肘撑，身体不平衡歪向肘撑的一侧，从肘撑的一侧翻滚成仰卧。此时并不是宝宝有意地做180°翻身，而是无意地因重心不稳而偶然翻过去的，这种过大的翻动如同跌倒一样会使宝宝感到不安。

所以如果宝宝只用一只手去支撑身体时，大人可以帮助他将另一只手也撑起来，使身体重心平衡，这样才能巩固俯卧双手支撑的练习，使宝宝感到安稳和愉快。

宝宝俯卧用手撑起时，头可以看得更高更远，使宝宝的视觉开阔。这种姿势不但可以练习颈肌，还可以练习上肢和腰背的肌群使之强健，为以后匍行和爬行做好准备。

和宝宝玩拉坐游戏

从第4个月起，妈妈或爸爸可以每天和宝宝玩拉坐游戏，来训练宝宝的腰肌。训练时，先让宝宝仰卧在平整的床上，妈妈或爸爸握住宝宝的双手手腕，也可用双手夹住宝宝的腋下，面对着宝宝，边拉坐，边逗笑，边对话，在快乐的气氛中慢慢将宝宝从仰卧位拉到坐位，然后再慢慢让宝宝躺下去。练习多次后，妈妈或爸爸只需稍微用力帮助，宝宝就能借助妈妈或爸爸的力量自己用力坐起来。

开始进行拉坐训练时，时间一般控制在每次 5 分钟左右，然后逐渐延长至 15～20 分钟。宝宝刚学会坐时，常常会左右摇摆或身子前倾，但没多久，宝宝就能挺直腰部。进入第 6 个月后，大多数宝宝已能稳稳地独坐了。

踢小球，刺激有意动作

4 个多月的宝宝开始发现自己的脚，并在仰卧时两腿高抬快乐地蹬踢。爸爸妈妈可在宝宝床的上方挂带铃铛的大气球，当宝宝抬腿踢到时就会有响声，这会让宝宝自娱自乐好长时间。

玩踢小球游戏

1. 在宝宝仰卧的小脚旁边放一个里面带小铃铛的大塑料球。
2. 当宝宝无意间抬脚碰到塑料球时，球里的小铃铛就会转动或发出好听的声音，这会吸引宝宝再去踢腿尝试。这时妈妈把球再放回宝宝伸脚就能踢到的地方。
3. 把色彩鲜艳的气球或沙滩球挂在宝宝挥手、抬脚就能碰到的上方，当宝宝踢到球时，球的反弹运动会让宝宝感到非常高兴，他会不断地拳打脚踢，不断地尝试。宝宝踢中球时，妈妈要高兴地鼓励他：“宝宝小脚踢得真准呀!”

注意：不要用那种很轻薄的气球，容易爆开，会吓到宝宝。

宝宝抬脚、伸脚踢中目标，这可不是件容易的事，腿既要有力量，眼睛还要能精确地瞄准目标。这个游戏能锻炼宝宝腿部的力量，促进眼和腿的协调性。宝宝需要不断地练习才能理解事物的因果关系，而无意的动作导致的结果会吸引宝宝有意的行动，激发宝宝的探索精神。

社交行为能力

让宝宝分辨不同的表情

妈妈用毛巾把脸蒙上，俯在宝宝面前，然后让他把妈妈脸上的毛巾拉下来，玩时有意识地给予不同的面部表情，如笑、哭、怒等。这样可以训练宝宝分辨面部表情的能力，使宝宝对不同表情有不同反应。

妈妈要经常俯身面对宝宝，朝宝宝微笑，对宝宝说话，做各种面部表情。与此同时，拉着宝宝的手摸妈妈的耳朵、脸，边拍边告诉宝宝“这是妈妈的脸”，然后发出“咩咩”等好玩的声音。使宝宝高兴，并对妈妈的脸感兴趣，能提高宝宝的社交能力和对情绪的识别能力。

给宝宝做鬼脸

家人在宝宝清醒时，可以利用做鬼脸逗宝宝笑，如吐舌头、把鼻子挪到一边、做眯缝眼等。这样宝宝会因为你的鬼脸而被逗得开心大笑，说不定他还能模仿大人做鬼脸呢！这些小动作对发展宝宝的社交智能很有益。

让宝宝感到舒适、温馨，他会露出开心的微笑，比如用手轻轻摁摁宝宝的小鼻子、摸摸宝宝的小脸，和宝宝说笑等。

甜蜜笑笑脸

3～4 个月的宝宝开始对陌生人感到紧张、恐惧了，这说明他开始区分自己、家人和客人的关系。爸爸妈妈可与他玩一些看照片或图画的游戏，帮助他熟悉不同的面孔，让宝宝尽快地度过认生这一阶段。

宝宝睡醒吃饱后，拿出家人、朋友的照片或一些虽然陌生但开心大笑或甜蜜微笑的笑脸图轮换着给宝宝看，这时他会特别专注，而且你仔细观察，他还会模仿照片和图片上的样子。在他看照片时，妈妈指着照片里的人说出其名字并告诉宝宝那是宝宝的什么人。这时宝宝会伸手去够照片，让他去碰吧，这有助于他辨别家人，也有助于早期亲情的培养。

当然，除了让宝宝看这些可爱的图片，也别忘记常面对他做一些夸张表情，如各种笑。提供视觉刺激，是培养社交能力的开始。

教养重点与疑问解答

给宝宝选择合适的玩具

给宝宝选择玩具要注意：色彩要鲜艳，色块大，不乱；无毒无污染；玩具上尽量少有小装饰品，例如玩具娃娃和动物有眼睛，应当是不易摘下来的那种；易于清洗和消毒。

玩具是宝宝的玩具，一定要宝宝喜欢才行。宝宝的智力发育、性格、兴趣爱好不同，喜爱的玩具也不同。

以下仅供做一般性参考：

新生儿	八音盒，会动、带响声的玩具
3 个月	颜色鲜艳，能发声的玩具
4 个月	用手捏时，便会发响声、会叫的塑胶玩具
5 个月	让宝宝能抓住的玩具
6 个月	长毛绒玩具，宝宝能拿住即可，不要太大
8 个月	图片，镜子
10 个月	积木，简单的插接玩具
12 个月	拖拉玩具

（续表）

13 个月	汽车，球
24 个月	玩水和玩沙土的玩具，画画用的文具
24～26 个月	模仿玩具

解读宝宝的体态语言

宝宝在学会说话以前，有着丰富多彩的体态语言。科学家们曾饶有兴趣地研究过数千名宝宝，发现宝宝的面部表情和体态的变化并非出于偶然，而是有心理活动的意义。

宝宝的体态语和所表达的意思：

体态语	解读
懒洋洋	我吃饱了！宝宝把奶头或奶瓶推开，头转一边，一副浑身松弛的样子，多半已经吃饱，不要再勉强宝宝吃
喊叫	烦恼。不到 1 岁的宝宝，在嘈杂的环境中很容易受到干扰，但苦于口不能言，只好用尖叫、哭闹表达自己的烦恼
严肃	缺铁。一般的宝宝在出生后 2～3 个月便能在父母的逗引下露出微笑。有些宝宝笑得很少，小脸严肃，表情呆板，多半因体内缺铁造成
笑	兴奋愉快。当宝宝感觉舒适、安全的时候，就会露出笑容，同时还会双眼发光，兴奋卖力地舞动小手和小脚。这表示他很开心，是妈妈最愿意看到的表情，也是最容易读懂的表情
爱理不理	我想睡觉。玩着玩着，宝宝的眼神变得发散，不像刚开始那么灵活而有神，对外界的反应也不太专注，还时不时打哈欠，头转向一边，不太理睬妈妈，这表示他困了，想睡觉了
吮吸	饿了。喂哺过一段时间以后，宝宝的小脸转向妈妈，小手抓住妈妈不放。用手指一碰面颊或嘴角，便马上把头转过来，张开小嘴做出寻找食物的样子，嘴里还做着吸吮的动作，这说明宝宝饿了，赶紧给宝宝喂吃的吧

（续表）

瘪嘴	有了需求。宝宝瘪起小嘴，好像受了委屈，这是要开哭的先兆。有经验的妈妈会知道宝宝是用这种方式来表达要求，至于宝宝是饿了要吃奶，还是尿布湿了要人换，或寂寞了要人逗，得根据具体情况来判断
撅嘴、咧嘴	要排尿。每次小便之前，宝宝通常会出现咧嘴或是上唇紧含下唇的表情。出现这种表情的时候，最好把一把小便，或检查尿布是不是应该换了
小脸通红	大便前兆。判断宝宝大便的时机，可减少妈妈的工作量。如果看到宝宝先是眉筋突暴，然后脸部发红，而且目光发呆，是明显的内急反应，赶紧准备给宝宝排大便
吮手指、吐气泡	别理我。多数宝宝在吃饱、穿暖、尿布干净而没有睡意的时候，会自得其乐地玩弄自己的嘴唇、舌头，比方说吮手指、吐气泡什么的。也许这时宝宝更愿意独自玩耍，不愿意别人打扰
乱咬东西	长牙难受。宝宝到了长牙期，会把乱七八糟的东西塞进嘴巴，乱咬乱啃，不给就闹。长牙那种又痒又痛的感觉很难忍受，抓到什么咬什么，是宝宝逃避难受的方式
眼神无光	疾病先兆。健康的宝宝眼神总是明亮有神、转动自如的。若发现宝宝眼神黯然呆滞、无光少神，很可能是身体不适的征兆，也许已患病。最好带宝宝去医院看看，千万不要迟疑

6个月后，由于感知能力和动作能力的发展与增强，除了用面部表情代替语言来表示自己的意愿外，宝宝还伴以各种动作的体态语来表达自己的思想感情。随着月龄的增长而有不同的表现：6个月时，宝宝会张开双臂，身体扑向亲人，要求搂抱、亲热，若陌生人想要抱他，则转头将脸避开，表示不愿意与陌生人交往。

7～8个月时，宝宝会以拍手和笑脸表示高兴，在爸爸妈妈的教导下，会以“点头”表示谢谢，对不爱吃的食物避开，并以“摇头”表示拒绝。

9～10个月时，宝宝会用小手指指向他想去的地方，或用小手拍拍头，表示要戴帽子，他要出去。

11～12个月时，宝宝除了以面部表情和动作来表示体语外，还会伴以各种声音，比如“嘟嘟”声（表示汽车）、“呷呷”声（表示看到了小鸭），以及用简单的单词音来表示自己的意愿。

1岁之内，宝宝有成千上万的信息是通过体态语向爸爸妈妈传递的，而每个宝宝的传递方法各有不同，爸爸妈妈应细心观察宝宝的体态语，了解其心理需要，才能促使心灵之间的交流。

喜欢模仿的宝宝

4个月的宝宝喜欢父母逗他玩，高兴了会开怀大笑、自言自语，似在背书，“咿呀”不停；会听儿歌且知道自己叫什么名字；见到妈妈和他喜欢的人，知道主动伸手找抱；对周围的人、物品都会表示出浓厚的兴趣。最主要的是，这个月的宝宝喜欢模仿大人的表情，也喜欢大人模仿他的表情。

模仿宝宝的表情

妈妈可以刻意模仿宝宝的动作与表情，宝宝会因此而兴奋不已。反过来，如果妈妈做了一些夸张的动作，宝宝也能学得惟妙惟肖。宝宝通过模仿大人的表情，慢慢地会了解到不同的心情用不同的表情表现出来。

模仿宝宝的声音

这个时期的宝宝是个观察者，他喜欢盯着妈妈所指的事物，并把眼光落在这个事物上。当宝宝看到妈妈用舌头、嘴唇发出声音时，就会模仿妈妈自发地发出一些无意识的单词，如“呀、啊、呜”等。对于宝宝咿呀学语发出的呢喃声，妈妈要尽可能去模仿，这样的回应会使宝宝很兴奋。为了得到应答，宝宝会更积极地学发声。

不要忽略父亲的角色

研究发现，由于大多数男性与女性行为方式的不同，爸爸妈妈对待孩子的方式也有所不同。比如，母亲抱起孩子时，动作往往非常温柔，可很多父亲却和孩子玩得更“疯”，从生理和心理上给孩子带来更高程度的兴奋。

宝宝早在2个月大时，就能分清过来抱他的是男性还是女性。如果是父亲来了，他会全身紧张，心跳和呼吸加快，准备好和父亲“疯一场”。这种外在刺激对宝宝的大脑发育很有好处。

很多父亲在孩子面临挑战和难题时，更倾向于鼓励孩子坚持，而母亲有时则想：“孩子还小，先算了吧!”妈妈常常会低估自己宝宝的能力，而爸爸却会选择“逼”孩子一下，更多地鼓励孩子。

父亲不是替代母亲，而是独立的个体。父亲最大的责任就是帮助母亲，用和母亲不一样的方式支持宝宝独立，尽量成为宝宝难以超越的人。

爸爸妈妈在育儿行为方式上的差异可以互补。孩子在得到鼓励、推动的同时，也不乏耐心的呵护，这样才能既发挥孩子的潜力，又不致伤害孩子的心灵。

Part 5

宝宝4~5个月

宝宝的生长发育

身体发育

体重	男婴　约 7.97 千克	女婴　约 7.53 千克
身长	男婴　约 66.76 厘米	女婴　约 65.90 厘米
头围	男婴　约 43.10 厘米	女婴　约 41.90 厘米
胸围	男婴　约 43.40 厘米	女婴　约 42.05 厘米
坐高	男婴　约 43.57 厘米	女婴　约 42.30 厘米

动作发育

5 个月的婴儿显得懂事多了，体重已经是出生时的两倍。口水流得更多了，在微笑时会口水不断。如果仰卧在床上，可以自如地变为俯卧位。坐位时，背会挺得很直。当家人扶宝宝站立时，他能够直立。在床上翻身变俯卧位后，很想往前爬，但由于腹部还不能抬高，所以爬行受到一定限制。

5 个月的婴儿会用一只手去够自己想要的玩具，并能抓住玩具，但准确度还不够，往往一个动作需要反复好几次。洗澡时，会很听话，还会打水玩儿。

5 个月的宝宝还有一个特点，就是会不厌其烦地重复某一个动作，经常故意把手中的东西扔到地上，捡起来又扔，可以反复 20 多次。也常常会把一件物体拉到身边，推开，再拉回，反复动作。这是宝宝在显示能力。

语言发育

宝宝长到5个月时，他的发音都是无意识的，但常常是对大人的发音的反应，也就是说交流开始产生了。如果有人跟宝宝说话，宝宝会“咿咿呀呀”地回应。5～6个月的宝宝就已经具备了接收语言的能力。能听就是交流的基础，听是能说的基础。做父母的在这个阶段一定要多多跟宝宝交流，不要怕宝宝听不懂。5～6个月的宝宝已经在积极地准备开口说话了，父母一定要鼓励宝宝这种欲望，常常和宝宝交流，帮宝宝做好说话前的热身运动。

感知发育

5个月的婴儿会用表情表达自己的想法，能区别亲人的声音，能识别熟人和陌生人，会对陌生人做出躲避的姿势。

心理发育

5个月的婴儿睡眠明显减少，玩的时候多了。如果家人用手扶着宝宝的腋下，宝宝就能站直。5个月的宝宝可以用手去抓悬吊着的玩具，会用双手各握一个玩具。如果叫到他的名字，他会对着你笑。在仰卧的时候，双脚会不停地踢蹬。这时的宝宝喜欢和人玩捉迷藏、摇铃铛，还喜欢看电视、照镜子，对着镜子里的人笑。不会用东西对敲。宝宝的生活丰富了许多。

睡眠

5个月的婴儿每昼夜睡15～16小时，夜间睡10小时，白天睡2～3次，每次睡2～2.5小时。白天活动持续时间延长到2～2.5小时。

宝宝的左脑开发

语言能力

逗宝宝说话

在宝宝情绪愉快的时候，不妨运用各种方法逗引宝宝发音，训练说话，与宝宝“交谈”。

说笑逗引

抱起宝宝，与宝宝面对面，用愉快的口吻和表情与宝宝说笑和逗乐，使宝宝发出满意的“嗯——啊——”声或笑声。逗引宝宝注视你的口型，每发一个重复音节，应停顿一下，给宝宝模仿的机会。

玩具逗引

用宝宝喜爱的玩具、图片逗引宝宝发声，一旦逗得高兴了，宝宝兴奋得手舞足蹈时，自然会发出各种不同的声音。比如你手里拿个球，问他“球在哪儿”时，把球递到宝宝手里，让他亲自摸一摸、玩一玩，告诉他:“这是球——球。”你边说，边让宝宝触摸、注视、指认，每日数次。

户外活动

在户外活动时，遇到让宝宝感兴趣的人或物体时，宝宝也会高兴地咿呀作语。

轮流逗引

家庭成员轮流逗乐宝宝，当然宝宝在妈妈的怀里更爱笑，更爱笑出声音来。快乐的亲情逗乐，会令宝宝四肢和全身松弛，身心愉快。家庭游戏适宜体现活泼的气氛，但要注意不要对宝宝有任何勉强。如果宝宝情绪不好时应当停止，而且要注意效果，不要乐极生悲，过分逗得宝宝哭闹。

有计划地读儿歌、讲故事

读儿歌和讲故事是父母与婴儿交流最容易做到的方式之一。不管是读儿歌还是故事，对于5个月的婴儿来说都很重要。

把你正在做的活动编成顺口的儿歌说给宝宝听，可以当作讲给宝宝听的故事。或者一边走一边朗读书中的内容或编故事给宝宝。也可以给宝宝看一些杂志上或书上简单的图画，或编个关于这些图画的故事。这些故事没有什么意义，尽管拙笨无聊，但对宝宝来说也是很有趣的。

如果你从书中给宝宝读儿歌或讲故事，你可以一边翻书页一边讲解里面的图画。比如你有一本有关卡车的书，可把卡车指出来并帮他辨认每一种车。宝宝也许听不明白你的话，但你是在帮助他了解，所有卡车都属于车——一种东西可能有变化，但还是这种东西。

听觉能力

有计划地给宝宝听音乐

5个月的婴儿对音乐能表现出特殊的爱好，并能配合音乐节奏摆动四肢。也就是说，他已具有初步的音乐记忆力，并对音乐有了初步的感受能力。所以，从这个月龄开始，你就要有目的、有步骤地让婴儿欣赏音乐。

1. 让婴儿反复听某一首乐曲，增强婴儿的音乐记忆力。
2. 给婴儿听模仿动物的叫声和大自然中某些声响的音乐。你可用画有单个物体的彩色图片或实物配合，引起他的兴趣和舒畅的情绪，做到声、物、情融为一体。

进入声音传感期，多给宝宝语音刺激

声音传感期就是宝宝在半岁左右开始对周围声响产生浓厚兴趣，以至于参与其中模仿声音的一段时期。进入这段时期的宝宝尤其喜欢声音游戏。因此，妈妈应根据宝宝这段时期的特点注意以下几点：

多和宝宝玩一些有声音的游戏。多和宝宝用语言进行交流。语言要柔美而富有韵律，可以给宝宝唱一些儿歌，给宝宝讲故事，当讲到有动物出现的地方时，妈妈要把动物的叫声和表情夸张地做出来，并引导宝宝模仿。

精细动作能力

配合儿歌教宝宝玩手指游戏

妈妈可以跟着儿歌编出相应的适合手部的动作，经常和宝宝游戏：

“一个姥姥出来走，见面问好点点头；两个姥姥出来走，长长耳朵兔子头；三个姥姥出来走，玉兰花开树枝头；四个姥姥出来走，走呀走到门里头；五个姥姥出来走，高高兴兴拍拍手。”

认知能力

允许宝宝吃手指

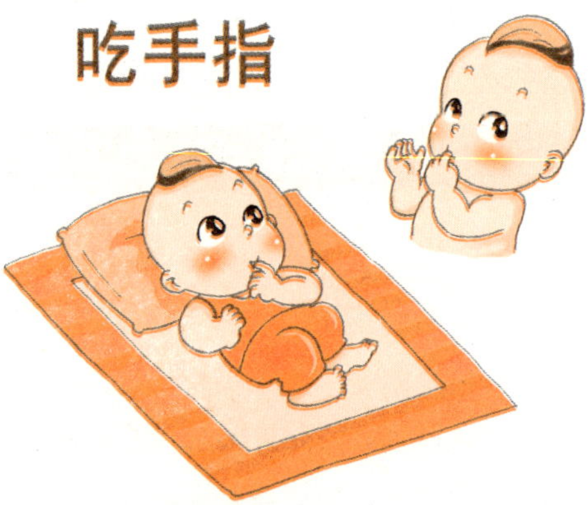

婴儿喜欢自己的小手，这是人所共知的不争事实。出生后满2个月，几乎所有的宝宝都会把手指放在小嘴里吸吮，最常发生吸吮手指头的时间是睡眠前。有统计证明，经常吸吮手指头的宝宝较少发生夜哭的情况。

其实，婴儿喜欢吃手指头、咬东西，并不代表婴儿一定是想吃东西。吃手指头或咬东西，是婴儿想通过自己的能力，了解自己和对外部世界积极探索的表现，这种动作的出现，说明婴儿支配自己行动的能力有了很大的提高。

因此，要充分认识到宝宝吃手指头、咬东西的意义，不要强行制止宝宝的行为。只要宝宝不把手弄破，在不影响安全的情况下，尽管让宝宝去吃，否则会妨碍宝宝手眼协调能力和抓握能力的发展，打击宝宝特有的自信心。

吃手指头和见什么都往嘴里喂的行为，在整个婴儿时期是一个过程性的阶段，一般到8～9个月以后，宝宝就不再吃手指或见什么咬什么了。如果宝宝长到8～9个月龄还爱吃手指，就要注意帮助宝宝纠正。此外，宝宝吃手指头或见什么咬什么的时候，要注意卫生，保持宝宝小手的清洁，玩具也要经常清洗和消毒，保持干净，注意过硬的、锐利的东西或小物件如纽扣、别针、豆粒之类的东西不能让宝宝有机会抓到喂进嘴里，防止发生意外。

宝宝的右脑开发

适应能力

有意识地让宝宝独自玩

有些宝宝在5个月以后，只要妈妈一走开，马上就会哭闹起来，如果整天抱着、背着、哄着，会使宝宝变成溺爱型，不利于身心健康发育。因此，培养宝宝具有独处玩的习惯也很重要。如果妈妈一不在身边就哭，可以试着先让宝宝在能看到妈妈的地方自己玩，然后逐渐拉长、拉远距离，慢慢地宝宝就能够在床上或者家中安全的地方单独自己玩上半小时左右。

溺爱过度的宝宝，任性、爱撒娇、很难自制，只要身旁一没有人就不高兴，大吵大闹，哭闹不止，这样对宝宝成人以后的心理和人格都不利。因此，培养宝宝的自制力和忍耐力，也是育儿过程中一大重点，及早培养宝宝单独自己玩的能力，是一项很重要的能力。

奔跑的马儿，发展空间认知

家长抱起宝宝，一手托住他的屁股，一手搂着他的腋下，让他面向外可以看到整个环境，然后家长开始像匹马一样地跑来跑去。在游戏过程中，宝宝会因为看到画面不断在改变，而感觉到很新鲜。起先不要太快，甚至可以只在一个小地方做，慢慢地才将活动的范围拉大。

作用：促进前庭平衡系统的发展；不断变换的画面也可以促进视觉的发展；帮助小宝宝确定自身与周围事物之间的关系，能发展空间认知。

最好是在地面平坦的情况下做这个活动。家长的速度，应该随着小宝宝的反应来做相应的变化。

听指令拿玩具

让宝宝建立声音与玩具间的条件反射，每听到一种声音，就认得一种玩具并拿来，可训练宝宝的适应能力。

妈妈在家中选择宝宝喜欢的玩具，如小电话、小喇叭、小电子琴等，妈妈一面说，一面拿取玩具同他玩耍，并要求宝宝“给我拿小电话”，看他是否拿对。拿对了，抱起来亲亲他，表示鼓励；拿错了，替他拿一个对的，让他再认识。多重复几次，宝宝一定能学会辨认玩具。

训练宝宝的嗅觉

训练宝宝的嗅觉能促进宝宝适应能力的提高。根据研究，嗅觉能形成一个人记忆中最强有力的部分。很多妈妈忽略掉了对宝宝嗅觉能力的培养，其实我们身边训练宝宝嗅觉的素材有很多，如：

1. 花的味道。茉莉花、玫瑰花、兰花、菊花等。
2. 瓜果的味道。苹果、橘子、桃子、香蕉、柠檬、甜瓜等。
3. 蔬菜的味道。韭菜、芹菜、大蒜、大葱、洋葱头等。
4. 饮料的味道。白酒、啤酒、葡萄酒、香槟等。

妈妈要注意，食堂、动物园、厕所、食品店、医院等，这些场所最好不要让宝宝停留太久。如果宝宝嗅觉非常好，可能一进去就会哭闹着要出来。

视觉能力

看远处的物体

此时宝宝的视力已明显增强，可以看到远处的物体，及时训练可扩大认识事物的范围。

妈妈要更多地指着周围环境中的各种物品介绍给宝宝听，不管宝宝是否能听懂，都要多次重复，让宝宝反复感知。这时，除了指认室内的家具、玩具、食物、日用品和室外的花草树木、交通工具、建筑物等以外，可以开始指认远处的行人、车辆，天上的白云、风筝，初升的月亮和落日，等等。但不要带宝宝去过于吵闹的地方或在恶劣的天气情况下外出。

五彩旗布，与颜色“混个脸熟”

4个月以后的宝宝不但能看清黑白分明的东西，也能看清一些东西的轮廓了，这时可以用五彩旗布来练习看轮廓里面的细线条。

1. 妈妈用红、绿、蓝色的彩纸剪下一些最基本的几何图形，如圆形、正方形、三角形等，把它们贴到黑白相间的大格子的白格子上，然后挂在墙上。
2. 玩的时候，把宝宝抱到这个五色旗布前，用手指着其中一个图形，如绿色圆形，告诉他：“这是绿色的圆形。”

像这样，看五六个图形后停止。

这个时期无须精确认知颜色和形状，“混个脸熟”即可。妈妈必须抱着玩的心态和宝宝玩游戏，不要指望宝宝能很快分辨颜色和形状。宝宝不想玩时就停止。

大动作能力

抱枕上找平衡

让宝宝顺着抱枕的长度趴在上面，使宝宝的胸部、腹部和大腿都压在抱枕上，让宝宝的头转向一边，轻轻地左右摇动宝宝，同时自编些《摇啊摇》之类的儿歌唱给宝宝听：“摇啊摇，摇宝宝，左摇摇，右摇摇，东摇摇，西摇摇，摇来摇去，摇宝宝。”

让宝宝趴着做简单的左右摇晃，既能刺激宝宝的前庭器官，又能锻炼宝宝上体的肌肉力量。轻柔的摇晃和胸腹部承受的压力，能让宝宝得到安慰。注意抱枕不能太软，要足以能够支撑宝宝的身体，而且能摇起来。

训练宝宝靠坐

妈妈将宝宝放在有扶手的沙发上，让宝宝靠坐着玩，或者妈妈给予一定的支撑，让宝宝练习坐。支撑力量可逐渐减少，每日可连续数次，每次 10 分钟。

训练宝宝直立和跳动

妈妈两手扶着宝宝腋下，让宝宝站在妈妈的大腿上，保持直立的姿势，并扶着宝宝双腿跳动。每日反复练习几次，可促进宝宝腿的耐受能力以及身体平衡感知觉的协调发展。

训练宝宝匍行

有时宝宝双腿离开床铺，身体以腹部为支点在床上打转。用手抵住宝宝足底，用玩具在前面引诱，宝宝会用上肢和腹部开始匍行。这能促进宝宝身体和骨骼的生长发育，提高宝宝的智力。

伊比拉拉，训练上肢肌肉

5 个月左右的宝宝头颈及腰背部肌肉力量迅速发展，做做“伊比拉拉”游戏可以帮助宝宝伸展和锻炼上肢肌肉力量，为独自坐做准备。

❶ 让宝宝仰卧在床上。妈妈将大拇指塞进宝宝的小手心里，其余四指包裹住宝宝的小手并抓住宝宝的手腕，宝宝会自然地抓住妈妈的手指。

❷ 将宝宝慢慢地拉坐起来，然后再轻轻地原路放回到仰卧姿势，这样边做动作边唱儿歌：“伊比拉拉，伊比伊比拉拉——伊比拉拉，伊比伊比拉拉——伊比拉拉，伊比伊比拉拉——”

3 换换歌词，如“伊比雅雅”、“伊比压压”或“伊比妞妞”等都可以。

一句做一个动作，让宝宝充分体现乐曲感。另外，如果宝宝很高兴，妈妈在拉起宝宝的同时，与宝宝碰碰头、顶顶鼻子，宝宝会更开心。与人拉手互动，是早期合作的开始，宝宝会努力学习配合，这是团队精神的基础。

社交行为能力

发展宝宝的自我意识

发展宝宝的自我意识，对宝宝树立自我形象，建立自信心，提高社交能力很有帮助。

1. 要想办法引起宝宝的注意，让宝宝多看，喜欢看，小眼睛骨碌骨碌转起来，从而逐渐意识到“这是我看见的”。
2. 要多对宝宝说话，还要夸张地说（伴以夸张的动作和表情），让宝宝听各种好听的声音，引起宝宝对声音的兴趣，从而逐渐意识到“这是我听到的”。
3. 小手和小脚是宝宝重要的感知觉通道，要刺激宝宝手和脚的肌肉，让小手多触摸，小脚多活动，从而逐渐意识到“这是我的手和脚”。

让宝宝玩小触觉球

触觉球是相当专业的律动球，球面上的颗粒能强化触觉神经及辨识能力，对触觉的复苏有很大的帮助。妈妈拿小触觉球从宝宝的胸前滚到腹部、大腿，回到头部，或是从背部滚到屁股。滚动时要时而用力，时而放松，给宝宝不同的感觉。在滚动的同时，遇关节处稍用点力挤压两下，特别是颈部、手掌、脚底、腿窝等敏感处。妈妈可以一边做，一边唱歌或放个背景音乐，来制造一种快乐的气氛。

小宝宝不知道自己身体的存在，也无法区分自己的身体与别人身体的不同，这个游戏可以推动宝宝刚刚萌芽的身体认知。

有机会的话，妈妈可带宝宝到游乐场去玩一玩，那里的海洋球池可以让宝宝全身都接受小球带来的压力和刺激。

教养重点与疑问解答

宝宝太乖好不好

大一点的宝宝患病，自己能说出身体有何不舒服，这样可以引起大人注意。而这个时期的宝宝则不同，生病时反而会显得安静，表现为不吃、不哭、不动、无反应、体温上升。刺激其耳朵、鼻子、足底，会表现为不动、不哭、对刺激无反应。喂奶不肯吃，长时间不喂，也不会因饥饿而啼哭、吵闹。若宝宝出现上述情况，表示宝宝病得较重，就应赶快找医生。

就四肢活动来讲，同样表现为安静、动作少的宝宝，有的是肌肉张力增高，下肢强直，呈交叉状。这种宝宝往往精神呆滞，反应不灵敏。而且随着年龄的增大，智力发育落后逐渐明显。

总之，正常宝宝应该是面色红润、哭声响、吸吮有力，随着月龄增长有相应的变化。例如，3 个月以后宝宝认识亲人，会发出“咯咯”的笑声等。如果宝宝由原来的活泼好动，突然变得“乖”了，很可能是得了急性病的表现，家人应该速带宝宝去医院诊治。

多和宝宝一起玩

5 个月的婴儿，醒着的时间要多了。醒着时，宝宝不会静静地躺着不动，宝宝会看着周围环境中感兴趣的物件，或者会玩自己的手，或者翻身。由于生理机能和手的活动能力还很差，独立玩的能力还不强，妈妈应教宝宝玩，带着宝宝一起玩。要相信，父母的爱是促进宝宝智力成长的动力。

可以先把玩具一个一个地示范给宝宝看，同时用愉快、亲切的口吻给宝宝说玩具的名称，教给宝宝玩，然后鼓励宝宝成功地自己玩响玩具。

婴儿喜欢模仿成年人，这个月龄宝宝的行为活动主要还是无意性的，注意力也是无意性的，而且极不稳定。在玩的过程中，通过看一看、听一听、摸一摸、摇一摇等动作，不仅可以培养宝宝的视听能力、触觉等感知能力和手的协调动作，也能让宝宝对客观事物产生浅表的认识和感觉。

用欢乐的情绪影响宝宝

4～5 个月宝宝已逐渐适应环境，积极的情绪反应已占主导地位。宝宝已能非常敏感地感受他人的情绪，例如，宝宝已经学会对妈妈的歌声和笑脸报以微笑和四肢舞动的欢快反应，并主动对妈妈的亲近发出愉快的情绪反应；对妈妈悲哀的面孔表现出严肃的表情，开始出现了悲伤的情绪。妈妈要多用欢乐的情绪影响宝宝。

用笑脸回应宝宝的微笑

宝宝出生后本能地发出“天使的微笑”。3～4 个月后，宝宝出现“社会性的微笑”。宝宝的笑是突然发出的，伴随着满目发光，两手晃动，接着笑容立即停止，等候大人的鼓励。这时，妈妈应笑脸相迎，轻轻抚摸宝宝或亲吻宝宝。同时，宝宝会以微笑表示满意。

正确对待宝宝发怒

当宝宝的需求没有得到满足时，常常会发怒，但持续时间并不长。

父母以正确的态度来对待宝宝的怒气是很重要的。宝宝发怒时，父母应始终保持客观、冷静的态度，绝不要跟着宝宝一起发怒，也不要故意逗宝宝发火。在宝宝发脾气时，妈妈既不要惩罚，也不要溺爱宝宝。可以和宝宝做游戏吸引宝宝的注意力，宝宝很容易就会平静下来。如果宝宝不能平静下来，妈妈也不妨到隔壁房间忙点别的事。总之，对发怒的注意越少，宝宝也就越少发怒。由于宝宝正处于个性形成时期，这些最初的行为的影响将是非常深远的。

宝宝夜哭怎么办

有一些宝宝会在白天睡觉，夜里却总是醒着要玩，否则就会大哭大闹，人称“睡颠倒了”。这种睡眠习惯时间颠倒的宝宝，俗称“夜哭郎”。

睡眠习惯时间颠倒造成“夜哭郎”，是婴儿神经反应系统发育尚不完善造成的，需要反复培养，才能建立起白天活动、夜里睡觉的起居规律。白天，如果宝宝睡得太熟，要有意识地让宝宝多醒几次，少睡一会儿，多逗宝宝玩一些时间。必要时，可以看医生，服用适量的药物加以调整，建立起晚上睡觉的正常起居习惯。

要让宝宝晚上睡好觉，睡眠环境一定要安排妥当。睡前要给宝宝换好尿布，被褥要薄厚适宜，不要过暖。室内空气要新鲜，冷暖适当，不要有对流风，也不要有电扇和空调直接吹。夜间宝宝睡觉的室内不要高亮度照明，宜用可调光灯或地灯。

Part 6

宝宝9~10个月

宝宝的生长发育

身体发育

体重	男婴　约8.46千克	女婴　约7.82千克
身长	男婴　约68.88厘米	女婴　约67.18厘米
头围	男婴　约44.32厘米	女婴　约43.20厘米
胸围	男婴　约44.06厘米	女婴　约42.86厘米
坐高	男婴　约44.16厘米	女婴　约43.17厘米

动作发育

6个月的婴儿已经会翻身了。如果扶着宝宝，宝宝能够站立，扶立时喜欢跳跃。把玩具等物品放在面前，宝宝会伸手去拿，并塞入自己口中。6个月的宝宝开始会坐了，但还坐不太好。

语言发育

6个月的宝宝的听力比以前更加灵敏了，能分辨不同的声音，并学着发声。

感知发育

6个月的婴儿已经能够区别亲人和陌生人，看见看护自己的亲人会高兴，从镜子里看见自己会微笑。如果和宝宝玩藏猫猫的游戏，宝宝会很感兴趣。这时的宝宝会用不同的方式表达自己的情绪，比如用哭、笑来表示不喜欢和喜欢。

心理发育

6个月的宝宝，运动量、运动方式、心理活动都有明显的发展。宝宝可以自由自在地翻滚运动。如果碰见了熟人，会有礼貌地逗人开心，向熟人表示微笑，这是很友好的表示。不高兴时会用撅嘴，扔、摔东西来表达内心的不满。照镜子时，会用小手拍打镜中的自己。经常会用小手指向室外，表示自己内心向往户外活动，示意父母带自己到室外活动。

6个月的宝宝，心理活动已经比较复杂了。他的面部表情就像一幅多彩的图画，会表现出内心的活动。高兴时，会眉开眼笑、手舞足蹈、咿呀作语；不高兴时，会怒气冲冲，又哭又叫。能听懂严厉或柔和的声音。当家人离开他时，会表现出害怕的情绪。

睡眠

6个月的宝宝一昼夜需要睡15～16小时，白天、黑夜一般要睡3次，每次1.5～2小时，夜间睡10小时左右。

宝宝的左脑开发

语言能力

边唱儿歌边做动作

让宝宝面对着妈妈坐在妈妈的膝上，拉住小手边念边摇："拉大锯，扯大锯，外婆家，唱大戏。妈妈去，爸爸去，小宝宝，也要去。"到最后一个字时将手一松，让宝宝身体向后倾斜。每次都一样，以后凡是念到"也要去"时，宝宝会自己将身体按节拍向后倾倒。

妈妈唱儿歌时语速要慢，要有意识地引导宝宝模仿，以便有助于宝宝的理解。训练宝宝听儿歌、做动作，可以培养宝宝的语言能力和倾听能力，以及身体协调运动及控制能力等。

模仿发叠音

在宝宝无意中发出"啊——妈——"、"啊——爸——"、"唔——嗯——"等声音时，要及时地用正确的语音语调教宝宝，让宝宝看清成年人的口型，让宝宝多练习、多模仿，不久，宝宝就能清晰地发出"爸——爸"、"妈——妈"的重叠音。

坚持随时与宝宝沟通

妈妈在做一些事情的时候，只要宝宝在身边，就可以边做边说。如洗衣服时，一面洗一面跟宝宝聊："这是爸爸的衬衫。""这双臭臭的小袜子是谁的呀?""好，我们现在把脏衣服放到洗衣机里去吧！很快就会洗干净了。"

即使小宝宝这时还不会说这些词，但父母一定要持之以恒，并作为一种长期性的、经常性的教育任务来做。妈妈并不是自己在那儿说个不停，而是要随时观察宝宝的表情，留意宝宝的态度，并不断给他参与活动的机会。这能促进语言的发展，大量高质量的语言会为宝宝将来开口说话打下基础。宝宝在与家人的沟通中逐渐学会与人说话时要掌握的契机，从而发展宝宝的社交能力。

妈妈跟宝宝说话时语调要充满变化，不要总是一个调，一种口气。

跟宝宝一起读书

跟宝宝一起读书是一种把学东西同亲近结合起来的极好的方式。你让宝宝接触语言的韵律和音调，在你们俩共享这一体验时，你也与他建立了亲密的情结。

当你读书给宝宝听时，你是在向他展示一个新的世界。给他读不同的书可培养他未来的读书习惯，由于你们分享的互相交流，他会成为一个终生读者。

为了给你的宝宝灌输爱读书的好习惯，应该选择那些适合婴幼儿年龄的书和故事。

在读一篇故事给宝宝听时，你的嗓音会充分表达故事内容的情感，要以欢快的音调来读故事，自始至终要表现出热情。根据书中不同的人物来改变音调，要使宝宝听得入迷，他会感受到你的愉快并更亲密地注意你。

应随时牢记，无论是哪个宝宝，他们都会对这种活动感到厌倦，要注意观察他是否出现不耐烦的迹象。当宝宝感到厌烦时，应该停下来，改天再接着读。

听觉能力

滴答滴答，在哪儿呢

妈妈可以把表贴在宝宝耳边，并说：“滴答滴答……”接着把表贴在自己耳边说：“滴答滴答在哪儿呢?”如果宝宝表示出要把表放在耳边听的要求，就可以了。这时，可让宝宝多听会儿，再说：“给妈妈听滴答。”如果宝宝把表送到你耳边，就说明他懂了。

在宝宝的床栏杆上，在其手可碰到的地方，吊一些漂亮、会发声的玩具。妈妈可拉着他的手去触拉玩具，让他体会拉拉线，玩具会动，还会叮咚叮咚响的情趣。如此反复多次，宝宝就会自己去触拉玩具，成功后，宝宝会咧嘴咯咯笑，且乐此不疲。

测宝宝的听力

让宝宝坐在你的腿上，和墙壁的距离不应少于120厘米，并请另一个大人站在宝宝一侧与其耳朵齐高，但宝宝看不见的位置。

6个月大的宝宝，测试者应站在离他45厘米以外的地方。利用下列顺序在宝宝耳朵高度处发出声音，训练宝宝对各种物品发出的声音的辨别能力，同时也可以测试宝宝的听力。

1. 利用你的声音发出低频率及高频率的声音。
2. 摇动会发出声响的玩具。

③ 以汤匙敲打杯子。

④ 搓揉塑料纸。

⑤ 摇动摇铃。

如果宝宝对声音没有反应，等两秒钟后再试，试过三次之后，如果还没有反应，则继续做下一项测试。

如果6个月的宝宝还不会发出声音，应怀疑发育迟缓，并带宝宝到正规保健机构检查，看是否听力有问题。

精细动作能力

取米花

手指动作的发展，能较好地促进大脑的活动功能，所谓“心灵手巧”说的就是这个道理。要及时训练宝宝做精细动作的能力。

在桌上放一堆细小物品，妈妈抱宝宝坐好，教宝宝用手去取小物品，如小软糖、小饼干、玉米花等，这样可以训练宝宝的小肌肉运动和手眼协调动作。要注意别给宝宝硬的、带尖的和脏污的小物品，以防宝宝吞入口中。

撕纸

让宝宝两手拿纸，初次玩可把纸中间撕一个小口，这样宝宝撕起来会容易一些。妈妈也可握着宝宝的手，教宝宝撕，慢慢地他就会自己去撕了。妈妈还可和宝宝合作，两人各用一只手撕纸。

另外要注意，废旧的报纸和书刊，尤其报纸上面的油墨很容易脱落，这些油墨含有铅，对宝宝的健康不利。因此撕纸后，一定要给宝宝把小手清洗干净，并且一定要防止宝宝在小手没洗干净之前吃手，或者用手拿东西吃。

有意识地教宝宝自己用小手扶奶瓶，往嘴里送奶嘴，在生活中培养手眼协调能力。

宝宝的眼耳协调能力也是一项重要的感觉动作技能，是指宝宝听到附近的声音，转动眼睛和身体的能力。经常在不同的位置播放音乐，或者与宝宝说话，帮助宝宝自如、准确地找到声源，都可以锻炼宝宝的眼耳协调能力。

倒手传积木

宝宝坐在床上，妈妈给他一块积木，等他拿住后，再向另一只手递另一块积木，看他是否将原来的一块积木传递到另一只手后，来拿这一块积木。如果他将手中的积木扔掉再拿新积木，就要教他先换手再拿新的。积木要保持清洁，坚持经常擦洗。

5～6个月的宝宝开始用手指和手掌抓住东西，7～8个月时能抓住并拿起东西。这个游戏可以训练手与上肢肌肉动作，提高用过去积累的知识解决新问题的能力。

认知能力

教宝宝玩水

夏天，给宝宝洗澡时，可以在水盆里放一些软木塞、塑料玩具、小皮球之类的玩具，让宝宝坐在水里边洗边玩。

戏水，可以让宝宝获得关于流动、漂浮等感性知觉，对宝宝的智力发展有利。但玩具一定要干净、无锐角、不会伤着宝宝。这类玩具因为是在宝宝洗澡时与他的皮肤接触，一定要保持清洁和消毒。

宝宝的右脑开发

适应能力

寻找藏着的玩具

让宝宝看着把玩具小狗放在桌上，用手绢盖上，大人问："小狗呢?"宝宝可能懂得被手绢盖着，用手扯开。如不懂，大人可帮他把手靠近手绢，让他拉开见到小狗。要多次训练，让宝宝逐渐学会，一问便扯开手绢。以后当着宝宝的面用碗把小玩具扣上，再问，看他是否知道是在碗下面而揭开，再反复训练。

玩具要经常更换。在用碗扣时要用带把手的喝水碗（杯），宝宝不断揭碗，还能促进手指小肌肉的锻炼，增强手指力量。让宝宝多动动小脑筋，可以锻炼记忆力和判断力。

训练宝宝自己抱奶瓶、拿勺子

在宝宝吃奶时，训练他能自己用双手扶奶瓶吃奶，家长要赞扬和鼓励宝宝，还可边喝边配上儿歌，如"牛奶甜，牛奶香，喝了牛奶长得棒"等。两次喂奶间可以给宝宝一块软质饼干，放在手里，鼓励他自拿自吃。

吃饭时，宝宝有可能来夺勺子，这正是学用勺子吃饭的好机会。开始时他还分不清凸凹面，快到 1 岁时就会装满勺子，自己吃。

学用勺子的方法如下：

从两把勺到一把勺：先让宝宝右手持勺学吃，妈妈用另一把勺喂饭。

可左右手用勺：开始宝宝持勺不分左右手，没有必要非要他纠正，两手同时并用可促进左右大脑发育。

爸爸妈妈一定要有耐心，宝宝开始用勺子不够熟练，会弄得手、脸、衣服到处都是饭，甚至摔碎碗或杯子。这时不要大声斥骂，更不能因此让他失去学习的机会。

观雨、看雪

下雨时，可抱（扶）宝宝在窗前或

阳台上，引导宝宝观看下雨的情景、听下雨的声音，同时反复说："滴答滴答，下小雨了，沙沙沙沙，小雨沙沙。"若下大雨，则说："吧嗒吧嗒，下大雨啦，哗哗哗哗，大雨哗哗。"然后再唱一曲《下雨》给宝宝听，加深印象，让宝宝熟悉雨的声音、感觉。

冬天白雪飘飘的时候，爸爸妈妈可带宝宝外出欣赏美丽的雪景，让宝宝看一看漫天飞舞的雪花，摸一摸堆积在一起的雪团，让宝宝领略一下这银白色苍茫大地的气派。当欣赏雪景的时候，爸爸妈妈可用语言与宝宝交流："下雪了，雪花飘下来了，房顶上变白了，地上也变成白色的了，真漂亮。"使宝宝知道雪的感觉，认识雪。

训练宝宝坐便盆

大约 6 个月大的宝宝，就可训练坐盆大便。如果训练正确和有耐心，大概在周岁时就可以训练成功。

开始训练时，先要注意观察宝宝每天大概在什么时候大便和将要大便时的神态。一般宝宝要大便时，总会表现出一种特殊的样子，如凝神、用劲、脸发红等，见有这种神态时，就要赶快让他去坐盆。

宝宝坐盆的同时，家长可以发出条件反射信号，如"嗯嗯"，以加强大便感觉。无论有无大便，坐盆时间不要超过 10 分钟。如能做到每天按时训练，不久必能成功。

视觉能力

做婴幼儿眼保健操

第一节　揉太阳穴

位置：太阳穴在眉梢与外眼角之间向后移约 3 厘米处，手指可摸到凹陷。

方法：四八拍，一八、三八拍向里揉，二八、四八拍向外揉。

第二节　揉攒竹穴

位置：攒竹穴在眉毛头端处。

方法：四八拍，一八、三八拍向里揉，二八、四八拍向外揉。

第三节　捋发

此法是按摩手法。

方法：共捋四次，捋的速度要均匀。

第四节　揉睛明穴

位置：睛明穴在内眼角处，手指可摸到皮肤下有隆起的结。

方法：四八拍，一八、三八拍向里揉，二八、四八拍向外揉。

第五节　揉四白穴

位置：四白穴在眼下 3 厘米处，直对膜仁。

方法：四八拍，一八、三八拍向里揉，二八、四八拍向外揉。

第六节　揉头维穴

位置：头维穴在额角进入头发边界1.5厘米处。

方法：四八拍，一八、三八拍向里揉，二八、四八拍向外揉。

第七节　揉风池穴

位置：风池穴在颈后两旁凹陷中。

方法：四八拍，一八、三八拍向里揉，二八、四八拍向外揉。

第八节　点压合谷穴

位置：合谷穴在虎口处第一掌骨与第二掌骨之间，靠近第二掌骨边缘，用手指压迫时感到酸沉。

方法：四八拍，一八、二八拍右手压左手合谷，三八、四八拍左手压右手合谷。

第九节　按光明穴

位置：光明穴在小腿外侧腓骨前缘，距足外踝约16厘米处。

方法：四八拍，一八、三八拍向里按，二八、四八拍向外按。

第十节　远眺

两眼向正前方看，在远处找一个比较大的目标，注视时两眼要放松，不可用力细看。远眺时间大约四八拍，也可多看几分钟。

大动作能力

训练宝宝爬行

宝宝6个月以后可以训练他的爬行能力。把宝宝放在地毯上，收拾好周围的用品，收起地上的电源插座等危险品。把宝宝喜欢的玩具放在让他够不着的地方，但不要太远，宝宝想要拿，往前移动就能拿到。宝宝必须先翻身俯卧，然后伸手够。开始时，宝宝肚皮贴地往前移，前肢、后肢都用不上力。妈妈可以在此时推动宝宝的脚，鼓励宝宝用力向前。渐渐地，宝宝就能学会用上肢支撑身体，用下肢使劲儿蹬，协调地向前爬行。

宝宝会爬以后，就扩大了活动的范围，不会再放在哪儿就待在哪儿了。妈妈可以把宝宝的玩具藏在身后，逗引宝宝来找。当宝宝把玩具找出来后，会很高兴。爬行的游戏也可以由易到难，从近到远，变换玩具和方法，给宝宝带来愉悦。

爬行游戏对宝宝的训练，比学会坐

更能扩大宝宝的视野和认识世界的范围，因此爬是宝宝独立行走前助长脑发育十分重要的阶段，父母要充分重视。

爬行可以训练身体和四肢的动作，并通过大脑的指挥，协调向前爬行、后退和移动。爬着去寻找玩具，会使宝宝认识到，看不到的东西但可以找到，这也是宝宝认识世界的一个新起点。

帮助宝宝坐起来

宝宝到了 6 个月大时，脊部、背部、腰部已渐渐发育强壮，从翻身到坐起连贯动作会自然发展。通常宝宝会先靠着呈现半躺坐的姿势，接下来身体会微微向前倾，并且会用双手在两侧辅助支撑。

一般来说，6 个月至 6 个半月的婴儿时期，宝宝会开始学会独立的坐姿，但如果倒了，还无法自己恢复坐姿，一直要到 8～9 个月大时，才能不用任何扶助自己坐得很好。

宝宝能坐得稳，表示骨骼发育神经系统、肌肉协调能力等发育渐渐趋于成熟，此时颈部发育也开始稳定。在宝宝学会坐的时候，应该特别注意坐的时间不宜太久，因为宝宝脊椎骨尚未发育完全，如果长时间让宝宝坐着，脊椎侧弯，会形成生长发育损伤。

不要让宝宝采取跪姿，使两腿形成“W”状，或者把两腿压在屁股下，容易影响到将来腿部的发展，最好的姿势是采用双腿交叉向前盘坐。

辅助方式：一般说来，在宝宝 4 个月左右，可用手支撑宝宝的背部、腰部，维持短暂的坐姿。到了 6 个月开始学习坐稳时，可以在宝宝的面前摆放一些玩具，引诱宝宝抓握玩具，逐渐练习放手之后也能坐稳。

床对刚学会翻身的宝宝而言，无疑是最危险的。从床上滚下、坠落，容易使宝宝的头部受到严重的伤害，切不可轻忽。建议在小床边安装护栏，避免宝宝在享受翻身乐趣的同时遭到意外。

宝宝会坐时，切不可让宝宝单独坐在床上。如果把宝宝置于床上，床面最好与宝宝身体呈垂直的角度，以防动作过大而摔下床。

“坐飞机”，锻炼肩背肌肉力量

爸爸或妈妈仰卧在床上，两脚向上举起，让宝宝趴在爸爸或妈妈弯曲的胫骨上，然后用两只手紧托宝宝的腋下。爸爸或妈妈将两腿弯曲，宝宝身体随之下降；爸爸或妈妈将两腿向上伸直，使宝宝的身体上升。宝宝在空中一升一降，就像飞机的升降。

一边做动作一边配合飞机的“隆隆”声或说一首儿歌：“小飞机、飞得高，飞过高山，飞过海洋，飞到宝宝家停下来，降落喽——”

尽管游戏中家长用力把宝宝紧紧地抱着，但这仍有助于宝宝锻炼背部和肩部的肌肉力量，刺激他的前庭器官的发展。

在游戏中，宝宝会毫无畏惧地享受

“飞行”的快乐。同时，家长与宝宝身体紧密的接触，可以强化宝宝同家人建立起来的信任感。

“飞行”过程中，爸爸或妈妈抬起上身够到宝宝亲一亲，宝宝会更开心。除了上下升降外，还可以左右摇晃。

社交行为能力

陪宝宝照照镜子

宝宝在穿衣镜面前，让他追随、拍打镜中人影，用手指着他的脸反复叫他的名字，再指着他的五官（不要指镜中的五官）以及头发、小手、小脚，让他认识、熟悉后，再用他的手指点他身体的各个部位。还可问“妈妈在哪里”（让他朝妈妈看或抓镜中的妈妈），用他的手指着妈妈说“妈妈在这里”。渐渐地，他就会朝着妈妈看或抓镜中的妈妈。

妈妈可以对着镜子微笑，让宝宝也对着镜子笑笑，使宝宝感到快乐。这样做能进一步训练宝宝寻找物体和认识物体的能力。

教宝宝接待客人

来客人时，妈妈抱宝宝去迎接客人，暂时不让客人接近宝宝，让宝宝有机会观察客人的说话和举止。适应一会儿后，妈妈再抱宝宝接近客人，这时只让客人同母亲对话，偶尔看宝宝笑笑，不接触宝宝，使宝宝放松。

告别时只要求宝宝表示“再见”，客人并不接触宝宝。第二次或第三次再见面时，客人可拿个小玩具递给宝宝，如果宝宝表示高兴，客人把手伸向宝宝，看宝宝是否愿意让客人抱一会儿。

客人抱宝宝时，母亲一定不要离开，使宝宝感到可以随时回到母亲怀抱。有过这种经历，宝宝慢慢就会从躲避到接受生人，而且还会把妈妈当成依靠，和妈妈更加亲近。

用玩具培养宝宝的爱心

妈妈可以给宝宝买一些柔软的绒毛玩具，比如小熊、小狗、娃娃等。把玩具交给宝宝以后，妈妈应鼓励宝宝温柔地对待他的玩具，和他的玩具一块做游戏。妈妈可以教宝宝怎样抱绒毛玩具，并做示范给宝宝看。这时的宝宝已经有了很强的模仿力，妈妈的教导一定会让宝宝学会彬彬有礼和善意待人的好品德。

需要注意的是，给宝宝抱着的玩具一定要符合卫生标准，并要经常洗涤，以免玩具里的细菌或病毒感染宝宝。

教养重点与疑问解答

睡觉前跟宝宝做游戏好不好

宝宝睡眠时间是有规律的，妈妈要帮助宝宝建立符合生物钟的良好睡眠规律，宝宝只有保证了正常的睡眠时间，才能更好地做其他有益健康的活动，妈妈才能更好地安排宝宝的游戏时间。

在宝宝睡前1小时禁止做需耗费体力的游戏，比如和宝宝玩激烈的肢体运动游戏等。这样的游戏会让宝宝觉得刺激，大脑兴奋，不容易按时入睡，即便疲劳后入睡了，精神活动也还在持续。这属于浅睡眠，一旦周围有噪声，就会把宝宝从睡眠中吵醒，再次入睡也变得更困难，这对睡眠质量影响很大，长期下去会影响宝宝大脑与身体发育，还会阻碍身体免疫系统发育，降低宝宝的免疫力、抗病力，使得宝宝容易患病。

宝宝睡前1～2个小时如果做游戏，最好是选择安静的游戏，不需要做很多肢体动作的，比如很小范围的藏猫猫。妈妈用宝宝的被子蒙住自己的脸，叫宝宝的名字，然后扯下被子露出脸。游戏不要新奇，也不要刺激。

其实，睡前最好的活动并不是做游戏，而是能放松宝宝身体的活动，比如给宝宝洗澡，放些舒缓的音乐，讲个小故事，唱个小曲儿等，都很好。这些能让宝宝静静听着或待着的活动，可以帮宝宝从清醒状态放松过渡到睡眠状态，音质好的音乐声或者轻柔的抚触是安抚宝宝入睡的利器。

宝宝跟爸爸妈妈不亲怎么办

现代生活节奏紧张，许多年轻的爸爸妈妈不得不选择由适合的保姆或老人来带宝宝，但这样做又担心宝宝从小由别人带，跟爸爸妈妈相处的时间少，会影响亲子感情的建立，长大会跟自己不亲。

这是一个普遍存在的问题，既然爸爸妈妈已经意识到了这个问题，那么，虽然与宝宝在一起的时间不多，但是可以通过在有限的时间里与宝宝高质量的交流来弥补。

1. 爸爸妈妈与宝宝分离的时间不能过长，由于宝宝年龄较小，很难对长期不在眼前的事和人产生记忆，所以宝宝与爸爸妈妈一周至少有一次接触是必须的。
2. 将爸爸妈妈与宝宝共同的物品留给宝宝，如全家合影等，这样能提醒宝宝爸爸妈妈的存在。
3. 当爸爸妈妈与宝宝相处时，进行一些宝宝有兴趣的游戏活动。通过活动，爸爸妈妈能了解宝宝的身心发展水平，宝宝也能增进与爸爸妈妈之间的相互关系。

有些爸爸妈妈出于补偿心理，往往会在难得与宝宝相见时买许多零食，带宝宝去游乐园等。这既花时间又花精力，其实小宝宝更需要与爸爸妈妈一起游戏的感受，也需要依偎在爸爸妈妈怀里的感觉。

宝宝怯生怎么办

怯生是宝宝心理发展的一个自然过程，是宝宝自我意识增强的表现，通常会在短期内自然消失。研究表明，怯生的程度和持续时间因人而异，与教养方式有关，大多数宝宝的怯生是发生在6～9个月大的时候。在这之前的几个月里，经常让宝宝逛大街、上公园，到别人家去做客，和自己的洋娃娃玩儿，经常在他面前摆弄新奇的玩具，多做互动的游戏……宝宝熟悉的大人越多，而且习惯于体验新奇的视听刺激，那么，怯生的程度就越轻，时间也就越短。

对怯生的宝宝，要温和地帮助他愉快地接纳别人。另外，平时家长要以鼓励的态度，帮助宝宝学习新的事物，遇有失败时，不要只是责备他，而是尽力培养他独立应变的能力。

怯生发生后的几个月，是宝宝与家长形成巩固的亲子关系的关键时期，家

长不要长期离开自己的宝宝，同时要拓宽他的接触面，尊重他的个性，不要过度保护。这样，勇敢、自信、豁达、友爱、善于与人相处、富有同情心和竞争心等现代素质，就会在宝宝的心里扎下根，就能使宝宝在未来社会中健康和幸福。

注意避开危险的器具

这个月龄的宝宝，玩具一般都是哗啦棒、小鼓、不倒翁、布艺动物、塑胶玩具等。但是，比较麻烦的是，宝宝一旦在这个阶段学会了爬，对父母准备的玩具就不感兴趣了。相反，宝宝会喜欢玩日常的生活用品，会很有兴趣地玩茶杯、匙子、台灯、电源开关、门把手、抽屉的拉手、电视机开关、收音机等，因为活动的范围广了，会促使宝宝认识周围更多的事物。

这时候，正是利用玩具来诱使宝宝爬行和站立的好机会，应当充分利用宝宝感兴趣的一切东西，但不要把易产生危险的器具当成玩具让宝宝玩。不管宝宝有多好奇、多想玩，也不能让宝宝玩打火机、笔、水壶、药瓶、热水瓶、加热器、电源开关等。类似的器件要作为禁止宝宝碰到的物品收拾起来，放在宝宝不可能拿到的地方。

如果宝宝想去摸热水瓶、水壶时，即使里面的水凉了，也要制止，告诉宝宝：“不许碰！”同时拿走。电视机、收录音机之类并非玩具，也不能让宝宝碰。

如果育儿室很宽敞，可以在这个月给宝宝买学步车或室内滑梯，但一定要把房间每一个角落都收拾得干干净净，使宝宝即使摔着也不会受伤。

可以让宝宝跟着电视学语言吗

大约从这个月龄开始，宝宝会对电视渐渐感兴趣。但是，认为只要把电视开着，就能让宝宝学习语言的想法却是误区。语言是人与人之间的交流工具，宝宝只有在和母亲的互动之中才可能学会语言，让宝宝听电视学语言是无济于事的。

让宝宝学会自己睡觉

半岁的宝宝，要培养他良好的生活起居习惯，许多不良的睡眠习惯是后天养成的，也是可以学来的。

1. 宝宝不睡觉时，把他放在自己的小床里，告诉他该睡觉了，然后离开屋子。如果宝宝没哭，就不必做任何事情；如果他哭了，让他独自哭上 5 分钟再回到他的房间。
2. 不要开宝宝房间里的灯。保持最低限度的身体接触，然后再轻声细语地告诉他，他是一个已长大的宝宝了，这时他便可能自己入睡，接着父母再离开房间。
3. 如果宝宝仍啼哭不止，可等上 10 分钟再进入他的房间，然后再次跟他说话。停留时间不要过长，一两分钟后便可离开屋子。
4. 如果宝宝继续哭下去，要在每次进入他房间之前等上 15 分钟，直到他安静为止。
5. 在第二天晚上，可等宝宝哭 10 分钟之后再进入他的房间。
6. 逐渐延长离开房间的时间。在第一天晚上，如果特别难以让宝宝哭上 5 分钟，可等两三分钟后再进去。

宝宝早上睡懒觉正常吗

早晨睡懒觉和晚上不睡觉是互为因果关系的恶性循环，所以，早上要尽可能让宝宝早起。宝宝如果无法区分昼夜，在这时候决定起床时间，是一件很勉强的事。并不是要把熟睡中的宝宝强行唤起，而是在每天早晨定时地把窗帘打开。此时，即使不叫醒宝宝，也营造了早晨起床的气氛。而到了晚上，就要把窗帘拉上，使房间暗下来，营造睡眠的气氛。

早晨到了 9 点钟唤醒宝宝，晚上到了 8 点钟就哄宝宝睡觉，根据宝宝的身体状况，调整正常的生活节律。这样多次重复，慢慢地，宝宝的生活规律就会被培养起来。

利用学步车学站立

运动能力发达的宝宝，在学步车内会高兴地朝自己愿意去的方向前进。开始时，可能宝宝只会坐在里面，慢慢地就会前后移动。等到宝宝掌握到一些要领后，就能很快地坐在学步车里，朝着自己想去的方向移动。

有些人认为，婴儿坐学步车会变成罗圈腿。其实，宝宝是不是罗圈腿，跟使用学步车关系不大。

过早使用学步车不可取

如才满 5～6 个月的小宝宝就坐学步车，因个子小，坐垫过高，脚不能完全着地，只能用脚尖触地滑行。久而久之，宝宝就形成前脚掌触地的走路姿势。

另外，宝宝是通过接触、抓握、敲敲打打、扔等学习认识物体，自由地探索有助于宝宝智能的发展，学步车限制了宝宝自由的活动，剥夺了宝宝学习的机会，会影响宝宝智力的发育。

因此，妈妈最好到宝宝满 10 个月后再让他使用学步车。但是，也不要整天把宝宝放在学步车里不管，那样，宝宝会不愿意再在床上爬，将来走路也会迟一些。因此，还是要经常让宝宝趴着练一练爬行，牵着宝宝的手练一练走路。

Part 7

宝宝6~7个月

宝宝的生长发育

身体发育

体重	男婴　约 8.8 千克	女婴　约 8 千克
身长	男婴　约 70 厘米	女婴　约 68 厘米
头围	男婴　约 44.6 厘米	女婴　约 43.5 厘米
胸围	男婴　约 44.7 厘米	女婴　约 43.8 厘米
坐高	男婴　约 45 厘米	女婴　约 43.7 厘米
牙齿	如果宝宝下面中间的两个门牙还未长出，这个月也许会长出来。如果已经长出来，上面当中的两个门牙也会很快萌出	

动作发育

7 个月的宝宝各种动作开始有了意向性，会用一只手去拿东西。会把玩具拿起来，在手中来回转动。还会把玩具从一只手递到另一只手，或用玩具在桌子上敲着玩儿。仰卧时，会把自己的脚放在嘴里啃。7 个月的宝宝不用人扶，能独立坐几分钟。

语言发育

7个月的宝宝能够发出各种单音节的音，会对玩具说话。宝宝不仅常常模仿大人发出的双连复音，而且有50%～70%的宝宝会自动发出“爸爸”、“妈妈”等音节。开始他并不知道是什么意思，但见到叫爸爸时爸爸会亲亲他，叫妈妈时妈妈会亲亲他，宝宝就会渐渐地从无意识发音，发展到有意识地叫爸爸、妈妈，这标志着宝宝已经步入了学习语言的敏感期。

心理发育

7个月的宝宝已经习惯于坐着玩了。尤其是在浴盆里洗澡时，总是喜欢戏水，用小手拍打水面，溅出许多水花。如果扶他站立，他会不停地蹦。嘴里咿咿呀呀地像叫爸爸、妈妈，脸上经常会露出幸福的微笑。如果当着他的面把玩具藏起来，他会很快找出来。喜欢模仿大人动作，也喜欢让大人陪他看书、看画、听“哗哗”的翻书声。

睡眠

和6个月的宝宝差不多，宝宝每天需要睡上15～16小时，白天睡2～3次。如果宝宝睡得不好，父母要找一找原因，要想到宝宝是否病了，给他量一量体温，观察一下面色和精神状态。

宝宝的左脑开发

语言能力

教宝宝认识身上的部位

妈妈和宝宝对坐，先指着自己的鼻子说“鼻子”，然后把住宝宝的小手指他的鼻子说“鼻子”，每天重复1～2次。而后抱宝宝对着镜子，把住宝宝的小手指他的鼻子，又指自己的鼻子，重复说“鼻子”。持续7～10天的训练，当父母再说“鼻子”时，宝宝就会用小手指自己的鼻子，这时一定要对宝宝表示赞许和鼓励。

依照此法，同样教宝宝认识身体其他的部位。经过一段时间的训练，宝宝就会记住身体每个部位的名称。

教宝宝学习手势

宝宝很喜欢模仿。刚出生的宝宝就会模仿，7～8个月的婴儿已经会模仿简单的发声和动作。例如听到小猫叫，会学着“喵喵”；看见电视中有人拍手，宝宝也会拍拍小手。

7个月的宝宝已经看得懂成年人的表情，明白父母的喜怒，也能逐渐明白成年人的话语。虽然宝宝还不能用语言来表达自己的意愿，但是与人交往的愿望却很强烈。这时可以适当地教宝宝做一些动作，如用摇头表示“不要”，拱手表示“谢谢”，招手表示“再见”，等等。父母经常示范，多鼓励宝宝，宝宝很快就能学会。宝宝能用语言之外的肢体方式表达时，自然也就能理解语言之外的用意，从而增加对语言的理解能力。

教宝宝理解“不”

妈妈指着热水杯对宝宝严肃地说：“烫，不要动！”同时拉着宝宝的手轻轻触摸杯子，然后拉着他的手离开物品，或轻轻拍打他的手，示意他停止动作。对宝宝不该拿的东西要明确地说“不”，使其懂得“不”的意义。在理解“不”的基础上，使宝宝增强对语言的理解能力。还要懂得大人的摇头、摆手也表示“不”。

听觉能力

边说边丢

爸爸妈妈拿起丢在地上的玩具，边说“砰”，边把玩具丢入袋中或箱子里，然后扶着宝宝的手，让他学着做。用不了多久，只要说声“砰”，宝宝就会把玩具丢入箱中。这样可训练宝宝听觉能力。根据宝宝对声音感兴趣的特点，妈妈可教宝宝多说些拟声词。

精细动作能力

抠呀抠，练习食指动作

让宝宝坐着，大人用手指抓住宝宝的食指，教他拨弄玩具，如小转盘、小按键、算珠等，使玩具转动或发出响声，引起他拨弄的兴趣。或自制一个练习抠洞的硬纸盒。纸盒上面贴上有趣的图画或画上小动物的脸，在上面开一个个的小洞，让宝宝用食指抠洞玩。自制纸盒要光滑无毛边。这个游戏可训练宝宝食指的动作，促进小肌肉的发育。

练习转手腕

六七个月的宝宝手指已经很灵活了，这时需要给他提供练习转动手指的机会。

妈妈拿自制的沙球摇晃，使之发出声音，鼓励宝宝抓握住沙球摇晃，什么方式都无所谓，只要宝宝喜欢。宝宝如果能摇响沙球，妈妈就好好赞赏他一下：“听，多好听的声音呀！”

宝宝摇晃玩具使其发出不同的声音，重复的动作可以增强因果意识，同时，也表现出宝宝不断增强的节奏感。

摇动瓶子时，要确保瓶口是封好的，以免宝宝误食里面的小东西发生危险。玩时一定要有家人在旁边看护。

教宝宝用杯子喝水

随着宝宝的长大，应当逐渐引导宝宝开始使用杯子和碗。一方面可以训练宝宝手的协调能力，另一方面可以诱导宝宝从吃奶向吃饭转变。

开始时可以在杯子里或碗里少放些水和食物，让宝宝下手抓碗里的食物吃。等到宝宝使用得熟练后，就可以完全用杯子喝水。

为了让宝宝学习用杯子，可以常给宝宝换一换不同颜色、不同样式的杯子，让宝宝感到有趣，愿意去试做。

宝宝的右脑开发

适应能力

训练宝宝控制小便

训练宝宝小便比大便要困难得多，因此需要的时间也要久得多。因为宝宝小便的生理信号没有肠蠕动那么明显，训练宝宝小便时，必须学会抑制小便信号，即膀胱紧张的反射性反应。训练宝宝控制小便，包括清醒时和睡眠中两种状态。一般清醒时的控制较容易，刚开始时，宝宝知道自己尿湿了，继而知道正在尿湿自己，渐渐地会表达出自己尿湿了，然后，才会预知到自己要撒尿了。

在训练宝宝之前，可以帮助宝宝把这几层意思表达出来，教宝宝一些相关的语句，如“宝宝尿尿了”，或“宝宝要小便了”等，让宝宝了解表达生理功能的这些简易词语。等到开始进行膀胱控制时，让宝宝注意到自己已经可以在便盆上小便，让宝宝顺其自然地排出小便。

对着镜子做游戏

宝宝从很小的时候起，就爱照镜子，对镜子里的自己感兴趣，妈妈可以利用镜子和宝宝玩不少游戏。

1. 从镜子里让宝宝认识自己，唤起自我意识。宝宝4～5个月时，妈妈就可以给宝宝照镜子，一边指点着宝宝本人一边和镜子里的宝宝说“这是宝宝”，也让宝宝认识妈妈和镜子里的妈妈。反复教宝宝这样玩，宝宝就能逐渐认识自己。
2. 从镜子里认识自己身体各部分。7～8个月起可以做这个游戏。妈妈抱着宝宝坐在大镜子前，点点宝宝的鼻子，再指指镜中的小鼻子说“这是宝宝的鼻子”，还可以把着宝宝的小手去摸自己的鼻子，再摸宝宝的鼻子。通过反复这样做，宝宝就能认识自己的鼻子和别人的鼻子，听到“鼻子在哪里”的问话，就会去指自己的鼻子。

这样下去再认识眼睛、耳朵、嘴巴、头发、小手、小脚等，慢慢地就能认识身体各部分。玩的时候可以编一个简短儿歌配合着念，也可做一些不同的动作，如眨一眨眼睛，拉一拉小耳朵，张一张小嘴巴，拍拍小手等。

3 宝宝会爬、会坐后，就可与宝宝玩爬过枕头和被子搭成的“小山”，爬到镜子前。可以在镜子前玩拍气球、塑料球，看它上下飘动，会十分有趣。在宝宝穿了件新衣服、戴了顶新帽子时，也可将其抱到镜前玩一会儿，做脱、穿、戴的动作。

对镜游戏既能帮助宝宝增强自我意识，区分他人、他物，进一步认识周围事物，又能锻炼身躯、四肢的活动和协调能力。

视觉能力

寻找贴纸，培养观察力

1 脱去宝宝的衣服，只留尿布即可。

2 让宝宝靠坐在婴儿椅上。如果他已经学会坐，就让他坐在地板上。

3 坐在宝宝对面，并在附近放一些彩色小贴纸。

4 先给宝宝看其中一张贴纸，然后将它粘在宝宝身体任一部位，不要让宝宝知道贴纸跑到哪儿去了。你可以先把贴纸藏在手上，选定位置后，再将贴纸贴上。

5 贴好后，问宝宝："贴纸在哪里？"

6 开始在宝宝身体上寻找贴纸，检查他的脸部，说："没——有，不在这里。"检查他的手臂，说："没——有，不在这里。"继续检查，直到发现贴纸，然后说："噢，在这里！"同时让宝宝看看贴纸在他身上。

7 换另一张贴纸，再和宝宝玩一次。把贴纸贴在宝宝身体不同的部位上。

8 可以让宝宝自己找贴纸。必要的时候，给宝宝一点提示。

这个游戏可以培养宝宝的注意力、观察力及视觉搜寻能力。贴纸很小而且容易吞食，所以要看好宝宝。

大动作能力

翻大山，训练体能

妈妈鼓励宝宝自己用力从俯卧翻成仰卧，或从仰卧翻成俯卧，只要宝宝愿意，可以帮助他反复地练习。当宝宝能随心所欲地翻动身体时，可在床面上加些障碍物，如床单、棉被、枕头、垫子等，让宝宝从上面翻过去。

爸爸和妈妈也可和宝宝一起玩翻滚游戏，会刺激宝宝更长久地喜欢这项活动。翻身活动要在宝宝喝奶后半小时以后进行。另外，当宝宝能自由翻身时，妈妈要特别注意床铺周围的安全性。

这个游戏可以促使宝宝前庭中半视管发挥平衡的机能，而地心的引力也促进大脑神经的发育。宝宝翻身越利落、次数越多，对运动能力的发展越有帮助，长大后才能有灵活的身手和敏锐的反应。

鼓励宝宝用线拖拉玩具

在宝宝面前放一件拖拉玩具，妈妈说："这玩具真好玩，我们把它拉过来吧！"开始妈妈可扶着宝宝一起拉过来，接着再鼓励宝宝用拇指、食指去捏取线，帮助宝宝拖拉玩具。也可用软塑料玩具在宝宝面前一捏一叫，鼓励宝宝自己去把玩具捏出叫声。

练习腹部离床爬行

7个月的宝宝已经完全掌握爬这项活动的技巧了，妈妈可以根据宝宝的这一特点，对宝宝进行训练。让宝宝从匍匐行转到爬行，腹部逐渐离开床面，并用手臂转圈或后退。可将玩具或食物放在不同的位置上，让宝宝爬着去够，用毛巾提起宝宝腹部，练习手膝的支撑力。

社交行为能力

学习挥手、拱手动作

经常将宝宝的右手举起，并不断挥动，让宝宝学习“再见”动作。大人离家时要对宝宝挥手，并说“再见”，反复练习。在宝宝情绪好时，帮助宝宝将两手握拳对起，然后不断摇动，学做“谢谢”的动作。每次给宝宝食品或玩具时，先让他拱手表示谢谢，然后再给他。这不仅可以提高宝宝语言理解的能力，也可以教会宝宝基本的社交礼仪。

对宝宝说“不”

7个月的宝宝已经能够知道控制自己的行为。这时，凡是合理的要求，都应该满足宝宝；而对于不合理要求，不论他如何哭闹，也不能答应。比如，宝宝要扭动电视机的按钮、玩电灯的开关等，父母就要拉下脸来，板起面孔，向宝宝摆手，严肃地告诉他“不行”！这样做的关键，不是怕电视机损坏或者电开关坏掉，而是要使宝宝节制自己的行为，知道有些事可以去做，有些事不可以去做。

从这个月龄起，父母就要让宝宝从小养成讲道理的习惯，以免长大以后变成“小霸王”。

教养重点与疑问解答

逗嬉宝宝要适度

逗嬉宝宝，是家庭乐趣之一。但过分逗嬉宝宝是有害无益的，轻者会妨碍宝宝饮食、睡眠，重者可能伤害宝宝身体。因此，家庭逗嬉宝宝时要注意：

进食的时候不宜逗乐

婴儿咀嚼与吞咽功能发育还不完善，如果在宝宝进食的时候逗乐，不仅会妨碍宝宝良好饮食习惯的形成，还可能造成食物误入气管，引起窒息或发生意外。宝宝在吃奶时把奶水呛入气管，有可能发生吸入性肺炎。

临睡前不要逗乐

睡眠是大脑皮层抑制的过程，宝宝的神经系统尚未发育完全，兴奋后不容易抑制。睡觉前过于兴奋，往往会迟迟不肯睡觉，即使睡了也睡不安宁，甚至出现夜惊现象。

不要抛举宝宝

有些父母为逗宝宝高兴，经常把宝宝向上抛起，然后再接住。婴儿一般都爱玩这种游戏，往往会反复要求父母抛举。如果稍有不慎，就有可能失手，造成不可挽回的后果。

不要用手掌托举宝宝站立

宝宝会扶站以后，有些父母喜欢用一只手托住宝宝双脚，让宝宝站在自己的手掌上。这种做法也极不安全，虽说另一只手可以做保护，但一旦宝宝突然失去平衡，往往就会措手不及，后果非常严重。

不要逗宝宝笑得上气不接下气

有的父母喜欢把宝宝逗得大笑不止，这样做会影响到宝宝的健康。过分逗笑，会造成宝宝瞬间窒息、缺氧，引起暂时性脑贫血，时间长了，还会使宝宝形成口吃和痴笑，容易发生下颌关节脱臼，久而久之会形成习惯性脱臼。因此，不宜过分逗笑宝宝，更不要逗得宝宝笑得上气不接下气。

宝宝喜欢咬人正常吗

宝宝在长牙以后，总会喜欢咬硬一点的东西，拿到玩具也会放在嘴里啃。有的宝宝会出现喜欢咬人的情况，咬人不一定是表示恨，而也许是高兴，往往会咬住就不松口。

对宝宝咬人的习惯不必大惊小怪，越是当成一回事，宝宝会越得意。可以给宝宝一点较硬的食物去啃咬，例如馒头干、饼干等。尽量把宝宝的情绪调整好，使宝宝愉快。因为几个月大的宝宝还不懂得道理，总是咬人，就把他冷落一下，放在一边不理他，让宝宝自己认识到这样做不对。

多夸赞宝宝

如果父母在宝宝出生后 4～9 个月内经常对其进行表扬，这些宝宝在长到 1 岁半时，社会适应能力将明显高于同龄宝宝。

多夸赞对宝宝的性格形成是非常有益的，他绝对不会因此骄傲。因为你会不自觉地夸赞他，他会更有信心做得更好，更加进步。

对宝宝的每一个小小的成就，妈妈都要随时给予鼓励。妈妈不要吝啬赞扬的话，而要用丰富的表情、由衷的喝彩、兴奋的拍手、竖起大拇指的动作以及一人为主、全家人一起称赞的方法，营造一个“强化”的亲子气氛。这种“正强化”的心理学方法，会促使宝宝健康茁壮地成长。

但是，妈妈不能无故地过多表扬宝宝，只有当宝宝什么事情做对了、做好了的时候，妈妈才给予表扬。表扬过多，宝宝就会感觉习以为常，对表扬无动于衷了。

怎样面对分离焦虑

妈妈出门前，宝宝总是拉着妈妈衣服下摆的情景，对于很多家庭来说并不陌生。他们会不顾其他一切诱惑，紧紧地依附着妈妈——无论你走到哪里，他总是一个“割”不掉的“小尾巴”。这使很多爸爸妈妈感到伤神。

分离焦虑是一种消极的情绪体验。宝宝最亲近的人通常是母亲，在母亲离开时，宝宝开始用啼哭表示反抗。从6～7个月起，到送入日托这段时间，绝大部分宝宝都要经历或长或短的分离焦虑过程。

分离焦虑的出现，与孩子的不安全感有关。最初，宝宝会哭闹着呼唤妈妈的出现，这是孩子寻求安全的一种有效的方法。由于焦虑中的孩子会把所有的注意力放在寻找亲人上，有时，他们甚至表现出不吃、不喝、不玩，这些平时最能引起亲近的人关注的行为现在成了他用来呼唤亲人的一种方法。焦虑还会引起孩子生理上的应激反应，长时间焦虑，容易使孩子抵抗力下降。所以，一般刚入园的孩子常常很容易感冒、发烧、肚子疼等。

有的孩子会以冲动的方式表现自己，如踢打、喊叫等。而有的孩子为了应付和处理内在冲突，而在潜意识中建立自我防御手段，其早期防御手段一般有固执、压抑、退缩。如果一个孩子把自我需要和冲突压抑下去，就会产生抑郁或内向的人格倾向，从而更依恋于自己的亲人。

针对孩子的这一特征，妈妈要做好分离的准备工作。

❶ 试着离开孩子一段时间——将他交给一个照看者（保姆或者祖父母）。

在宝宝小的时候，可以让他短暂地离开爸爸妈妈一段时间（几个小时），离开时间可逐步延长，使之逐步适应，这样做对爸爸妈妈和孩子双方都是有益的。

❷ 告诉你的孩子当你不在时是在做什么。

告诉你的孩子，当你外出时是在做什么，向他描述当你不在时你将在哪里，他将要做什么，使他有个心理准备。例如，告诉孩子说：“爸爸和妈妈要出去办事，会晚一点回来。阿姨喂你吃午饭，会给你讲故事，抱你上床。”或告诉他说：“妈妈现在要去做饭了。做完饭后，我们就可以一起讲故事了。”

❸ 和宝宝玩躲猫猫的游戏。

这个简单的游戏会让孩子知道，东西（包括人）离开了以后还会回来的。学步的小孩和学龄前儿童可以以多种方式玩这种游戏，可以用他们的手或其他东西遮住眼睛，看别人用手或其他东西遮眼睛。对于2～5岁的孩子，可以参与到更加活跃的游戏中，如捉迷藏。

❹ 要让孩子在思想上对分离有所准备。

告诉你的孩子你会离开一段时间，并告诉他自己可以安排时间。比如说：“你已经是个小男孩了，我知道我走后你会很乖的。”告诉他自己可以做什么，应该注意些什么，使他有个心理准备，知道该怎么办。如果你不告而别，会使他吃惊，并不知道会发生什么事，会产生恐惧，并会担心你会再次突然消失。

注意保护宝宝的眼睛

眼睛是人的重要视觉器官，又是十分敏感的器官，极易受到各种侵害，如温度、强光、尘土、细菌以及异物等。尤其是现阶段的宝宝正处于学爬时期，且比较好动，手容易沾染细菌后又去揉眼睛。

婴儿视力发展情况

新生儿视力低，只能看到离自己20～25厘米远的东西。1个月后能看到90厘米甚至更远的东西。4个月时眼睛会随活动玩具移动，见物伸手去接触。6个月时，产生色觉，能分辨颜色，能注视较远的物体。9个月时，眼睛能注视画面上的单一线条，视力大约为0.1。如不是这样，就应该去医院检查。

如何保护宝宝的眼睛

1. 宝宝要有自己专用的脸盆和毛巾，每次洗脸时都要洗眼睛。
2. 要经常给宝宝洗手，防止宝宝用手搓揉眼睛。
3. 要防止强烈的阳光或灯光直射宝宝的眼睛。带宝宝外出时，如有太阳，要戴太阳帽。家里灯光要柔和。
4. 要防止锐物刺伤眼睛，不要给宝宝玩棍棒、针尖类玩具。
5. 防止异物飞入眼内，一旦异物入眼，不要用手揉擦，要用干净的棉签蘸温水冲洗眼睛。
6. 掌握正确的看电视方法，时间最好为2～10分钟，距离至少离电视机2～3米。
7. 适当增加含维生素A的食物的摄入，如动物的肝、蛋类、胡萝卜和鱼肝油，以保证视网膜细胞获得充分的营养。
8. 多给宝宝看色彩鲜明的玩具，经常调换颜色，多到外界看大自然的风光，以提高宝宝的视力。

妈妈要定期带宝宝去医院检查眼睛，发现眼病。对婴儿要每半年或一年进行一次视力检查，及早发现远视、弱视、近视及其他眼病，以便进行早期矫正治疗。

Part 8

宝宝7~8个月

宝宝的生长发育

身体发育

体重	男婴　约 9.12 千克	女婴　约 8.49 千克
身长	男婴　约 71.51 厘米	女婴　约 69.99 厘米
头围	男婴　约 44.16 厘米	女婴　约 43.17 厘米
胸围	男婴　约 45.28 厘米	女婴　约 44.40 厘米
坐高	男婴　约 45.74 厘米	女婴　约 44.65 厘米
牙齿	大部分婴儿已经开始出牙，有些宝宝已经出了 2～4 颗牙齿，即上门齿和下门齿	

动作发育

8 个月的宝宝不仅会独坐，而且能从坐姿变成躺下。能扶着床栏杆站立，并能由立位坐下。俯卧时，用手和膝趴着能挺起身来。会拍手，会用手挑选自己喜欢的玩具玩，但经常咬玩具。会独自吃饼干。

8 个月的宝宝一般都能爬行，爬行过程中能自如变换方向。坐着玩时，会用双手传递玩具。

语言发育

能模仿大人发出的单音节词，有的宝宝已经能清晰地发出双音节的词“妈妈”了。

感知发育

8个月的宝宝见到熟人会用笑来表示认识他们，看见亲人或者看护自己的人会要求抱。如果把他喜欢的玩具拿走，他会哭闹。新鲜的事情会引起宝宝惊奇和兴奋。从镜子里看见自己，会到镜子后边去寻找。

8个月的宝宝知道寻找掉了的玩具，知道观察大人的行为，有时会对着镜子亲吻自己的笑脸。

心理发育

8个月的宝宝常有怯生感，怕与父母，尤其是妈妈分开，这是宝宝正常心理的表现，说明宝宝对亲人、熟人与生人能准确、敏锐地分辨清楚。因而，怯生标志着父母与宝宝之间依恋的开始，也说明宝宝需要在依恋的基础上，建立起复杂的情感、性格和能力。

宝宝如果见到生人，往往用眼睛盯着他，怕他抱走自己，感到不安和恐惧。对8个月的宝宝来说，这是一种正常的心理应激反应。父母要关心宝宝的心理健康发展，不要让陌生人突然靠近宝宝、抱走宝宝，也不要在生人面前随便离开宝宝，以免使宝宝不安。

睡眠

8个月的宝宝每天需睡14～16个小时，白天可以深睡两次，每次2小时左右。

宝宝的左脑开发

语言能力

边看画册边讲故事

妈妈可给宝宝买一些构图简单、色彩鲜艳、故事情节单一、内容有趣的宝宝画册。在宝宝有兴趣时，一边翻看、指点画册上的图像，一边用清晰而缓慢的语调给他讲故事。同一故事应当反复地讲。

给宝宝讲故事，是促进其语言发展与智力开发的好办法，无论宝宝是否能够听懂，妈妈一有时间，都应绘声绘色地讲给宝宝听，培养宝宝爱听故事、对图书感兴趣的习惯。

宝宝实在不肯和妈妈一道看画册、听故事，妈妈也不必急躁，可以过一段时间后再试试。

使用手语和宝宝交流

婴儿还不会说话之前，父母应该主动用手语同他交流。在婴儿 8 个月大小的时候，父母可以借助手势与宝宝进行交流。有相当一部分宝宝可很快接受这种方法，个别宝宝则需要一定时间的适应期。

千万不要小看这些平常而又非常简单的手势，它同语言一样，是一种交流方式。它可以告诉父母，宝宝是否受到了伤害或感到不舒服，可以教会宝宝通过手势将信息传达给父母，而不必没完没了地哭闹。

研究发现，会使用手语来表达自己需要的宝宝，不容易有挫折感，学会说话的年龄也早，以后的智商也要高一些。宝宝一旦提前学会了说话，往往会有更多的话要说，因为在应用手语的过程中，也不知不觉地学到了语言的表达方式。

听觉能力

生活中的声响，锅碗瓢盆交响曲

生活中，可引导宝宝在能发声的物体上有节奏地拍拍、敲敲、碰碰。可敲各种器皿，譬如用筷子敲敲盆子、碗、酒瓶、瓷盆等，可拍桌子、盆子、皮球等，也可让积木相碰、瓶子相碰、锅勺相碰等，同样可发出有节奏的声音。两物相碰或敲击时，声音不能过大，以防变成噪声。月龄小的宝宝以爸爸妈妈辅助为主，月龄大的宝宝以自己玩为主。

将听声与动作结合

宝宝开始用动作表示意思通常为7～8个月时，如说“再见”，一边说一边让宝宝摆手，妈妈也边说“再见”边向他摆手，使宝宝把摆手的动作与“再见”联系起来，逐渐懂得这个词的意思。还有拍手表示欢迎、点头表示谢谢等，训练宝宝按照家长的话做出相应的动作，加深宝宝对语言的理解。

教宝宝学打拍子

妈妈在听音乐时，可随便拿起一件东西按节拍敲打，也给宝宝一件能敲打的东西。如果他打得不对，妈妈可以拉着他的小手一起打，打顺手了就轻轻放手，观察他是否会按着节拍敲打。妈妈示范先敲单拍1下，再逐渐增加变成拍2下，拍3下，拍4下，看宝宝能否跟上。这样可以培养宝宝的听觉能力和肢体的协调能力。

精细动作能力

捏糖丸

让宝宝坐在你的腿上，两肘搁在桌面上，在桌上的盘子里放一个有盖的透明的杯子，里面装有彩色糖丸。先摇动杯子发出柔和的响声，并让宝宝看到糖丸在杯中跳动，以激起宝宝玩的兴趣，再打开盖子（让他发现糖丸），把糖丸倒在盘子里，告诉他“这是糖”。

边说边示范把一粒糖丸从盘里捡起放进杯子里（要慢慢地），放进几粒后，让他用拇指和食指捏起小丸，再放进杯子里。开始时你可以手把手教他，稍熟练后，让他自己把糖丸放进杯里后再加盖摇一摇，发出有趣的声音。

捏的游戏可以提高拇指、食指配合捏物的灵活性和手眼协调能力。玩时一定要有大人认真观察，避免宝宝吞食糖丸发生呛噎、窒息。

弯腰拾物

把宝宝放在床上，大人在后面用双手分别抱着宝宝的胸、腹部及膝部，把宝宝感兴趣的玩具放在宝宝前面的床上，用语言逗引宝宝弯腰去捡玩具，捡到玩具后再直起身，反复多次训练。等宝宝学会扶站后，可将宝宝扶站在有栏杆的小床边，让宝宝一只手扶栏杆。如没有小床，大人可抓住宝宝一只手，使宝宝站稳，在宝宝脚边放一个玩具，帮助宝宝弯下腰用另一只手捡身边的玩具。这样可训练手眼协调能力和宝宝弯曲及直立身体。

捡到玩具后，大人可用语言或行动给宝宝一点表扬，如说“宝宝真能干”或亲吻一下宝宝，宝宝就会很愉快地再次去捡玩具。

试用工具

这个月龄的宝宝，手的动作灵活复杂，开始要试用工具，想自己拿勺子吃饭，自己拿杯子喝水，伸手要自己穿衣戴帽……这时候如果父母不理解宝宝的心愿，伸手阻拦，会伤害宝宝的自信心。

正确的做法应当是在宝宝试的时候助一臂之力，让宝宝感受到自己做事的喜悦。宝宝的双手会越练越巧。父母应当多创造条件，多给宝宝练习的机会，让宝宝得到满足。如果妈妈一切都要替宝宝包办代替，将会压抑宝宝的智慧发展。

宝宝的右脑开发

适应能力

学习自己拿勺吃饭

在喂饭时，大人用一只勺子，让宝宝拿另一只勺子，许可他用勺子插入碗中。此时，宝宝分不清勺子的凹面和凸面，往往盛不上食物，但是让他拿勺子会使他对自己吃饭产生积极性，有利于学习自己吃饭，同时也促进了手、眼、脑的协调发展。

养成良好的饮食习惯

吃饭是一种饮食行为，需要在宝宝饮食的过程中进行正确的示范和引导，让宝宝从小养成正确的饮食习惯和行为。

定时定量，少吃零食

养成宝宝定时定量吃东西的习惯十分重要。如果给宝宝太多的零食，一会儿吃糖，一会儿吃饼干，胃里不空，到正常吃饭的时间，宝宝就会没有饥饿的感觉。

父母可以通过固定时间、固定地点、特定餐具以及语言和动作来让宝宝意识到要吃饭了。通过条件反射的方式来使宝宝有吃饭的意识，当热气腾腾的饭菜放在桌上时，宝宝就会意识到吃饭的时间到了。另外，不要让宝宝养成吃零食的坏习惯。

专心吃饭，培养宝宝对吃饭的兴趣

许多宝宝喜欢边吃饭边看电视或者

边玩玩具，其实这对宝宝的饮食是不利的。吃饭需要专心，父母必须让宝宝养成专心吃饭的习惯。如果宝宝不喜欢吃饭，父母就要培养宝宝对吃饭的兴趣。在吃饭时可让宝宝自己参与，捧饭碗、拿小勺，挑选自己爱吃的食物，这样宝宝既学会了吃饭，又培养了对吃饭的兴趣。

营造吃饭的愉快氛围

有的宝宝吃不下饭或不想吃饭，父母因此大动肝火，甚至辱骂、批评宝宝，造成宝宝每次吃饭都泪水涟涟。这样宝宝就会在潜意识里讨厌吃饭，害怕吃饭。吃饭成了一件不开心的事情，难免会导致厌食。

建议父母，一方面要营造愉快的吃饭氛围，让宝宝开开心心地吃饭，尽量不要在饭桌上斥责宝宝，影响宝宝就餐的情绪；另一方面，如果宝宝不愿意吃或不想吃，不要勉强，就让宝宝饿一饿也并不是什么坏事。

看看美丽的星空

繁星满天的晚上，爸爸妈妈可与宝宝来到室外，一起观察星空。这时，爸爸妈妈可告诉宝宝“这是月亮”、“这是星星”，并握着宝宝的手数星星。然后，爸爸妈妈可给宝宝唱一首关于星星的歌。看夜晚的星空是对宝宝视觉能力和对周围环境认知的一种训练。

不要忽略宝宝的探索念头

宝宝会对周围的事物不断地尝试探索，从中学习。妈妈对宝宝有期待，如准备喂奶时，期待宝宝会张开嘴，这就是一个学习信号。宝宝对妈妈的神态以及嘴巴的注意，更是学习的信号之一。妈妈对宝宝行为的回应，是宝宝接受外界影响的第一收获，宝宝会立刻朝着妈妈的方向靠拢。

8个月的宝宝，会开始学着解决一些简单的问题。“怎么做，才会让小熊动起来?”“怎么做，才能拿到吊着的小东西?”“怎么做，才能将那件东西放进筒里?”宝宝的小脑瓜里，这样的念头开始不断地萌生出来。

妈妈要尽可能多回应宝宝的行为，因为每过一周，宝宝都会有惊人变化，更能适应周围的环境。身体的发育使宝宝能够移动体位，而且去得到自己想要的东西的能力，也会令宝宝感到非常满足和高兴。

除了能发现外界的学习线索，宝宝也会凭借自己的能力，从外界对自我表现的反应中去学习。一旦发现自己的行为能够顺利进行时，宝宝会很高兴。

爸爸妈妈需要多创造机会，让宝宝去探索，从而得出自己的经验，比如看到宝宝试图去够取玩具时，不要着急将玩具递给他，让他自己想办法，使用工具或者挪动自己的身体等。

大动作能力

训练宝宝站立

让宝宝抓住妈妈的大拇指，妈妈轻轻地把他从卧位拉到坐位，然后再拉着他慢慢站起。每天练习几次，增强肩、胸的活动能力。等宝宝能站后，可以在床栏上挂些玩具，吸引宝宝站起来取玩具，妈妈在旁边帮忙和照顾。另外，可以让宝宝在床上站好，从旁边或前边轻轻地推他一下，使他失去平衡，再用另一只手准备扶住宝宝，避免他跌倒。现在的宝宝站立时间不宜过长。

体重过重的宝宝，游戏时间可短一点。有的家长可能会担心，过早地让宝宝学站，会长成螃蟹腿。但是，一天只站5分钟是不碍事的。无论哪个宝宝，在这个月龄里，其颈部都是向外侧弓曲，爸爸妈妈不必为此担心。

追皮球，活动全身肌肉

妈妈把皮球从床的这一边滚到床的另一边，或者把小鸭子从床的这边拉到那边，引导宝宝爬过去把皮球或鸭子抱起来，用手拍打皮球或小鸭子。训练宝宝熟练爬行动作，活动全身各部肌肉。在床上运动时，不要让宝宝太靠近床边，防止宝宝摔下床。

挥挥手，促进肢体协调发展

宝宝有时候会一手拿一个东西，坐在那里高兴地挥舞着双手，妈妈要特别注意看他的两手是不是挥动得很一致、很对称。如果宝宝这样做还有些困难，妈妈就要示范给他看：左、右手各拿一根彩色纸棒，然后上下左右地挥动，让宝宝来模仿。妈妈可以放有节奏的音乐，或自己唱：“如果你很快乐，你就挥挥手（拍拍手）；如果你很快乐，你就挥挥手（拍拍手）。”这样可培养宝宝的节奏感和肢体的协调能力。宝宝双手做同样的规律性动作，能促进双侧肢体的协调发展。规律的挥臂动作可以使宝宝获得节奏感。

社交行为能力

鼓励宝宝交朋友

宝宝要有自己的小伙伴，小伙伴之间的教育是其他任何教育所不能替代的。户外活动时，可鼓励宝宝去交朋友。抱着宝宝和别的母亲抱着的宝宝相互接触，看一看或摸一摸别的宝宝，或在别人面前表演一下宝宝的本领，或观看别的宝宝的本领。

也可让宝宝和其他同龄宝宝在铺有席子的地上互相追随爬着玩，或抓推滚着的小皮球玩。或和大一些的宝宝在一起玩，看他是否更喜欢和较大的宝宝在一起玩。

让宝宝多与同伴交往，帮助他克服怯生、焦虑的情绪，引导他正确地表达感情，这样可以为宝宝日后的社会交往能力打下基础。但是，如果宝宝出现抓别人脸或抢别人的玩具等行为时，一定要制止他的行为。

教养重点与疑问解答

早学走路不一定好

新生儿的骨骼，早在胚胎时期就有了基础，但主要是由软骨组织组成。婴幼儿骨骼的成分中，含无机盐少，有机盐多，因而比较柔韧有弹性，易于变形。

宝宝长到6个月时下肢才能较好地支持身体，8个月左右能扶站片刻，11个月时能扶床站起或被扶着向前走。组成婴儿骨盆的髋骨不够成熟，关节韧带松弛，关节囊较浅，故易发生脱臼。如果过早让宝宝行走，使婴儿较软的骨骼过早地承担身体重量，会影响骨盆及肢骨正常形状的形成，不利于婴儿脊柱正常生理弯曲的发育，也不利于正常步态的养成。婴儿的肌纤维较细，蛋白质和无机盐少，水分多，易疲劳，而学走路时需要一定的肌群处于紧张状态，更易疲劳。1岁左右，才到宝宝学走路的时期，是人生中重要的转折点。

黏人不是坏习惯

有一些家庭把宝宝黏人视为缺点，专家为此特别指出，低幼龄儿童的黏人现象不仅不是坏习惯，适当黏人还直接有利于将来的沟通和交流。

6个月月龄至1岁半的宝宝多数会对父母产生依恋感。如果宝宝到了这个年龄，还没有对家人产生依恋感的话，会给宝宝未来的生活留下阴影。因此，这段时间的宝宝最好自己带。

当今社会生活节奏加快，多数父母已经没有办法全天候养育和照顾宝宝，只能请保姆或者是祖父母来照料宝宝的生活起居，这样一来，宝宝和父母之间的关系就会疏远。

有些父母还引以为自豪，认为自己生了个不会黏人、大大方方的好宝宝。殊不知，家庭才是最能够给每个宝宝温暖和自信心的地方，而提供这些力量的就是宝宝和父母之间温暖、密切、持续不断的亲情——适度的依恋，也就是黏人现象，这不仅可以促使宝宝得到情感满足，还可让宝宝享受愉悦。适度的依恋，有助于建立个人的信赖度和自我信任感，宝宝成年后能够成功地与伴侣、后代和睦相处。

如果在婴幼儿时期，宝宝没有产生适度的黏人性，成年后就可能很难与别人沟通，影响以后的社会生活和家庭幸福。

让宝宝在玩具中学会选择

宝宝会爬会坐以后，活动范围扩大，认识的东西多了，可以让宝宝从自己认识的玩具中，挑选喜欢的，来训练宝宝做出决定的能力。比如妈妈拿起两个大小不同的勺子，让宝宝选择要哪一个，宝宝伸手拿到了就夸赞和表扬他挑得好。每次可以让宝宝挑不同的物品，如食物，不同颜色的手帕、毛巾、画片等。

通过这种方式，可以训练宝宝对物品形状、颜色进行观察和识别，也能训练宝宝注视大小物品，并使用手指取东西的能力。选择，是培养宝宝独立自主能力的开始，让宝宝自己有决定自己行动的主动权，养成独立的人格，为将来独立思考问题、独立解决问题打下基础。

玩具是给宝宝玩的，妈妈不应总是根据自己的喜好来给宝宝购买玩具，也不要总买一类玩具。比如男宝宝喜欢车，家里玩具就总是各种各样的车。要买各类玩具，使宝宝有较广泛的认识。

带宝宝外出度假

8个月的宝宝带起来已经省了很多事，爸爸妈妈经常带上宝宝出去走走吧。宝宝非常喜欢户外行动，因为到大自然中去的感觉，与在家里截然不同。户外开朗明快的环境，对宝宝的身心发育都非常好，因此，在天气晴好的假日，全家一起出游是一件令人愉快的事。

拟订周详的计划

在外出的两个星期之前，一定要根据宝宝的实际情况拟订一个翔实的外出计划，如出游安排的时间、地点、安全事项等。

时间

一般情况下，0～3岁的孩子应选择比较近的旅游线路，可以选择乘车2小时就能到达的景点。需要注意的是，对于1～2岁的宝宝，在外逗留的时间以不超过2小时为宜。

地点

宝宝出游，不同于成人旅游，要根据自家宝宝的特点，选择适合他，并让他感兴趣的旅游点，如动物园、植物园、海滨等。

做好充分的准备

外出前让宝宝睡一个好觉，游玩时以宝宝玩得兴奋但不感到倦怠厌烦为限度。外出活动为宝宝选择衣物，应当以宝宝舒适并且能自由活动为原则。

必备物品

换尿布可躺的垫子或塑胶尿布、一次性尿片、婴儿卫生纸、装脏尿布的塑料袋、毛巾、防虫药膏、湿纸巾等。

必带食品

用保温瓶装好的冷、热水，以备冲泡奶粉，奶瓶和牛奶或其他婴儿食品饮料（最好是果汁）、勺和围嘴等。

必带玩具

多带几件宝宝喜爱的玩具，在宝宝哭闹或因长时间坐车而感到不耐烦时，妈妈可用玩具转移宝宝的注意力。

药品

最后，千万不要忘记为宝宝带上他的常用药品，如感冒药、止泻药、止咳药等，最好还能带上宝宝的病历，以便在外就医。

宝宝总是重复某个动作正常吗

这个时期的宝宝很喜欢做重复动作，而且往往涉及两种物体。这是正常的，爸爸妈妈不必担心。

比如，宝宝喜欢把小盖子盖在瓶子上，拿下来，再盖上，再拿下来，再盖；把球扔到地上，捡起来，再扔，再捡，再扔……这种类似单调无味的动作，宝宝竟然能重复做 20 次、40 次，非但不会觉得无聊，反倒觉得很好玩——这样的重复动作，正是宝宝在思考。

宝宝在头脑里已经产生了概括能力，从而弄懂了两件物体之间的关系、自身与物体的关系，对动作的效应产生乐趣。从此，宝宝的小手变得更勤快，特别喜欢动。

宝宝倒着爬要紧吗

约 8 个半月，宝宝开始使用手和膝盖、手和脚爬行。在宝宝爬行时可能出现倒着爬的现象，这多是因为宝宝爬行时好奇所致，不用过于担心，等宝宝爬得熟练了，他就不热衷于这样的小把戏了。随着爬行经历的丰富，宝宝爬的动作会越来越流畅、迅速、有效。爬行关系到宝宝将来学习能力的强弱，所以，爸爸妈妈要多给宝宝创造爬行的锻炼机会。

Part 9

宝宝8~9个月

宝宝的生长发育

身体发育

体重	男婴　约 9.4 千克	女婴　约 8.8 千克
身长	男婴　约 73 厘米	女婴　约 72 厘米
头围	男婴　约 45.6 厘米	女婴　约 44.5 厘米
胸围	男婴　约 45.6 厘米	女婴　约 44.6 厘米
坐高	男婴　约 46 厘米	女婴　约 44.2 厘米
牙齿	宝宝的乳牙开始萌出时间大部分在 6～8 个月时，最早可在 4 个月时，晚的可能在 10 个月时。婴儿乳牙萌出的数目可用公式计算：月龄减去 4～6，例如 9 个月的宝宝，9－（4～6）＝5～3，应该出牙 3～5 颗	

动作发育

9 个月的宝宝能够坐得很稳，能由卧位坐起而后再躺下，能够灵活地前、后爬，能扶着床栏杆行走。

宝宝学会了抱娃娃、拍娃娃，能模仿成年人的动作。双手会灵活地敲积木，会把一块积木搭在另一块上，或者用瓶盖去盖瓶子口。

语言发育

9个月的宝宝能模仿发出双音节词如“爸爸”、“妈妈”等词。

感知发育

9个月的宝宝知道自己的名字，叫他的名字时，他会答应。如果宝宝想拿某种东西，父母严厉地说“不行”时，他会立即缩回手来，停止行动。这表明，9个月的宝宝已经开始懂得简单的语义了，这时，让他说“再见”，他会向你摆摆手；给他不喜欢的东西，他会摇头。玩得高兴时，他会咯咯地笑，并且手舞足蹈，表现得非常欢快活泼。

心理发育

9个月的宝宝在心理需求上丰富了许多，喜欢翻转起身，能爬行走动，扶着床边栏杆站得很稳。喜欢和小朋友或大人做一些合作性的游戏，喜欢照镜子观察自己，喜欢观察物体的不同形态和构造，喜欢父母对他的语言及动作技能给予表扬和称赞，喜欢用拍手欢迎、招手再见的方式与周围的人交往。

9个月的宝宝最喜欢别人称赞他，这是因为宝宝的语言行为和情绪都有进展，能听懂你经常说的表扬类词句，因而能做出相应的反应。

睡眠

9个月的宝宝睡眠与8个月差不多，每天需睡 14～16 小时，白天睡两次。正常健康的婴儿在睡着之后，应该是嘴和眼睛都闭好，睡得很甜。若不是这样，就该找找原因。

宝宝的左脑开发

语言能力

教宝宝学词义

9个月的宝宝在大人的教育下，能逐渐学会把一定的语音和某个具体物体联系起来，所以大人不但要教他听懂词音，而且要教他听懂词义，训练宝宝把一些词和常用物体联系起来。因为这时宝宝虽然还不会说话，但是已经会用动作来回答大人说的话了。

比如，家长可以指着电灯告诉宝宝说："这是电灯。"然后再问他："电灯在哪儿?"他就会转向电灯方向，或用手指着电灯，同时可能会发出声音。9个月的宝宝在听到说"欢迎"时会做鼓掌动作；问宝宝甜不甜，会咂咂小嘴表示很甜。

这虽然还不是语言，但对宝宝的发音器官是一个很好的锻炼。家长还可以联系吃、喝、拿、给、尿、娃娃、皮球、小兔、狗等跟宝宝说简单的词语。

听觉能力

摇铃哪儿去了，寻找看不见的声音

游戏前，妈妈先准备摇铃一个、干净的手绢一条。游戏时，妈妈让宝宝坐在床上，爸爸在宝宝身后扶着。妈妈手拿摇铃在宝宝眼前有节奏地摇着，用来吸引宝宝的注意力。

当宝宝注视摇铃的时候，妈妈突然用手绢将摇铃的一大部分盖住，并且微笑着对宝宝说："咦，奇怪呀！宝宝的摇铃哪儿去了？宝宝找一找摇铃在哪里?"宝宝的眼睛就会去搜寻刚才还存在的摇铃。

妈妈摇铃应有节奏，向左边两下，右边两下。而且摇的时候，最好也有节奏地摇摇头，方向和节奏与摇铃相同。这样，极易引起宝宝的共鸣，吸引宝宝的兴趣，宝宝的眼睛就会注视着盖着手绢的摇铃。这时，家长不要急于去拿掉摇铃的手绢，而是让宝宝稍微多注视一段时间，延长宝宝的注意时间。

随后，妈妈把手绢拿开，说："啊！原来宝宝的摇铃在这里。宝宝找到了，宝宝真聪明。"游戏继续进行。妈妈再次摇铃，再次遮盖……

宝宝在注视被手绢遮住的摇铃时，妈妈一定要掌握好宝宝注视的时间。时间太长宝宝的注意力就会转移，时间太短达不到训练的目的。游戏进行的时间长短由妈妈根据宝宝的厌倦程度来决定。

这个游戏可以发展宝宝的观察力和听觉，培养宝宝的辨音能力及节奏感，能训练其注意力，能引发宝宝用眼睛去找寻自己喜爱的东西，并伸手去拿。

精细动作能力

将小物体投入大容器中

在宝宝能有意识地将手中的物品放下的基础上，训练宝宝玩一些大小不同的玩具，并教宝宝将小的物体投入到大的容器中，如将积木放入盒子内。反复练习，训练宝宝的观察力，让宝宝学会解决简单问题。

取娃娃

妈妈当着宝宝的面，用纸把一个布娃娃包起来，然后交给宝宝说："娃娃哪儿去了？宝宝，把娃娃找出来！"宝宝会翻弄纸包，把纸撕破，最终看见娃娃出现了，宝宝会非常开心。然后妈妈再用另一张纸把娃娃包好，再慢慢打开纸包，把娃娃拿出来。多次重复这一动作，给宝宝看，最后让宝宝学会不撕破纸，就能取出娃娃。这可以提高宝宝手的活动能力，使宝宝了解事物的因果关系。

推不倒翁

取一只会响的不倒翁教宝宝推动，在学习中让他观察、体会推得重，摇的时间长；推得轻，摇的时间短。宝宝在游戏中可以意识到自己的力量，认识自己与客观物体之间的关系，形成自我意识。家长可以经常把不倒翁放在宝宝身边，让其推玩。

宝宝的右脑开发

适应能力

到公园去看一看

这个时期的宝宝心理活动的发展很快，出现了认生、害羞、兴奋和高兴等各种情绪反应。家长除了给宝宝各种玩具以及和他逗乐外，还应让宝宝到大自然中去，让自然界的各种动植物、自然景观给宝宝以良好的感官刺激，使宝宝得到心理的安宁与美的享受，培养宝宝稳定的情绪、美好的情感，为以后良好的性格形成奠定基础。

公园是宝宝可以去的好地方，公园里有许多愿意与宝宝一同玩耍的小朋友，宝宝也可以认识许多爷爷奶奶、叔叔阿姨，还能看看各种颜色鲜艳的花朵、各种动物、小桥流水。

具有色彩的或处于动态的自然景色特别能引起宝宝的注意，如飞舞的彩蝶、蜻蜓，在水中游动的各种色彩斑斓的金鱼，宝宝常常看得目不转睛，呈现出愉悦的表情。这些活动可以促进宝宝感、知觉的发展，有益于宝宝的身心健康与智能发育。

培养宝宝收拾玩具的好习惯

若宝宝养成了乱丢东西的习惯，以后要改变则比较困难，但学爬或学走的宝宝具有更大的可塑性。另外，家人也需有良好的榜样示范作用。

游戏诱导法

1. 平时在家中准备一处固定放玩具的置物箱或位置，作为“玩具的家”。
2. 欲进行诱导前可以先和宝宝一起玩，建立参与感。
3. 牵引宝宝走向玩具处并告诉他：“一同带玩具回家。”（若多次玩过此游戏，可问宝宝：“玩具的家在哪里？”）
4. 游戏结束后，告诉宝宝必须“带玩具回家”，同时建立“归位”与“家”的观念。
5. 对尚在爬行的宝宝，必须尽量趴下

以拉近与宝宝的视高，并将宝宝最喜欢的玩具置于其视线前方，诱其爬行。

6 假如游戏中宝宝的注意力分散了，切记不可任由宝宝离去，以免养成半途而废的习惯。

7 至玩具存放处后，告诉他“玩具要回家”了，帮宝宝把玩具放回去。

8 倘若需收拾的玩具太多，可一起动手帮忙。

9 当宝宝完成后，记得一定要用语言或肢体给予鼓励，让宝宝感觉这是一种正面、受肯定的行为。

鼓励宝宝是养成某种好习惯最好的原动力，最好不要以奖品（如糖果）作为鼓励，给予掌声或拥抱，才是真正积极、正面的鼓励方式。

视觉能力

挂起来看一看，学会观察

事先妈妈应准备 3 个大小不同的杯子。这 3 个杯子分别为大、中、小 3 号，而且应该选用有把、较轻的塑料杯子。

游戏开始时，妈妈和宝宝一起坐在地上，在宝宝的背后垫一个枕头，防止宝宝坐不稳而摔倒。妈妈先把 3 个杯子按大、中、小的顺序依次摆开，然后对宝宝说：“宝宝看，这是杯子，是我们喝水用的杯子。这个最大，这个最小，这个不大也不小。今天我们用这 3 个杯子来做游戏，宝宝要仔细看妈妈怎么做。”妈妈将最大的杯子杯口朝下放在地板上，再将次大的杯子倒着放在最大杯子的上面，最后把小杯子倒放在顶端。

让宝宝看清楚后，妈妈把杯子推倒，重新再堆一次，然后让宝宝用手推倒，激励宝宝参与的积极性，鼓励宝宝模仿妈妈的动作进行游戏。这可训练宝宝的注视观察能力，鼓励宝宝进行模仿，使宝宝明白同样的物体可以有不同的表现方法。

送小球回到盒子里

游戏前，妈妈先准备好一堆塑料球，一部分是红色，一部分是黄色；再准备两个纸盒子，一个是红色，一个是黄色。游戏让爸爸、妈妈和宝宝共同参与。爸爸、妈妈、宝宝都坐在地板上，爸爸独自一人坐在一边，妈妈搂着宝宝坐在相对的另一边，爸爸、妈妈的距离控制在 2 米左右。在爸爸的前面放上黄色的盒子，在妈妈和宝宝的前面放上红色的盒子，在中间放上红色的和黄色的小球。由爸爸先做示范，爸爸走到中间，一手拿起一个彩球，然后把手中红色的小球放在红色的盒子里，把黄色的小球放进黄色的盒子里，如此重复几次。然后在妈妈的指导下，让宝宝来做这个动作。最初宝宝可能不熟练，但多做几次后，就可以让宝宝独自去进行。

这个游戏可训练宝宝的观察能力，训练宝宝通过观察模仿的能力，训练宝宝手与上肢的运动能力，增强宝宝视觉、运动协调能力。

注意：红色的盒子、黄色的盒子都要大，而且口也一定要大，便于宝宝把塑料球投进去；爸爸的示范动作一定要仔细、缓慢，让宝宝看得清清楚楚。

大动作能力

鼓励宝宝独自站立

周岁前后的宝宝就会独自站立了，要让宝宝站在安全、平整、清洁的地毯或草地上，周围要收拾好，不能有会损伤宝宝的东西。要把药瓶、化妆品、清洗剂之类的东西放在高处，让宝宝拿不到。在给宝宝穿衣、洗澡、说话时，可以让宝宝站着，把宝宝的注意力集中到活动上，可以延长站立的时间。

宝宝能站稳后，就鼓励宝宝走。妈妈在前方摇动玩具让宝宝走上前来拿，宝宝就会努力摇摇摆摆地往妈妈身边走。在独自站立和独自行走的游戏中，妈妈一定要在宝宝身边，随时随地帮助宝宝，鼓励他，给他保护的同时又给他勇气。同时注意不能让宝宝跌痛了，导致他对行走产生恐惧感，要尽可能让宝宝自信、勇敢。在户外，要给宝宝穿上布底鞋。在室内的地毯上，可以不穿鞋，但要注意，软床上不适合宝宝学爬和行走。

通过这项训练，可以锻炼宝宝下肢的站和走的能力，使宝宝能在没有依靠的情况下，自己逐渐掌握身体与四肢的平衡和协调。要鼓励宝宝有信心和勇气，不怕摔倒，要让宝宝感到自由行走的愉悦和快乐。

引导宝宝学走路

大人要给宝宝创造条件，使他早日独立开步走。可以给他穿上布底鞋，衣着轻暖，再给他一辆小推车，让他在平整但不光滑的地面上推着向前学步而行，感知周围的世界。有时他会把小椅子放倒，推着向前走。一旦他发现这个新玩意儿可以推着走路，就会高兴地一刻不停地在屋里推来推去。

家长还可以给他特制一个巨型积木——一个结实的大纸盒（30 厘米×30 厘米×40 厘米左右），贴上有趣易懂的彩色图画，宝宝既可以围着爬、扶着站、推着走，又能学图画中的内容。

促使宝宝早日开步走的方法很多，如扶着宝宝腋下走；用长的浴巾从宝宝的胸前穿过两侧腋下，在后面轻轻地拽着让他向前行走；待他能站稳后，使他在妈妈和爸爸之间跨出 1～2 步，逐渐增大迈步的距离；等等。

每次练习时间不宜过长，但练习次数可逐渐增加。要循序渐进，从轻扶双手、扶单手到独站，最后独自行走几步。

学会站立和开步走是宝宝身心发展中的一大进步，动作的发展使宝宝大开眼界，增长了见识，促进了心理发育。

防止意外最重要

学步的周围应当没有绊手绊脚的物件，没有桌椅的尖角，没有电、火、热水，柜子抽屉里没有危险品，等等。如果宝宝不小心跌倒在地，也不要一副担心的样子，马上就去扶、抱，这时，你应当用亲切的语言鼓励他自己爬起来继续练习，这是最初的意志磨炼。

小小“指挥家”

选择一首节奏鲜明、有强弱变化的音乐播放。宝宝坐在你的腿上，你从他背后握住他的前臂，说：“我们开始指挥了！”然后合着音乐的节奏拍手，并随着音乐的强弱调整手臂动作幅度的大小，当乐曲停止时指挥动作同时停止，逐渐使宝宝能配合你的动作节奏。以后每当放音乐时，你一说“指挥”，他就能有节奏地挥动手臂。这样可以训练节奏感，理解动作与音乐的配合。要时刻观察宝宝，当他表现出不愿再玩时要及时停止。

社交行为能力

模仿大人表演儿歌

宝宝在注视大人动作的基础上开始用成套动作来表演儿歌。爸爸妈妈要先设计好全套动作并配上相应的儿歌或短语，每次动作都要一样，包括拍手、摇头、身体扭动、踏脚或特殊手势示范动作，宝宝很快就能学会而且能单独表演。学习时宝宝每做对一种动作都要给予表扬鼓励。

训练宝宝执行简单的指令

爸爸妈妈可事先准备一些宝宝熟悉的物品，比如几样玩具——汽车、布娃娃、皮球、摇铃等，准备几样日用品——小板凳、勺子、小塑料碗等，几样食物——香蕉、苹果、煮熟的鸡蛋等一些东西。游戏进行前，妈妈可和宝宝坐在一起，爸爸拿起一样东西，比如说玩具汽车，妈妈就说“玩具汽车”，加深宝宝的认识。爸爸再拿起一根香蕉，妈妈对宝宝说：“香蕉，这是香蕉。”这样，让宝宝明白每一样东西分别都是什么。

然后进入游戏的第二步。爸爸挑几样东西分散放在屋内的各个地方，妈妈问宝宝：“宝宝找一找，宝宝的玩具汽车在哪里?”宝宝就会用眼睛去寻找妈妈问的东西。如此进行，妈妈把每样物品都问一遍。

然后进入游戏的第三步。爸爸把所有的玩具、用品都放在一起，妈妈对宝宝说：“宝宝，去把玩具汽车拿过来。”妈妈可协助宝宝进行第一次寻找，然后妈妈接着再说：“宝宝，去把香蕉拿过来。”游戏继续进行。

初次进行该游戏时，选用的物品应是宝宝极为熟悉的物品，随着游戏次数的增加，让宝宝认识的物品可日趋复杂。

以上游戏三步可同时进行，也可每次只进行游戏的一个部分，但是，必须在宝宝熟悉上一步的前提下才可进行。游戏可选择在一些闲余时间进行。

玩过家家

妈妈事先准备一个玩具娃娃，这个玩具娃娃要比较精细，即玩具娃娃的头发可梳、可扎，眼睛要会动，衣服可以脱下、穿上，有袜子、鞋子等，使得游戏时使用方便。再准备一套玩具餐具。

游戏开始时，爸爸妈妈一边说话一边玩过家家，让宝宝在旁边看着。爸爸妈妈很精细、很缓慢地做每一个动作，比如说给娃娃穿衣服、系扣子，给娃娃穿袜子、穿鞋子，妈妈给娃娃扎头发。

然后用玩具餐具给娃娃喂饭。喂完饭，妈妈对宝宝说："宝宝，爸爸妈妈给娃娃喂完了饭，现在娃娃要出去玩了，请宝宝给娃娃换身衣服，我们带娃娃出去玩。"于是，爸爸把娃娃的衣服脱掉，拿出一身衣服给宝宝，宝宝就会根据自己的观察，按照爸爸妈妈的动作做一遍。

该游戏每次进行时，可只做一部分动作，比如只让宝宝观察爸爸妈妈如何给娃娃穿衣服。还可以继续其他的动作，具体怎么玩要根据宝宝的发展情况来决定。爸爸妈妈在做示范动作给宝宝看时一定要慢，动作要清楚，便于宝宝观察和模仿。

教养重点与疑问解答

不要刻意与其他宝宝比较

宝宝在发育的各个方面（如运动、智力、情感和语言等）所呈现的速度各不相同，这是非常正常的现象。

有的宝宝9个月时已经会走路了，可有的宝宝13个月大时还对爬行乐此不疲。一些宝宝1岁时已经能开口表达需求了，而有些宝宝2岁时才会说几个词。作为后者的爸爸妈妈，碰到这样的问题一定会觉得非常沮丧，但无须惊慌。大部分起步较晚的宝宝都会在一段时间内突飞猛进地赶上别的宝宝。

所以爸爸妈妈既没有必要为你的宝宝缓慢的学习进度而担心，也不用强迫他改变学习方式。你所要做的就是为他创造一个丰富的学习环境，清醒地认识宝宝所处的学习阶段，这会帮助他在学习过程中循序渐进地取得进步。

无须排斥宝宝接触现代媒体

9个月的宝宝有很强的好奇心，父母可以让宝宝接触一些现代媒体，如电视、广播、电脑等。让宝宝初步接触这些现代媒体，能够发展宝宝的感知能力，刺激宝宝的视、听觉；培养宝宝的注意力，加强宝宝注意时间长短的培养；培养宝宝一定的专注力，使宝宝对图像、声音感兴趣。

例如让宝宝看电视。妈妈可以把宝宝抱到电视前，对宝宝说："宝宝，今天妈妈让你看一个很好玩的东西。这是我们家的电视机。"然后打开电视机，让宝宝看到丰富多彩的电视画面和悦耳的声音，会引起宝宝极大的兴趣。妈妈把宝宝抱到距离电视约2米远的地方，让宝宝看上4～5分钟电视。看的同时，妈妈可用简单的语言对宝宝解释电视画面内容。

有选择地让宝宝看一些电视节目，比如《七巧板》《动画城》《动物世界》等。宝宝也许对这些内容不理解，但是丰富的色彩、活泼的形象却极易吸引宝宝的注意。有的宝宝很容易表现出极强的专注力。

应该注意的是，不能让宝宝看战斗、恐怖的节目；可在每天一个固定的时间内让宝宝看电视。

宝宝"恋物"怎么办

有许多宝宝会对小包被、小抱枕、绒布熊等很有质感的用品特别依恋，这些东西很多时候都已经成为宝宝生活中重要的一部分，甚至扮演着陪睡的角色。简单地说，宝宝恋物就是一种成长过渡期的依恋行为，是宝宝从"完全依恋"转为"完全独立"的过渡期间所产生的行为。

为什么宝宝会依恋这些物品呢？因为它们是宝宝心理安全感的依靠，尤其在白天变成黑夜，宝宝想睡又怕失去知觉时，不安全感就会大大增加，此时某些物品对宝宝来说就非常重要。

既然宝宝的"恋物"是由安全感缺乏引起的，那么预防或逐步戒除幼儿的"恋物"也要从增强宝宝的安全感入手，争取为宝宝创造一个开放式的家庭环境。

❶ 平时多拥抱宝宝，多拍抚宝宝的背部和头顶，以解其“皮肤饥饿”。

❷ 很多幼儿就是因为入睡前的害怕不安而“恋物”的，如果父母在宝宝独睡前陪伴宝宝，唱催眠曲或读一两个美妙的童话，开亮一盏小灯，等宝宝睡着再离开，就比较容易使其对襁褓、包被之类物体“脱瘾”。

❸ 弄清九成以上恋物宝宝会被小包被、小抱枕、绒布熊、用惯的浴巾之类“上瘾”后，妈妈在选购这些幼儿用品时，就要有意识地备下几个“迁移载体”，让宝宝无法对其中的某样东西“专情”。

怎样知道宝宝活动量是大还是小

活动量指的是宝宝在一天的活动中所表现出的动作节奏快慢，以及其活动量的多寡。一般来说，爸妈可从宝宝吃饭、洗澡、换尿布、睡觉，以及平常的活动来观察其表现。

活动量大的宝宝

这样的宝宝也许不肯乖乖吃奶，经常会动来动去；宝宝洗澡时会不断玩水，或是动来动去。这样，即便宝宝只是几个月大，妈妈可能也会抱不住。洗完澡要穿衣服时，宝宝照样会动来动去，穿衣服可能会比较困难。当宝宝会爬、会走之后，他会继续动个不停，对周遭的事物也会很好奇。

对这样的宝宝，要让宝宝有机会消耗精力，引导他进行安静的活动，培养宝宝的规律作息。限定宝宝的活动时间，让他固定玩 30 分钟左右，在这段时间内，让他尽情地玩，时间到了之后，就必须结束游戏，让宝宝明白每天玩乐的时间是固定的。

活动量小的宝宝

一般来说，这类宝宝在爸妈眼里属于安静的乖宝宝，无论是喝奶、洗澡，还是换尿布时，他都表现得很安静、很乖巧。另外，宝宝的睡眠时间较长。

妈妈必须多陪着宝宝玩，以亲子共玩的活动为主。一开始带宝宝进行活动时不必要求时间太长，之后再每天增加活动的时间，不要一下子就强求宝宝做太久活动。

不要忽略了宝宝的爬行

爬行也是宝宝在未满周岁前最重要的一项活动，是绝对不可以忽略的部分。爬行能带给宝宝许多好处：

1. 宝宝在爬行时一定会用颈部肌肉把头撑起来，而头部肌肉的收缩会刺激脑干，使脑干神经活跃起来。同时交互前进的四肢，又会促进大脑中枢不断发挥协调动作的机能，宝宝每多爬一步，这种机能就会组合得更成熟一点。而连续挥动的手臂，则可使肩关节更灵活，肩肌更强大，锁骨生长得更快。
2. 宝宝在爬行时，要随时了解整个空间的状况，什么地方有障碍物，该往哪个方向等，都完全操控在他自己手里。这些大人能轻易判断的事，对宝宝而言却错综复杂，他的大脑必须忙着接收信息、下达指令，一刻也不得闲。
3. 除了上述空间概念的培养，宝宝对身体的意识能力，也可在爬行中训练出来。这张椅子有多高？空格有多大？跟我的身体比起来怎么样？我的手现在在哪里？脚在干什么？身体成什么姿势？这些感觉都能从爬行中获得。宝宝在发育过程中如果缺乏这方面的体验，势必会影响他大脑感觉协调功能的成长。
4. 爬跟坐最大的不同，就在于宝宝能随心所欲地移动位置，去探索地上的一只小蚂蚁，或远处的一个小玩具。有了爬行这种绝活，宝宝就能延伸生活的触角，去深入了解周遭的事物。

宝宝爬行的演进大致是这样的

单手单脚爬：宝宝像青蛙般地坐着，用一只手和一只脚拖拽着屁股向前移动。

单侧爬：爬的时候是右手右脚联合，一齐往前进，然后是左手左脚一齐跟进。

双侧交互爬：爬的时候是右手前进，左脚跟进，然后左手前进，右脚跟进，就和一般四足动物行走的姿势一样。

爬直线：“两点之间以直线为最短。”小宝宝好像也知道这个道理似的，他们通常都是先爬直线，然后才慢慢地学会改变方向。

上下斜坡：上下斜坡时，宝宝每爬一步，身体就会感受到一次地心引力的变化，上坡时当然要比平地爬行费力，而下坡时又要用更多的力量去控制前倾的身体，这样的爬行过程可使宝宝的前庭平衡系统得到充分的训练。

转身：当宝宝向前爬行时，可诱导他向后转身爬回来。

爬楼梯：楼梯是一个训练爬行很好的地方，出门进门只要碰见楼梯就给宝宝练习的机会。爬上楼梯还蛮容易的，但下楼梯可就难了，大人要在旁边多加鼓励和帮助，注意宝宝安全。

跨越障碍：引导宝宝爬过靠垫、棉被、枕头等障碍物，这是可以随时在房间内玩的游戏。你不妨设计一些情节，譬如说有一列火车要到远处去，沿路要翻山越岭、跨山洞、跨大桥，或遇到什么奇怪的东西挡路等，即兴编些故事来增加宝宝爬行的兴趣。

爬跪站坐：在宝宝爬行时，让他停下来改做其他的动作，然后再继续爬行，例如跪立、攀物站起、坐下、俯卧、仰躺……都可和爬行的动作相互组合在一起。这样可使宝宝能借变换动作的过程刺激大脑细胞的活动，进而培养其均衡的智能。

爬远距离：带宝宝到广场、公园、海滩等面积辽阔的地方，放任他爱爬多久就爬多久，想爬多远就爬多远。让宝宝能尽情地抒发一下精力和情绪，也可稍微满足一下他的好奇心、增加一些见识，对身心和智力的发展都将有莫大的助力。

爬行对宝宝日后语言的发展及整体智能的提升都是非常关键的，不要着急让宝宝行走，他能爬多久就让他爬多久。即使过了爬行期，宝宝会走了，也要尽可能地多设计一些钻爬的游戏来跟宝宝玩，这对宝宝来说是非常有益的。

Part 10

宝宝9~10个月

宝宝的生长发育

身体发育

体重	男婴　约 9.66 千克	女婴　约 9.08 千克
身长	男婴　约 74.27 厘米	女婴　约 72.67 厘米
头围	男婴　约 46.09 厘米	女婴　约 44.89 厘米
胸围	男婴　约 45.99 厘米	女婴　约 44.89 厘米
坐高	男婴　约 46.92 厘米	女婴　约 46.03 厘米
牙齿	10 个月的宝宝一般萌出了 4～6 颗牙齿，上边 2～4 颗和下边 2 颗切牙。但也有些正常宝宝从 10 个月才开始出牙	

动作发育

10 个月的宝宝大部分的运动仍是爬，能自由地爬到想去的地方，但也能稳坐较长的时间，能扶着东西站得很稳。拇指和食指能协调地拿起小的东西，会招手、摆手等动作。

身体好的宝宝，往往有独自站立的要求，扶着栏杆站立起来之后，会稍稍松手，以显示一下自己站立的能力，有时能够站得很稳，甚至还会不扶任何东西自己站起来。这时，父母不要去阻止，随宝宝去站好了。为了训练宝宝独自站立，父母可以先训练宝宝从蹲位站起来，再蹲下再站起来。开始可以拉拉宝宝的一只手，使他借助一点力。独自站立，是宝宝学走的前奏。

语言发育

10个月的婴儿能模仿成人的声音说话，说一些简单的词。此时，宝宝已经能够理解一些常用词语的意思，并会做一些表示词义的动作。10个月的宝宝喜欢和成人交往，并模仿成人的举动。当他不愉快时，会表现出很不满意的表情。

心理发育

10个月的宝宝喜欢模仿着叫妈妈，也开始学迈步、学走路了。宝宝喜欢东瞧瞧，西看看，探索周围的环境。在玩的过程中，还喜欢把小手放进带孔的玩具中，并会把一件玩具装进另一件玩具中。

睡眠

10个月的宝宝每天需睡眠12～16小时。白天睡两次，夜间睡10～12小时。父母应该了解，睡眠是有个体差异的，有的婴儿需要的睡眠比较多，有的婴儿需要的睡眠就少一些。所以，有的宝宝到了10个月，每天还需要睡16小时，有的只需要睡12小时就足够了。只要宝宝睡醒之后表现非常愉快，精神很足，就不必勉强他多睡。

宝宝的左脑开发

语言能力

指图回答问题

在父母用图画故事书为宝宝讲故事时，当妈妈问“谁在吃萝卜”时，宝宝会指着兔子回答。再问“小花猫要到哪儿去”，宝宝会指着河边作答。当父母在看书、看报时，宝宝也会很像样地拿起故事书，咿咿呀呀地自己讲故事。

每天给宝宝讲一则小故事

妈妈每天给宝宝讲一个故事，故事内容要短小，精美的可重复讲一周，例如：

母鸡妈妈孵了一群小鸡。每天，小鸡娃儿们跟在鸡妈妈身后找虫吃，跟妈妈一起玩游戏。母鸡妈妈找到一条大虫子，它叫着它的宝宝们：“咯咯咯，快来呀，这儿有一条大虫子。”小鸡娃儿们跑过来，一齐说：“叽叽叽，妈妈先吃，我们再吃。”

听觉能力

跟妈妈打拍子

妈妈和宝宝面对面坐着，妈妈说：“宝宝仔细看，宝宝仔细听，看妈妈做什么，听妈妈做什么。”妈妈有节奏、有规律地拍手，节奏应为：×、×、××，×、×、×××。让宝宝仔细看认真听，反复进行几次宝宝就会掌握其中的规律，和妈妈一起拍手。

游戏进行一段时间后，妈妈可把拍手的节奏变得更为复杂一些，训练宝宝的听力、注意力、观察力，使宝宝能够较长时间地集中注意力，训练宝宝的模仿能力，培养宝宝的动手能力。

听音乐取、放物

播放一段活泼、欢快的音乐，将积木和盒子放于宝宝面前，让宝宝随音乐将积木从盒子中一一取出，再一一放入盒中。开始宝宝的动作可能比较稚拙、缓慢，听到比较欢快、活泼的音乐，会慢慢灵活一点。这个游戏可以训练宝宝对音乐的感知能力。游戏中的物品可就地取材，爸爸妈妈可以敲击某物，让宝宝听声音取、放物。

精细动作能力

开合盖，训练手眼协调的准确性

拿一只带盖的塑料茶杯放在宝宝面前，向宝宝示范打开盖再合上盖的动作，然后让宝宝练习只用大拇指与食指将杯盖掀起，再盖上，反复练习，做对了便称赞他。这样可以促进宝宝小肌肉动作和手眼协调的准确性。

抽出纸盒里的秘密

宝宝很喜欢把面巾纸从盒子里抽出来。妈妈可以用布或小纱巾代替面巾纸，让宝宝玩。这样不但可以避免浪费，重复玩也会令宝宝得到满足。妈妈找来各种颜色的布或小丝巾打结，连成一长串，然后放入用完的面巾纸盒内，留一端在外。让宝宝自己拿露出的一端并不断地抽拉出来。

妈妈在打结时尽可能将不同的颜色交叉，如一条红色、一条黄色……使对比强烈些。还可在打结时捆绑上不同的玩具，让宝宝拉出更多的惊喜。

“下面又会是什么宝贝呢?”这种诱惑会促使宝宝继续拉下去，一个个结果不断呈现，会令宝宝兴奋不已。这个游戏需要宝宝用手去抽取，可以锻炼宝宝手部精细动作技能，同时拉扯时不断出现的色彩变化，可以愉悦宝宝的视觉神经。

宝宝的右脑开发

适应能力

教宝宝冷静处事

当事情不能按照人的意愿进行时，人往往就会生气或不满，其实宝宝也会这样。宝宝就像一块海绵，能够吸收他周围的一切，包括大人所做的一切。

我们可能认为宝宝不知道他周围所发生的一切，其实他什么都知道。如果我们做的事正确，宝宝就会向我们学习。比如当宝宝弄洒了果汁时，妈妈要心平气和地将果汁擦干净，并告诉宝宝下次小心。

这样就能教会宝宝怎样平静地处理一些问题。如果妈妈总是大声喊叫，那么教会宝宝的将是在事情不顺利时烦恼和发怒。

寻找小球，让宝宝动动小脑筋

用一个边长30厘米左右（正方形、长方形均可）的包装纸箱，上面开一个大约10厘米×10厘米的洞。在右下角另剪一个边长为5厘米的等边三角形出口，让宝宝从大洞投入一个小球，叫他摇动纸箱使小球从边角出口处漏出。告诉宝宝从大洞里看看，哪一头亮就向哪边摇。宝宝起初会乱摇，后来他学会不必摇，让箱子斜着放，小球自然会滚出来。洞的边缘要整齐，防止刮伤宝宝。这个游戏可以培养宝宝学会解决问题的办法。

视觉能力

陪宝宝一起看连环画

10个月的宝宝喜欢书，尤其是连环画，因为他喜欢看着图画听妈妈读给他内容。你会注意到他在指着书中的图，这时你要说出书中的内容。

妈妈应该陪宝宝一起看连环画，选些他知道的物体的图画。例如一页画有一幅球，另一页画有一双鞋，这种简单的图画书很适合宝宝，能使他认识更多的东西。

如果他已能翻书就让他翻，如果他想翻但不会翻，那就帮助他。他愿在一页停留多久就由他停留多久，他可能是在研究这一幅画和他知道的别的东西的关系。

宝宝喜欢父母陪着他一起看连环画，这会让他感觉到亲情的温暖。

大动作能力

利用玩具训练走路

这个时期的宝宝，已经学会独坐和爬行，可以利用一些玩具来诱使宝宝学习站立和行走，这样不仅有利于动作发育，还有利于智力开发。

在宝宝10个月时，在生活区安置小栏杆，让宝宝学习扶站，父母在不同的位置用有趣的玩具逗诱宝宝，鼓励宝宝扶着栏杆迈步。还可以坐在沙发上，手拿玩具逗引站在沙发另一端的宝宝，鼓励宝宝扶着沙发走过来拿玩具。也可让宝宝推着椅子或小车练习迈步行走。还可以为宝宝专门准备一根小木棒来练习走路，在平坦的地面上，父母双手分别握住宝宝的手，或者拿着小木棒，让宝宝的双手抓住木棒的中间部位，父母一步步后退，使宝宝练习迈步行走，要边退边说："宝宝，走，走。"

宝宝能够稳定迈步，手也能够灵活地抓取东西时，为了使宝宝全身更加灵活协调，可以训练宝宝踢球。开始扶着宝宝练习抬脚踢，球最好是比较软的，父母可以先做示范，一边做一边说："踢，踢。"使宝宝清楚地看到，是父母的动作使球滚动起来，宝宝就会好奇地模仿。多次练习可以使宝宝动作达到主动、准确，逐渐不用人扶着就可独自抬脚踢球。

宝宝会走以后，还可和他一起玩小滚筒，可以借抛扔球诱使宝宝追逐和拾扔小球，也可以让宝宝跟在上了发条的玩具后面跑。为保持宝宝对这类游戏的兴趣，要注意时常变换玩具，防止过度劳累，注意适当保护，避免摔伤和磕碰。

爬台阶，增强下肢力量

把家中几个大的沙发垫子一层一层地摆成阶梯状，在最上面一层放上宝宝喜欢的小玩具，鼓励宝宝爬上去。家中如果有适合宝宝爬的楼梯，不要限制他爬，要教他如何安全地爬。

宝宝爬楼梯时，妈妈要用一些提示性的语言引导他，如"抬脚"、"抬手"、"转身"、"慢慢来"等，不要让宝宝独自爬楼梯。待宝宝熟练后，可以看着他爬上一个台阶就数一个数：1、2、3……

对于不太敢爬的宝宝，妈妈可以在最上面露出脸来跟宝宝玩"捉迷藏"的游戏，以便吸引宝宝往上爬。当宝宝爬到妈妈面前时，妈妈要抱起宝宝亲亲他。

这个游戏对开始学步的宝宝来说是很关键的，可以促进宝宝下肢力量的增强和平衡能力的发展，是日后攀爬活动的基础。

社交行为能力

教宝宝与别人分享

训练宝宝与别人分享好东西的品质，对宝宝日后的成长有着重要的意义。即使是宝宝非常喜欢的东西或者食物，也要让宝宝学会与别人分享。要让宝宝一点一点地明白什么事情该做，什么事情不该做，从宝宝懂事时就开始教他，以后长大就养成了优良品质。

让宝宝从盘子内拿一个橘子给爸爸，拿一个给妈妈，自己再拿一个。有时宝宝舍不得把第一个分给别人，可以把次序倒过来，先自己拿一个，然后再分给别人。有过多次练习后，可以递一个给爷爷，再递一个给奶奶，最后让宝宝递东西给客人。经常让宝宝给客人递食物，就会养成与人分享东西的好习惯。

练习递水果给别人，一来能让宝宝学会与人分享，养成不自私的习惯；二来学会给人递东西是当助手的基本功，以后大人做事时能与大人配合，学会当助手；三来可以营造全家人其乐融融的气氛。

学说“请”、“谢谢”等礼貌用语

10个月的宝宝或许还不能说多少话，但他能理解一些事情。他能知道十几种东西的名称（或更多）。能照父母的指示和引导去做。

在给宝宝玩具或东西吃时，妈妈在一旁要讲“谢谢”，并要引导宝宝模仿点头或鞠躬的动作以表示“谢谢”。当家里有人要出门时，你一面说“再见”，一面挥动宝宝的小手，向要走的人表示“再见”。反复训练，使他一听到“谢谢”就鞠躬或点头，一听到“再见”就挥手。

爸爸妈妈要以身作则，当你要求他做什么时，你也应当一直说“请”和“谢谢”，天长日久，宝宝自然就养成了说礼貌用语的习惯，不管是对父母还是对其他人，都会显出彬彬有礼的一面，这些将成为他词汇积累的组成部分。

教养重点与疑问解答

宝宝左撇子没关系

习惯用左手，表示宝宝的右脑比较有优势，应该顺应优势让宝宝尽情发展，而不要强迫宝宝一定要改用右手，造成宝宝的适应不良，反倒会得不偿失。

1岁之前的宝宝，左右脑的功能尚未分化，左右手尚未分工，所以这个阶段的宝宝经常是用双手来拿奶瓶，用双手、双脚来爬行。到了2岁时，左右脑逐渐分化，可以隐约看出宝宝习惯用哪一只手拿东西，用哪一只脚做动作。3岁时，宝宝的动作更协调，身体的各种动作反应变成反射性行为，不再需要大脑皮质来控制，此后，大脑皮质转而负责较高层次的学习认知工作了。

人的左脑负责逻辑、文字、数字等思维活动，偏向理性思考，被称为“知性脑”。右脑则掌管颜色、图像、感觉、想象、创造力、音乐、舞蹈等功能，负担多种情绪处理，被称为“艺术脑”。聪明的妈妈应该从用手习惯去了解宝宝是左脑优势，还是右脑优势，然后给予适当的训练和刺激。

妈妈们了解宝宝惯用左手的原因后，一般都能接纳宝宝的行为，不再会用打骂的方式强迫宝宝改用右手，不过可以多刺激宝宝不常用的那只手。左撇子的宝宝可以学着用右手捡球，惯用右手的宝宝可以学着用左手捡球。在双手操作中，同时刺激左脑和右脑的活动，多刺激脑部活动对宝宝的发展会有相当大的帮助。遇到宝宝要操作精细动作时，例如吃饭、画图等，不要强迫宝宝一定要左右开弓，“右手写字、左手做事”。

下面推荐几个适合左撇子宝贝玩的小游戏：

1. 摆弄。递给宝宝的右手一块小积木，然后再递给宝宝右手另一块积木，教宝宝把原先右手拿的一块积木递给左手，再用右手拿另一块积木。两手都拿到积木时，父母也双手各拿一块积木，做放下、拿起的动作，让宝宝模仿。
2. 敲打。父母示范用右手，把一块积木对着地板或其他地方敲出声响，让宝宝也模仿用右手做敲打的动作。
3. 俯卧支撑练习。使宝宝俯卧，两臂屈肘于胸前，鼓励、诱导宝宝将头、前胸抬高，直至能用一只右手支撑身体抬起头，每天数次。
4. 画圆圈。给宝宝准备一张大纸放在桌上，让宝宝右手握蜡笔，左手扶纸，在纸上涂画。父母示范在纸上用右手画圈，然后握住宝宝的右手在纸上做环行运动。游戏的目的是让宝宝学会用右手画圆圈。

只要顺应宝宝的自然发展，接纳宝宝与生俱来的特质与能力，从旁协助与引导，宝宝惯用左手或右手都可以发展得一样好，大脑也会全方位地发展。

给宝宝做个好榜样

宝宝 10 个月之后，越来越懂事，所以父母应该尽早对宝宝进行有系统的教育。父母是宝宝的第一任教师，作为宝宝最早的启蒙终身的教育者，对宝宝的教育影响也最深远。父母若想成功地教育自己的子女，必须以身垂范，做宝宝的榜样。

父母要以身作则

父母不仅是一种权威，而且是宝宝言谈举止标准的提供者，父母的表现在很多情况下成为宝宝的参照。父母要使宝宝的言行有所遵循，切不可言行不一。言行相悖比对宝宝放任自流效果更坏。

父母要以身示教

在家庭教育中，父母经常会对宝宝说应该这样做，不应该那样做，来规范宝宝的言行。可是这种空洞的说教所起的作用往往微乎其微。在某些方面的教育中，说教几乎起不到什么作用。你的一言一行、一举一动，宝宝都会看在眼里，并以父母为榜样模仿、效法。在日常生活中，谨言慎行，以身示教，凡是要求宝宝做到的，自己首先必须做到。

父母要说话算数

父母一旦答应了宝宝的事一定要兑现，兑现有困难的事不要轻易许诺。如果你随便承诺宝宝一件事，由于种种原因忘记了，对宝宝的情绪不仅会是一个较大的打击，在某种程度上也会给宝宝内心带来伤害。如果父母经常言出不行，说话不算话，就会降低在宝宝心目中的可信度。再者，如果作为父母经常说话不算话，宝宝也会下意识地效仿，对自己说出的话不负责任，便会成为他的一种不良习惯。

替换说“不”的方法

宝宝的世界更宽广了，爸爸妈妈也不得不更多地对他说“不”了。这个苛刻的“不”，既能很快地说出口，又很容易说出口，但是你总是要避免使用这个消极的办法。当宝宝们一次又一次地听到“不”字时，他们就不再在意了。能不说“不”就用其他方式来代替，尽量把“不”字留到你真正需要说的时候。

为他做示范

用另外的办法给婴儿做示范来对待一件事物。他可能想撕你的杂志，为了不让他撕坏杂志，你就应该和他一起坐下来，边翻页边指给他看，和他一起分享看杂志的乐趣，然后把杂志放到他够不着的地方。

转移注意力

在你告诉宝宝不要触摸某种东西之前，要尽力转移他的注意力。他可能正在够一个玻璃制品，因为它非常奇巧，而且他已注意到了。取而代之的是，可给宝宝一件既闪光又安全的东西，如金属匙儿或者是婴儿用起来安全的镜子。

给他“脸色”看

宝宝做某种事情之前，他可能会瞥你一眼。当他要做你不想让他做的事情时，你就严厉地看着他。你的脸色便足以使他转移方向。

有必要制止他

当宝宝做一些与体罚有关的事情时，你也可以做，但不要以同样的办法。如果他拉扯猫尾巴或打狗，就制止他，拉着他的手并轻轻地告诉他，“不要拉扯猫尾巴”，或“你打狗，狗会疼的”。

当宝宝第一次摔倒时

当宝宝第一次摔倒而摔得不重时，他们一般不会想到哭，倒是爸爸妈妈惊慌失措地跑过来一把抱起，又是哄又是劝，反而弄得宝宝哭起来。

另外，有些家长在宝宝跌倒时，除了又哄又劝外，还会打地来帮助宝宝出气：“打你！打你！看你再让我们宝宝摔跤！”久而久之，宝宝一跌倒后，也会模仿此方法来发泄。

宝宝长大后，遇有挫折时就容易推卸责任，永远从对方身上找原因，而不会自省是不是自己的问题。这种方法对宝宝将来人格成长极为不利。

理智的爸爸妈妈不妨鼓励宝宝自己爬起来，让他自己拍去身上的土，让他们感觉到自己的能力，体会到战胜软弱的成就感。宝宝今天能够战胜这一跤，就或多或少地增强了他的心理承受能力，对战胜成长道路上的其他挫折大有裨益。

不要对宝宝说这些话

爸爸妈妈疼爱子女的心情，相信普天下都是一样的。但有些脾气急躁或标准比较高的妈妈，一看到自己的宝宝不听话或乱破坏东西，就满腹牢骚。要知道，生气责骂时所说的气话，可能会给宝宝造成一生的负面影响。

下面这些话妈妈们可能会比较熟悉，因为你有可能有意无意中对你的宝宝说过。事实上，这些话会给宝宝带来很不好的心理影响。

你是妈妈从垃圾桶里捡来的

小孩到了一定年龄便会提出“我从哪里来的”之类的问题，长期以来，“你是捡来的”几乎成了家长们的“统一答案”。事实上，这样回答容易伤害宝宝的心灵，使得亲子关系产生隔阂。所以，父母应该为宝宝提出这样的问题而感到高兴，因为宝宝的提问反映出他在渐渐长大，自我意识强了，也开始对生命的来源产生好奇。妈妈可以用生动而科学的回答满足他们的好奇心。

你再哭妈妈不要你了

宝宝年龄尚小，对别人情绪的理解很有限，他们往往通过别人的面部表情、外部行为去认知别人的情绪，而对成人一些复杂的内心体验难以理解，他们会把爸爸妈妈的离开当成是真的离开。这个被很多家长惯用的假装遗弃宝宝的招数，对宝宝的心理发展有很大伤害，大大伤害了宝宝的安全感。

不听话打你了

有时候，宝宝的表现确实令父母很生气，气愤至极的父母经常在动手前警告：“再不听话我要打你了。”这一类空洞的话，只会降低父母的威信，不会有任何实际效果。恐吓不利于塑造宝宝良好的个人品质，反而会造成胆小、怯懦、软弱的个性品质。

我说不行就不行

这是典型的“暴君式”教育方式，源于家长头脑中的“子从父”的传统观念。这不仅会影响亲子关系的建立，导致亲子之间的对立和冲突，更会破坏宝宝的公正心，妨碍宝宝的民主意识、协商能力的发展，甚至还会滋生宝宝的暴力倾向。

乖乖（吃饭、洗脸、穿衣服……），妈妈给你买（巧克力、奥特曼、天线宝宝……）

物质奖励看似是一种增强宝宝动力的保障，其实弊大于利。如果他不好好吃饭你就惩罚他，乖乖吃饭就奖励他，他会误以为吃饭、学习等事情是为爸爸妈妈而做的，这样一来，奖励机制就破坏了宝宝对事物的正常理解。这种教育方式还在一定程度上助长了宝宝的功利心。

你看看人家……

或许这是家长们为给宝宝树立榜样而最爱说的一句话，而恰恰是宝宝们最讨厌的一句话。这种比较对宝宝价值观的确立是一种极大的干扰，对宝宝的自我评价系统也是一种破坏。这句话对宝宝的危害主要在于，它破坏宝宝的心理平衡，不利于宝宝内心成长，容易让宝宝产生挫败感，让宝宝失去信心，造成对父母的心理抵触。

你怎么这么笨

每一个人与生俱来都有“获得认可与欣赏”的需要。宝宝的心灵最单纯，这方面的需要更强烈。你无意间气急败坏地责骂宝宝“笨”、“蠢”，会让宝宝无地自容、妄自菲薄、不知所措，增加他的逃避心理。这种言语会毁灭宝宝的自信心，也让宝宝的心理素质形成恶性循环。

宝宝太安静怎么办

有些宝宝总是安安静静地在婴儿车里玩，把弄自己的手指或看看灯光。他不会吵着要人家抱，即使陌生人抱他，他也不慌不闹。当你对他说话时，他总是安静地看着你并听你说话。所有的人都夸这宝宝“实在太乖了”。

这种“乖宝宝”，虽然对大人来说很省心，但对宝宝的自身发展来说，“太乖”并不好。这样的“乖宝宝”长大后常见的特点是，有问题提不出来或不敢提出来，你说东他往东，说西就向西，就算心里不满意也会答应、服从别人的想法。特别是对长辈，无论是对还是错，都不敢与之辩论。因为，他们的心里已经形成了一种定式，自己是个听话的好宝宝。长此以往，便会导致宝宝将来不善表达，在人际交往能力上有所欠缺。

安安静静、不吵不闹的宝宝，很容易被父母忽略掉。当宝宝太安静时，妈妈应该时时刻刻提醒自己，主动去关心、照顾他，多与他沟通，多激发他表达内心感受的欲望。

不论何时，当宝宝哭闹、缠着要妈妈抱或要赖时，妈妈不要大声斥责他，应该告诉他：“想要什么，就大声地告诉妈妈，比如说肚子饿、想要有个伴、想要抱抱等。”另外，妈妈应该经常带宝宝去户外开阔视野。有些宝宝天性好奇，他们对周遭的一切都感到有趣，想要探索全世界。父母可以借着宝宝认识世界的同时，建立亲子间紧密的联系，培养宝宝的信赖感。

益处多多的球类游戏

如果10个月的宝宝感到无聊，情绪不好，正在哭闹，试试拿一只乒乓球，让宝宝扔出去，扔到墙上再弹回来，再让他扔出去；或者用拍子颠球表演给宝宝看，宝宝一定会被游戏所吸引，最终破涕为笑。很多宝宝都喜欢玩球，小一些的宝宝可以玩乒乓球、小皮球，大一点的宝宝可以玩小篮球、小足球。

球类游戏有很多，其中的变化会让宝宝入迷，宝宝参与到这个游戏中去，可以用自己的力量对球施加影响，产生作用，球也会做出各种各样的反应。玩熟练了，宝宝就会知道自己怎样做，球会产生什么样的反应。在这个过程中，既锻炼了宝宝的动手操作能力、手眼配合能力，也要求宝宝动动脑筋，这些游戏对宝宝来说很有趣，也很有益。

各种球中，乒乓球是最适合 1 岁以前宝宝的玩具。乒乓球体积小，分量轻，适合宝宝小手抓握，乒乓球接触地面或碰上墙壁，会发出清脆而有规律的声音，“乒乒乓乓”的响声会让宝宝很开心。宝宝会一次又一次地把球扔到地上，故意制造这种声音效果，乐此不疲。即使宝宝把球随意乱扔，也不会砸坏东西，声音不会太大，不会影响邻居，也比较安全，还能锻炼宝宝手臂的力量。

宝宝会走路后，可以选择一个稍大些的小皮球，让宝宝踢着玩，球滚远后让宝宝走过去捡起来，提高宝宝练走路的兴趣，下蹲动作又可锻炼其腿部力量。

Part 11

宝宝10~11个月

宝宝的生长发育

身体发育

体重	男婴　约 9.8 千克	女婴　约 9.3 千克
身长	男婴　约 75.5 厘米	女婴　约 74 厘米
头围	男婴　约 46.3 厘米	女婴　约 45.3 厘米
胸围	男婴　约 46.3 厘米	女婴　约 45.3 厘米
坐高	男婴　约 47.8 厘米	女婴　约 45.3 厘米
牙齿	按照公式计算，应出 5～7 颗牙齿。有些宝宝刚刚开始出牙，但乳牙的萌出最晚不应该超过 1 周岁。婴儿正常出牙顺序应当是这样的，先出下面一对正中的切牙，再出上面的正中切牙，然后是上面的紧贴中切牙的侧切牙，而后是下面的侧切牙。婴儿到 1 岁时一般能出这 8 颗乳牙。1 岁之后，再出下面的第一对磨牙，紧接着是上面的一对第一乳磨牙，而后出下面的侧切牙与第一乳磨牙之间的尖牙，再出上面的尖牙，最后是下面的第二对乳磨牙和上面的第二对乳磨牙，共 20 颗牙，全部出齐在 2～2.5 岁。如果宝宝出牙过晚或牙萌出顺序颠倒，可能是佝偻病的一种表现。严重感染或甲状腺功能低下时也会出现牙齿萌出迟缓	

动作发育

坐着时自由地左右转动身体，能独立站立，扶着一只手能走，能推着小车向前走。能用手捏起扣子、花生米等小东西，并会试探地往瓶子里装。能从杯子里拿出东西，然后再放回去。双手摆弄玩具很灵活。

会模仿成人擦鼻涕、用梳子往自己头上梳等动作，会打开瓶盖，剥开糖纸，不熟练地用杯子喝水。

语言发育

11个月的宝宝喜欢嘟嘟囔囔地说话，听上去像是在交谈。喜欢模仿动物的叫声，如小狗“汪汪”、小猫“喵喵”等。能把语言和表情结合起来，他不想要的东西，会一边摇头一边说“不”。

心理发育

11个月的宝宝喜欢和爸爸妈妈依偎在一起做游戏、看书画，听大人给他讲故事，喜欢玩藏东西的游戏。喜欢认真仔细地摆弄玩具和观赏实物，边玩边咿咿呀呀地说着什么，有时发出的音节让人莫名其妙。这个时期的宝宝喜欢活动，除了翻图书、讲图书外，还喜欢搭积木、滚皮球，会用棍子够玩具。如果听到喜欢的歌谣，就会做出相应的动作来。

11个月的宝宝，每天活动是丰富多彩的，在动作上从爬、站立到学行走，技能日益增加，好奇心随之增强，宛如一个侦探，喜欢把房子里每个角落都了解清楚，什么都要用手摸一摸。

为了宝宝的心理健康发展，在安全的情况下，尽量满足他的好奇心，要鼓励他的探索精神不断发展。千万不要随意恐吓宝宝，以免伤害他正在萌芽状态的自尊心和自信心。

睡眠

11个月的婴儿每天需睡眠12～16小时，白天要睡两次，每次1.5～2小时。有规律地安排宝宝睡和醒的时间，这是保证良好睡眠的基本方法。所以必须让宝宝按时睡觉，按时起床。睡前不要让宝宝吃得过饱，不要玩得太兴奋。睡觉时不要蒙头睡，也不要抱着摇晃着入睡，要让宝宝养成良好的、自然入睡的习惯。

宝宝的左脑开发

语言能力

鼓励宝宝用语言表达需求

宝宝经常是用一个音表示他的各种意思和要求。如“妈妈走”的“走”可以代表“妈妈走啦”、“去上街”、“自己走”等意思，要鼓励宝宝说出来，并做好翻译员。

还要诱导宝宝联想、比较，比如宝宝说“球”时，妈妈可把各种颜色大小的球一个一个拿出来，告诉宝宝这是红球、那是绿球等，或这是大球、那是小球等。这有助于加强宝宝的语言能力。

模仿妈妈唱儿歌

11个月左右的宝宝已经会说简单的语句了，这时，他们也喜欢咿咿呀呀地说个不停，所以妈妈应该多和宝宝说话。为了避免单调，妈妈还可以和他一起“唱歌”。这不仅能激发宝宝的音乐智能，而且对于宝宝语言智能的培养也很有帮助。

妈妈缓慢地唱儿歌，让宝宝模仿，只要宝宝有意在模仿，不管模仿得怎么样，妈妈都要用夸奖、赞许的表情看着宝宝。等宝宝“唱”完一句后，妈妈要亲亲宝宝以示鼓励。

妈妈可以根据宝宝的相貌特点、身材特点等，编一些属于宝宝的歌，如：“我家宝宝眼睛大，忽闪忽闪会说话！我家宝宝鼻梁高，小小挺挺真漂亮……”在妈妈给宝宝编这些属于他们的儿歌时，相信妈妈也会从中产生很多感触，真正地调动自己的情感。

教宝宝学押韵

选一首最常教婴儿念的儿歌，而且每句最后一个押韵的词要容易发音，如“小娃娃，甜嘴巴，喊妈妈，喊爸爸，喊得奶奶笑掉牙……”念时，故意加重每句最后一个字的语气，并将前面的字拉长，念成“小娃——娃”，以强调最后那个押韵的字。

然后紧接着说："宝宝，说'娃'!"然后你再念一遍"小娃——"，故意不说出"娃"字，等着他说出。

这样反复进行，使他逐渐能跟着你把最后一个押韵的词都说出来。通过这种训练可以提高宝宝的语言表达能力。要注意教宝宝时发音要准确、到位。

听觉能力

逛乐器店

爸爸妈妈带宝宝逛乐器商店，感受乐器店的音乐气氛，让宝宝看一看、摸一摸、听一听，并感受几种乐器音色，如钢琴、笛子、提琴等。训练听觉能力。在宝宝观察过程中，爸爸妈妈应及时将乐器名称告诉宝宝。

辨别是什么发出的声音

让宝宝用筷子敲玻璃杯、瓶子、饭碗和饭盒，听一听各发出什么声音，然后记住声音。让宝宝背过身去，由组织者敲容器，让宝宝猜是哪个容器发出的声音。如果猜对了，换一种容器继续猜。

将4个玻璃杯分别装入不等量的水，让宝宝敲，并记住声音。然后背过身去，由组织者敲，让宝宝猜出是哪个杯子发出的声音，猜对后要及时给予鼓励。

精细动作能力

给宝宝一支画笔

妈妈可以给宝宝一支笔，让宝宝在小画板上随意地画。也可给宝宝一张纸，各种不同颜色、类型的画笔，让宝宝随时将生活体验、感受与情绪通过画笔表现出来。

拿着彩笔乱涂乱抹，可以练习手、腕部的诸多关节与小肌肉群协调动作，顺利完成执笔训练，也有助于宝宝学习使用筷子、勺子或其他小工具、小玩具。

早一些涂抹学画，能让宝宝对画的对象加深观察和了解程度，可以进入观察力训练的自觉阶段。例如画一条小鱼，有眼睛，有尾巴……可以有意识地指导宝宝看一次，再看一次，然后再画一次。当然，不要要求过高。

面对宝宝的涂鸦活动，不管他涂得如何，父母都不要过早地教给宝宝绘画的规则，想象力比绘画技巧重要得多。如果父母总是试图对宝宝的涂鸦活动给予指导，试图灌输给宝宝所谓的美感及对色彩与空间的认知，就会扼杀宝宝天生的直觉与创意。

满足爱敲打的宝宝

宝宝快到1岁时，多数喜欢拿东西当鼓乱敲一气。父母专为宝宝买来的电动玩具，没想到宝宝拿起来就往桌上敲，几下就敲坏。有些妈妈无法忍受宝宝成天敲打的这种声音刺激，抱怨说：“真是太吵了，一天到晚都像做木匠活。”

其实妈妈应该理解宝宝的行为，这是婴儿在成长过程中的一种探索。11个月左右的宝宝，想了解各种各样的物体，了解物体与物体之间的相互关系，了解自身的动作能产生的效果，方式就是通过敲打不同的物体。宝宝知道，这样会产生不同的声响，而且用力强弱不同，产生音响的效果也不同。比如，用木块敲打桌子，会发出啪啪的声音；敲打铁锅则发出当当声；两手各拿一块木块对着敲，声音似乎更为奇妙。宝宝很快就能学会选择敲打物，学会控制敲打的力量，随即发展了自身动作的协调性。

如果父母能理解宝宝爱敲打东西的原因，积极地帮助宝宝发展这项探索性活动。建议你不必给这个年龄的宝宝购买高档新玩具，只需找一些带把的勺子、玩具锤子、玩具小铁锅、纸盒之类的东西就足够。在与宝宝的游戏交往中关心、理解宝宝，同时帮助宝宝找到发展各种技能的方法。

宝宝的右脑开发

适应能力

让宝宝学会自己洗手

这个月龄的宝宝，应当让宝宝知道饭前要洗手，同时可以训练宝宝自己饭前洗手。

让宝宝洗手，宝宝是会很感兴趣的，因为宝宝们一般都天生爱玩水。当然，刚开始学自己洗手时，会弄湿衣服袖子，这不要紧，不要责骂宝宝，要更加耐心地教宝宝怎么样正确洗手，怎么样把手洗干净。

教宝宝洗手的时候，可以配合语言训练，比如一边教宝宝洗手，一边说："一二三，搓手心，三二一，搓手背。"让宝宝把洗手当作游戏，很高兴地学会自己洗手的动作。

指引宝宝使用工具

宝宝伸手拿东西却拿不到时，不要简单地帮助宝宝拿，而要引导宝宝使用工具去拿。例如，离宝宝远一点的桌上有一块糖，宝宝看到了想拿，却够不着，为此很着急，这时候不要替宝宝拿，而是给宝宝一根筷子或一个长勺子，教会宝宝用筷子或勺子把糖块拨得近前一些，然后拿到手里。如果宝宝不明白，可以教宝宝怎么去做。

电动小汽车"跑"到沙发下面去了，宝宝想要拿出来，可以通过暗示，让宝宝找到自己的长枪或木刀来，把汽车从沙发下面拨出来，一次不成功，就要鼓励宝宝另想办法。

帮助宝宝利用工具，来做自身直接做不到的事情，会使宝宝思路开阔，养成动脑筋思考的习惯。

大动作能力

让宝宝练习跳跃

跳跃不仅能增强宝宝的体格，还能使宝宝的性格变得更活泼，喜欢表现自己，不怕生，并且在学习舞蹈等身体语言时，他会学得很快，很协调。

训练宝宝跳跃的方法如下：

1. 妈妈坐在椅子上，双手托住宝宝的腋下，让宝宝在妈妈的双腿上跳。妈妈双手的辅助力量应从大变小。
2. 妈妈站在床边，让宝宝握住妈妈的食指，妈妈的拇指反抓住宝宝的手背，让宝宝在床上跳。宝宝起跳时，妈妈双手用力使宝宝跳离床面。妈妈用力时要和宝宝的跳保持一致，可以逐渐过渡到宝宝自己抓妈妈的手跳。宝宝每跳几次，妈妈带着宝宝转一圈，然后把他放在床上。力量强的宝宝可以逐渐让他自己抓手跳转。
3. 妈妈可以悬挂一个小球或宝宝喜欢的其他玩具，在宝宝稍微抬脚就可以够着的位置逗引他，然后扶住宝宝鼓励他双脚向上跳着去够小球或玩具，够着后让他玩一会儿。随着宝宝蹦跳能力的提高，可以逐渐增加游戏的难度，把玩具拿得再高一些让他去够取。

风吹不倒的稻草人，训练站稳

在外力影响的情况下保持自己的姿势，可以让宝宝充满自信，培养其坚定的意志品质。下面这个游戏可以训练宝宝独站能力，在身体重心发生变化时学会保持平衡。

1. 妈妈跟宝宝一起玩纱布飞舞的游戏，一边舞动纱布一边说："风来啦！风来啦！"让宝宝也跟着做。
2. 妈妈抬平手臂于身体两侧，并自称为稻草人，假装被风吹得摇摇晃晃要倒的样子。
3. 待宝宝明白游戏的玩法后，妈妈站起来舞动纱帽当风，鼓励宝宝来当稻草人移动重心地摇晃。
4. 将宝宝靠墙壁站稳，妈妈念儿歌："宝宝，站站好，推呀推，推不倒。"边念边用一只手从左侧向右侧推一下，使宝宝失去平衡，同时用另一只手挡住，使宝宝不跌倒。

游戏时要不断地鼓励宝宝说："宝宝是个勇敢的、自信的稻草人哦！"

社交行为能力

教宝宝学习表达情绪

无论宝宝属于哪一种类型，妈妈都要帮助宝宝表达他真正的情绪，否则所有人都很容易被宝宝脸部惯有的表情误导，这对宝宝将来的人际交往不利，因此，妈妈要教导他认识自己的情绪，也要鼓励他多使用言语表达情绪。

1. 玩情绪游戏妈妈可把宝宝哭、笑、生气的模样照下来，也可以让他照镜子，或看书中不同的情绪表情，或是进行亲子角色扮演，由大人扮演生气、开心、哭的表情，让他看看不高兴、高兴、难过的脸是什么样子，并且教他辨认每一种情绪的脸。
2. 多跟宝宝说话。与宝宝说话，在谈话的过程中，妈妈可以帮助宝宝确认他的情绪，告诉他应该要如何表达出来。
3. 鼓励宝宝多笑。如果情绪本质属于负向的宝宝，常常一副赌气的样子，可能不容易讨人喜欢，妈妈可以多鼓励他笑。
4. 接纳宝宝的情绪。当宝宝试着表达他的情绪时，无论这个情绪是好是坏，妈妈都要接纳。当宝宝表达出负面的情绪时，妈妈不该加以抑制，而应去了解他为什么会有这样的情绪。

教养重点与疑问解答

宝宝说话咬舌正常吗

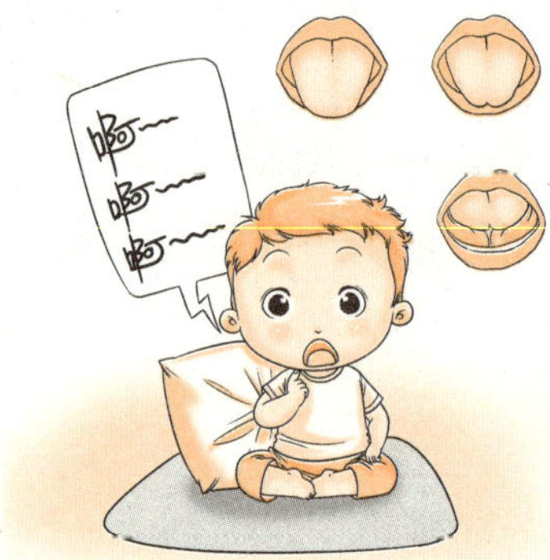

有些宝宝说话发音时，一些音和字咬不清，在 1 岁以前的宝宝中这很常见。但要注意这个时期的宝宝是否有发音不准的咬舌现象，这是因为舌系带过短而造成的，需要检查和治疗。

舌系带，是舌尖下方一条纵行的薄薄的黏膜。如果舌系带过短，舌头伸展受限制，发音吐字就会受到影响。

检查舌系带是否过短的方法很简单，让宝宝做伸舌头的动作，如果舌尖是尖形或者圆形时，就是正常的。如果舌尖显出“W”形，中间有一条明显的凹陷，就是舌系带过短。

舌系带过短是先天性的，也有少数因为后天创伤引起。如果确诊为舌系带过短，可以进行手术矫治。

为宝宝创造丰富多彩的环境

作为学习过程中的主动参与者，宝宝不仅乐于学习，而且也渴望学习。下面这几点意见有助于为宝宝创造一个良好的环境来帮助他学习。

鼓励宝宝探险

首先要确保宝宝的安全。让他找出藏在沙发后的东西（确保此处没有电源）以及藏在篮子里的东西。给他一些东西，让他看、闻和触摸。不足3个月的宝宝，让他一次只尝试一种感觉。尽可能方便地让宝宝接触到玩具和书。

让宝宝保持高昂的兴致

不断地为他更换游戏的内容，不要等到他已经厌倦了才更换。依从他的意愿。如果他喜欢玩水，就为他用脸盆装满水；如果他每天早晨拿给你的都是同一本书，你就为他朗读这本书。适度地为宝宝设计一些轻松、熟悉的游戏，并注意观察他的反应。

重视宝宝取得的每一点成绩

注意观察宝宝所取得的每一点成绩（如抓拿东西、眼睛跟踪事物），这可以使你每天亲眼目睹宝宝的进步。

反复示范新技巧

宝宝通过反复的实验可以达到学习的目的，因此你可以反复地向他打开那种开盖就有玩偶跳出来的盒子。

为宝宝提供一个丰富的语言环境

使用语言来传达信息和情感，激励宝宝学习新东西与新技能。为你的宝宝朗读。朗读不同于日常会话，它可以为宝宝提供一种有关语言的独特语感，而且还向你的宝宝证明了朗读是你所钟爱的一件事。

宝宝胆子很小怎么办

先弄清宝宝胆小的原因：

1. 有些宝宝生活范围很小，平常只生活在自己的小家庭里，从小由爷爷奶奶照看，很少带宝宝出去玩，接触外人也少，依赖性较强，不能独立地适应环境。这样的宝宝一见生人就躲藏，生人一抱他就哭闹。
2. 有些宝宝在家里不听父母的话，如哭闹或不好好吃饭时，父母就用宝宝害怕的语言来吓唬他，说："你再哭我把你扔在外面让老虎吃了你。"还有的宝宝不睡觉，大人藏在门后学老猫叫。用这些恐吓宝宝，会使宝宝失去安全感，形成胆小怯懦的性格。

纠正宝宝胆小的方法：

1. 创造一个温馨祥和的家庭气氛，让宝宝自由自在地生活，并让宝宝有充分发挥的余地。
2. 平时处处注意培养宝宝的独立性、坚强的毅力和良好的生活习惯，鼓励宝宝去做力所能及的事情。当宝宝遇到困难时，不要一味地包办，而要让他自己想办法解决。
3. 鼓励宝宝与人接触交往。要让宝宝和同龄伙伴多接触，有意识地邀请一些小朋友到家中来，让他做小主人。平时注意帮助宝宝结交新朋友。

4 端正父母教育态度，从思想上认识对宝宝的溺爱、娇宠，只会造成宝宝怯懦、任性的性格。父母要树立起纠正宝宝怯懦性格的信心，要认识到只有教育得当，才能使年幼的宝宝得到健康发展。

宝宝走路太多会影响腿形吗

11个月的宝宝多数自己能够独立行走，宝宝一心想到外面走，几乎一刻也不想停下来。为此，父母会担心宝宝骨头发育不完善，走得多了会不会腿变弯呢？尤其是看到一些因为患上佝偻病而下肢出现罗圈腿，即O形腿或X形腿的宝宝时，就会更加忧虑。其实这种担心是完全多余的。

宝宝能走路以后，就想要多走，这十分正常，宝宝的肌肉已经发育到能走路的程度了。宝宝学会走路和站立以后，下肢承受身体的重量，只要骨骼能正常钙化，就不会变得弯曲。要使宝宝骨骼正常钙化，需要及时补充维生素D和钙质，预防佝偻病。除了有意识地调整宝宝的饮食结构，增加牛奶、肉、蛋、鱼、豆制品类食物外，还要多晒太阳，利用阳光中紫外线照射皮肤而产生维生素D。另外，还要适量给宝宝喂食维生素D和钙片，只要及时补充维生素D和钙质，宝宝身体里有足够的钙能满足骨骼钙化的需要，下肢骨骼就能有效地承受身体的重量，多走路也不会使下肢弯曲变形。

正常情况下，宝宝在这个月龄就会蹒跚学迈步。当然，因为个体的差异，有一些宝宝到1岁半还不会走，父母不必因此着急。要知道，宝宝学走路与各自身体、神经、精神状态的发育都有关系，如果具备了身体基础，精神状态又好，宝宝就会主动地学走路，自然就会很快学会走。对于宝宝迟迟不愿意学走或者不会走，大可不必着急，训练宝宝走路是一个循序渐进、润物无声的过程，功到自然成。

Part 12

宝宝11~12个月

宝宝的生长发育

身体发育

体重	男婴　约 10.14 千克	女婴　约 9.58 千克
身长	男婴　约 77.14 厘米	女婴　约 75.69 厘米
头围	男婴　约 46.47 厘米	女婴　约 45.45 厘米
胸围	男婴　约 46.54 厘米	女婴　约 45.61 厘米
坐高	男婴　约 48.46 厘米	女婴　约 47.41 厘米
牙齿	已长出 6～8 颗牙	

动作发育

满周岁的宝宝已经能够直立行走了，这一变化使宝宝的眼界豁然开朗。满周岁的宝宝开始厌烦妈妈喂饭了，虽然自己拿着食物能吃得很好，但还用不好勺子。这时候的宝宝对别人的帮助很不满意，有时还会大哭大闹以示反抗。宝宝会试着自己穿衣服，拿起袜子知道往脚上套，给一根香蕉要自己剥皮。这些都充分说明了宝宝的独立意识在增强。

语言发育

满周岁的宝宝不但会说妈妈、爸爸、奶奶、娃娃等，还会使用一些单音节动词，如拿、给、掉、打、抱等。宝宝发音还不太准确，常常说一些让人莫名其妙的语言，或打一些手势和用姿态来表示。

心理发育

12个月的宝宝虽然刚刚能独自走几步，但是总想蹒跚地往外跑，喜欢户外活动，观察外边的世界。他对人群、车辆、动物都会产生极大兴趣，喜欢模仿大人做一些家务事。如果父母让他帮助拿一些东西，他会很高兴地尽力拿给你，并想得到大人的夸奖。

这时的宝宝更喜欢看图画、学儿歌、听故事，并且能模仿大人的动作，搭1～2块积木，会盖上瓶子盖儿；有偏于使用某一只手的习惯，喜欢用摇头表达自己的意思。如果你问他喜欢这个玩具吗，他会点头或摇头来回答。如果你问他几岁了，他会用眼睛注视你，竖起食指表示1岁了。

12个月的宝宝在语言上、动作上进步很大，能够表情丰富地和爸爸妈妈交谈，也喜欢牵着他的拖拉玩具到处走，喜欢参与家庭生活小事。如果冬天到室外玩，知道把帽子戴在自己的头顶上。穿衣、脱衣时双臂会配合大人上下运动。知道拿东西给爸爸妈妈。喜欢尝试自己洗脸、洗手、洗脚。父母要抓住这一阶段儿童的心理特点，不失时机地培养宝宝的独立生活能力。

这一年龄段的宝宝，虽然会说几个常用的词，但是，语言能力还处在萌芽发展期，内心世界的需要和愿望不会用关键的词来表达，还会经常用哭、闹、发脾气来表达内心的挫折。这时，父母该怎么办呢？千万不要也用发脾气的方法对付宝宝。应当尽量用经验和智慧来理解他的愿望，猜测宝宝需要什么，尝试用不同方法来满足宝宝，或者转移他的注意力，让他高兴起来，忘掉自己原来的要求。

睡眠

满周岁的宝宝每天需要睡14～15小时，白天睡1～2次。

宝宝的左脑开发

语言能力

给宝宝说出来的机会

这个时候，妈妈可以训练宝宝主动发音了，最后让宝宝说出自己的愿望。如想喝水时，宝宝能说出“水”这个字。与大人进行简单的语言对话，叫他能答应。切不可宝宝一举手，你就把索要物递给他，这样他就会停顿在动作语言期而不开口说话，造成语言发展滞后。

近1岁的宝宝，父母要尽量创造让宝宝说话的条件。如果宝宝仍然使用手势和动作提出要求，就不要理睬，要拒绝宝宝，使宝宝不得不用语言来表达自己的意图。

向宝宝介绍家人

宝宝已经认识了和他朝夕相处的爸爸、妈妈，可是爸爸叫什么名字？属什么的？做什么工作的？在哪里上班？还有妈妈、姑姑、姐姐……诸如这些家人的名字、职业、工作的地方等，都可以给宝宝一一介绍。另外，像家里的电话号码、住址，宝宝自己是几岁、是男孩还是女孩等，也都可以利用平日交谈的机会告诉他。

这能帮助宝宝理解人际关系中的称呼，促进语言的发展，帮助宝宝建立家庭概念，感受亲密的亲情关系。

精细动作能力

让宝宝参与简单的家务

由于现在大多数是独生子女，很多人对宝宝溺爱，把所有的事情全都包下来，不让宝宝学着自己动手，长此以往，宝宝的依赖性就会越来越重。自己不会做事，将来就很难立足于社会。

其实，生活中的许多事都是宝宝们力所能及的，如拿东西、发筷子、整理玩具、扣扣子等。因此，宝宝满岁之后，在宝宝的日常生活中，只要宝宝能吃的、能做的、能讲的、能想的，我们要积极鼓励宝宝自己吃、自己做、自己讲、自己想。一些较难的我们就教宝宝一些方法、技能后再具体指导宝宝反复练习，不断实践。

另外，可以根据宝宝掌握的程度在游戏中增加一些生活方面的操作游戏。如叠衣服、钉扣子、编辫子、绣花、编织、自制玩具等游戏。这样，宝宝既参加了劳动又发展了能力，还为将来做人、成才走向社会做好准备。

让宝宝自己翻阅图书

快1岁的宝宝不仅喜欢撕书，还喜欢翻书。妈妈可以拿一些专供宝宝阅读的大开本、有彩图、薄而耐用的书，边讲边帮助他翻着看，最后让他自己独立翻书。父母观察宝宝是否顺着看，每次翻一页还是几页。宝宝开始时可能不分倒顺和次序，要通过认识简单图形逐渐加以纠正。随着空间知觉的发展，宝宝自然会调整过来。

父母要学会买书。12个月左右的宝宝，可买一些画有动物、水果、日用品等方面的图画书，每页最好不要超过4幅画，带宝宝认图。到宝宝快1岁半时，可以买一本硬纸壳做的精装书，或找一本刊物，教宝宝学习自己翻书页或找喜欢的画。以后，可以买几本色彩鲜艳、内容简单、带有一定故事性的图画书，每天带宝宝看书讲故事。通过循序渐进的诱导，宝宝一定会喜欢看书并受益终身。

宝宝的右脑开发

适应能力

让宝宝学会管理自己的玩具

宝宝越小，注意力集中的时间越短。不论玩什么，往往玩一会儿就烦了，实际上，宝宝是累了，需要休息，更换一个兴奋点。

此时，父母一定要坚持一点，就是不论让宝宝做什么，都一定要有始有终。在宝宝玩得开始显出厌倦时，妈妈要请宝宝来一起收拾玩具。家里要给宝宝准备一个较大的筐来专门装宝宝的玩具，收拾玩具时，就让宝宝把玩具放进筐里。如果宝宝不肯做，就耐心地告诉宝宝："小猫要回家，小狗要回家，我们把它们送回家去吧。"宝宝会乐意地抱起玩具小狗或小猫放进筐里。还可以哄着宝宝说："妈妈放一个，宝宝也放一个，比一比好不好?"这样，把收拾玩具的过程也变成游戏过程，宝宝就会愉快地参加。

开始，可能宝宝只收拾一两样就不干了，也可能会放进这样，又拿出那样来，但只要宝宝参与收拾，就要表扬和鼓励。做不好没关系，只要宝宝做，做完后，帮助宝宝把玩具收拾得整整齐齐，放在一个固定的地方。

收拢玩具，可以培养宝宝从小爱护物品和管理自己东西的能力，使宝宝习惯于在整洁的环境中，有秩序地生活和工作，处理好自己的事情，这是孩子一生都十分有用的好习惯。

收拢玩具的过程，可以培养宝宝手和全身的协调动作，增强体力和提高行动的效率。和妈妈一起收拢玩具，宝宝会渐渐地动脑子想先拿哪个，后拿哪个，怎么能比妈妈收拾得更好。逐渐培养宝宝独立思考和独立工作的能力，慢慢地学会由近及远、有条有理地处理事情。

放手让宝宝学着照顾自己

宝宝要学着控制排便，培养良好的大小便习惯，并逐渐懂得要求坐盆，如便前自己找便盆坐下。

宝宝上桌子同大人一起吃饭，父母不能包办代替，只能帮助，因为上桌子同大人一起吃饭，使宝宝快乐，能分享不同味道的食物，增进食欲，宝宝自我意识随之增强，无意中感到自己会吃东西了。

脱帽时宝宝会用手抓掉帽子，也会抓起帽子戴到头上，而且戴稳。宝宝的动作并不精细，半圆形的帽子可以戴好，毛绒帽子就不会拉正，需大人帮助，最好先用稍挺括的布帽练习。

大动作能力

在“扔”中长见识

1岁左右的宝宝，不约而同地喜欢扔东西，让爸爸妈妈非常生气，往往会是给什么东西，都只玩一会儿就往地上扔。

宝宝喜欢扔东西，不是存心调皮捣乱，更不是件坏事，而是这个时期宝宝的特点。宝宝在反复扔东西的过程中，不仅得到情绪上的极大满足和快乐，还能增长见识和经验。

宝宝在不断的、反复的扔东西的活动中，能慢慢意识到自己的动作（扔）和动作对象（物体）的区别，探索自己动作的后果——会出现什么效果和变化。

由此宝宝逐渐认识到，扔不同的东西会产生不同的效果，发现物体更多属性，对各种事物获得更多认识。

有时宝宝扔东西，是想要父母和自己玩，以扔东西来引起父母的注意。在宝宝扔下和父母拾起的过程中，建立了“授受关系”，发展了人与人之间的社会交际关系，在动作与语言的交往中，使宝宝的认识能力不断地发展。

1. 如果父母不能花许多时间专门为宝宝拾东西，可以让宝宝坐在铺有席子或垫子的地板上，让宝宝自己扔东西玩，教会宝宝先扔出东西，自己爬过去或走过去拾起来。
2. 逐步教导宝宝什么东西可以扔，什么不能扔。可以做沙袋、豆袋，准备一些带响铃的橡塑玩具等给宝宝扔。

③ 要制止宝宝乱扔食物、扔某些玩具和易损坏的东西，但不要用训斥方式，以免强化宝宝这种不良动作。

宝宝喜欢扔东西，父母不必紧张、烦心，这个过程只是一个很短暂的时期，宝宝慢慢学会了正确地玩玩具和使用工具后，兴趣及注意力会逐渐转移到其他更有趣的活动上，扔东西的现象会自然消失。

依图做动作

从动物图片上找到他喜欢的图卡，如小狗、小猫、小鸡、小鸭、小羊等。可以给他讲故事、唱儿歌，一边讲，一边让宝宝出示图片。如：小鸡唱歌叽叽叽，小鸭唱歌嘎嘎嘎，小狗唱歌汪汪汪，小羊唱歌咩咩咩，小猫唱歌喵喵喵。一边说还可以一边做动作，这样反复游戏后，再让宝宝模仿动物的叫声和动作。

学游泳

宝宝游泳的处所水质应清洁无污染，气温不要低于28℃，水温应不低于26℃，开始在水里的时间不超过 2～5 分钟，出水后应赶快用毛巾保暖，以后逐渐延长到每次下水 10～15 分钟。

游泳是一项很好的锻炼项目，它综合了水、空气、日光的作用，通过游泳可以增强宝宝的心脏收缩功能，增大宝宝的肺活量，促进全身肌肉的发育，有利于增强身体抗病的能力，有利于体形美的发展，促进宝宝智力发育，使宝宝吃得饱、睡得香、少生病。

下水前要活动一下四肢，并用水浸湿胸部和头部，然后再入水；下水后发现宝宝有寒冷感觉时，应赶快出水，用毛巾擦干身上的水并保暖；不要让宝宝饥饿的时候或饭后立即去游泳；出汗时不能立即下水。以上这些情况都不利于宝宝游泳，不可勉强。

社交行为能力

给宝宝过一个难忘的生日

离宝宝的第一个生日越来越近了，当你为宝宝策划小小的生日庆典时，当然也要做一些相应的准备。

首先要记住自己宝宝的性格。他对各种不同情况是如何反应的？有些宝宝喜欢许多刺激，而另一些宝宝害羞而不喜欢活动。但不管宝宝属于哪一种性格，妈妈都应该重视宝宝的 1 岁生日，请一些客人来家里，让宝宝的生日过得热热闹闹的。

举行这项活动的时间是在宝宝休息后和活跃的时候。如果宝宝午睡刚醒，那么午后晚些时候和晚上早些时候的庆祝可能会是最适宜的。集会时间要短，两个小时是最长的了，如果集会在很短时间内结束，就要考虑少请客人。

一些父母在他们的宝宝第一次生日晚会上只请大人。如果一定要请小孩参加，你就需要给他们准备一些活动和一些适合他们年龄玩的玩具，不要请小丑或其他化装打扮的人，他们可能会吓着宝宝。

教养重点与疑问解答

满周岁宝宝还不会说话是为什么

满周岁的宝宝已经能够理解简单的语言，能够有意识地喊“爸爸、妈妈”，能够说一个字的音，如“拿”、“好”、“坏”等。

如果宝宝满周岁了还不说话，可能是因为以下几种情况：

1. 天生内向。有的宝宝性格内向，不爱说话，喜欢安静，但不愿表达自己的想法不等于没想法。
2. 不被关注。有的父母忙于自己的事或少言寡语，与宝宝缺乏交流，使宝宝表达能力差。
3. 家庭不和。在不和睦的家庭环境中成长起来的宝宝，由于缺乏安全感，话语很少。
4. 限制过多。父母对宝宝要求过严，经常限制其行为，这样的宝宝往往言语不多，很少自己做主。
5. 生病。智能落后、脑性瘫痪、听力障碍、儿童孤独症、中枢神经受损可导致说话障碍。

父母可以根据以上几种情况，判断宝宝满周岁不说话的原因，然后“对症下药”，让宝宝健康成长。

如何训练宝宝开口说话

宝宝说话需要有一个较长的学习过程，没有捷径可走。要耐心地观察，促进这个过程的发展，哪怕一段时间内看不到宝宝在语言上的丝毫进步，也不要气馁。实际上，宝宝语言的进展，在开口说话之前是悄然进行的，要用游戏开发宝宝的语言能力，预防语言发展缓慢。为使这种寓教于乐的语言教学更有效，要掌握几个方面的策略：

让宝宝感到快乐和有趣

教给宝宝语言，并不是一味地枯燥模仿，仅靠父母说、宝宝学的单调模式不容易奏效。如果发现宝宝对什么感兴趣，如冰淇淋、糖果或饮料等，当宝宝学会了一些较难理解或较难发音的词语时，就可以奖励给他这些东西，以便提高宝宝的学话积极性。更多的时候是要用语言、用父母快乐的表情、用拥抱或亲吻的动作对宝宝表示鼓励。还要根据宝宝的年龄特点安排游戏时间的长短，同时要不断变换游戏内容，以吸引宝宝的注意。

控制教学情境

如果教宝宝学习新的语言，首先要会控制宝宝学习的情境，使宝宝能够配合，注意力集中并感兴趣。

年幼的宝宝在学习时分心很常见，关键是如何把握住节奏，切忌硬逼或训斥。如果宝宝在学习中不合作或表现不好，可以不予理睬，最好什么也不说。如果宝宝把玩具乱扔在周围，可以拿走他手中的玩具，离开房间几分钟后再继续。如果宝宝仍调皮，就收拾好全部玩具，结束游戏。这样，宝宝很快会懂得自己做错了，不等收拾好玩具，就会回到父母身边并安静下来。

注意语言内容

在教宝宝学说话时，不要自顾自地说，这会使宝宝只听而无机会说。同时不要提太多问题，宝宝在“这是什么”一类提问中不能学到语言，反而会紧张。此外，不要使用复杂的语言教宝宝，要使用短句，突出所教的单词，把它放在每一个句子中，不要只说不演示。教宝宝说话时，要充分调动视、听、嗅、触等各种感觉器官，还要辅以相应的动作，让宝宝懂得表达出的意思。

每天定时教

每天抽出一定的时间和宝宝游戏，在游戏中教宝宝说话。固定的时间因人而异。开始可以时间定得短一些，如2～3分钟，然后逐步延长，形成常规。

选择最佳学习时机

最佳学习时机，是宝宝精力最充

沛、注意力较集中的时候，这样效果会好一些，宝宝学的东西也更多一些。在宝宝疲乏、困倦的时候教语言，往往事倍功半。

重点突出，反复练习

在一段时间内只教宝宝学习一个特定的词语，让宝宝有足够的练习时间，要一步一个脚印地扎实学习。

小步快进

学习语言时，要把目标化整为零，每一步都要分得较细致，使宝宝在学习中容易获得成功，成功的喜悦能激发学习热情和兴趣。如果这一步与下一步之间跨度较大，宝宝遇到困难，会挫伤学习语言的积极性。例如，宝宝不会发“渴”音时，父母可以训练宝宝的口舌运动，先发“啊”或“哦”的音，逐渐过渡到“渴”音。

不轻易放弃

一段时间内尚未看到明显的效果，不要急躁，因为宝宝的开口是需要“千呼万唤始出来”的，有一个厚积薄发、润物无声的积累过程。

记录进步

在宝宝开口之前，很难看到进步，常常会影响父母教宝宝的积极性。为避免这点，建议你经常记录宝宝的行为表现。对于能说话的宝宝，要记录使用词汇的性质，是名词还是动词，是一个字还是两个字的词语，是短语还是句子……由此，可以得到宝宝语言学习的准确信息，循序渐进地安排计划。

怎样让宝宝大脑更健康

睡足睡好

每晚睡眠 10 小时的宝宝成绩优于每晚睡眠少于 8 小时的宝宝。大脑充分休息，才能提高智力水平，所以培养宝宝良好的睡眠习惯，保证睡眠质量是很重要的。

重视早餐

不吃早餐会令机体和大脑得不到正常的血糖供给，若宝宝大脑的营养供应不足，时间久了对大脑有害。

多听音乐

音乐所含的一些适宜音频的刺激，能促进相关的大脑锥体细胞增长树突和树突棘，以建立更多的联系，促进大脑更好发育。适量地选择一些柔和的音乐给宝宝听，有益于其智力发展。

防止肥胖

人的智力与大脑沟回皱褶多少有关，大脑的沟回越明显、皱褶越多，智力水平越高。而摄入脂肪过多，会使沟回紧紧靠在一起，皱褶消失，大脑皮层呈平滑样，神经网络的发育也差，智力水平就会降低。

避免噪声

嘈杂的家庭环境对儿童的大脑发育有害。持续的嘈杂声会对婴幼儿的大脑造成压力，影响婴幼儿的听力和语言能力的发育。

防治便秘

便秘时，代谢产物久积于消化道，经肠道细菌作用后产生大量有害物质，这些有害物质容易经肠吸收，进入血液循环，刺激大脑，使脑神经细胞慢性中毒，影响脑的正常发育，妨碍大脑正常功能，影响宝宝的记忆力、逻辑思维和创造思维能力。

多吃鱼虾

鱼虾中有丰富的蛋白质、锌、铁等微量元素，也含有脑黄金之称的DHA。鳝鱼、鳗鱼、鳟鱼、沙丁鱼等都是DHA的“富矿”，不妨多食。

运动手指

人的大脑中与手指相连的神经所占的面积较大，平时如果经常刺激这部分神经细胞，大脑会日益发达，达到心灵手巧。

芳香居室

生活在芳香环境中的人，其视觉、知觉、接受与学习能力等方面有明显的优势。柠檬、茉莉和桉树香味能消除无精打采状态，使用脑效率提高。巧克力香味可使人的记忆力增强。

赤足行走

赤足行走不仅能刺激足底穴位，还能驱除体内积存过多的静电，是一种很好的健脑方法。

早上怎么叫醒“小懒虫”

清晨，很多宝宝总是不肯乖乖起床，又哭又闹。特别是天冷时，让宝宝一早爬出暖暖的被窝，真不是件容易的事。

要宝宝乖乖起床要做到三点：

❶ 晚上按时睡觉，是早上按时起床的基础。只有这样，才能养成定时入睡、定时起床的生物钟条件反射。

❷ 提早10分钟准备起床。起床前10～15分钟做一些有轻声响动的工作。如拉开窗帘，打开收音机放点轻音乐或新闻广播，轻轻收拾屋子，让室外新鲜空气和光线透进室内，然后再唤醒宝宝起床。还可以唱一首自编的起床歌，使宝宝对这首歌建立起条件反射，听见这首歌就知道

起床的时间到了。

3. 用亲切的声音呼唤宝宝起床，用手轻抚宝宝的背腰部，再抚摸手和脸，触动听觉和触觉器官，在舒适的刺激中，让宝宝逐渐从浅睡状态自然地转换到静态觉醒状态，再转换到动态觉醒状态，宝宝就会睁开眼睛，活动身体。

宝宝晚上不肯睡怎么办

让宝宝拥有良好而充足的睡眠，是保证宝宝健康的一项重要内容。然而哄宝宝入睡是件头痛事，几乎所有的家庭都曾为让小家伙按时睡觉伤脑筋。而这个年龄的宝宝，已经具备了基本独立意识，小家伙会以怕黑、怕一个人待着、想跟父母多待一会儿等种种理由，到时间不睡觉。

宝宝喜欢预先知道下一步要做什么，所以，定时做睡觉准备，就会使宝宝想到上床睡觉的时间要到了。一般可以按以下原则去做：

让宝宝从睡觉准备活动中获得安全感。例如，和宝宝聊聊白天发生的事情和明天的打算，告诉宝宝把第二天要穿的衣服取出来。也可以在睡觉前，给宝宝讲故事或吃点小点心，如果每天睡觉都这样，宝宝就会知道该睡觉了。

对宝宝讲清睡觉的具体时间，比如对宝宝说："电视剧结束了，就应该上床睡觉了。"也可以在彩纸上画一个钟，大表盘上分别标上游戏、睡觉和讲故事的时间，用指针告诉宝宝下面做什么事情。或者，把纸钟放在闹钟旁边，指针指向睡觉时间，当两个钟的时间同样时，宝宝就知道应该睡觉了。

睡觉前，不要做剧烈活动。打闹嬉戏和有剧烈活动的游戏，会影响宝宝入睡。要提前半小时让宝宝安静，这样才能放松。不要让宝宝睡觉前用枕头打仗或打球玩，可以给宝宝读书、讲故事或者听音乐。也不要让宝宝白天玩得很累，这样也不容易入睡。

让睡觉前的时间过得有滋有味。例如营造温馨、舒适的气氛，让宝宝感到宁静安全。许多宝宝睡觉前喜欢听父母讲同一个故事，或者是父母编的故事，或者是童话歌谣，父母可以在宝宝睡觉前讲给宝宝听。

宝宝撒娇不听话怎么办

对撒娇的婴儿，父母可以试试以下方法：

1. 抓首次。在婴儿第一次用哭闹表达自己的意愿时，父母不要惊慌，让他自己哭闹一阵罢休后，再给他讲这样不好，妈妈不喜欢，有什么应该好好地说。
2. 抓苗头。当发现婴儿有撒娇的行为时，父母用摇头或眼神暗示，将此举动制止在初期。
3. 冷处理。婴儿撒娇不听话时，父母应冷静，不哄不劝，耐心等待。当他发现自己的哭闹不能让父母“动心”，则会自行停止。
4. 转移法。婴儿撒娇时，父母可以用新颖玩具、外出游玩、讲故事等去吸引他，转移他的注意力。

给宝宝留出一个游戏场所

当宝宝满 1 岁时，能够站起来了，也勤于动手了。宝宝会更加喜欢玩，父母如果想让宝宝玩得更愉快，就需要给宝宝提供一个宽阔的游戏场所。

如果不能让宝宝拥有自己的房间，就留出一定的空间给他放玩具。他不会在那儿待太多的时间，但是他会知道那是他的空间。如果你还有其他的宝宝，这样做更加是个好主意，特别是对刚学步的宝宝，宝宝需要知道他有一个自己的空间。

通常一个人玩的宝宝能学会很多东西，他会学会如何自己娱乐。对一件事情集中注意力，他就能不断取得进展。让你的宝宝享受独立玩耍的快乐吧，但一定要注意他的安全。

宝宝自己玩时要让他处于你能关注到的范围内，确保在这个范围内没有其他宝宝。为保证你的宝宝绝对安全，你可以利用下面列出的这些安全措施：

当宝宝能用手和膝支撑身体时，要把他小床上能移动的东西都挪走，他够到这些东西是很危险的。

检查所有的玩具，把松动的绳、标签什么的都拿掉。

宝宝玩的围栏中不要有东西，免得宝宝借助这些东西爬到外边去。

用门或栅栏等把宝宝关在一个范围内，或与别的地方隔开。

只给宝宝玩适合他年龄的玩具，超过他年龄的复杂玩具很可能有些零部件对他有害。

惩罚宝宝不等于拒绝宝宝

宝宝满 1 岁了，懂的事情也多了，渐渐开始有些不听话了。在日常生活和对宝宝的教育中，为了使宝宝朝着父母期望的方向发展，很多父母会采用惩罚的手段来规范宝宝的行为，这是不科学的教育方式。

惩罚是最坏的教育方法。宝宝犯了错误，即便打了他，那也只能在表面上制止错误行为，并不等于宝宝的心理也相应地发生了变化，认识到了错误。如果没有明确认识到自己的行为到底错在哪里，那只会让宝宝产生逆反心理，不能从心底认识到要改变自己的错误。惩罚宝宝只会适得其反，所以教育宝宝一定要选对方法。

不惩罚宝宝不等于不拒绝宝宝。如果想让宝宝品行端正，就需要用宝宝能理解的语言来解释他的行为所带来的不良后果。对稍大些的宝宝可以用讲道理的方式；而对待小宝宝，可以在没有危险的情况下，让宝宝体验坏行为所带来的坏结果。比如说吃饭的时候，如果宝宝挑三拣四不愿意吃，不要用打骂的方法来强迫宝宝吃，大人可以吃完以后就直接把饭菜收拾干净，这样宝宝可能就会认识到自己的拒绝行为不起作用，最后只好主动要求吃饭。

不惩罚式教育，对宝宝日后的心理发育十分重要，可能会影响到宝宝日后性格的形成，同时也会影响到亲子间情感交流。因为惩罚让宝宝产生的逆反心理很容易在他幼小的心灵上埋下报复的种子，进而讨厌父母，与父母不和。

适时地让步

我们都希望自己的宝宝是最好的，但有时当宝宝做得不是很好，你想帮他纠正或者完善的时候，却在不经意间伤害了宝宝的信心。比如宝宝擦过的地板，你再去重新擦，你就是在告诉宝宝他做得不够好。

如果你下一次还想纠正宝宝做过的事，可以先问自己几个问题：

1. 这会影响健康和安全吗？
2. 这件事如果这样处理会从现在开始影响你 10 年吗？

如果答案是“不”，那就顺其自然吧。当然，让宝宝获得生活技能是养育宝宝的一部分，但那只是其中的一部分。你和宝宝之间的情感交流比关心“鞋子是不是放在正确的位置”更为重要。

宝宝玩一样扔一样怎么办

现在的宝宝集万千宠爱于一身，亲朋好友买的玩具多得都没地方放。但是，这么多的玩具，有些宝宝就是不屑一顾，总是玩一样，扔一样，对每件玩具的兴趣不会超过几分钟，似乎在乎的是得到新玩具，而不是怎么玩这些玩具。出现这种现象的原因有：

1. 给宝宝提供的玩具种类、数量太多。过多的刺激会使得宝宝无所适从，只能像小猴掰玉米一样，掰一个丢一个，玩一样扔一样，结果什么也没玩成，一直处于简单的摆弄玩具的初级阶段。
2. 给宝宝提供的玩具难度不适合。昂贵的玩具对宝宝来说未必是好玩具，同样，难度不适合的玩具再好也没有价值，操作复杂、规则多的玩具，对低龄的宝宝而言毫无意义。
3. 爸爸妈妈指导不及时，会使宝宝失去玩的兴趣和耐心。宝宝的学习除了自身探索外，很大程度还是依赖模仿学习，爸爸妈妈如不和宝宝经常在一起玩，就不能让宝宝体验到从玩中学习的乐趣。
4. 宝宝缺乏自己整理玩具的习惯和方法。

纠正宝宝不良饮食习惯的巧妙方法

诱导法：利用宝宝的特点巧妙诱导。例如，通过讲故事的方法，告诉他吃某种食物长得壮，有力气。如不吃菠菜，可让他看《大力水手》，水手一吃菠菜就变得力大无比，既直观又形象，宝宝可在模仿中纠正不吃菠菜的习惯。

角色扮演法：让宝宝扮演饥饿的小动物，如小兔、小羊、小老虎等，让他以小动物的身份吃他不爱吃的东西，宝宝往往会很乐意充当动物，此方法比较有效。

比赛法：可以当着宝宝的面称赞某个小朋友吃得好，让宝宝同他比赛吃食物，为了不输给他人，宝宝常会马上去吃。比赛应在宝宝最熟悉的小朋友中进行，否则不构成刺激，效果不明显。

利诱法：宝宝往往有自己最喜欢吃的食物，例如冰淇淋。当宝宝拒绝吃某种食物时，你可以说："哎呀，不会吧，我刚才买冰淇淋时售货员阿姨问，你家宝宝吃××吗？我说吃呀。阿姨说，冰淇淋只卖给吃××的小朋友。"为了吃冰淇淋，宝宝会尝一些他不喜欢吃的食物。

换做法：不让宝宝把不喜欢吃的食物挑拣出来，如果有的宝宝不吃鸡蛋黄，可将鸡蛋和面粉调和，蒸制鸡蛋软饼或鸡蛋面条；不吃胡萝卜的，可做胡萝卜猪肉馅包子或炸丸子，等吃完饭再告诉他所吃的食物。变换烹调方法，可引发宝宝的食欲，防止因偏食造成营养不良。

激励法：当宝宝开始吃他本不愿吃的食物时，要给予鼓励和表扬。可口头奖励："宝宝吃得真香，今天表现最好。"亦可用爱抚奖励，如亲吻等。还可用实物奖励，如戴一朵小红花或在脸上扣一个印章等。

暗示法：比如宝宝不吃芹菜，爸爸妈妈可在聊天时大谈芹菜的好处，让宝宝能听到，但不要直接面对他。比如爸爸说："我小时候最爱吃芹菜了，不然怎么长这么高？我看宝宝就像我。"这种暗示常能引起宝宝的兴趣。

Part 13

宝宝1岁~1岁半个月

宝宝的生长发育

身体发育

体重	男孩　约10.14千克	女孩　约9.58千克
身长	男孩　约77.14厘米	女孩　约75.69厘米
头围	男孩　约46.47厘米	女孩　约45.45厘米
胸围	男孩　约46.54厘米	女孩　约45.61厘米
坐高	男孩　约48.46厘米	女孩　约47.41厘米
牙齿	已长出6～8颗牙	

动作发育

如果宝宝满1周岁时还没有开始走路，那么1岁半以前应该学会。事实上，1～2岁期间宝宝的主要成就是掌握完美的走路技能。如果宝宝已经开始走路，可能还会需要1～2个月的时间，才能不需要任何帮助地站立和顺利行走。然而，不要期望宝宝按照父母想象的方法去做。通常小家伙的做法是：把手放在地上，伸直胳膊，高高地撅起屁股，然后把腿拉到身子下面。最后，直起腰离开地面，把腿伸直。

刚开始，不要指望宝宝在行走期间能够使用手。过一段时间后，他就使用手臂保持平衡，他会弯曲手臂并保持和肩膀一样高的水平——“高度防卫”体位，毫无问题地用手拿、玩耍或者捡起玩具。再过上2～3个月以后，宝宝就能够完全控制自己，不仅能弯下身子捡东西，拿着玩具到另一个房间，而且还能够推拉玩具车，横着行走或者后退，甚至在行走时扔球。

迈出第一步的6个月以后，宝宝的行走方式就更加熟练。走路时，他的双脚会靠得更近，步态更加稳定，在大人的帮助下甚至可以上、下楼梯。但在宝宝尝试自己爬楼梯时，只能手膝并用地匍匐前进，一级一级地上和下。虽然在3岁以前，宝宝总是跑得不太好，但过不了多久，他就会以碎步的方式，僵直地向前跑了。到2岁时，宝宝就可以走得很好了。要知道，一年前他才刚刚学走路啊！

语言发育

1岁的宝宝们，掌握的词汇量逐步增多，开始会说“谢谢”、“你好”、“我们”、“再见”等双音节词了。这时候的宝宝，对学习语言有一种特殊的热情，特别喜欢与别人说话，也特别喜欢听别人说话，相同的话往往会喜欢听上好几遍。

一般说来，宝宝首先要理解语言，然后才能表达语言。因此，在这个年龄阶段的宝宝，应当多让他听，并且要帮助他听懂，为准确表达语言打下基础。平时，父母可以给宝宝发一些简单指令，如“把球给我”、“给妈妈拿鞋子”、“把玩具放到桌子上”等，多让宝宝执行命令，提高宝宝的语言理解力。

除了让宝宝理解语言外，还要尽可能让宝宝用简单的词语来表达意愿。发现宝宝想要表达某种要求时，要耐心等待，让宝宝用适当的方式表示，如宝宝不停地用手指着放在桌上的东西，父母可说：“你要什么?”让宝宝说出“糖”，然后再拿给他。这个年龄的宝宝语言发展还处于单词句阶段，即用一个词表示一句话，如说“糖”表示“我要吃糖”，因此父母要结合情景，理解宝宝的语言，做出正确解释，并在单词句的基础上鼓励宝宝说出双词句。

宝宝的左脑开发

语言能力

教宝宝自我介绍

宝宝先会说自己的小名，这时要教导宝宝说出自己的姓和名，同时学会说出爸爸和妈妈的姓名。宝宝喜欢用手指表示自己几岁，这时应用口说出自己几岁。如果讲话顺利，还可以进一步要求宝宝说出自己是女孩还是男孩。这时宝宝只能记住自己的性别，并不懂得区分性别。

说出来才给

这个阶段的宝宝已经懂得很多意思，但语言表达能力仍较薄弱，习惯用动作表达需要和愿望，如想喝饮料，会用手指冰箱，就是不会直接说出来。

家长应当采取“延迟满足”的办法，促使宝宝用语言表达意思，教宝宝用“是”或“不是”、“要”或“不要”，并配合点头或摇头动作，坚持说出来再给。

当宝宝说出难懂的话时，父母要耐心地倾听，注意分析他所讲的话，尽可能及时做出反应，而不是不理不睬或随便应付两句了事。平时要常与宝宝交谈，教他使用正确的语言。随着宝宝词汇量的增加，宝宝基本能用语言表达自己的所需，就不会再说难懂的话了。

耐心教宝宝学说话

开始学说话的宝宝，发音都是模糊不清的，妈妈应该耐心地诱导他说得清楚一点，但要求不能太高，也不能给他施加压力。如果妈妈教了很多遍宝宝还是不能达到一定的标准，就不要勉强了。

另外，妈妈在跟宝宝说话时，不要边忙着其他事情边跟他说，而应放下手中的工作，集中精神看着他，再以较夸张的表情、语气和动作跟他说话。如果这时妈妈发现他也全神贯注地看着自己时，便证明他正在慢慢吸收你传递给他的信息。

将儿歌应用在日常生活中

家长应在日常生活中穿插给宝宝念些适合他年龄的儿歌，并可配些动作，比如：

（1）《小椅子》——小椅子，擦一擦，客人来了请坐下。

（2）《小汽车》——小汽车，滴滴滴，开过来，开过去。

（3）《讲卫生》——勤洗头，勤洗澡，讲卫生，身体好。

（4）《小花猫》——小花猫，喵喵喵，见到老鼠就吃掉。

（5）《小白兔》——小白兔，长耳朵，走起路来轻轻跳。

（6）《吃饭前》——吃饭前，要牢记，伸出手来洗一洗。

（7）《小手帕》——小手帕，四方方，天天带在我身上。

（8）《吃饭时》——吃饭时，不讲话，一口一口吃下肚。

（9）《豆浆甜》——豆浆甜，豆浆香，喝了豆浆长得棒。

学儿歌三首

一个瓜

金瓜瓜，银瓜瓜，
院里瓜棚结满瓜。
瓜瓜落下来，打着小娃娃。
娃娃叫妈妈，妈妈抱娃娃。
娃娃怪妈妈，瓜瓜笑娃娃。

四是四，十是十

四是四，十是十。
十四是十四，四十是四十。
四十加上四，就是四十四，
要是说错了，就要误大事。

米

我是一粒米，不要瞧不起。
叔叔阿姨流了好多汗，
我才长成稻子变成米。
小朋友，要爱惜，吃饭不要掉饭粒。

绕口令两首

一根藤

高高山上一根藤，
藤条头上挂铜铃，
风吹藤动铜铃动，
风停藤停铜铃停。

哥哥逮蝈蝈

哥哥逮蝈蝈，蝈蝈蹦草窝。
哥哥找蝈蝈，蝈蝈躲哥哥。
逮住小蝈蝈，哥哥乐呵呵。

讲故事一则

冬天，河面上结起了厚厚的冰。一只野猪在冰上跑来跑去，快乐极了。

春天快到啦，河面上的冰变薄了。一群野猪来河边想过河。这时，那只野猪说："放心，这里的冰硬得像石头。”说完，他就大摇大摆地向河中间走去。“咕咚”一声，冰碎了，野猪掉进了河里。

精细动作能力

奇妙的拓印

准备各色颜料和白色或浅色的纸张。大人把自己的手或脚涂上颜料后印在纸上，并指着手印或脚印告诉宝宝：“这是妈妈的手印（脚印）。”大人也可以帮助宝宝往手、脚上涂颜料，然后压印在纸上。有兴趣的话，还可以把印有宝宝手（脚）印的纸贴在墙上，这是宝宝与众不同的作品。通过手或脚的拓印，让宝宝感知不定型的奇妙，体验拓印的快乐。

搭二层楼，手眼脑协调

辅导宝宝搭积木是训练宝宝空间知觉和训练宝宝手、眼、脑协调的重要项目。在1岁以前，宝宝已经能够两只手拿着积木相互比配、相互对击敲打着玩耍，并且已经能够做到有意识地松开手，将积木放到盒子里。但是，这个阶段的宝宝还不会搭积木。到了1岁以后，宝宝就有兴趣去琢磨、去模仿你是如何搭好积木的了。

开始的时候，他的手虽然是有意识地往积木上面放，但总是搭不上，放歪了就会掉下来，家长在旁稍微扶一下，帮助他放上一个，要马上拍手给予表扬，宝宝也会跟着你击掌庆贺，在这种轻松愉快的气氛中，家长可以帮助宝宝提高对搭高楼的兴趣。

接着，再来一次，再高一层，就这样，在游戏中帮助宝宝把积木搭到二层，使宝宝从成功的喜悦中获得满足感，逐渐地提高宝宝手、眼、脑的协调水平。

锻炼小肌肉和手、眼、脑协调的玩具也不止积木一种，还可以用喝完的酸奶瓶子（塑料的）等家中的废旧物品来给宝宝玩构建游戏。器械练习这时最适宜玩的是球类运动，首选是气球。气球轻，宝宝可以轻松地捧着气球往上扔或往地上扔，然后不厌其烦地去捡。还可以玩皮球，与爸爸妈妈滚皮球玩，还可以由爸爸妈妈扶着宝宝双肩踩皮球。

帮助宝宝使用小勺、小碗

1周岁的宝宝，随着两手动作能力的发展和对周围事物的兴趣不断增加，渐渐不满足于别人喂食，而愿意自己动手吃东西了。妈妈对宝宝的这种要求和尝试，应该抱着支持的态度，耐心地帮助宝宝使用小勺、小碗自己吃辅食，自己拿着奶瓶喝奶。这对培养宝宝的自食习惯，锻炼动手的能力都有好处。

宝宝开始自己吃饭时，由于动作不准确，技巧不熟练，难免会漏撒食物，弄脏环境和手脸，妈妈绝不能因此而制止宝宝自己吃饭的要求。要鼓励宝宝，给他不易打碎的餐具，给他戴上围嘴等。当宝宝吃饱后，仍用勺玩饭菜时，要及时将饭、菜拿走。

穿纸圈

准备一把小剪刀，各种颜色和质地的纸片，一小瓶胶水。

先给宝宝示范，将纸剪成一指宽的条状，先将第一个纸片圈成圈用胶水将接口粘紧。

将第二个小纸条穿过第一个小纸圈，再将封口用胶水封好。

对宝宝说："宝宝跟妈妈一块做好吗?"然后将有两个圈套在一起的小纸链交给宝宝。

宝宝在做第一个圈时，妈妈要帮着他，尽量让他看懂每一步的每一个动作。

当宝宝学会套纸圈以后，妈妈可帮小宝宝在旁边剪小纸条，粘封口。

在宝宝做的同时，妈妈要不断地拿起小宝宝做好的链子，给予夸奖："宝宝真聪明，宝宝真能干。"

在这个游戏的过程中，妈妈要不断地和宝宝说话，像拉家常一样，宝宝会很乐意这样子玩。这个游戏能训练宝宝手的灵巧性、手指的灵活性。

认知能力

水果大会，提高认知水平

晚饭后开个水果晚会，妈妈端上一盘水果，让宝宝说说，盘里装些什么呀？大苹果是什么颜色？橘子是什么颜色？梨是什么颜色？让宝宝把梨送给爸爸，把苹果送给妈妈，把橘子送给奶奶。认识各种不同的水果，感知它们的颜色、形状、味道，发展宝宝的视觉、味觉，提高认知水平。

比大小

将两个大小悬殊的鸭梨放在桌子上，先告诉宝宝哪个鸭梨大，哪个鸭梨小，让他亲自摸一摸、比一比，然后让他把大的给大人，观察他能否拿对。家长还可以配合念些儿歌，以增强他的记忆和发展思维能力。如："排排坐，分鸭梨，大的给妈妈，小的留给我。"

比多少

将苹果分成两堆放在桌子上，一堆为 2 个，另一堆是 4 个。家长可以先告诉宝宝，哪堆苹果多，哪堆苹果少，让宝宝亲自比一比和数一数，然后家长再让宝宝用手指指出哪堆苹果多，哪堆苹果少，可配合念些儿歌。一般而言，区别多少要比认大小难一些。

练习分类

准备一些红色、绿色的物品放在桌子上，妈妈向宝宝："哪些是红色的，哪些是绿色的?"先让宝宝认一认，回答妈妈的问题。对宝宝没有说到的物品，妈妈应该补充，比如："这也是红色的。"宝宝完全能分辨物品，妈妈就把图片放在宝宝面前，让宝宝把绿色物品的图片和红色物品的图片分开，同时说："红的和红的，绿的和绿的。"分完后再让宝宝说："这些是红色的，这些是绿色的。"游戏反复进行，直到宝宝自己能独立完成分类。让宝宝认识红色、绿色，按颜色分类，可以为学数做准备。

排顺序

妈妈找来五粒扣子，一粒比一粒大一些。问宝宝："哪个最大?""哪个最小?"得到宝宝的正确回答后，对宝宝进行表扬。进一步要求宝宝把扣子按一定的顺序排列起来，妈妈可给宝宝做一遍示范。顺序分两种情况，其一由大到小，其一由小到大。这样可使宝宝能够学会比较大小，并且能够把物体做简单的排序，还可培养宝宝的耐心。

寄信游戏

宝宝辨认 1 和 2，可以用游戏的方法加深印象。用 10 张纸分别写上 1 和 2 当作信。另用两个大纸口袋表面贴上 1 和 2，放在房间的两个角落。爸爸和妈妈各站在两个大纸口袋旁边检查信件。宝宝当邮递员，拿着 10 封信分别投入到相应数字的纸口袋信箱内，看宝宝能否辨认 1 和 2。

猜一猜

家长提问让宝宝回答，如："用什么盛米饭?""用什么削果皮?""用什么开门上的锁?""外面下雨，出门要拿什么?""用什么把绳子剪开?""用什么粘贴邮票?"也可以请小朋友提问，有时宝宝说不出来，可以让他拿出东西由家长猜。

1 岁多的宝宝由于词汇量太少，常常表达不清楚，如果家长不理解就会十分急躁，这时家长的态度十分重要。如果经常玩猜一猜游戏，互相经常用动作和表情来帮助对方猜出来，就可以缓解宝宝表达的急躁情绪，而且双方都会使用更多语言之外的交流方法，将来随时可用。

宝宝的右脑开发

适应能力

做好让宝宝自己吃饭的准备

常见到有的家庭中，妈妈到处追着宝宝喂饭吃，这是许多家庭的头痛事。宝宝一口饭含上十几分钟，或是慢腾腾地不爱吃饭。怎么办?

其实，让宝宝养成自己吃饭的习惯并不困难，只要能以爱心和耐心对待，再加上一些小技巧，一定能培养出爱吃饭的宝宝。

前置准备

从宝宝5～6个月开始学习抓握，就是为培养其自己吃饭练习的前置准备时期。宝宝由这个时期到满9个月之间，是手部抓握能力的发展期，正是开始让宝宝学习正确的餐具握法的最佳时机，且恰好宝宝刚接触辅食，对乳汁以外的食物有着相当的好奇。在一边喂食辅食时，一边让宝宝学习餐具的抓握，对奠定宝宝日后自己吃饭基础有相当的效果。

实际诱导

宝宝满周岁后，是让宝宝自己吃饭的实际诱导期，从满1岁到1岁3个月之间，可视之为黄金诱导期。在这段时间里，宝宝的手、眼协调能力迅速发展，若给予适当的诱导，会有事半功倍的成效。

了解诱导的最佳时机之后，接下来就是准备实际应战。大致上应该做的准备有：

食物准备

准备一份色、香、味俱全的食物，是促使宝宝喜爱自己吃饭的法宝，除了香气、口感及营养的考虑外，色的应用也是相当重要的。例如分别用胡萝卜、绿色蔬菜、番茄等搅成泥后拌饭，就可做成橙色饭、绿色饭及红色饭。

一次给予的食物量不要太多，因为容易吃完会增加宝宝吃饭的成就感。再加上言语的鼓励，如：“哈！爸爸才吃两碗，可是你吃了三碗！好棒喔！”宝宝容易产生成就感，就会喜欢吃饭了。

餐具准备

准备一份宝宝喜欢的餐具，也可以增加宝宝对吃饭的好感。假如能带宝宝亲自去选购宝宝喜欢的餐具，会有更好的效果。在宝宝餐具的选择上，目前市面上的种类非常多，基本上以平底宽口为佳。

有了万全的准备之后，让宝宝自己练习吃饭，就不会再乱了。

教宝宝认识危险

家庭安全护理婴幼儿，除了尽可能改善生活环境中的安全性，更要教会宝宝认识危险。

认识高

把宝宝放在高 10～15 厘米的平台上，看宝宝的反应。大部分会爬的宝宝会马上翻下来，没有特别害怕的表情。然后再把宝宝放到 90 厘米高的桌子上，在一旁注意保护宝宝，看宝宝在桌子上爬的时候是什么表情，宝宝是否会爬到桌子的边缘就停止动作。游戏结束以后，告诉宝宝这很高，很危险，宝宝不能爬到上面去玩，如果下不来就要喊妈妈。

认识烫

用两个一模一样的杯子，在杯子里倒入冷、热两种水，让宝宝感受不同触觉感受，并告诉宝宝烫。然后把水壶打开，拉宝宝的手放在水壶口上方，让宝宝感受热水汽，并再次强调烫。还可以用两块毛巾分别浸过冷、热两种水，当把热毛巾给宝宝的时候，告诉宝宝烫。

用类似的方式，还可以教宝宝认识扎手、夹手、咬人、摔跤等危险信号。

给父母的提示

1. 随时随地给宝宝灌输安全意识。比如坐车的时候要系上安全带，过马路的时候要等候红灯，什么情况下找警察叔叔、怎样拨打 110 电话等。尽管宝宝自己可能还不会做，但需要及早帮助宝宝建立安全意识。
2. 结合场景或正在发生的情况状态，告诉宝宝什么是安全的，什么是不安全的，应该怎么做的正确方法。
3. 父母要养成定期检查环境安全的习惯。
4. 帮助宝宝认识安全的时候，要用积极的方式。比如宝宝非常喜欢玩剪刀，与其把剪刀藏得远远的，不如给宝宝一把儿童专用的安全剪，并指导宝宝怎么用。否则，万一不小心让宝宝拿到剪刀，宝宝不会用就会剪伤自己。

5. 当宝宝从某种危险环境中脱离以后，在以后的教养过程中遇到同样的危险场景，不要用消极的口气吓唬宝宝：“还记得××××吗?”“不准碰!”这样会让宝宝变得特别胆小。要正面提示宝宝，给宝宝正确的信息，让宝宝懂得远离危险。

学倒水

给宝宝准备一把小茶壶，提前在里面装上宝宝要喝的水，把它放在宝宝方便拿的地方。宝宝玩累了、渴了，需要做的就是提醒宝宝自己去倒水喝。

当然，刚开始的时候，可以适当地帮助宝宝完成，以后就放手让宝宝自己来吧，别怕宝宝把水洒得到处都是。这种游戏能提高宝宝的自理能力，训练宝宝的手眼协调性。

骑马翻跟斗

当宝宝在摇马上骑得高兴的时候，突然从后面轻推，让宝宝身体猛地朝前方倾斜并翻倒，观察宝宝的反应。这个动作需要在旁边做好保护，父母的手始终要拉住宝宝的后背衣服。刚开始宝宝会有些害怕，不要强迫宝宝，要教会宝宝用手支撑地，并慢慢地爬下来。

采用同样的形式，还可以教会宝宝练习如何从箱子里爬出来、如何从床上爬下来。这些活动可以提高宝宝身体的协调性，促进宝宝自我意识的发展。

学用使用工具

很多危险行为的产生，与宝宝探索新事物是分不开的。与其限制宝宝的探索，不如放手让宝宝尝试，虽然有一定的危险性，但有了练习，以后就安全多了。

如可以让宝宝学会用玩具螺丝刀、安全剪刀、夹子等。当然，这些工具都只能是儿童专用的，相对比较安全。学会使用工具，能提高宝宝使用手指的技巧，促进宝宝自我意识领域的发展。

训练宝宝的方位感

通过做游戏的方法训练宝宝的方位感。

整理物品

应该让宝宝自己把玩具放回原来的位置。完成这个任务，需要爸爸妈妈正确的语言提示，比如：“记住动物园里小动物的家在门边衣橱最下边的一层。”只有当宝宝听到规范的、细致的描述时，才能理解这些词语的意义。

可以和宝宝玩一个游戏，叫作“我是一个侦察兵”，这个游戏可以让宝宝熟悉周围物体的位置和名称。

修建“公路”

找一块空地，和宝宝一起在几个点之间修建一条“公路”，比如为一个小木偶修房子，在房子和超级市场之间修公路，可以用木块或塑料作为铺路的材料。

修好公路后，让宝宝描述小木偶从房子里到超市需要走过的路线。

然后，可以再增加一些停止地点，比如红绿灯或斑马线，增加宝宝的词汇量，使任务更复杂些。使用短句如“走斑马线穿过马路”和“在红绿灯处向左拐”等，使任务多样化，可以要求宝宝描述使用不同的交通工具走上公路时的不同路线。

描述房间布置

通过画地图，宝宝可以学会大量的方位知识。在一张大纸上，让宝宝画出房间的墙，并标出窗和门的位置。让宝宝剪出不同颜色、形状的粘贴纸片，代表房间的不同区域，比如书柜和玩具抽屉，并把这些小纸片贴到大纸上。

鼓励宝宝做一张比较精确的室内地图，这将会是宝宝理解绘制一个区域的良好开端。然后宝宝就能用相似的方法，来介绍自己小卧室的内部陈设。

绘制地图

用讲故事的方法，能激发宝宝绘制情节过程地图。可以读著名的安徒生童话《一个小姜饼人》。小姜饼人的生命开始于一个老婆婆阁楼上的煎锅里。他从煎锅上跳到地板上，溜出厨房，跑出门去，然后沿着小路逃跑。他穿过花园，看见一个园丁正在干活。然后他跑到田野里，看到一头牛和一匹马。因为所有的动物和人都在追他，他就跳进了一条很深的河，一只狐狸救起了他。

讲故事时，鼓励宝宝参与到故事的想象场景中，可以不断地重复那句有名的对白：“跑啊，跑啊，你能跑多快就跑多快，但你追不到我，我就是小姜饼人。”

让宝宝画一幅图，表现事件的顺序。当宝宝描述每个事件发生的过程时，要向宝宝强调正确的词语用法。

训练宝宝脱衣服

宝宝都是先学会脱衣服的。因为刚开始不熟练，宝宝可能会以拉扯的方式脱下自己身上的衣物鞋袜。爸爸妈妈应该给他练习的机会，挑战自己的能力，建立自信，绝不要一味包办。等到宝宝能较熟练地脱下身上的衣物时，就可以继续训练他自己穿衣穿鞋了。

教宝宝脱衣服时，也要采取一定的技巧。宝宝还小，采取游戏的方式更能让他亲近你和配合你。例如，最开始时你可以帮宝宝撑开衣袖，让宝宝自己将手退出来，告诉他："哇，宝宝的小手出来了，小脚也出来了！"这样不但能逗乐宝宝，减少抗拒，还能逐渐让脱衣服这件事内化为宝宝脑部学习区域的一部分，并会影响宝宝日后的穿衣行为（如爸爸妈妈通常先让宝宝穿哪一只手或是穿哪一只脚，宝宝日后也会延续此习惯）。

如何为宝宝选衣服

虽然现在专为宝宝设计的衣物已越来越趋向流行，一件比一件时髦漂亮，但家长在为开始学穿衣服的宝宝选购衣物时，最好优先考虑功能取向。设计太过复杂的衣服也许很漂亮，但并不适宜用来练习穿衣服，若是每件衣服都是要靠爸爸妈妈帮忙才能穿上，宝宝就缺乏练习的机会，便很难学会这项基本的生活自理能力。

较为宽松、简单、不繁复的衣服，是宝宝学习穿脱衣服的最理想教具，如拉链式外套、前扣式衬衫、松紧带式的裤子或裙子等。连身洋装（扣子或拉链通常在背面）或是背带裤，通常需要爸爸妈妈的帮助才能穿上，不宜用来练习。

大动作能力

鼓励宝宝自己迈出第一步

周岁宝宝90%可迈出第一步，在良好的训练下可走得很好。独立走路不是一件轻而易举的事，走得好就更难了。

宝宝初练行走不免有些胆怯，想迈步，又迈不开。成人伸出双手做迎接他的样子，宝宝大着胆子踉踉跄跄能走几步，赶快扑进成人怀里，非常高兴。如果成人站得很远，他因没有安全感而不敢向前迈步，因此成人要靠近些给予协助。迈开步子以后，仍不能走稳，好像醉汉左右摇晃，有时步履很慌忙、很僵硬，头向前，腿在后，步子不协调，常常跌倒，仍需成人细心照料。

宝宝初学走路时，妈妈可以蹲在距宝宝3～4步的前方，伸出双手热情地鼓励宝宝勇敢地迈出第一步。宝宝为了保持自己身体的平衡，通常会采取举起双手、两脚分开、脚趾向外、头部稍往前倾的姿势。此刻，妈妈一定要做好保护工作。

当宝宝成功地扑到你的怀中时，你一定要给他一个他所期盼的嘉奖、拥抱和亲吻。稍稍休息之后，鼓励宝宝继续练习，以巩固成绩。

小鸡啄米，练习走、蹲、点头

几个小朋友一起玩。给每个小朋友都戴上小鸡的头饰，大人戴一个鸡妈妈的头饰，鸡妈妈带着小鸡走来走去找米吃，并“叽叽”地叫着，口里念着“小鸡小鸡，叽叽叽，青草地里找虫吃”等儿歌。走着走着，鸡妈妈蹲下去，头一点一点吃米，让宝宝蹲下模仿。可反复几次。

玩豆豆游戏

碗里放些黄豆或红豆，妈妈教宝宝一把抓起豆豆，然后把手松开，让豆豆从指缝里漏出掉到碗里，可以边抓边说：“黄豆红豆，帮着数数。”将一些蚕豆或黄豆放在地上，妈妈和宝宝一起捡，看谁捡得多。这一游戏可和第一步的游戏接着进行。这个游戏可以锻炼宝宝手的肌肉运动，训练宝宝弯腰、下蹲及手指的灵活性。

捡豆子的时候要留意不要让宝宝把豆子吞进嘴里，以防呛进气管。若捡豆子对宝宝太难了，可在地上放些色彩鲜艳的小玩具，让宝宝捡起来放在小床上。

追小汽车，发展肢体力量

在地上开小汽车，告诉宝宝：“宝宝，快去追小汽车。”宝宝就会蹲着去用手逮，如果宝宝不会，大人可给宝宝示范。追到小汽车后，可在地上滚动一个小球，也让宝宝蹲着去追。家长可利用周围的自然环境和自然物，让宝宝蹲在那里活动。如用手把落在地上的叶子捡起来，把小石头一个一个地放进小桶里，用小铲子玩沙子，观察在地上爬的蚂蚁等。这可以增强腿部肌肉的力量和耐力，提高身体的平衡能力。

当宝宝能单独站立以后，家长就应该逐渐地发展宝宝蹲的能力，让宝宝蹲在地上玩，这是一种既简便易行又颇具锻炼价值的活动。

到户外玩换脚与滚翻游戏

户外游戏为宝宝提供训练四肢和躯体肌肉的机会，使其在大脑指挥下更协调地活动，对锻炼小儿的耐力、灵敏性、反应性也很有益。妈妈要常带宝宝到户外玩，除了让他自由活动外，还可以做一些游戏。这些游戏由妈妈和宝宝一起做，或比赛做。

原地双脚跳，看谁跳得多。妈妈可以说：“我们都是小青蛙，呱、呱、呱。”

独脚站。妈妈说：“我们俩是大公鸡，金鸡独立。”左右脚轮流站立。左脚原地跳4次，右脚原地跳4次。正步走。妈妈口里喊着“一二一，一二一”。

在地毯或草地上前滚翻，前滚翻不要要求姿势正确，不要勉强翻过去，只要一滚即可。

玩的时候要注意宝宝的安全，不要太勉强，时间不要太长，玩5～10分钟即可。宝宝不要穿皮鞋，玩的场地要平整。这些游戏可以训练手脚、躯干动作的协调。

社交行为能力

培养宝宝的感恩能力

传统美德所颂扬的亲、孝、悌、严观念浓浓地浸润着整部民族文化史。而歌颂母爱、颂扬亲情的文艺作品，则是东西方各国、各个民族都共同颂赞，永远讴歌的内容。

然而，感恩能力并非天生，是人类在成长过程中培育出来的。

新生儿在饥饿时从母亲那儿得到了乳汁，对宝宝是一种“安定状态”。

1 岁左右的学步儿，已经养成了听母亲唱歌或讲故事的习惯，听歌或听故事时，宝宝那甜甜的表情所反应的安宁，已经具有了可以被称为“幸福感”的色彩。

这就是感恩能力发展的第一步——感受满足。

感受满足，是必须以感受缺失为前提的。没有对缺失的意识，就不会有对需要的意识，也不可能有弥补缺失——满足需要的安宁体验。许多父母看不到这两种感觉间的相互依存关系，为了避免宝宝因某种缺失而产生焦虑体验，会过于卖力地超前预计宝宝可能面临的缺失，然后对宝宝实施超前满足。殊不知，缺失经验的获得与缺失体验能力的成长对宝宝的整个成长来说都是必不可少的。被剥夺了缺失—焦虑—满足—安宁经验的宝宝，感受他人恩惠以及感受幸福的能力成长都会受到阻滞。

感恩能力成长的第二步，是发展对恩惠来源的认知能力。换言之，即亲子间认知能力——固然，父母对宝宝的爱是最无私的，不要任何回报的，但是，正确地让宝宝认识、培养应有的感恩意识，是培养宝宝完整人格的一个有机组成部分，不可缺失。

感恩能力成长的第三步，则是发展对施恩者的回报意向。3～4 岁的幼儿能够大致理解妈妈上班、妈妈辛苦等内容，也能够理解和做出搬张椅子请妈妈坐、亲亲妈妈等行为。这些成长，是与感恩能力的第二步、第三步的教育和发展密切相关的。

当然，随着个人越来越趋向人格的完善，感恩、报恩的能力水平也会越来越高。正常的、具有完整人格的、个体的成年人会感激大自然的各种恩赐，并用保护自然的行为，努力去予以回报。

一个拥有完整人格的人，会感激他人能接受自己的帮助、让别人看到自己的价值，并回报社会以便更加努力地奉献。而这些完整的人格培养，则基于自幼家庭对宝宝的感恩能力的培养和教育。

认识自己的家庭

这个月龄的宝宝，自我意识萌发，能够认识到个体和家庭成员的概念。可以教会宝宝认识家庭，了解以下概念：

知道自己叫什么名字，是男孩儿还是女孩儿，几岁了。

爸爸妈妈及家庭主要成员的姓名，并能正确称呼。

懂得爸爸妈妈每天都要上班，知道爸爸妈妈劳动很辛苦。

懂得要爱爸爸妈妈和长辈，要听他们的话。

培养情感智能

近年来，随着现代医学和生物学科技的普及，以及现代生活的全球一体化，西方发达国家人们常用的一个概念——情商——进入了人们的生活，并且成为一些较知名的国际机构、企业考核个人能力的一个重要标准。

什么是情商呢？情商是情感商数的略称，简单地说，人的情商是指作为个体的人，在社会生活与环境中表现出来的情感智能。

情感智能主要包括几种能力：了解和表达自己情感的能力，即真正知道自己确实感受的能力；控制自己感情和延缓满足自己欲望的能力；了解别人的情感以及对别人的情感做出适当反应的能力；能以乐观态度对待挑战的能力；处理人际关系的能力。

情感商数高的人，能够控制自己的感情冲动，不会追求一时的痛快和满足，懂得如何激发自己不断努力，与人交往中善于理解别人的暗示，这样的人能了解人生遇到的荣辱成败。

如果父母具备这些素质，可给宝宝以适当指导，让宝宝具备这些素质。可以从几方面培养宝宝的情感智能：

❶ 培养宝宝正确的情绪反应，令宝宝及早形成正确的情绪习惯。

❷ 学会准确表达自己的感觉。与人沟通，往往因为不能准确表达各自的感觉和想法，因而造成偏见和误会。

❸ 帮助宝宝学会控制自己的欲望。父母可以通过生活中的事例让宝宝明白，一个人想实现自己的愿望，必须要经过不懈的努力，去克服种种困难，否则是不可能的。

教养重点与疑问解答

学走路的要素

宝宝开始走路，代表着具备以下三项条件：能自主性地握拳，能随自己的意志使用手指和脚趾；腿部肌肉的力量已经足以支撑本身的重量；已经能灵活地转移身体各部位的重心，并懂得运用四肢，上下肢各动作的发展也已经能协调得好。

一般说来，宝宝学走的动作发展，可以分为五个阶段：

第一阶段为10～11个月

此阶段是宝宝开始学习行走的初始阶段，发现宝宝在放手后能稳定站立时，就可以开始尝试走路。可以利用小推车或学步车，协助宝宝打消对走路的恐惧感，学习行走。

第二阶段为12个月

蹲是这个阶段重要的发展过程，应注重宝宝站—蹲—站连贯动作的训练，这样做能增进宝宝腿部的肌力，训练身体的协调度。父母可以训练宝宝学习蹲—站的方式，把玩具丢在地上，让宝宝自己捡起来。

第三阶段为12个月以上

这个阶段宝宝扶着东西能够行走，接下来必须让宝宝学习放开手也能走上两三步，此阶段需要加强宝宝平衡的训练。父母可以各自站在两边，让宝宝慢慢从爸爸的这一头走到妈妈的那一头。

第四阶段为13个月左右

此时除了继续训练宝宝腿部的肌力及身体与眼睛的协调度之外，也要着重训练宝宝对不同地面的适应能力。让宝宝练习爬楼梯，家中没有楼梯可以利用小椅子，让宝宝一上一下、一下一上地练习。

第五阶段是13～15个月

宝宝已经能行走良好，对四周事物的探索逐渐增强，应该在此时满足宝宝的好奇心，使其朝正确方向发展。利用木板放置成一边高、一边低的斜坡，但倾斜度不要太大，让宝宝从高处走向低处，或由低处走向高处，父母须在一旁牵扶，防止宝宝跌下来。

宝宝学习走路时，有时会出现踮脚尖走路的行为，有时又恢复正常状态，无须担忧。一般来说，宝宝大约在3岁之后运动协调才发展成熟，在此之前走路不稳、踮脚尖都不用担心。

注意1～2岁宝宝的安全

1岁以后的宝宝刚刚学会走路，什么都好奇，什么都新鲜，真是所谓的"初生牛犊不怕虎"，没有他不敢去的地方，因此危险性也相应增大。他可能会跑到厨房里抓摸热水瓶，或是爬上阳台等。这个年龄最易发生事故，因此，要仔细检查家中一切可能导致事故的隐患，及早预防。

不要让宝宝单独出门，这样就能减少车祸事故。带宝宝外出横过马路时，大人要拉住宝宝的手，并且走在靠近车子通过的一侧，也可直接抱着宝宝通过。

吞食异物

1～2岁宝宝往往有往嘴里塞东西的习惯，因此常常发生吞食异物的事故。体积小的东西（如纽扣、豆子、玻璃球、坚果等）和各种药品，都不能放在宝宝伸手可以拿到的地方。放在衣柜里的卫生球也应注意。破碎的玻璃、空玻璃瓶应尽快处理掉，以免扎伤宝宝。塑料袋也不应让宝宝玩，以防宝宝套在头上引起窒息。窗帘绳、电话线等绳索都要扎好，以免勒住宝宝。家里各种洗涤剂、汽油等也应放到宝宝拿不到的地方。

扭伤

刚学会走路的宝宝，最容易发生的意外是扭伤，再加上宝宝通常不能清楚表达，要细致观察宝宝走路是否一拐一拐的，或是躺在床上踢一踢，看看是否能踢得好。除此之外，也可压一压宝宝腿部各部位，看看宝宝是否感到疼痛。

家居环境安全

学会走路的宝宝所碰到的危险越来越多，在环境安全的注意上，要费更多的心思。除了居家环境的安全外，可以帮宝宝穿上防滑的鞋袜，以防止跌倒。

❶ 阳台。宝宝一旦学会行走，"到处乱走"是必然的情景，届时父母就特别要留意

宝宝走到阳台上。没有围栏或栏杆高在85厘米以下，栏杆间隔过大（超过10厘米），或者阳台上摆小凳子等情况，都容易使宝宝误爬而导致危险。

2. 家具。家庭中家具的摆设，尽量避免妨碍宝宝学习行走，要把所有具有危险性的物品放置到高处或移走，须留意所有家具中尖锐的角和边，以防碰撞宝宝。

3. 门、窗。宝宝容易在开、关门时发生夹伤，可以使用门防夹软垫来避免危险。家庭中最怕宝宝走到窗边玩窗帘绳，容易发生被绳子缠绕造成窒息的威胁。

磕碰

另外，宝宝接近2岁时，奔跑的速度较快，易在跌倒或滑倒时碰了头，而且会撞得不轻。如果小宝宝碰了后脑勺，易造成脑损伤。因此，当宝宝头部受了强烈撞击时，家长应立即带宝宝到医院去看脑外科。

一旦发生不该发生的事故，宝宝疼在身上，爸爸妈妈会疼在心里。为了避免类似事故的发生，有这个年龄段宝宝的爸爸妈妈一定要将家里仔细检查一下，另外，还有必要了解一下常见意外伤害的处理方法，以备不时之需。

有益身高的因素

如果可以，父母都希望宝宝长得更高一些。

一个人的最终身高，是遗传和环境相互作用的结果。遗传决定了身高的生长潜力，后天的环境因素如营养、疾病、运动和合理的生活制度等，决定生长的潜力是否能得到充分的发挥。

下面的公式，可粗略计算出遗传潜力所确定的最终成年时的身高：

男孩成年身高＝［父亲身高＋（母亲身高＋13）］÷2±7.5厘米

女孩成年身高＝［（父亲身高－13）＋母亲身高］÷2±6厘米

从这个公式能看出，预计的宝宝身高在一个范围内变化，不是固定的数字。遗传确定生长的可能范围，但遗传潜力的发挥更多地取决于后天的环境因素。

因此，父母的责任是为宝宝创造更加良好的生长环境，把先天赋予的生长潜能充分发挥出来，使其达到理想身高。

不要错过快速生长期

在宝宝生长发育过程中，有两个生长高峰时期，一是婴儿期，另一个就是青春发育期。婴儿期是指0～1岁，这个阶段生长速度最快，也是最容易受外界因素干扰的时期。婴儿期生长的好坏直接影响到幼儿期、儿童期的生长，儿童期生长又为青春发育期奠定基础。宝宝2岁时的身高与成年身高的相关性为80%，因此，别让宝宝在生长的快速期掉队，否则追赶起来会相当困难。

注重营养

充足和合理的营养，是宝宝生长发育的物质基础。充足的营养，是指每天要摄入足够的热能和各种营养素，包括蛋白质、脂肪、糖类、膳食纤维、维生素、无机盐和水。这些营养素均存在于粮食、蛋类、肉类、奶类、豆类以及蔬菜和水果等食品中。一般家庭都有能力为宝宝提供充足的食品，但需要科学喂养和合理搭配。在有荤有素的饮食中，营养应该全面和足量。多数生长不足的宝宝都与营养缺乏有密切的关系。

重视运动锻炼

在保证营养供给充足的前提下，运动是促进身体发育和增强体质的最有效方法。运动能刺激生长激素分泌，促进新陈代谢，增强食欲。宝宝经常运动，能促进骨骼的生长，使骨骼变长、变粗，骨质密度增大。经常运动，也能使肌纤维变粗，提高肌肉的力量、速度和耐受力。运动还可以消耗多余脂肪，在快速生长期预防肥胖。

保证充足睡眠

促进人体长高的激素——生长激素，在睡眠状态下的分泌量是清醒状态下的3倍，保证充足的睡眠，有利于宝宝长高。睡眠时肌肉放松，有利于关节和骨骼伸展。睡眠时间的长短因年龄而不同，个体差别也很大，一昼夜所需睡眠时间：新生儿为16～20小时，1～3岁为12～14小时，4～6岁为11～12小时。

预防和治疗疾病

各种引起生理功能紊乱的急、慢性疾病，对宝宝的生长发育都会产生直接影响，影响程度取决于病变发生部位、病程长短和病情严重程度。一般急性疾病对生长的影响是暂时的，在身体营养状况良好的情况下，很快可以恢复。反复的呼吸道感染和腹泻会明显阻碍宝宝的生长发育。长期性疾病如慢性感染、慢性肝炎、慢性肾炎、哮喘、心脏病、贫血等均会影响身高增长。此外，染色体异常、内分泌疾病、骨和软骨发育障碍等重大疾病，会引起身高明显低于同龄儿，医学上称为病理性矮小。

因此，积极防治疾病，对生长期的宝宝有十分重要的意义，通过早期及时诊断和治疗，一些疾病造成的生长损害可以得到恢复。

哭不再是宝宝表达的主要方式

随着宝宝年龄的增长，表达自我需要和体验的能力也增强了，哭就不再是表达需要和体验的主要手段，而会更多地依靠语言、动作等方式，并学习自己去解决遇到的问题。

宝宝会有各种各样的情感表现，有时候会用哭声来表达自己的消极情绪。但如果把哭当作解决问题的唯一手段，遇到困难就哭，在心理上对哭闹产生依赖，会对宝宝心理健康产生不良影响。

经常处于消极情绪状态的宝宝，身体各器官都会受到抑制，影响正常发育。

哭不利于宝宝形成积极有效的人际交往方式。如果和小朋友在玩游戏时不知道怎么和别人协作，遇到困难就哭，长大以后也很难学会与人交往、与人友好相处。这种交往方式会发展成为退缩性个性倾向，或以极端的行为解决生活中的冲突，无法适应现代生活的节奏。

宝宝如果经常处在消极情绪状态，会影响到父母的情绪，使父母产生自责和无力感："人家的宝宝都好好的，我怎么就带出了这么爱哭的宝宝?"从而影响父母对待宝宝的方式，缺乏足够的耐心，形成宝宝与父母之间消极情绪的不良循环。

宝宝的成长，离不开舒展的眉眼和绽开的笑脸。健康、快乐的宝宝常会有积极、愉快的情绪，要注意从小培养宝宝积极、开朗的情绪、情感，培养独立性，让宝宝成为身心健康的一代。

为宝宝选择合适的图书

早慧的宝宝都有一个共同的特点：爱书。

书同电视比起来，虽然少了动感和声音，但可以反复读，可以在任何时候读，听故事的同时还可认识字。

所有的宝宝都具有很强的求知欲，一本书到手，宝宝常会翻看数遍，即使能背下来也仍爱不释手。教给了宝宝爱书，就交给了宝宝一把打开智慧之门的金钥匙。

为宝宝选择适合的图书，要从适合的年龄特征，内容的多样性、知识性和趣味性几个方面考虑。

首先要考虑宝宝的年龄

宝宝在1岁左右，应选色彩鲜艳、图多字少、绘图准确的书。书不必太厚，最好一本包含一个简单而有趣的小故事。

宝宝1～2岁时，为他选择的书仍以图为主，画面可以复杂一些，但绘图一定要准确。有些幼儿读物类图书中的小动物非牛非马，成年人也许看着可爱，但对宝宝来说，却会起误导作用。

2～3 岁宝宝的书内容可以更丰富，画面可更复杂，文字也可相应增加。画面可以抽象一些，只要抓住特点，变形也不要紧。此时宝宝已基本上能掌握小动物的主要特征，抽象的图片可以增强想象力。

宝宝近 3 岁时，选书的重点就要从以画为主向以文字为主偏移。故事的内容要生动有趣，富有寓意、知识的讲解，应融入正确的道德观，不要一味地打打杀杀。有一些幼儿类图书的画面不美，主人公要么丑陋不堪，要么凶狠怪异，这类读物会对宝宝的心理造成不良影响。

不一定要选特定的幼儿读物

宝宝 2 岁以后，书的范围、书的内容都可以多样化。比如，结合宝宝喜爱的玩具选书，不仅可提高看书的兴趣，也可深化某方面的知识，使宝宝在玩中学到有益的知识。

有一些宝宝偏爱某些玩具，对和这种玩具相关的知识都表现出极大的兴趣。就不妨从专业书中挑一些书让宝宝看，做一些深入浅出的讲解。一些原本宝宝学不了的知识，在这种玩中学，却能很快掌握，有些宝宝俨然一个小专家，让成年人也自叹弗如，其实他并不是“神童”，而是教育的必然受益者。

注意内容准确

父母认为宝宝反正是瞎看，买书往往只注意趣味性。宝宝就书中内容提问时，父母往往敷衍一句，糊弄过去，这看似小事，却为宝宝不求甚解的读书习惯埋下了伏笔。3 岁是宝宝记忆的关键时期，此时如果给宝宝错误的知识，宝宝可能因“先入为主”而始终误认为是正确的，以致影响正确认知的形成。

好的幼儿读物要有趣味性，形式和内容都要多样化。小故事、小知识、小测验、儿歌、歌风、动手填图、手工制作……都能大大调动宝宝读书的兴趣。

激发宝宝的创造能力

一个发育正常的宝宝，大脑存在着无限潜能，在宝宝出生的两年之内，要开发宝宝的灵感、直觉、创造性、感性等右脑的能力，对宝宝成人后的创造能力极其重要。

人的左脑又称自身脑、理性脑，主要功能是进行以语言和计算为主的抽象思维，有极强的数学概念和逻辑分析能力，善于把复杂的事情条理化。

人的右脑又称祖先脑、直观脑、映象脑，主要进行形象思维，是想象力、创造力的源动力。右脑具有映象认识力、图形认识力、空间识别能力和绘画感觉能力，而这些能力则是个体创造力的关键要素。

右脑映象的认识力，又称类型识别能力。新生儿能认识母亲的脸，宝宝记忆大部分是以映象作为概念被识别出来的。这种概念就是在瞬间能捕捉到的东西，也称为类型识别能力。在婴儿半睡眠状态下给宝宝讲故事，就是运用宝宝映象记忆力。

图形的认识力，即形象认识能力。与婴儿说话时，指给宝宝看相对应的物品，婴儿的右脑就会反映出这个物品的形象来。日常生活中养成用图形记事的习惯，就能刺激右脑，使其逐步激活强化。

空间识别能力也是右脑的一种重要功能，从小让宝宝拍吊在空中的球，开始会拍不到，练习一段时间以后，宝宝就能够准确地抓住球，这就是宝宝以自身协调的动作完成了空间识别。还可以训练让宝宝在自己家里黑暗中来回走，直到能行走自如，提高空间识别能力。

最后是绘画感觉能力。有人认为自然风景是右脑型的，要激活强化右脑能力，就应该经常带宝宝欣赏美的工艺品、建筑、塑像、邮票以及自然风景等。培养宝宝对绘画的兴趣，对右脑的刺激会更明显。

宝宝的大脑不是一个要被填满的容器，而是一支需要点燃的火把。教育宝宝的过程中，多和宝宝一起游戏，给宝宝快乐、自由、富于想象的空间，使宝宝在轻松玩乐中开发右脑的潜力。训练左脑的技能，使大脑的综合能力获得最大程度的发挥，宝宝就会成长为智慧潜能开发的佼佼者。

宝宝攻击性强怎么办

1岁左右的宝宝出现攻击性的行为很正常，应该辩证地看待这种行为。一方面，这是宝宝身心发育的标志，每个宝宝都会经过这个时期，不必担心；另一方面，虽然这是宝宝必经的过程，如果对宝宝的错误行为不做正确的指导，很可能会使宝宝养成打人的坏习惯。

对宝宝的“暴力”行为，应当知道他为什么会这么做，才能找到解决问题的办法。

宝宝也和成年人一样，不会无缘无故发脾气。如果宝宝咬了小朋友，肯定有自己的原因。1岁左右的宝宝还不会为自己解释“为什么要咬人”，父母不妨站在宝宝的角度，看看究竟是什么原因让宝宝动用“武力”。

看到宝宝想急切表达意图，但又弄不明白时，要好好安慰，肯定地告诉宝宝“别着急，妈妈会帮助你的”，宝宝就不会把怒气发到小朋友身上了。

有时候宝宝打人是出于一种自卫，可能因为小朋友抢了玩具，或先打了自己，或被小朋友抓了头发。宝宝不容忍被欺负，会全力维护自己的利益，这是出自一种本能。

还有一种原因就是，1岁左右的宝宝口腔内牙齿、肌肉都在不同程度地发育，很喜欢把东西放到嘴里咬，用以帮助缓解口腔发育带来的不适感。在学习说话时，宝宝很喜欢把能抓到的一切东西放到口中咬一咬，包括小朋友的胳膊或手，如果是这种原因，仅属于宝宝感知事物的一种方式。

宝宝在心情不好的时候，会选择自己的方式发泄不满情绪。比如在饿了、累了、尿布湿了时心情会很糟糕，这时候最容易出现宝宝之间打闹。另外，宝宝正在学习各项技能的时候，遭遇失败后心情会跟着变坏，打人的行为就很容易出现了。

宝宝在发育过程中，会遇到很多挫折，如在走路、说话时等。这时需要父母进行一些温柔、积极的安慰，以防止宝宝变得暴躁。

当宝宝的行为可能发生危险时，父母应当及时制止。用最简单的语言清楚、严肃（但不是威胁）地告诉宝宝：“不可以打人，不可以咬人，会受伤的。”然后把宝宝的注意转移到别的有趣的事情上。

除此之外，在宝宝烦躁想攻击别人的时候，可以为宝宝提供其他选择，比如可以教宝宝，如果下次生气了可以到父母身边寻求帮助。

在宝宝没有发生攻击时，就应该鼓励他采用正确的行为，表扬宝宝：“你把玩具让给小朋友玩，你是个好宝宝。”父母和宝宝玩的时候，不要咬宝宝玩，更不要打宝宝。如果说“我要吃了你”，并把小家伙的脚趾或手指放到自己的嘴里，那么宝宝会很自然地尝试对别人这样做。

对待宝宝的攻击行为要注意：

1. 不要训斥打人的宝宝，宝宝并没意识到自己的行为是错误的，突如其来的训斥只会让宝宝感到莫名其妙。
2. 不要因为宝宝打人而揍宝宝。宝宝不会理解父母的用意，只会觉得受伤害，会让宝宝不再信任父母。
3. 不要鼓励宝宝报复小朋友，如果“受害人”反过来报复，最终结果只会是“受害者”越来越多。

宝宝自言自语是怎么回事

有些宝宝一边做游戏一边嘀嘀咕咕，自言自语。父母看见这种现象感到很奇怪，甚至认为宝宝得了病。其实这是一种正常的心理现象，是幼儿学习语言时的必经过程，不必担心。

人类的语言，有内部语言和外部语言之分。1～3 岁幼儿，是以学习外部语言为主的；到了 4～6 岁时，其内部语言才开始形成。幼儿的自言自语正是从外部语言向内部语言的一种过渡阶段的表现。

幼儿的思维是具体形象思维，单独地思考问题。但由于幼儿的语言动作调节功能的发展尚不完善，还不能控制发音器官的活动，便出现了既有说出声音的特点，又有自己对自己说话不发出声音的特点，也就是既有外部语言，又有内部语言。宝宝到了 6 岁以后，这种自言自语的现象会逐渐消失。但如果到了八九岁还常常自言自语，那就可能是病态，要带宝宝到医院去检查治疗。

正确对待任性时期的宝宝

宝宝长大了，开始有了自己的主见，不再是那个特别听话的小天使，会变成让父母无可奈何的淘气鬼。倔犟的小家伙往往不肯听招呼，让东偏西，母子间一次又一次地过招，会使喜欢把一切事物都控制得有条不紊的父母没有办法，开始会产生莫名的失落感。

要知道，在这个年龄段，宝宝必然会经历一个个性发展的阶段，属于正常现象，父母可以通过下面的方法应对任性的宝宝。

疏导宝宝的情绪

当宝宝因任性而哭闹时，如果父母用平静轻柔的声调承认宝宝的感情，并帮助他们消除顾虑，宝宝的情绪就可以重新获得控制。因此，一旦发现宝宝表现出任性行为，父母可以平静地对宝宝说："宝宝为什么生气呀，不要这么尖叫乱踢哦。现在宝宝不生气了，我们来玩一个宝宝欢喜的新游戏咯。"

消除宝宝任性的苗头

父母要学会客观地评估宝宝的要求是否合理，如果合理，就要及时满足宝宝的需求，并且不附带任何条件，千万不要拖延到宝宝哭闹后才满足他，这样就会助长宝宝靠哭闹来控制父母的习惯。如果宝宝的要求不合理，父母一定要语气和缓、坚定且简明扼要地告诉宝宝这个要求不对，不能满足。对宝宝的要求只需拒绝一次，说理也只说一次，决不重复、唠叨。这样可以让宝宝感觉到父母态度很坚决，没有回旋的余地。

忽略宝宝的要求

如果宝宝按他惯常的策略哭闹，父母可以在保证其安全的情况下，故意忽略他，既不要试图分散他的注意力，也无须给他讲道理或训斥他，更不要心疼地劝说宝宝。事实上，宝宝哭闹的时候根本听不进任何劝解，相反，父母对宝宝的任何形式的注意，只会变相地鼓励宝宝的任性行为。

不要迁就宝宝

当宝宝逐渐趋于平静时，父母可为刚刚哭闹过的宝宝进行简单的清洗，然后温和地引导他做他该做的事情。这时宝宝尚未完全平静，因此父母不要急于给宝宝讲道理，更不要急于向宝宝表达心疼之意，更不要流露出歉疚的情绪或者因为心疼宝宝而迁就宝宝的行为，否则父母的努力就会前功尽弃。

掌握讲道理的时机

等宝宝完全平静后，父母可以心平气和地和宝宝讨论所发生的事，明确地告诉宝宝为什么不能答应他的要求，并且让宝宝明白，无论如何，父母都不会答应他的不合理要求，也不喜欢宝宝的任性。如果宝宝有什么要求一定要好好地说，需要引起父母注意时要采取合适的方式。

转移宝宝注意力

当宝宝正在任性地吵闹时，大声责骂或者讲道理都无济于事。此时，父母可以采取转移注意力的方法，用别的有趣的事情或者玩具来吸引宝宝，终止宝宝的任性行为。

防止宝宝产生挫折感

为了防止宝宝的任性行为，父母

可以为宝宝提供一些有趣的玩具或组织一些很有意思的游戏与活动，让宝宝在游戏与活动中获得一些愉快的情绪体验，防止宝宝产生不必要的挫折感。

需要注意的是，宝宝任性行为的纠正不是一天两天的事情，更不可能一次见效，因此，父母一定要有足够的思想准备，持之以恒地坚持自己的原则，帮助宝宝逐渐克服他的任性行为。

宝宝搞“破坏”与创造力

1 岁的宝宝，对世间万物充满好奇，在认识世界上万事万物的同时，什么样的东西都要动一动、碰一碰、试一试，加上这时的宝宝已经具有独立性，能走，会灵活运用双手，因而，也往往是一个令父母头痛至极的“淘气包”和“破坏大王”。

在这个年龄段的宝宝，往往会把家里能拿到手的一切东西都来摆弄上一番——当然，最终会毁坏掉不少东西。父母对他又爱又恨，一旦急了，难免给宝宝一点教训。然而，对待宝宝这种无知的探索行为的苛责和管教，会损坏宝宝正在萌发中的好奇心，同时毁掉宝宝的创造性能力。

给宝宝适度的“破坏”空间，满足和培养宝宝的好奇心，在家庭教育中是一个极其重要的方面。其实，宝宝如果对某种物件产生兴趣，不妨加以正确诱导，使宝宝在破坏的过程中认识到更多的知识。比如说，可以当着宝宝的面，把一只气球从空瘪的原状吹胀，再把气放掉，甚至拍破，还可以让宝宝自己试试。再比如说，做父亲的可以和宝宝一起动手，把机械玩具拆开来，看一看玩具为什么会动，然后，再当着宝宝的面一一装好。当然，最好能让宝宝自己动手装，装不上时再帮助他。这样一来，既满足了宝宝的探索心理，又培养了宝宝的动手能力，一举两得，何乐而不为呢？

关于宝宝的破坏能力，有一则老故事，对教育和培养宝宝来说，极其发人深省：

一个母亲因为宝宝把刚买的一块金表当新鲜玩具摆弄坏了，狠狠地揍了宝宝一顿，并把这件事告诉了宝宝的老师。这位老师却幽默地回答说：“恐怕一个中国的‘爱迪生’被你毁掉了。”母亲不解其意。老师分析说：“宝宝的这种行为是创造力的一种表现，你不该打宝宝，要解放宝宝的双手，让他从小就有动手的机会。”

这个故事发生在半个世纪前，而那

位老师，是 20 世纪初我国著名教育家陶行知先生。

其实，宝宝爱搞“破坏”是天性使然，也是创造力萌芽的一种表现。

给宝宝一点“破坏”空间吧，宝宝爱“破坏”，让家庭失去的只是可估量的价值，而得到的却是宝宝一生受用不尽的财富——思考、创造和智慧。

不要过分纠正宝宝的说话错误

宝宝在学讲话的过程中，一定会出现许多语音或语法上的错误，宝宝说错时应怎样纠正呢？

方法很简单，只要用正确的语音或语法再造一两个句子给他听就可以了。如宝宝说：“妈妈，我想给姥姥（nǎonao）打电话！”很明确，他把“姥姥（lǎolao）”的音发成了“恼恼（nǎonao）”的音，你就不妨顺着他的话题说：“那么，你想跟姥姥（lǎolao）说些什么呢？”

说话的主要目的在传达信息，当你确知宝宝在讲什么时，就要立即回应，并且潜移默化地让他多听听标准的发音。千万不要一本正经地纠正宝宝，非要他把音发对了才肯罢休；当然更不要因为宝宝经常说错，而粗暴地责骂他。

语法上的错误也是一样。只要我们听得懂，就故意忽略不对的地方，再找机会示范正确的说法就可以了。

心理专家发现，当宝宝学讲话时，大人如果操之过急，或给予过分的纠正，就可能使宝宝产生口吃和焦虑的现象，不可不慎。

宝宝发音困难怎么办

宝宝发音困难大多是因为没有掌握发音技巧，可以通过反复训练来纠正。例如，宝宝 j、k、g 发音困难，妈妈可反复给宝宝讲下面的故事，帮助他练发音。

有一天，鸡妈妈、鸡爸爸和小公鸡一家三口开家庭演唱会，请来鸭子做观众。

鸡妈妈第一个开口唱：“咯咯咯，咯咯咯……”（妈妈问宝宝：“丫丫，你学一学鸡妈妈怎么唱。”）鸭子听了说：“鸡妈妈你唱得太好了，我也唱一曲。”于是她“嘎嘎嘎，嘎嘎嘎”地唱起来。（妈妈问宝宝：“丫丫，你会学鸭子唱吗？”）

小公鸡跳着说：“鸭阿姨唱得真好听，鸭阿姨你听我唱，叽叽叽，叽叽叽。”（妈妈问宝宝：“丫丫，你会唱叽叽叽、叽叽叽吗?”)

最后，公鸡不慌不忙地走过来，高声唱道：“喔喔喔，喔喔喔……”大家一齐拍手：“真好听，真好听。”

饭桌上的教育

❶ 要告诉宝宝，吃饭就是吃饭，要规规矩矩地坐在饭桌前，定时定量，不要养成一边吃饭一边看电视或玩玩具的习惯。

❷ 正确对待宝宝吃饭的问题，既不要批评打骂，也不必过于心急。

❸ 就餐气氛要轻松愉悦，吃饭时父母可以和宝宝一起谈论哪些食物好吃，哪些有营养，唤起宝宝对吃饭的兴趣。

❹ 不要强迫宝宝吃饭。如果宝宝一时不想吃，过了吃饭时间后可以先把饭菜撤下去，等宝宝饿了，有了迫切想吃的欲望时，再热热吃。几次过后，宝宝就建立了一种新认识——不好好吃饭就意味着挨饿，自然就会按时吃饭。这个方法听似简单，做起来却不容易，因为首先要硬下心来，不能总担心宝宝饿，如果再给零食吃，会适得其反。

❺ 假如宝宝正兴致勃勃地在玩游戏或是看卡通片时，强制他中断了来吃饭，自然对吃饭的印象就大打折扣。应该在开饭前十分钟提醒宝宝，有时间准备。

❻ 饭桌教育只是一部分，平时也要有意识地多给宝宝灌输“好好吃饭，长得更快，变得更聪明”之类的观点。

❼ 如果宝宝成功地自己吃饭，饭后父母可以陪着一起玩作为奖赏，让宝宝产生关于吃饭的快乐的记忆，以后就不会排斥吃饭了。

Part 14

宝宝1岁4~6个月

宝宝的生长发育

身体发育

幼儿期的宝宝无论是在体格上和神经发育上，还是在心理上和智能发育上，都出现了全新的发展。

出生后长到第 15～18 个月的宝宝的主要发育特征如下：

体重	男孩　约 10.73 千克	女孩　约 10.11 千克
身长	男孩　约 79.87 厘米	女孩　约 78.72 厘米
头围	男孩　约 47.09 厘米	女孩　约 46.01 厘米
胸围	男孩　约 47.42 厘米	女孩　约 46.34 厘米
坐高	男孩　约 49.79 厘米	女孩　约 48.82 厘米
牙齿	长出 9～11 颗牙	

动作发育

15～18 个月之间的宝宝，活动范围增大，父母可以给宝宝选择一些小铲、小桶、小圈环等玩具，从而增加宝宝玩的内容，开发宝宝的智力。

为了锻炼宝宝手脑协调能力，在父母的监护下，可以用一个小瓶装上一些五颜六色的扣子，让宝宝把扣子倒出来，再装进去。还可以给宝宝准备两只方盒，里面放一些小木棍和小玩具，把球投进一个较大的箱子内，看谁投进去得多。这样，通过弯腰、蹲下、站起来、举手、投掷等动作的训练，可以达到促进大脑和体能的锻炼。

能让宝宝百玩不厌的，是能够充分发挥宝宝创造力和想象力的玩具，换言之，就是半成品玩具，称之为材料性质的玩具。可以让宝宝使用这些材料自由地做成任何东西。材料最好是沙子、黏土、水、木板、手工纸、绘画颜料、积木、纸板等。多给宝宝提供一些这样的材料类玩具，宝宝会自由地埋头于创造活动中，绝对不会产生厌倦感。

在运用自己身体做游戏的运动器具里，宝宝自身能参加的部分越多，就越受宝宝欢迎，而且以简单为优。

宝宝在这个时期的活动以兴趣为转移，持续时间短。只要是宝宝感兴趣的，就会主动、有积极性，情绪也会保持在最佳状态，也能克服困难。而要是宝宝不感兴趣的事，就是能做好，也不愿意做。独立性较强的宝宝较好一些，而依赖性较强的宝宝，表现就会很突出。比如，宝宝在玩时，可以费很大力气把重东西搬来搬去，把玩具柜子翻个底朝天，一点也不烦，也不会觉得累。但如果妈妈说："我们来收拾吧！"宝宝立刻会变得懒洋洋的，还会告诉妈妈说累了。

对于宝宝的这些特点，要把教育、学习这一类枯燥乏味的活动，转化为宝宝感兴趣的活动，使小家伙变被动为主动，由宝宝自己的浓厚兴趣来调动积极性。

督促宝宝、呵责宝宝很容易，但要在家庭教育中真正做到"寓教于乐"是一件很难的事，需要父母事事都动一些脑筋，精心安排适合自己宝宝的教学方案。

语言发育

从语言能力发育的情况看，宝宝的词汇多了，会说"谢谢"、"你好"、"我们"、"再见"等词了。宝宝对语言学习有一种特殊的热情，特别喜欢与他人说话和听别人说话，即使相同的话，也喜欢听好几遍，不厌其烦。

在语言方面，宝宝学习说话的初期，常常会以词代替意思，让成年人很难理解，只有宝宝自己知道。比如说叫"妈妈"，可以是想要让妈妈和自己一起玩，也可能是要吃的或者喝的；说"上外"，可能是想要上外面玩，也可能是要到商店买吃的。宝宝说的一个词往往会指代许多意思，影响到与家人的交流。因此，从一开始教宝宝说话时，就不要用小儿语教，即不要用叠字来教宝宝，例如“猫猫”、“狗狗”、“吃饭饭”、“喝水水”等，这样教得习惯了，对宝宝以后准确说出完整的句子，表达精确意思会有影响。所以，一开始教宝宝说话，就要用完整准确的句子，开始可以说一些短一点的句子，然后再说长一点的，逐渐提高宝宝的语言表达能力和语言的准确性。

教宝宝学说话的过程中，可以采取一些让宝宝喜闻乐见的方式，由浅入深着手。比如做游戏，给宝宝戴上一个小狗的头饰，教宝宝汪汪叫以后问：“你是谁?”宝宝回答：“是小狗。”纠正宝宝说：“我是小狗!”让宝宝重复一遍。再问：“你喜欢吃什么啊?”宝宝会回答：“骨头。”可以教宝宝补充说：“我爱啃骨头。”反复说几次，宝宝就掌握了较长的指代语句。

此外，还可以结合游戏动作教宝宝说话，让宝宝学小白兔蹦蹦跳跳，问宝宝：“你是谁啊?”回答：“兔。”教会宝宝说：“我是小白兔!”再问宝宝：“小白兔怎么样走路啊?”宝宝会回答：“蹦蹦。”然后教宝宝说：“一蹦一跳地走路!”让宝宝跟着学。有些宝宝会学得慢一些，父母千万不要责备或吓唬宝宝，要有耐心，以免宝宝内心紧张，有心理压力反而对宝宝的语言发展不利，操之过急会引起口吃。

总之，教宝宝学东西的方法要多样化，以宝宝喜闻乐见的方式来教，增进宝宝的兴趣和主动性，这样才能容易吸收，学得会。

心理发育

随着宝宝知识的增长，宝宝的脾气也在增大，当不如意时，就会乱扔东西，发脾气，表示不服从和不高兴。当宝宝发脾气时，不要呵斥宝宝，这时宝宝的注意力容易分散，用别的事情吸引一下，宝宝会很快忘掉不愉快的事情。

近 1 岁半的宝宝，路走得稳了，活动范围大了，随之而来的，是独立意识开始萌生。宝宝喜欢把空盒子、小桶等有空间的容器装满玩具。在日常生活中，宝宝喜欢模仿成年人的动作、语气；喜欢玩球，会做把球举过头抛起来的游戏；喜欢和家人做指认眼、耳、鼻、口、手等认识人体器官的游戏。父母要尽量设置一个能满足宝宝需要的环境，满足宝宝的好奇心。

父母的温情和爱抚在1岁多大小的宝宝眼中，已经变得不如以前那么重要了，父母的关照可能变成了一种限制，会引得宝宝不耐烦，在安全的范围内，应当适当放手让宝宝自由活动。

宝宝的路越走越稳，话也说得多了，与外人的交往也多起来了，这正是鼓励宝宝与小朋友交往的好时机。一开始，宝宝会不知道怎么样与别的小朋友交往，但通过与新面孔的接触、交往、交换玩具等简单的交往活动，宝宝能够得到很多乐趣。因此，每一个星期里，最好能有两三次机会，让宝宝与同龄的小朋友们一起玩儿，让宝宝用自己独特的方式接触别人。父母要多鼓励宝宝，不要加以干涉，让宝宝通过尝试，找到更适合自己的方法。

不要对宝宝过度保护，小朋友之间如果发生小冲突，是必然现象，父母不必过多指点，要让宝宝学会自己处理冲突。如果两个宝宝抢玩具，也不要以成年人的礼貌和心理，强迫自己的宝宝放弃心爱的玩具或表示谦让，这会让宝宝迷惑不解，而且非常伤心。要让宝宝有机会保卫自己的权利，理解社会交往的基本规则。这样做，也会为宝宝成长后的性格塑造打下良好的基础。

宝宝的左脑开发

语言能力

教宝宝说句子

1岁以前，宝宝学的是“树”、“狗”等一些单字；1岁以后，宝宝会说长一点的句子了，如“好大的树”、“一只小狗”等。家长可以在宝宝已经弄懂这些短句的基础上，再加入一些新词汇来延伸连接出更长的句子，让宝宝练习比较复杂的句子。

引导宝宝表达更多

这时候是培养宝宝表达自己最重要的时期。有些父母为了不给自己找麻烦，常常直接拿出两样东西问宝宝：“你吃苹果还是草莓，穿白色的衣服还是红色的……”宝宝往往会用手指指出其中一个，你也很明白地给了他想要的那一个，无形中把宝宝的思维框在了一个框架里，认为水果只有两样，衣服也只有两种颜色，更重要的是他已经没有说话的必要了。

逛动物园

利用节假日带宝宝去动物园，认识几种真正的动物，告诉宝宝每种动物的名称、特征、习性。然后请宝宝讲出在动物园见到了哪些动物，它们长得什么样，爱吃什么，有什么特征，等等。这能丰富宝宝的语境。

开商店

准备一些实物、玩具和纸片（做纸币），让宝宝和你一起玩开商店游戏。你当顾客，宝宝当售货员，请宝宝先问：“你要买什么?”你回答：“我要买铅笔。”并把纸币递给宝宝，宝宝就把东西拿给你。在游戏中，可互换角色，宝宝可以接触许多新的名词，并逐渐学会说它们。

教宝宝学说双音词

在学会用语言正确地表达自己的要

求的基础上，进一步训练用两个字以上的词或词组来表达。如爸爸问："到哪儿玩去?"教他回答"上公园去"。要有意识地逐渐培养宝宝扩大使用词组的范围。

将儿歌穿插在日常生活中是很好的方式，配些动作运用起来很有趣，可以继续下去，教会宝宝运用两个以上的词组来表达自己：

(1)《爱干净》——不吃手，不坐地，不捡地上脏东西。

(2)《公鸡叫》——公鸡喔喔叫，宝宝起得早。

(3)《轻轻走》——轻轻走，不乱跑，阿姨说我好宝宝。

(4)《大皮球》——大皮球，真正好，拍一拍，跳一跳。

(5)《吃菜》——胡萝卜，大白菜，宝宝吃了长得快。

(6)《小小鸡》——小小鸡，叽叽叽，青草地里找虫吃。

(7)《爱玩具》——小朋友，爱玩具，玩过以后要收起。

(8)《好朋友》——小朋友，手拉手，一二一二向前走，团结友爱好朋友。

(9)《排排坐》——排排坐，分果果，你一个，我一个，大的给奶奶，小的留给我。

(10)《讲礼貌》——爸爸妈妈上班去，把我送到幼儿园；我跟爸爸握握手，我跟妈妈说再见。

唱儿歌时边玩边学，反复练习后，可以要求宝宝背1～2句儿歌。

读儿歌五首

对对谣

什么红？花儿红。
什么绿？草儿绿。
什么白？云朵白。
什么黑？煤块黑。
什么黄？玉米黄。
什么紫？葡萄紫。
什么蓝？大海蓝。
(提示：可以教宝宝一问一答。)

小猫咪的六件宝

小猫咪有六件宝，我说你听请记牢：

夜里眼光特别好，耳朵灵敏本领高。

胡须探路当向导，鼻子专把鼠味找。

伸出尖爪抓得牢，牙齿结实最好咬。

猫咪有这六件宝，逮住耗子跑不掉。

摘果子

一二三四五六七，七六五四三二一。

七个阿姨来摘果，七个花篮手中提。

七个果子摆七样：苹果、桃儿、石榴、柿子、李子、栗子、梨。

小宝宝

四个小宝宝，

提着四个小篮子。
买了四个大柿子，
心里觉得乐滋滋。

小花猫

小花猫，别咪咪，
小弟弟，别哭啼。
爸爸昨夜上夜班，
现在正在睡觉呢。
爸爸一觉睡得香，
醒来干活有力气。

精细动作能力

抓球

准备半碗小玻璃球，让宝宝从一个碗里抓到另一个碗里。注意要时刻提醒宝宝不要把球往嘴里放。抓球，是让婴儿通过触觉和动作感知较小的球状体，提高婴儿抓握力和五指协调运动的能力，要鼓励宝宝练习左、右手轮换抓。

三指捏球

给宝宝准备一盒玻璃球跳棋，让宝宝先练习用三指捏球，学着摆放一个个棋子，再练习用两个手指捏球移位。捏光滑的球，能提高宝宝手指捏的精确度、力度及手眼协调运动的能力。

装球进瓶

开始让宝宝练习往瓶子里装球时，瓶子口应当大一些、矮一点，最好是透明的，比如小果酱瓶，让宝宝易装、易看，瓶子也容易装满。宝宝容易看到自己的成功，增强自信心。装球既能锻炼宝宝捏的能力，又能培养宝宝的专注力和坚持性。

穿成串

准备一根线和一些带孔的玩具，让宝宝把这些玩具一一用线穿起来。这个看起来很简单的游戏，对宝宝来说却是挑战。玩具的孔不要太大，宝宝的小手不能伸过去。这样做可以训练宝宝用两只手共同完成一项任务，对培养身体协调能力有帮助。

给宝宝提供的玩具不要太小，时刻注意不要让宝宝吞咽了手中的小玩具。做之前，应先做示范，如果失败可以手把手地教，直到宝宝自己能独立完成。一定要注意保护宝宝的自信心，让宝宝体会到手指精细动作游戏的乐趣。

套杯子

找几只大小各不相同的杯子，依大小次序把杯子套在一起，先让宝宝把小杯子从大杯子中一个个拿出，全部拿出后再把大杯子一个个套在小杯子上，反复几次。宝宝两只小手配合着拿杯子、放杯子，锻炼小手的同时能了解到大与小的区别。杯子最好不要用玻璃的，以免打破划伤宝宝。还可以选择不同颜色的杯子，让宝宝将同样颜色的套在一起，玩起来会更有趣。

需要注意的是，要保持宝宝的小手清洁。经过一天的“摸爬滚打”后，最先要做的就是洗干净小手，养成讲卫生的好习惯，不让细菌对宝宝健康造成危害。

为宝宝选择玩具时不宜过小，一般玩具的直径应在4厘米左右，防止宝宝误吞咽玩具，家人要时时留意，以免玩游戏时发生危险。

训练要循序渐进。为宝宝选择适合自身年龄的游戏练习，成功时应多鼓励，失败时要多为宝宝创造练习机会，直至成功，不可操之过急。

对瓶盖

把大小不同口径的瓶盖拧下来，混放在一起，让宝宝找到正确的瓶盖，给瓶子盖上。开始可给宝宝做个样子，然后重新让宝宝盖。

掌握物体不同特点，训练思维活动。这种思维活动，实际上是逻辑思维的萌芽，宝宝要通过对比、筛选、对号方可成功。所以多进行这类活动，能大大提高宝宝的逻辑思维能力。

当宝宝玩一阵厌倦时，大人可改变一下，把棋子、小扣子等拿来让宝宝装进去，再对瓶盖，可玩得持久些。但要防止宝宝将小扣子等物放进嘴里，吞咽下去。

捏橡皮泥

家长为宝宝准备一块橡皮泥，然后指导宝宝进行下面的训练：

让宝宝用橡皮泥捏制一个大圆球。

让宝宝用橡皮泥捏制两个小圆球。

让宝宝用橡皮泥捏制一个长方体。

家长指导宝宝把大圆球放在长方体上，再把两个小圆球重叠起来放在大圆球上。

逐渐地捏出更多的形状来，这可以训练宝宝的动手能力，发展宝宝的观察力和创造性思维能力。

走迷宫

找一些迷宫图，先给宝宝做必要的示范和讲解，边用笔走边说规则，到了哪里，怎样出去等，从箭头起到终点画出一条线，然后让宝宝自己拿着笔试。这不但可以训练宝宝拿笔的能力，更可以发展宝宝的注意力和思维能力。

对号入座

家长指导宝宝进行下面的训练，先给宝宝必要的示范，要给宝宝讲解装物的方法。

家长准备一些大小、形状不同的物品，让宝宝装入提包中，要求宝宝尽量装放整齐。

家长准备一些大小、形状不同的物品，让宝宝装入衣服口袋中。

家长准备一些大小、形状不同的物品，让宝宝装入信封中。

家长准备一些大小、形状不同的物品，让宝宝装入小钱包中。

这样的训练可以锻炼宝宝手指的灵活性，发展宝宝的观察能力和思维能力。

认知能力

培养数的概念

数是很抽象的，教宝宝计算时，得事先准备一些教具，比如实物、图片、瓶子盖、小盒子、数字筹码、扣子等。玩的时候，动手数一数，摆一摆。在学习“多、少、一样多”的概念时，可以摆一摆看。妈妈摆出 3 个瓶子盖，让宝宝摆扣子。先把扣子摆在瓶子盖里面，数上一数，看一看是不是一样多。再要求宝宝把扣子摆在瓶子盖下面，一个对一个地摆齐，反复练习，让宝宝知道，3 个瓶子盖和 3 个扣子一样多。

还可以为宝宝专门制作一些教具，可以在卡片的一面写上数字，背面涂上相对应的圆点，让宝宝从少到多，逐步形成数字的概念，用以引导宝宝对数的认识由感性到理性，由具体到抽象，反复练习一段时间后，使宝宝懂得数字的意思。通过实物反复练习，使宝宝逐渐摆脱实物的支持，只需要在语言的引导下，就能运用头脑中已经形成的数的概念进行判断。

开始时，宝宝的思维活动不能脱离具体的物体和自己的动作，脱离了实物和动作，就不会想，不会记忆，因此，一定要广泛地采用教具来教给宝宝数的概念。在教宝宝计算的过程中，一定要把动作和语言讲解结合起来，一边摆放实物，一边说着、数着。做完示范后，让宝宝摆，摆放实物时，也要求宝宝边摆边说，把动作和结果都说出来。

教会宝宝不管做什么，都应当自己把动手做和口说、眼看、耳听等多种感官活动结合起来。只要让宝宝既动手又动脑，必定能提高学习效果。

宝宝的右脑开发

适应能力

鼓励宝宝自己穿衣服

穿、脱衣服，是日常生活中不可避免的活动。3岁以下的宝宝一般都由父母帮助穿衣服，等到宝宝大一点进入幼儿园开始群体生活时，第一件需要面对的事情，就是要自己穿衣服了。

宝宝在一天天地长大，总有一天会脱离父母的怀抱，自己独立面对社会，所以锻炼宝宝的独立生活能力刻不容缓，而自己独立穿、脱衣服，是最容易培养宝宝独立感和成就感的日常生活能力。宝宝长到1岁半到2岁的时候，就应该培养其穿衣服的兴趣，这个时候宝宝的手部力量和身体协调性有了一定的发展，能够配合父母为自己穿衣服。

为培养宝宝自己穿衣服的兴趣，可以让宝宝自己选择今天要穿什么衣服，让宝宝穿自己喜欢穿的衣服，宝宝就会有自己穿的兴趣。当然，这个年龄段的宝宝还需要父母帮忙，一般以配合父母的动作为主。父母可以一边帮宝宝穿，一边用语言提示宝宝，宝宝便会加以配合。比如穿袖子的时候，可以拿着袖子，然后让宝宝把手伸进袖子。可以让宝宝把手握成拳头，容易穿过袖子，不至于被袖子牵绊。

教会宝宝学习自己穿衣服的过程很麻烦，不要因为宝宝不会穿衣服或者认为宝宝穿得不好，每次都需要帮着重新穿一次，就剥夺宝宝学穿衣服的机会，用父母的帮助取而代之。宝宝还小，穿得不好或不正确都不要紧，重要的是培养宝宝自己穿衣服的兴趣，学习穿衣服的技巧。

宝宝的衣服大致分为两种，一种是套头衫，一种是开衫。对于刚开始学习穿衣服的宝宝来说，穿套头衫比较容易学习，可以让宝宝从学穿套头衫开始。

学穿衣服的第一步，就是要教会宝宝认识衣服的正面和后面。在买衣服的时候，可以有意买前后图案或者颜色不一样的衣服，如前面有一个小动物的图案，或者前面是红色，后面是黑色的衣服。前后区别大的衣服，能够帮助宝宝区分前后。也可以教会宝宝认识领子处的商标，告诉宝宝有商标的是反面，应该穿在里面，商标应该在脖子后面。

宝宝穿戴小技巧

穿衣小技巧：爸爸妈妈如果选择前扣式（开襟式）的衣服让宝宝练习穿着，就应该让宝宝将手伸入袖中，然后自己将扣子扣上。至于宝宝穿衣的详细步骤，则需要爸爸妈妈耐心而详细地加以示范。穿外套是宝宝最容易学的，因为很简单，宝宝只要将手直接套入袖中，然后再一翻，就穿好了。

穿鞋小技巧：爸爸妈妈教宝宝穿鞋，应先教会宝宝如何区分左右脚。让宝宝将鞋子并排放在自己的前方，如果看到两只鞋子合拢，中间出现一个圆圈圈，那就表示正确，如果没有这个圆圈圈则表示放反了。辨别出左右之后，宝宝就可以将双脚直接放入鞋里，再将粘贴式鞋带轻轻一按就穿好了。

穿袜小技巧：宝宝 1 岁半以后就可以教他自己穿袜子了，因为这时宝宝的身体结构已基本成形、固定。爸爸妈妈在教宝宝穿袜子时，可先将袜子卷至一半，然后让宝宝自己将脚伸进袜内，再让他自己将袜子拉上。

戴帽小技巧：12～14 个月的宝宝能抓起帽子戴在头上，但要经过 1～2 个月的训练才能学会将帽子戴正。爸爸妈妈应对宝宝的能力进行正确的估计，并给予耐心细致的指导。

耐寒锻炼

所谓耐寒锻炼，就是利用冷空气、冷水等进行锻炼，是促进幼儿新陈代谢、增强幼儿体质、提高幼儿抗病能力的有效措施。

冷空气浴适用于 1 岁半至 7 岁儿童。让宝宝脱去衣服，只穿小裤衩、背心，也可全裸站在室外，使宝宝直接接受冷空气的刺激。

外界气温与宝宝体温差别愈大，刺激作用愈强，对身体影响愈明显。开始时，最好先在室内进行几次，然后再到室外去。

对婴幼儿进行耐寒锻炼，每天 1 次，每次 3 分钟，并逐渐增加到 10～20 分钟，一般在早饭后半小时进行锻炼，不宜在饭前空腹进行，也不要在饭后立即进行。需要注意，室外温度不能过低，如婴儿可 22℃，幼儿可 20℃，学龄前儿童可 18℃～20℃。经过一段时间的耐寒锻炼，可以逐渐降低外界温度，直到降至 10℃。冷空气浴中，要注意宝宝是否感到寒冷，如见皮肤青紫、发花或出现咳嗽、流鼻涕，应立即停止。

在冬、春季出生的婴儿，长到 2～3 个月大时，即可开始接触冷空气。如果室外温度在0℃以下，把婴儿包好，露出脸部，然后打开气窗，将婴儿抱到距窗口1~2米远的地方接触冷空气，每次15分钟，以后逐渐增加到1小时。需防止穿堂风，注意宝宝面色，若面色变紫，手足发凉，应立即关窗。夏天出生的宝宝，从生后3~4周开始接触冷空气。包好宝宝抱到室外，初次15分钟，逐渐增加到1小时，这种接触冷空气的坚持锻炼到1岁半，便可开始冷空气浴。

冷水擦身，适用于1岁以上的宝宝。开始时用冷水洗手、洗脸，以后用冷水擦上肢和颈部，逐渐达到冷水擦身。开始时的水温选用33℃~35℃，以后递降，每天低1℃，最低水温可以降到16℃。

擦身顺序从手开始再到臂膊，或从脚开始再到腿部，然后擦胸、腹部，最后擦背部。用力不可过猛，选用软毛巾，擦到皮肤发红又不感到疼痛为最好。可以教宝宝自己擦，擦过之后会感到全身舒服，到时候宝宝就会要求自己擦。

耐寒锻炼需注意的问题是：

1. 尽量要从小开始，持之以恒，坚持到底。
2. 不能急于求成，要逐渐降低水温、室温，锻炼时间也要慢慢增加，不可有急躁情绪，欲速则不达。
3. 不要怕冻着宝宝，不能以自己主观想象代替科学，只要注意观察，效果会极好。
4. 耐寒锻炼中宝宝若有面色青紫、哆嗦时，必须停止，可能是没有掌握要领或室温、水温或气温过低所致，或是宝宝体质差，抵抗力及抗寒能力过低。
5. 宝宝患病时不宜采用这种锻炼方式。

开火车，让宝宝学会配合

大人做车头，宝宝做车厢，告诉宝宝："火车马上就要开了，乘客们请上车。呜……"边摇动双臂边向前跑，让宝宝紧紧跟在大人的身后，同时发出"咔嚓、咔嚓"声。跑一段路后，你说："火车到站了，乘客们请下车。"也可让宝宝当车头，你当车厢玩，这可以发展想象力和配合动作。

延长宝宝自己玩的时间

独立玩耍可以培养宝宝的独立、自信、创造力以及语言能力等。15个月的宝宝在自己玩耍的时候常常自言自语，这种典型的现象正是语言能力在发展。

同时，1岁半的宝宝又很少能长时间独自玩耍。一般情况下，15分钟已经是可以预期的最长时间。父母除了给宝宝提供独自玩的机会，还应该注意培养宝宝独自玩的能力。

想提高1岁宝宝独自玩耍的能力，有四个关键：心情、兴趣、习惯和引导。

心情

宝宝独自玩的能力取决于心情。假

如宝宝饿了、累了或者身体不舒服，就很难坚持自己玩。不要以为年龄稍微大一点的宝宝就能比小一些的坚持时间长，比如一个22个月左右的宝宝，虽然感知能力和语言能力都要强一些，对独立自主的渴望也更强烈，但是更希望得到爸爸妈妈密切的照看和关注。这时候，父母不能强行让宝宝自己玩，或强行增加宝宝自己玩的时间，而应该耐心地坐下来陪着宝宝，问问宝宝想要什么。如果饿了，就陪宝宝一起用餐，先让宝宝高兴之后，再慢慢引导宝宝自己玩。

兴趣

让宝宝自己玩的游戏，必须是宝宝兴趣所在。不管是摞杯子还是把衣柜抽屉里的衣服翻得乱七八糟，只要是宝宝自己喜欢玩的，就会把精力多投入一会儿。不妨在家里特意留出两个底层的抽屉存放储物盒、塑料勺子及量杯等物件，这会让宝宝很感兴趣，每次宝宝玩着那些勺子和盒子时，妈妈就有充分的时间做家务事。

宝宝完全沉浸在游戏中后，父母就可以逐渐远离一些，或者在旁边看看杂志。假如宝宝把玩具扔过来，可以微笑着把玩具还给他，然后继续做自己的事。几天或几周以后，就可以离得更远一些，但是要记住，永远不要让宝宝离开父母的视线，同时要确保宝宝所处的环境必须安全，毕竟1岁多的宝宝没有任何安全意识。

引导

单纯地把宝宝所有玩具都一股脑地拿给他，只会令宝宝不知所措。相反，可以通过一定的次序，每次只给一个玩具来吸引宝宝的注意。

1岁的宝宝需要引导，所以当宝宝开始对玩具失去兴趣的时候，可以通过简单的问题重新引起宝宝的热情。假如宝宝正在玩积木，可以边做自己的事情边和宝宝说话，但不要直接参与游戏，例如可以说：“哈！你已经堆了三块积木了，还能再加上一块吗?”

习惯

在日常生活中，要尝试养成宝宝独自游戏的习惯。关键是要循序渐进，每次延长一点时间，宝宝就会慢慢地养成习惯。刚开始时，也许没几分钟宝宝就会寻求父母的参与，不要立刻回应，给宝宝自己解决问题的机会。

一般宝宝在刚洗过澡或刚吃完午饭时，心情比较愉快，是培养独自游戏习惯的好机会。尽量避免选择父母疲倦或烦躁的时候，因为父母的心情也会影响到宝宝的行为。

这个过程并不会一帆风顺，也许今天宝宝自己还玩得很好，到了第二天就会拒绝重复昨天的游戏，这时候需要父母坚持提供不同的机会，让宝宝自己玩耍。也许在宝宝完全沉浸在自己的游戏中时，父母在不经意中已经有了平静的一刻钟，没有宝宝的吵闹，没有小手来牵拉。

教宝宝穿鞋子

这个时候宝宝的鞋偶尔掉了，会自己坐在地上学着大人的样子很细心、很认真地穿，可是总不能自己穿进去，因为他把鞋穿反了也不知道。不过，这个举动已证明宝宝真的长大了，他也细心观察到平时大人们是怎样给他穿鞋的，父母应该为此而感到高兴。

穿鞋子是宝宝每天会碰到的事情，如果他已经在模仿大人穿鞋，你不妨跟上他的兴趣，在给他穿鞋时一步一步地教他自己穿鞋。还可以边教边一起学一首儿歌："拿起这个鞋宝宝，找到那个鞋宝宝。小脑袋，靠一起；小脚丫，钻进去。鞋儿弯弯往里靠，两边搭扣要扣好。"

大动作能力

爬楼梯运动

这个年龄的幼儿已开始独立行走，独立性和主动性有所提高，对宝宝进行爬楼梯锻炼，可以增强腿部力量，为以后的跑步和跳跃能力打下基础。

在幼儿能够独立行走后，可拉着宝宝的手练习爬楼梯。刚开始时，宝宝跨脚很费力，身体不平衡，家人可以双手扶着宝宝的腋下，用较大的助力，帮助宝宝两脚交替迈上楼梯。然后可以逐渐减少助力，锻炼宝宝用自己的力量爬上楼梯。

还可以把宝宝喜欢的玩具放到楼梯的台阶上，引发宝宝去拿玩具的念头；或者站在楼梯上，向宝宝拍手，喊宝宝的名字，另一个大人扶着宝宝慢慢爬上楼梯。下楼梯也照这样做，因为这个年龄的宝宝还掌握不好身体的平衡，需要父母先扶着宝宝，让他体悟对高和低的感觉。

训练一段时间后，可以鼓励宝宝自己扶着栏杆，慢腾腾地迈上楼梯，但刚开始时要注意保护，先从2～3阶楼梯开始练习。可以在楼梯台阶上面逗引，并给宝宝鼓励，使宝宝逐渐地增强力量，自己能扶着栏杆迈上台阶。待宝宝能稳定地扶栏杆上楼梯后，可以教宝宝学习下楼梯，开始可扶着宝宝练习，使宝宝掌握深浅高低的概念，然后教宝宝练习自己扶着栏杆迈下阶梯。下楼梯一般比较危险，幼儿不好掌握，家人要特别慎重，防止宝宝失手跌落。

让宝宝练习跑动

婴幼儿动作的发展是神经系统发育的一个重要标志。动作发展与心理、智能的发展密切相关，尤其是在婴幼儿期，由于语言能力有限，心理发展离不开动作。因此，只有动作发展成熟了，才能为其他方面的发展打下良好基础。

宝宝1岁半时，可开始学习跑步。起初，宝宝跑的动作有些踉踉跄跄，控制不住自己的身体，速度有些慢和僵硬。父母应给宝宝准备一个相对安全的环境，不要怕宝宝摔倒，因为宝宝能本能地自我调控。经过多次练习，宝宝能够慢慢地动作协调地跑，并且速度逐渐加快。

社交行为能力

进一步认识周围环境

环境中的事物

在带宝宝去户外活动时，可以结合实物，给宝宝讲解环境中的事物。

1. 理发店。理发店的标志是红、蓝、白三色的转筒，人们的头发太长或不好看的时候，要去理发店理发。理发师用剪刀、梳子、推子等工具给人们理发。理完头发以后，人就会很漂亮。
2. 幼儿园。幼儿园里有很多很多小朋友和阿姨、老师。幼儿园里的小朋友们上课、做游戏、做操。小朋友们在幼儿园里能学到很多知识，有很多小伙伴。老师和阿姨对小朋友像妈妈一样。
3. 商店。人们的日常生活用品都是从商店里买回来的。商店里有各种各样的吃的、用的、玩的东西，但这些东西不是谁家的，而是商店的，要付了钱才能从商店里买回东西来。

环境中的人

宝宝活动范围大了以后，会遇到各种各样的人，宝宝还没有注意观察，也还不懂得区分，可以给宝宝讲述。

1. 医生。医生是在医院里给病人看病的，人们生了病以后，要到医院去看医生。医生穿着白色的工作服，用听诊器听诊。医生为大家检查身体，给病人开药、打针治病，帮助病人解除难受的病痛。医生都非常关心和爱护生了病的人。
2. 司机。驾驶车辆的都是司机。开公共汽车和出租汽车的司机，接送人们上班下班、上学放学等。乘坐公共汽车和地铁要买票。

3. 警察。警察指挥交通，能让马路上的车辆和行人安全通行，大家都要听警察的指挥。警察还抓坏人，遇到危险了可以找警察叔叔帮助。警察叔叔的电话是110。

交通工具

宝宝到户外活动，常常能见到各种交通工具，可以教会宝宝识别各种车辆。但要注意，不宜带宝宝在马路边待的时间太久，因为路边的空气污染特别严重，加上噪声污染和各种不安全因素，对宝宝生长发育不利。

1. 自行车。自行车有两个车轮，需要人用力踏脚踏板，车才能走。
2. 公共汽车。公共汽车里有许多座位，能乘载很多人。乘公共汽车时，不要把头和手伸出窗外。乘坐公共汽车要买票，见了老年人和怀孕的阿姨要让座。
3. 地铁。地铁列车是由很多节车厢连在一起的，跑得很快。乘地铁要买票。

结合上面讲述的这些常识，回家后可以从识字卡片中挑出医生、警察、公共汽车、红绿灯、听诊器等，扣在桌上，让宝宝翻开一张，说出是什么物品，有什么用，或是干什么的人，对人和象征性物品进行识别和归类。

让宝宝说出自己的名字

1岁多一点儿的宝宝已经可以说出2～3个字的句子，他不但可以听懂大人的命令，还能够知道自己的名字。在这个时期，你如果要对他发出什么指令，不妨多用他的名字去称呼他，而不要用“乖乖”、“宝贝”一类的亲昵称呼。必须要让他先知道自己的名字，你才能教宝宝准确地说出自己的大名（包括姓的学名，不仅仅是乳名）。

让宝宝指（说）别人的名字

慢慢地，宝宝已经能说出自己的名字了。接着，可以教宝宝说出妈妈、爸爸的名字。“妈妈叫什么名字?”“爸爸叫什么名字?”在这种一问一答反复练习的对话中，鼓励宝宝区别这些名字。进一步教宝宝学说家庭中其他成员的名字。你可以通过“佳欣（宝宝名字），把糖拿给琪琪（小朋友的名字）”，“佳欣，把球送给吴思思（小朋友的名字）”等帮助他反复练习。他说对了，要及时地亲吻他、抱抱他、夸奖他。不要忘记，宝宝时时刻刻在期待着大人的认可和赞扬。

宝宝知道爸爸的名字和妈妈的名字，但是一般情况下，要让宝宝称呼自己的父母为“爸爸”和“妈妈”，不可以直呼父母的名字。

让宝宝学着安慰他人

妈妈有没有发现，当宝宝“狠心”地打了你一下，你故意做出一副很委屈的样子假装哭泣时，宝宝看见了，会略想一会儿，然后很快地向你身边靠近，并亲昵地挨着你的脸，左脸挨挨，右脸挨挨，让人很是感动。小家伙居然会安慰人了！亲情之爱，本是自然天成，子女对父母的爱更是与生俱来。

宝宝平时受到委屈或是寂寞孤单了，听见妈妈的声音，妈妈抱着、搂着、拍背、拍胸口，都能得到缓解，如果突然这些肢体语言全都失灵了，妈妈把自己的脸贴在宝宝的脸蛋上，温柔地在宝宝的耳边跟宝宝说，“妈妈在这里，妈妈在这里”，手也不要闲着，应轻轻地拍着宝宝的后背。如果宝宝还是哭，妈妈也可以坐在旁边假装哭，宝宝可能会突然就止住了，反而过来“安慰”妈妈，亲亲妈妈的脸蛋。

小动物可培养宝宝的爱心

幼儿喜欢小动物，想要饲养小猫、小狗之类小动物的愿望和要求非常强烈，因为觉得它们可爱。这种心情也是出自对比自己弱小、幼稚的小生命一种爱怜的表现。平时，自己总是处在成年人的照料之下，只有小动物和小弟弟、小妹妹的存在，才能使自己显得优越。

仔细观察一下幼儿爱抚小动物的表情就能够发现，小动物具有诱发宝宝爱心的“功能”。宝宝平常接受父母家人之爱，处于被动地位，现在地位变了，宝宝积极主动地爱护小动物，把爱心给予了对方。这个道理，宝宝本身并不知道，也根本没有必要知道。宝宝心里想的只是喜欢小动物而已。

宝宝爱抚小动物时，父母千万不要对宝宝和小动物吹毛求疵。成年人总是喜欢泼冷水，挑剔小动物脏、脱毛、乱拉乱尿、收拾起来麻烦等，这些言行都应当避免。

幼儿的爱心，体现在给予和接受两方面。接受爱心不可缺少，但给予爱心也很重要，饲养小动物的目的就是培育宝宝在这两方面的感情。当然，住在现代城市单元楼的家庭，受到动物饲养的限制，即使在这样的条件下，至少应当允许宝宝能够饲养一只受限制较少的小鸟儿。如果说连这一点也做不到，就尽量想办法让宝宝在幼儿园里或托儿所里看管小动物。

当然，宝宝毕竟还是宝宝，肯定会常常忘记给宠物喂食，也不会打扫小动物的排泄物，这需要父母来帮助宝宝做。对此，父母不要埋怨和嫌麻烦，为了能把宝宝培养成一个有爱心的人，麻烦一点也是值得的。

教养重点与疑问解答

宝宝不宜过早学认字

一些家庭误以为认字对培养“早慧”的宝宝有作用，就强迫1.5～3岁的宝宝每天去识字、写字，要知道，这样做极不利于幼儿视力的发育。5岁以前，主要是使宝宝养成良好的看东西的姿势，培养宝宝眼球运动的灵活性及辨别物体颜色、形状的能力，而不一定要让宝宝认识多少字或会写多少字，这些学习应当是以后长得更大一些的事。过早地去学习做这些，会影响宝宝视力的发育，反倒是揠苗助长。

5岁以前的儿童，视力相对弱，一般不超过1.0，6岁时才能达到成人的水平。

婴幼儿视力的发育

刚出生的新生儿仅仅能知道眼前手的摆动，距离也很有限，如果在20～25厘米处悬挂一个气球，左右摆动，这时宝宝的两只眼能注视45°范围；宝宝长大到4周时，注视范围可以达到90°；3个月时可达180°。大约在6周以前，宝宝的双眼会表现出同视一物的现象，要到4个月时才能协调好。如果婴儿6个月大时，仍不能双眼同视一物就属于异常情况，要找眼科医生做详细诊查。

婴儿3个月时，能注视近处的物品，眼球能自由运动，但这时的视力仅有0.01～0.02。4个月时开始能辨别颜色，能够调整双眼的视线，6个月时视力为0.04～0.06。在此期间，不能用较强而集中的光线直接照射宝宝的眼睛，室内的光线不宜过强，但也不宜过暗，应当光线柔和、色调鲜明，不要过分单一，要给宝宝视力以多种色调的刺激，以促进色觉的发育和形成。

幼儿到1岁时，视力为0.2～0.4，到2岁时视力可达到0.5～0.6，到3岁时视力能达到 1.0 以上者有 60%～70%，5 岁时达到 1.0 以上者达 83%。从 3 岁到 5 岁这段时间是宝宝视力提高最快的阶段，6 岁时视力大致可达到成年人的水平。

根据婴幼儿视力发育及特点，4 岁以前，不宜勉强让宝宝在光线不足或光线过强的环境中做比较精细的事情，如写字、画图等。

不利宝宝的运动

父母们大都希望让自己的宝宝从小接受锻炼，为的是让宝宝能有个健壮的身体。但是过早地让宝宝从事某些健体运动，不仅不利于宝宝身体的锻炼，反倒容易造成伤害。

人在过量运动时，为防止能量进一步消耗，会感觉到极度疲劳，浑身无力，大脑反应减慢，如果长时间过量运动，会使大脑机能受损。尤其是幼儿，过量运动极易出现注意力不集中、失眠、健忘，甚至缺氧等现象。以下运动不宜让宝宝过早地从事：

拔河

拔河可能让宝宝“伤心”、“伤筋”。从生理学角度来讲，幼儿心脏正在发育中，植物神经对心脏调节功能尚不完善，当肢体负荷量增加时，主要是依靠提高心率来增加供血量。拔河需屏气用力，有时一次憋气长达十几秒钟，当由憋气突然变成开口呼气时，静脉血流也会突然涌向心房，会损伤宝宝柔薄的心房壁。除了对心脏造成影响外，拔河还可能伤到宝宝的筋骨。幼儿时期身体的肌肉主要为纵向生长，固定关节的力量很弱，骨骼弹性大而硬度小，拔河时极易引起关节脱臼和软组织损伤，抑制骨骼的生长，严重的还会引起肢体变形，影响幼儿体形健美。此外，拔河是一项对抗性较强的运动，宝宝争强好胜，集体荣誉感强，比赛中往往难以控制保护自己，极易发生损伤。

力量锻炼

幼儿生长发育时，一般都是先长身高，后长体重，而且肌肉力量弱，极易疲劳。也就是说，宝宝的身体发育以骨骼生长为主，还没有进入肌肉生长的高峰期。如果这个时候让宝宝过早进行肌肉负重的力量锻炼，一是会让宝宝局部肌肉过分强壮，影响身体各部分匀称发育；二是会使肌肉过早受刺激变发达，给心脏等器官造成较重的负担；另外还可能使局部肌肉僵硬，失去正常弹性。所以不要让宝宝从事成年人常练的引体向上、俯卧撑、仰卧起坐等力量练习。如果要练习肌肉力量，从初中一、二年级开始比较合适。

长跑、负重跑

长跑属于典型的撞击运动，对人体各个关节的冲击力度很高。宝宝经常长跑锻炼，对关节处的骨骼发育不利。尤其在坚硬的马路上进行冬季长跑时，对关节冲击力更大，骨骼容易出现炎症，从而影响宝宝长身高。长跑也是一项心脏负荷运动，宝宝过早进行长跑，会使心肌壁厚度增加，限制心腔扩张，影响心肺功能发育。另外，幼儿时期体内水分占的比重相对较大，蛋白质及无机物的含量少，肌肉力量薄弱，若参加能量消耗大的长跑运动，会使营养入不敷出，妨碍正常的生长发育。除此之外，捆绑着沙袋进行负重跑，宝宝的跑姿容易变形，错误动作容易导致运动性损伤。

扳手腕

幼儿四肢关节的关节囊比较松弛，坚固性较差，扳手腕容易发生扭伤。另外，如同拔河一样，屏气是扳手腕时的必然现象，会使胸腔内压力急剧上升，静脉血向心脏回流受阻，而后，静脉内滞留的大量血液会猛烈地冲入心房，对心壁产生过强的刺激。而且长时间用一臂练习扳手腕，可能会造成两侧肢体发育不均衡。

极限运动

少年儿童的体育锻炼，一要遵循儿童自身身体生长发育的规律，二要考虑儿童身体的解剖生理特点。宝宝处于生长发育期，器官各方面还没有成熟，自然很难承受极具挑战性的极限运动，而且很容易造成损伤。比如超过儿童身体自身承受能力几倍的大运动量，就有可能导致儿童肌肉因长期处于极度疲劳状态，造成肌肉疲劳损伤，容易留下运动损伤后遗症。另外，正处于生长发育期的宝宝，关节中的软骨还没有完全长成，长时间过度磨损膝盖软骨，日后容易形成关节炎。

兔子跳

在做兔子跳运动时，人体重心所承受的重量相当于自身体重的3倍，每跳一次膝盖骨所承受的冲击力相当于自身体重的1/3，这对骨化过程尚未完成的宝宝来讲，很容易造成韧带和膝关节半月板损伤。

倒立

尽管幼儿的眼压调节功能较强，但如果经常进行倒立或每次倒立时间过长，会损害眼睛对眼压的调节，影响到视力发育。

碰碰车

10岁以下儿童不宜玩碰碰车。儿童的肌肉、韧带、骨质和结缔组织等均未发育成熟，非常脆弱，受到强烈震动时容易造成扭伤和碰伤。

滑板车

8岁以下儿童不宜玩滑板车。儿童身体正处于发育的关键时期，如果长期玩滑板车，会出现腿部肌肉过分发达，影响身体的全面发展，甚至影响身高发育。此外，玩滑板车时腰部、膝盖、脚踝需要用力支撑身体，这些部位非常容易受伤，所以一定要做好防护，最好有父母陪护，且找平坦宽敞的非交通区域玩。

小区公共健身器材

公共健身器材对安全要求很高。例如目前最普及的太空漫步器，按照两脚间规格，明显只适合成年人使用。有关警示上只对运动的形式、健康禁忌做规定，对使用者年龄没有特别限制，因而，很多青少年也把这些器材当成了玩具。小区里的公共健身器材，原则上是给中老年人配备的，目前大都没有安装适合儿童的健身器材。

适合宝宝的运动

针对幼儿和儿童身体发育特点，父母可以让宝宝进行跳绳、弹跳、跳皮筋、拍小皮球、踢小足球、打小篮球、游泳等体育运动，这些项目既有助于增加宝宝的身高，又不会伤害身体。另外，对于尚未发育成熟的宝宝，一次运动时间最好不要超过一个小时，间隔十几分钟，休息一会儿后再运动。一天的运动量不能过大，以运动后宝宝不感到疲劳为限。

看电视须注意的事项

幼儿看电视要根据年龄特点，家长可帮助宝宝选择观看一些既看得懂又能长知识的电视节目。

1岁以内幼儿，一般对电视毫不感兴趣，有时候看看，也只注意颜色和光彩。1岁半以上的幼儿，随着眼界的扩大和知识的增长，逐渐喜欢看《动物世界》一类的节目。2周岁以上幼儿喜欢看幼儿节目。

幼儿看电视应注意：

❶ 幼儿眼睛与荧光屏距离要合适。荧

光屏距离眼睛越近，眼睛的调节度也越大，眼睛容易发生疲劳，时间长了会形成近视。一般看电视时，与眼睛距离以 1.5 米左右为宜。同时室内应有弱光照明，这样可以减轻荧光屏亮度与周围黑暗背景的强烈对比，有利于保护幼儿视力。

2. 白天看电视比晚上看好，因为白天有自然光做陪衬，可以起到保护视力的作用。
3. 宝宝连续看 20～30 分钟，就应休息一段时间，以免眼睛疲劳。
4. 幼儿睡觉前，不宜看容易引起兴奋的电视节目，这样容易使宝宝过于兴奋而导致难以入睡，或者影响到睡眠质量，睡不安稳。

宝宝爱哭怎么办

一般家庭父母都会认为，首要的是设法让宝宝停止哭，一切问题都要等到停止了哭闹以后再说。

宝宝哭有时候是悲伤的感情引起的，有时候是因为寂寞，有时候是感觉到痛或者不舒服。爱哭的宝宝一般都胆怯，受到小朋友欺负，或者小朋友不愿意和自己玩，不适应和小朋友相处或不适应集体生活，这些情况都会导致哭。

爱哭的宝宝多半是希望父母能理解自己的心情。因此，仅仅劝宝宝止住哭泣行为，不解决宝宝内心的感情需要问题，是止不住哭泣的。宝宝哭泣时，父母首要的是关心和了解宝宝为什么会哭，哭的原因和心情。然后，父母对宝宝的悲伤心情表示理解和同情，满足宝宝感情的需求。切记不要用简单粗率的话来指责宝宝爱哭，而忽视宝宝的感情需求。因势利导，接受了宝宝的感情，让宝宝心情舒畅，不仅会止住哭泣，还会逐渐克服爱哭的习惯。

宝宝吮指头、啃指甲怎么办

宝宝爱吮指头和啃指甲的毛病，是由许多原因造成的。有的宝宝吮吸手指感到舒服或者说有快感。婴儿时期吮吸手指，是一种自我抚慰的行为。但如果到了三四岁还不改正，就有感到无聊、困倦和有关欲望得不到满足等原因，而且多数会是因为感到无聊和困倦，少数出于欲望得不到满足。

有的宝宝啃指甲，是出于精神紧张的原因。虽然通过啃指甲可以消除紧张情绪，但没有快感。

如果使用警告的办法来纠正宝宝的坏毛病，不仅不会起作用，反倒会给宝宝造成罪恶感和无能为力的感受，结果会适得其反。

宝宝犯困时和无聊时吮吸手指头，可以不理会，视而不见。有些宝宝在欲望得不到满足时，不分时间、地点，热衷于吮吸手指头，甚至于不愿意去做游戏，则多半是因为宝宝感到谁也不理自己的一种无奈。对此要因势利导，给宝宝以适当的关注和爱护，大多可以得到纠正。仅仅靠警告和吓唬宝宝不要吮吸手指和啃指甲，不仅不会起作用，往往会适得其反。

怎样纠正宝宝爱啃手指的习惯

丰富宝宝的生活内容

从小开始，家人应经常和宝宝说笑逗趣，激发欢乐情绪。为宝宝创造各种游戏活动的条件，准备一些发展视、听、触觉和想象力的玩具及锻炼动作发育的器械。对不会走的宝宝，除睡眠之外，不要总是让宝宝独自待在小床上玩，应放到大床上，引导宝宝玩一些适合年龄特点的玩具，并不时地和宝宝说说笑笑，让宝宝自由地翻滚和爬行。随着月龄的增长，游戏活动的内容更可多样化。准备一些可以自由取拿、动手动脑的玩具。总之，要让宝宝感到一天生活丰富多彩，有可玩的，有可听的，有可看的，还有人交往，不感到孤独无聊。这些方法既是预防措施，也是矫治手段，让宝宝没有机会把手指放到嘴里，而对已养成吃手指习惯的宝宝，可以淡化对手指的依恋。

睡眠时加强照顾

宝宝上床睡觉后，家人要在旁陪一会儿，把小手掖在被窝或睡袋里，等宝宝入睡后再离开。发现宝宝睡眠时吃手指，要及时纠正，可以给宝宝戴上宽松的无指手套，但要注意手腕部不要勒得太紧，毛边放在外面，防止棉线缠绕手指，影响血液循环，损害手或手指。可以为宝宝做一做抚触按摩，睡前给宝宝讲轻松愉快的故事，念一支儿歌，让宝宝愉快地入睡，时时感受到安全、幸福、满足。

转移注意，正面教育

3岁以前的宝宝自我控制能力差，可以在宝宝吃手指时，把手强制性拿出来，并给宝宝玩具，或提示宝宝做特别感兴趣的游戏。随着宝宝自我控制能力的增长，可以给宝宝讲明吃手指的危害性，培养宝宝自觉克制能力，切忌简单粗暴、责骂批评，如："这么大的宝宝还吃手指，真没出息!""把手拿出来，没记性!"这样会产生反面的强化作用，使宝宝大脑中对吃手指的印象更深刻，反倒会经常想起把手指放到嘴里去。

哺乳期不要匆忙结束

婴儿期根据需要随时哺喂，以后也不必过于强调定时，以满足宝宝吸吮本能的需要，并保证让宝宝吃饱。另外，尽可能采用母乳哺喂，因为宝宝不仅存在饥饿温饱的生理需要，还有心理上的需求。母乳喂养的宝宝，因为与母体接触较多，接受母亲直接抚慰多，情绪较稳定，神经质较少，对吮指癖会有一定的预防作用。

伙伴多多，活动多多

父母可以安排让宝宝多和小伙伴一起玩耍，鼓励宝宝广交朋友，多接触外面的新鲜世界；为宝宝安排丰富多彩的活动，尽量不让宝宝一个人闲着，就会想不起来吃手。

如果宝宝满4岁还吃手，就应当带着宝宝一起咨询心理医生，和医生一起分析宝宝吸吮手指的原因。医生根据不同原因进行纠正，或指导父母满足宝宝情感需要等措施，重者采用行为矫治方法。

宝宝骂人讲粗口怎么纠正

成年人认为是骂人的话，甚至于不可启齿的话，宝宝并不懂，也不会有成年人的感受。对于幼儿来说，语言还只是借用的东西，大部分是把成年人的话、小朋友说的话和在电视里听到的话拿来就用。此外，语言还经常被当作游戏的工具，有时也会用于语言练习和学习，因此，对宝宝的语言内容不必过于计较。

对待宝宝骂人讲粗口，父母一定要冷静对待。在宝宝讲出粗话和脏话时，不必认真对待，只需平心静气地说一句："那是什么意思呀？为什么这么说呢?"。否则，越是当作不得了的事，越会引发宝宝的得意感和尝试欲望，起到相反的作用。

为什么宝宝喜欢反复读一个故事

成年人一般认为，同一本书读好几遍是在浪费时间，而宝宝却喜欢反复地读一本书，听父母讲同一个故事。宝宝听到预先想到的故事情节，最后果然不出所料，心里会感到非常高兴。宝宝喜欢的故事，无论读多少遍，每次听了都会感到高兴，从不会厌倦。

宝宝每天所关心和欣赏的段落是不同的，宝宝不是单纯地追求故事情节，而是会仔细地欣赏各种各样的场面。对同一本书反复玩味，也许能为将来养成精读习惯打下良好的基础。宝宝在有趣的故事情节吸引下，充分享受书本或故事带来的乐趣后，会产生疑问：这个快乐世界是从哪儿来的呢？于是，就会引发宝宝读书的兴趣。而父母总是急于教宝宝识字，希望宝宝尽早地能自己读书，但对于这个年龄的宝宝来说，文字既非常难记，又很麻烦。因此，培养宝宝读书的兴趣，不要从文字开始，而是要给宝宝多读书，让书的情节和故事、内容和魅力去吸引、去打动宝宝。反复朗读宝宝喜爱的书，让宝宝充分享受读书的乐趣，比教宝宝认几个字重要得多，也更能让宝宝成长起来后培养对读书的兴趣。

宝宝喜欢独自玩是不合群吗

1 岁的宝宝对某一种物体表现出特别的兴趣，或自己能拿到一种新玩具的情况下，就不会对其他的宝宝感兴趣。宝宝独自有兴趣去探索或摆弄一些东西，这是宝宝发育水平的反映。母亲的声音和母亲在身边，都会令宝宝有安全感，表现出对母亲的依赖性。到2周岁时，宝宝不仅会注意到其他的玩伴，而且会对其他宝宝感兴趣，和宝宝们建立友好的关系，并且能模仿着和大家一起做游戏。

宝宝虽然都会喜欢小朋友，但通常会相处不好，所以宁可自己玩。和小朋友们在一起的时候，还会为玩具而发生纠纷，当宝宝表现出不愿意和其他宝宝一起玩玩具时，不要强迫。只是当宝宝自愿把玩具给别的宝宝玩时，可以进一步做启发，逐渐让宝宝了解和小朋友一起玩积木或滚球游戏，会玩得更开心。

纠正宝宝边吃饭边玩

父母常常会为宝宝看电视着迷大伤脑筋。在进餐时间打开电视机，宝宝不可能同时把注意力分到电视和筷子两方面，就会影响进餐速度。

表面上宝宝迷恋电视，实际上幼儿真正钟情和欢迎的并不是电视，因为看电视处于被动地位。与电视节目相比，幼儿更喜欢的是动眼、动手、动脚，并且能积极发挥想象力的游戏，尤其是能通过自己的思考，全力以赴的游戏为最佳。

应该认识到，成年人可以轻而易举地做到分配注意力，但幼儿却做不到。既然宝宝不会分配注意力，就只有在进餐时把电视关掉。父母必须为宝宝做榜样，不要边进餐边看电视。电视节目是有时间性的，有节目表，应该为宝宝制定合理的看电视节目时间表。一方面，不要以为只要把电视交给宝宝看就万事大吉，造成电视依赖性；另一方面，不要误认为电视节目和动画能给宝宝带来喜悦，只有自由的游戏，才是宝宝真正喜欢且对成长有益的。

虽说中国古来有“食不言，睡不语”的训诫，然而，吃饭时的气氛应当是愉快、轻松的。父母在心理上不要把吃饭和玩儿分开，在餐桌上一边进餐一边轻松愉快地交谈，这没有什么不好。即使宝宝在玩，只要他不是只玩不吃就行。不要轻易斥责宝宝，而要规定一个时间范围，超过这个时间就收拾桌子。过后，即使宝宝喊饿，也不给饭吃。这样做可以让宝宝接受教训，亲身体验到自作自受的“因果定律”。对养成不良生活习性的宝宝，以温和的态度、不声不响地坚持规则不变，要比整天絮絮叨叨有效得多。

“傻大胆”的宝宝

有的宝宝“天不怕、地不怕”，什么事情都敢做，别的小朋友不敢干的事情，他敢干；别的小朋友不敢去的地方，他敢去。这样的宝宝，大部分是由于父母过分迁就造成的。无论做什么事情，无论后果如何，都用不着担心、害怕，因为宝宝不知道产生的后果，不知道会对他自己有什么影响，听任发展下去很可能变成无法无天。

勇敢，并不是什么都不怕。“傻大胆”的宝宝是容易发生危险的，或者损害别人，或者伤及自己。

应该让宝宝知道怕什么，让宝宝具备正常的惧怕心理。健全的惧怕感，要从小培养。要让宝宝逐步认识到自己的行为可能有好的后果，也可能有不好的后果，要争取好的后果，避免不好的后果。

“我爬上这墙头，万一摔下来会摔伤的。”

“我打了小朋友，爸爸妈妈会批评我的。”

“我不把玩具收拾好，爸爸妈妈是会批评我的。”

这样，宝宝会逐步学会无论干什么事情前，都考虑一下可能的后果，对不好的后果有惧怕感——这种惧怕感，有助于激励宝宝的积极行为，抑制消极行为。因此，逐渐让宝宝形成健全的惧怕感是非常必要的，可以避免宝宝干一些傻事。

怎么处理宝宝的抗拒行为更好

抗拒行为是宝宝成长中的正常表现。1岁多的宝宝已有了自我意识和独立意识，初步认识到了自己是一个独立的个体，知道自己的名字，对自己的玩具和衣服也有一种独占的心理。宝宝的抗拒行为就是这一心理发展的外在行为表现之一，此外还有宝宝对周围环境的好奇心、探索的热情等。

宝宝不听话时，简单粗暴地禁止不但效果不好，而且还容易挫伤宝宝的自尊心、自信心，抑制独立自我意识的发展。较好的办法是转移宝宝的注意力，比如要想不让他玩脏东西，你就要拿一样干净的、宝宝更感兴趣的东西来替代。此外，在对待宝宝的抗拒行为上，家长可做一些非原则性的让步，也就是说在一些无关紧要的小事上可不必太在意，让宝宝顺着自己的意志去做，多给他一些发展的机会。但在一些基本的行为习惯方面还是要注意对宝宝的培养，比如良好的睡眠习惯、卫生习惯等。

如何对待宝宝的抗拒行为，最主要的是要把握好宝宝任性的程度，宝宝的主动表现和自我主张是培养独立性的起点。爸爸妈妈应该知道开放式的关怀可以长期影响宝宝的自我形象和他们处理问题的方法，甚至是他们的健康。这里给爸爸妈妈提以下几点建议：

适当地赞扬宝宝的行为，如“你搭的塔真大”等。当然，这种赞扬应该准确、真诚，避免过分的言辞。

不要提问或发布命令。你的任务只是观察，说出你的意见，而不是去控制或指导宝宝。

当宝宝开始调皮时警告或提醒他，这是培养宝宝自我控制能力的最佳办法。

用表扬或欣赏来肯定好的行为，以此塑造积极性的行为，对宝宝故意吸引你注意的行为，不要去理他。

1岁多还不会走路要引起重视

1岁半的宝宝还不会走路，属于发育落后了。一般弱智儿在大运动方面也都表现出发育落后，如会走路较晚。宝宝不会走路其原因很多，首先应考虑宝宝大脑的发育有没有问题，腿的关节、肌肉有没有病，家长有没有训练过宝宝走路，宝宝是否爬过，站得好不好，曾否用屁股坐在地上蹭行过，是否过早地用了学步车，这些因素都会影响宝宝学会走路或推迟走路的时间。

宝宝一般在1岁左右就会走了，如果到了1岁还不能站稳，可以看看他的脚弓是不是扁平足。扁平足是足部骨骼未形成弓形，足弓处的肌肉下垂所致，家长可以帮他按摩按摩，并帮他站站跳跳。有的宝宝脚部肌肉无力，无法支撑全身重量，大人要帮他增加肌肉力量。如果到了1岁半还不会走路，最好请医生检查一下，对症治疗。

宝宝大了，应使用规范语言

宝宝在1～2岁时，常常喜欢用单词或简单句表达自己的想法，如“糖糖”、“蛋蛋……要”。细心的父母会发现，宝宝在这段时期所用的语言，一般只有名词和动词。有时候一个词可以表示多种意思，名词也会作为动词来用。这种现象只会在宝宝1～2岁时出现，所以又称“儿化语言”。

千百年来，几乎所有的母亲们都自觉地用儿化语言与婴儿交流，并逐渐教会宝宝掌握母语，这种方法相当有效。其实，当父母与宝宝以儿化语言交流时，会有意放慢说话的速度，复杂的长句也会被拆分成简单的短句和单词，同时还使出夸张的身体语言。这样，宝宝更容易理解词句的意义，从而使学习语言的速度明显加快。

事实表明，宝宝更喜欢这样的说话方式，它有助于母子间打破语言的隔阂。不过，这并不表示宝宝不能从规范化语言中学习，只是用儿化语言可以使宝宝学得更快一点。不过，父母在使用儿化语言时，应当尽量避免过多地模仿婴儿无意识的发音或一味地简单重复，减弱父母在语言学习中的引导作用。

在宝宝长到 2 岁以后，就应当逐渐使用规范语言，这样做才有利于宝宝语言能力的发展。使用规范语言的环境，更容易帮助宝宝完成语法结构的学习，有利于宝宝的认知发展，“因为……所以……”、“虽然……但是……”这样的句子中含有一定的逻辑意义；规范的语言环境，对宝宝的认知水平有潜移默化的影响，有利于宝宝人际交往能力的发展。

多使用规范语言，多使用连接词，既有助于宝宝的语言发展，又可以培养宝宝的逻辑思维能力。妈妈和宝宝对话，应当使用规范语言：

“因为天气很好，所以我们去公园好吗？”

“这几天你表现很好，但是睡觉还不乖！”

给宝宝说这么复杂的句子，会让 1 岁半的宝宝听得一头雾水，宝宝会不明白妈妈到底要讲什么。

对于宝宝来说，多使用规范语言，多使用连接词，固然有助于语言发展和逻辑思维能力的培养，但也不绝对如此，需要看宝宝的具体年龄，年龄小的宝宝还是适合儿化语言。

Part 15

宝宝1岁6~18个月

宝宝的生长发育

身体发育

体重	男孩　约 11.16 千克	女孩　约 10.83 千克
身长	男孩　约 82.31 厘米	女孩　约 81.62 厘米
头围	男孩　约 47.54 厘米	女孩　约 46.52 厘米
胸围	男孩　约 49.08 厘米	女孩　约 47.32 厘米
坐高	男孩　约 50.96 厘米	女孩　约 50.79 厘米
牙齿	此时大约萌出 12 颗牙，已萌出上下尖牙	

动作发育

在前一阶段发育的基础上继续巩固和熟练，这一时段的幼儿能较自如地行走，并学会跑、双脚并跳、攀登台阶、踢球以及扔球等动作；手的动作也更加灵活，能搭积木、拿笔画线、自己拿勺子吃饭等。

这个月龄的宝宝已经能够独立行走了，还会牵拉玩具行走、倒退走，也会跑，但有时还会摔倒。有意思的是，宝宝能扶着栏杆一级一级地上台阶，常常喜欢四肢并用地往楼梯上爬行。让宝宝下台阶时，宝宝就会向后爬或用臀部着地坐着下。1 岁半的宝宝会用力地扔球，会用杯子喝水，洒得很少。能够比较好地用匙，开始自己吃饭。

给宝宝积木，他会把 3～4 块积木叠在一起。

现在宝宝已经会跑了，可以训练宝宝做许多大运动量的活动，如跳舞、双脚跳、快跑、踢球等，还可以训练宝宝单独上下楼梯，以增加肌肉力量。还可以通过做游戏，训练身体的协调能力。如找一条长毛巾，父母拉住两个角，让宝宝拉住另两个角，把一只皮球放在毛巾中间，让宝宝一蹲一站，皮球就会来回滚动；还可以把皮球抛起来，和宝宝一起用毛巾接住它。这样做，可以锻炼宝宝与人合作能力，也能锻炼宝宝自身动作协调能力。

语言发育

18～21 个月幼儿的活动范围、行动花样又比以前丰富了许多，喜欢爬上爬下，喜欢模仿成年人做事，如擦桌子、扫地等，喜欢模仿着做广播体操等活动。如果父母耐心地教宝宝数数字、念儿歌，宝宝会很有兴趣地学，还会跟着父母的节奏，说出每句儿歌的最后一个押韵的字音。这个时期，是教宝宝学说话的好机会，不可错失良机。

在语言方面，宝宝进入了积极的言语活动发展阶段，在理解语言的基础上，宝宝说话的积极性逐渐提高，掌握的词汇量也不断增加，能说一些简单的句子，掌握的词类也由过去的名词、动词扩展到形容词和副词等。

宝宝开始认真学习语言，翻动书页，选看图画，能够叫出一些简单的物品的名称；也能够指出方向；能够说 4～5 个词连在一起的句子，如“在桌子上”；会有目的地说“再见”；能够按照要求指出眼睛、鼻子、头发等。

宝宝的语言能力天天都在提高，在与家人的日常生活、游戏、交流的同时，学会不少词句，从 1 岁左右会说一两个词，到 20 个月时会用 20～30 个词语。这时候，宝宝在自己玩玩具时，也开始自言自语地说话。宝宝在搭积木时，会小声地叽叽咕咕，父母可以参与到宝宝快乐的游戏中，与宝宝对话和交谈。

从现在起，要注意切忌用幼儿化语言和宝宝对话，同时，要善于抓住一切机会，鼓励宝宝大胆地说话。

感知发育

宝宝长大了，现在可以说出自己的名字，可以分清“你”与“我”；能够对两个步骤的指示做出反应，比如说“去把袜子和鞋子拿来”；可以告诉父母自己正在做什么，每天宝宝都在学习新单词；开始认识书里的词，并且还会自已选书看；可以根据大小、形状、颜色或者用途把物体分类；理解很多物体的功能，可能还已经开始做象征性表演（就是说宝宝用一些东西代替别的东西）；可能用两个木块代替不同的动物；还很努力地想掌握筷子的用法；通过观察和模仿家人来学习；宝宝喜欢父母说一说睡觉之前发生的事情；还能经常听到宝宝在床上自言自语。

心理发育

这个月龄的宝宝注意力集中的时间仍很短，宝宝不会坐下来安静地听父母讲 5 分钟故事。

宝宝对陌生人会表示新奇，很喜欢看小朋友们的集体游戏活动，但并不想去参与，爱单独玩儿；喜欢自己所喜爱的玩具，女孩儿常常会像大人一样抱着布娃娃；开始模仿成年人做家务，如铺床、扫地。

这个月龄的宝宝喜欢规律的生活，宝宝会对所有突然的变化都表示反对，比如，从奶奶家搬到姥姥家居住，会不适应，会哭闹；去幼儿园、托儿所也一样，宝宝尚需要很多天来适应。

这个阶段的宝宝好奇心很强，对什么都感兴趣，凡是够得到的、拿得动的东西，都要拿来摆弄摆弄，弄不好还要把东西拆散或扔到地上。随着自我意识的萌芽，幼儿独立的愿望越来越强，不管是自己能做的还是不能做的，宝宝都想自己去做，不愿别人帮忙。

由于以上原因，再加上宝宝缺乏生活经验，所以，在这个阶段里意外事故时有发生。例如把小药丸放到嘴里，爬到高处不小心摔下来，用手触摸火炉、热水、热水瓶或电源，在马路上乱跑、走丢或被车撞等。因此，父母或照看人应特别注意看护，还要给宝宝创造一个安全的环境。

这个年龄阶段的宝宝，生活能力有所增强，基本上可以和大人一起进餐吃饭了；大多数宝宝睡眠已经很有规律，每天睡眠的时间因人而异，长短不一。

睡眠

1 岁半的宝宝们，每天需要 12～13 小时睡眠，夜间 10 小时左右，午睡一次2～3 小时。

宝宝的左脑开发

语言能力

宝宝学记儿歌和诗词

小鼓

圆肚肚，紧绷绷，
肚子里面空又空。
不敲它，不吭声，
敲它就喊“痛痛痛”。

新年到

新年到，放花炮，
“砰”的一声半天高。
过了新年长一岁，
一年要比一年好。

春天来啦

太阳，暖啦。风儿，轻啦。
雷声，响啦。雨儿，下啦。
小河，满啦。小草，绿啦。
杨柳，青啦。桃花，红啦。
小青蛙，叫啦。呱呱呱呱，
春天来啦！
地上故事讲不尽。

星星

一颗星，两颗星，
天上星星数不清。
一盏灯，两盏灯，
地上明灯数不清。
一颗星，一盏灯，
一盏灯，一颗星，
天上神话讲不尽。

阿宝的耳朵

阿宝不爱洗耳朵，泥土积了半寸厚。

一天到外面走呀走，一粒种子飞进耳朵沟。

春天到，太阳照，耳朵里长出一株草。

小牛见见了眯眯笑，追着阿宝吃青草。

大西瓜

大西瓜，圆又圆，
吃到嘴里甜又甜。

听故事讲故事

大象好记性

在动物园，有个游客拿一只苹果逗引大象。当大象用长鼻子来取苹果的时候，他用针猛地刺了大象鼻子，大象连忙缩回长鼻走开了。当这个游客到别处兜了一圈儿，又回到看大象的地方，大象仍记得他，用水甩了他一脸，引得周围游客哈哈大笑，那人可狼狈了。

大萝卜

小熊种了一个很大很大的萝卜，他舍不得吃，每天围着萝卜转来转去。这个大萝卜干什么用呢？他灵机一动，住在里面多美呀。

小熊把萝卜掏空了，开了个门，开了个窗，又在里面放了一张小木床。新屋子雪白雪白的，亮堂堂的。

小狗、小猫、小松鼠、小猴子听说小熊搬进了新房，都来祝贺。大家在屋外又唱又跳，多快活呀。玩着玩着，忽然小猴看见房子动了起来，怎么回事呀？

大家跑到屋后面一看，啊，原来是馋嘴的小兔子把大萝卜咬了一个大洞。

好朋友回来了

妈妈在剥豆子，淘淘帮妈妈一起剥。一颗、两颗、三颗……淘淘剥的豆豆和妈妈一样多。妈妈亲亲淘淘的小脸，说：“谢谢你，好朋友。”

爸爸在浇花，淘淘帮爸爸一起浇。一朵、两朵、三朵……淘淘浇的花和爸爸一样多。爸爸握握淘淘的小手，说：“谢谢你，好朋友！”淘淘心里乐滋滋的，他对自己说：“妈妈叫我好朋友，爸爸也叫我好朋友，真不错，我有两个好朋友啦！”

一天，妈妈到托儿所去接淘淘，淘淘的腿摔流血了，妈妈把淘淘抱回家。淘淘回家后，什么也没对妈妈说，就坐在小凳子上玩玩具。爸爸说：“淘淘，妈妈把你抱回来，你怎么没对妈妈说‘谢谢’？”淘淘说：“妈妈是我的好朋友，她应该帮我做事情，不用说‘谢谢’。”

晚上，爸爸给淘淘削好了一个苹果，淘淘接过来，高高兴兴地吃起来。妈妈说：“淘淘，你还没说‘谢谢’呢！”淘淘说：“爸爸是我的好朋友，他应该帮我做事情，不用说‘谢谢’。”

爸爸妈妈摇了摇头，说：“我们不做淘淘的好朋友了，好朋友飞走了！”

第二天早上，妈妈给淘淘腿上摔伤的地方擦红药水，淘淘说：“谢谢您，妈妈！”

妈妈说：“不用谢，我们是好朋友。”

爸爸背淘淘上托儿所，淘淘说：“谢谢您，好爸爸。”

爸爸说：“不用谢，我们是好朋友。”

淘淘高兴极了，但他又很奇怪，咦，好朋友怎么又飞回来了？

谁跟小羚羊去避暑

炎热的夏天来了，小羚羊的妈妈要带宝宝到高山地带去避暑。小羚羊想，还有许多小伙伴也一定热得难受，得约大家一起去。

“谁跟我去避暑?”它一面走，一面喊。

一匹小红马奔跑过来，对小羚羊说：“我不去，我一出汗就像洗了冷水澡一样凉快了。”原来它身上有许多汗腺，热了就出许多汗来调节体温，防止中暑，不需要避暑。

小羚羊想，听说小黑狗身上没有汗腺，一定热得受不了，去约它避暑吧。这时，小黑狗正趴在一间屋檐下，张着嘴，伸出长长的舌头，直喘气。

“黑狗弟弟，高山地带凉快极了，你跟我一起去避暑，好吗?”小羚羊对它说。

“谢谢你。”小黑狗摆摆尾巴说，“我身上没有汗腺，可舌头上有许多汗腺呢。我伸出舌头，就是用它排汗，调节体温呀。”

小羚羊说声“再见”，走到一棵大树旁，看见小黄鸡躺在树下的沙土里，两脚刨着沙土，还不断地打着滚儿。

“你躺在沙土里玩，多热呀!”小羚羊摇摇头说。

小黄鸡“咯咯咯”地笑了，说：“我热得直喘气，在沙土里躺躺，浑身就凉飕的，可舒服了。”

小黄鸡不需要避暑，小羚羊多么失望呀！它又走进林子里去约小松鼠。

“我不用去避暑。”小松鼠在树枝间蹦来跳去，回答说，“夏天到来之前，我就脱掉了冬天的厚皮毛衣，换上了薄薄的夏装啦。”

再去找谁呢？小羚羊正犹豫着，小灰兔急急忙忙地从它面前经过，小羚羊喊住它。

小灰兔摆动着两只大耳朵说：“我不想去避暑。夏天，我挺着这两只大耳朵，可以散热，调节体温。”

绕口令练习（n和l的音）

宝宝如果发不好的音，可教他说以下绕口令：

小柳和小妞拉马车

路东住着刘小柳，路南住着牛小妞。门口有四辆四轮大马车，你爱拉哪两辆就拉哪两辆。刘小柳拿着大皮球，小梁要拉头两辆，牛小妞抱着大石榴，小唐不要后两辆。刘小柳把大皮球送给牛小妞，小唐偏要抢小梁的头两辆。牛小妞把大石榴送给刘小柳，小梁只好让给小唐头两辆。

进一步增加词汇量

家长要时刻记住不断扩大宝宝的词汇量，结合生活中的人、物、食物、用品、玩具、衣着、身体部位、房屋结构等，经常教宝宝学和记。家长要准确地先给宝宝念，然后再让宝宝模仿着说。

要反复强化和练习。

可以穿插应用的儿歌列举：

（1）《新年到》——新年到，放鞭炮，小朋友，拍手笑。

（2）《红花》——花园里，花儿开，我看花，不去采。

（3）《小树苗》——小树苗，快长大，小朋友，爱护它。

（4）《看图书》——看图书，要坐好，慢慢翻来仔细瞧。

（5）《大苹果》——大苹果，甜又香，宝宝吃了脸儿圆。

（6）《睡午觉》——小麻雀，你别叫，宝宝睡午觉，身体长得好。

（7）《手牵手》——小朋友，手牵手，走到马路上，看到大高楼。

（8）《小宝宝醒来了》——小宝宝，睡午觉，醒来了，眯眯笑。

（9）《宝宝乖》——宝宝乖，宝宝好，来到托儿所，一点不哭闹。

（10）《有礼貌》——公鸡喔喔叫，宝宝起得早，来到托儿所，叫声阿姨早。

宝宝看相册

宝宝很喜欢看自己的相册，家长常常会按年龄顺序将宝宝从小到大的照片排列好，并注上日期和必要的注释。宝宝的每一张照片都非常珍贵，因为宝宝每个月都在成长，过去的形象永不再出现，家长和宝宝自己都会十分珍惜它。

当宝宝在看自己小时候的表情动作时，也会感到十分留恋，几乎在爸爸妈妈讲一遍之后就全都记住了。爸爸妈妈可以经常让宝宝去讲述自己小时候的事情，由于他很理解这些照片的内容，所以他会讲述得十分顺利，还带着表情和动作去回忆往事。鼓励宝宝向他的小朋友介绍，向他喜欢的人介绍，可以扩大他的词汇量和叙述能力。

扮鸭子

爸爸妈妈做小鸭爸爸或妈妈，戴上鸭子头饰，让宝宝当小鸭。鸭妈妈领着小鸭边找东西边走，并发“嘎嘎嘎……”的叫声，头一摇一摆，模仿小鸭吃食并让宝宝跟着模仿，可以随口念儿歌：“嘎嘎嘎，我是小小鸭。”让宝宝跟着模仿。

玩过几遍后，让宝宝尝试做妈妈，爸爸妈妈在适当的时候给宝宝以提示或帮助，让宝宝体验扮演不同角色的快乐。

游戏中可随意更换模仿动作，锻炼宝宝学说简单句的能力和练习发音。发音练习很重要，它能够帮助宝宝掌握标准的语音，调动宝宝想说话的积极性。

让宝宝表达自己的感觉

让宝宝多次触摸稍烫或稍凉的东西，然后问他：“烫吗?”“凉吗?”吃到较烫或较冷的东西，可马上接着说：“哦，好烫，妈妈给吹吹。”“太凉了，加热了再吃。”多次练习后能形成条件反射，碰到类似的情况，只要你提问，宝宝便会讲出这些词来，如甜、酸、苦、辣、冷、热等。

与宝宝交谈的日常用语

在跟宝宝交谈中，稍微注重一下生活中的用语，宝宝即会逐渐理解诸如时间、所有权、状态等概念，宝宝的语言表达能力也会日益增强。

1. 在日常生活会话中，经常会用到某些语词，如“不是”、“和”、“然后”、“我的”、“假如”等。这些词语表面上看起来很简单，实则都包含着某些重要的概念，有的是时间的，有的是所有权的，有的是状态的，应及早让宝宝明白正确的用法。
2. 没有了、不见了——利用布娃娃等玩具来教宝宝，让玩具一会儿出现，一会儿藏起来。藏起来时就跟他说：“没有了，不见了。”
3. 不是、不要、不能、不会——这些代表否定意思的语词，可利用平常对话的时候随机而教。
4. 我的、你的、他的——表示所有权的语词，可借游戏时造句给宝宝听。
5. 是不是、要不要、好不好、在哪里、怎么样——生活中多用这些疑问句来问宝宝问题，可增加他说话的机会，促进他的思考能力。
6. 这个、那个、这是、那是——这些都是日常生活中应用最频繁的指示用词，宝宝应比较容易了解。
7. 刚刚、然后、必须、想要、可能、因此、经过、从、往、假如、就——这些都是交谈中经常使用的语词，在和宝宝对话、聊天时多使用，他自然就能慢慢体会。

精细动作能力

引导宝宝玩水，玩沙

宝宝的天性最喜欢玩水，且在玩水过程中能学到很多知识，父母不要阻止宝宝玩水，而是要主动领着他玩水。

玩沙也是如此。给他准备个小桶及小铲子、小杯、小碗等用具，教他在沙堆旁挖洞、筑堤；用小铲子往桶里堆沙，放水再倒出来；用小碗当模具制作一个个沙碗；用小手抓起沙子，再轻轻撒下，那感觉，令宝宝欣喜无比。

总之，水和沙都没有固定的形状，可以按宝宝的意愿千变万化地尽情玩耍，以促进宝宝的身心发展和适应能力。因此，家长应适时安排宝宝玩这类游戏，但必须陪伴在宝宝身边。

让宝宝逐页翻书

五颜六色的图书一般都会受到宝宝的欢迎，妈妈要选购一些图画多、文字少的图画书来给宝宝翻看。妈妈还可给宝宝翻看相册，因为是宝宝最熟悉的亲人或自己的照片，所以更能引起宝宝的兴趣。翻书除了可使宝宝手指越发灵活外，还可促进他的触觉发展。

玩小圈套

爸爸妈妈准备一些小圈，把小圈套在手、耳朵或身体其他部位。

不断地鼓励和赞扬宝宝，并表现出非常高兴的样子，故意让挂在耳朵上或身体其他部位上的小环掉下去，让宝宝弯腰拾起来。

在爸爸妈妈套完之后，可让宝宝自己给自己套。

当宝宝把小圈套在自己的小手或小脚上时，家长可指导宝宝使小圈在手上或脚上转动。当宝宝把小圈套在耳朵上时，家长就指导宝宝怎样才能使小圈套不掉下来。

这个游戏可发展宝宝身体平衡能力，提高动作的协调能力以及视觉运动能力，增强宝宝腿部的肌肉力量。

教宝宝学画圆圈

把一张大纸放在桌上，让宝宝右手握蜡笔、左手扶纸，在纸上涂画。家长示范在纸上画圈，握住宝宝的手在纸上做环形运动，宝宝就开始画出螺旋形的曲线，经过多次练习，渐渐学会让曲线封口，就成了圆形。

让宝宝自己拼图片

父母可以将一图一物的美丽图片裁成 4～6 块，让宝宝自己拼上。

最好是由宝宝熟悉的事物开始，妈妈先示范将图拼合完整，让宝宝说出这个完整的图是什么，最好能指出图的结构是什么，如这是熊猫的头、这是熊猫的腿等；然后移走一块，让宝宝指出是哪一块不见了，再出示给宝宝，引导他把这一块拼回去。

宝宝能够熟练地拼合好一块以后，再逐渐让他拼两块、三块……逐渐增加到 20 块，甚至是 50 块。块数多时要教宝宝先找出四周边缘的片，通常有一边被切齐的几片大概都是，把这些找出来先拼好，再开始拼内部的，这个部分仍然要稍加指引。

拼图游戏大多是手指头的运动，在抓来抓去、塞进拿出中，宝宝十根手指能得到充分的运动，对用手智能的提高有莫大的功效。

当宝宝玩拼图时，他实际上锻炼了读、写能力和解决问题的能力及动手能力。你可别小看这些能力的训练，一些能够承受压力的人就是从小受到这方面的锻炼，长大后才能在学习、工作遇到困难时，找到解决问题的方法。

数理能力

教宝宝学数字

现在爸爸妈妈可以来教宝宝学数学了，当然要从学数字开始。爸爸妈妈可以利用形象记忆的方法来教宝宝，如：1字像棍子，2字像小鸭，3字像耳朵，4字像小旗，5字像钩子，6字像豆芽，7字像镰刀，8字像麻花，9字像小勺……宝宝在形象化、趣味性的记忆过程中，很快就能掌握数字的外形和写法。

倒数数

家长教宝宝数数“1、2、3、4、5”。

妈妈：“宝宝，跟妈妈数数1、2、3、4、5。”

宝宝：“1、2、3、4、5。”

妈妈：“宝宝，妈妈把1、2、3、4、5倒过来数。”

妈妈：“5、4、3、2、1。”

宝宝：“5、4、3、2、1。”

妈妈：“再数一遍5、4、3、2、1。”

宝宝：“5、4、3、2、1。”

训练宝宝对数字的感受能力，和对自然数前后位置关系的掌握，培养宝宝注意力和综合数学能力。宝宝可能一天掌握不了，家长可以让宝宝多学习几天。

数数的前后关系训练

家长依次向宝宝提下列问题，让宝宝回答。

妈妈：“宝宝，从5数到6。”

宝宝：“5、6。”

妈妈：“数数时，6前面的数是几?”

宝宝：“5。”

妈妈：“数数时，5后面的数是几?”

宝宝：“6。”

妈妈：“5在前面，6在后面，对吗?”

宝宝：“对，5在前面，6在后面。”

训练宝宝掌握自然数的各个数之间的前后关系，为学习序数和比较数的大小做准备。

记忆能力

幼儿的记忆优势

宝宝虽然小，记忆能力却很是高超，成年人记不住的东西，宝宝能毫不费力地记进大脑，贮存起来。

幼儿的无意记忆占优势。宝宝利用

这种方法，获得大量的识记材料。宝宝在看电视、听收音机的同时，就能把其中的音乐和插曲贮存进大脑细胞里。

无论在家里，还是在幼儿园，宝宝都会自然而然地记录成年人的语言、故事、儿歌、歌曲；在与成年人交往的过程中，记忆大量的词汇。宝宝往往会令父母吃惊：小家伙还不到 3 岁，怎么净说一些大人的话？宝宝能够把画册上、影片中、美术展览中、生活用品中的图形反映到自己的个体意愿画中来，创作出生机勃勃的儿童作品。聪明能干的小家伙，不会写字，也不识字，却能到广播电台熟练而生动地讲故事、唱歌、表演……而且往往是一次成功。

宝宝这种高超的记忆，功劳在于父母和幼儿教师的培养。在家里，根据宝宝无意记忆的特点，父母可以使用大量直观而形象的教具，吸引宝宝的注意，加强宝宝的记忆。在讲故事前，制作一些相应的图片，生动活泼地讲述能使宝宝入迷地听，讲不到 3 遍，宝宝就能记住。还可以教给宝宝做各种科学小实验，让宝宝在亲自动手的实验活动过程中观察千变万化的现象，在富于趣味性的学习中把各种自然现象记进脑海里。每学一首儿歌，不光教宝宝唱，也教宝宝学跳，在舞蹈动作的配合下，在活动中记忆歌词。学习计算时，要准备各种绒布图片、实物，教会宝宝运用实物运算；然后，给宝宝一只计算袋子，让宝宝伸手摸一摸，里面装着宝宝平时喜欢玩的小石头、小瓶盖、计算筹码，让宝宝动手摆弄摆弄，3 个加上 2 个，应当是几个？宝宝很快就能记住 10 以内的加减法运算。

根据宝宝的情况，父母可以不断地向宝宝提出新的识记任务。讲完故事以后，反问宝宝：故事里面都有些谁？他们都说了些什么？做完实验后，可以问：水变成了什么？知道它是怎么变的吗？在不断提问的启发下，使宝宝的记忆更有目的性。

在有计划的教育下，幼儿的有意记忆不断得到发展。从记忆的方法来看，幼儿的意义识记好于机械识记。

在理解的过程中，有很多实际经验参加，使各种神经联系之间形成连锁反应，并且经过大脑活动进行了概括性处理。这样的记忆，要比孤立的记忆联系更加巩固。因此，教会幼儿理解，然后再教宝宝记住，会记得牢固。教宝宝唱一首儿歌时，可以先联系宝宝自身理解和经历、认识，给宝宝先讲明白内容，再教宝宝朗诵就会事半功倍。

在整个幼儿期，宝宝的形象识记效果都好于词汇的记忆，因为具体形象鲜明，直接感知，能在头脑中形成表象。而词汇往往比较抽象，属于第二信号系统，在幼儿期还不能起到主要支配作用。当然，随着宝宝年龄的增长，语言能力的发展，词汇的记忆能力也会不断增强。

小球在哪里，训练快速记忆

把两只杯子倒放在桌上宝宝够不到的地方，拿出球让他看并对他说："这是什么?"让宝宝说出名称。然后说："是的，这是一个球。现在我把它藏在杯子下面，你看（要确定他在看着）。"随即把球藏入一个杯子下面并大声数数："1，2，3……"每隔一秒钟数一个数，同时把杯子移向宝宝很容易够到的地方（移动杯子时，不能交换），两个杯子之间相隔 5 厘米，接着对他说："去把球找到"或"球在哪里"。重复测试 3 次，每次应把球交替放置在杯子下面。

记住物体的名称了吗

给宝宝看一张画有鸡等 4 种动物的图画，先指着鸡问宝宝："这是什么?"提问可以重复几次，可采用不同的方式提问。不管他是否说出鸡的名称，可继续指着一幅别的画问："这是什么?"对他做出的任何反应都要给予表扬，以鼓励他做出更多的反应。

继之可用画有 6 幅画的小卡片，询问宝宝其中每幅画的名称。问每一幅画时，应让宝宝有两次机会说出它的名称。对没有说出名称的画，可对他说"指给我看看哪个是××"或"把你的手指在××上"。这个测试可以在让宝宝说出画的名称以后紧接着做，或者可以在以后再做，要看宝宝对这一测试是否还有兴趣。

问答、记忆与观察

家长把两件东西放在宝宝面前，让宝宝观察一会儿后，叫宝宝闭上眼睛或转过身去。家长从中拿走一件东西，请宝宝睁开眼睛或转过身来，再问宝宝："什么丢了?"宝宝回答正确以后，家长增加一件东西放在宝宝面前，重复上述内容。放置的东西可以逐渐增加到 5～7 件，让宝宝观察后取走一件或几件，让他猜什么丢了。

放置东西不能无限制地增加，最多 7 件就足够了。也可以准备一张图片，上面画有各种物体，让宝宝看一小会儿，然后让宝宝闭上眼睛，家长遮住其中一样或几样东西，让宝宝猜："什么丢了?"

宝宝的右脑开发

适应能力

从窗子里看妈妈

当妈妈在厨房里干活时，爸爸可把宝宝举过头顶看厨房里的妈妈。

让宝宝跟妈妈打招呼叫“妈妈”。

妈妈别停下自己手中的活，但一定要惊讶地回头向宝宝说话，向宝宝打招呼。

当宝宝正跟妈妈热情地交谈的时候，爸爸可对宝宝说：“宝宝，咱们赶快下去，不让妈妈看到，行不行?”

爸爸立即放下宝宝，过一会儿再问宝宝：“宝宝，咱们再去看妈妈在干什么。”又重复刚才的动作。

锻炼宝宝身处高处不害怕的胆量，培养勇敢精神，发展平衡机能；帮助宝宝积累多方面的经验，发展空间知觉。

家长可以利用一切机会，有意识地把宝宝带到高处，让宝宝看看自己周围的环境，看看处于自己身体下方的东西和人，给宝宝一种与站在地面上不同的空间感觉和知觉。此活动中，家长除了要注意周围环境的安全以外，还要始终守在宝宝的身边，以防宝宝发生什么危险。

训练宝宝的应对能力

认识性别：结合家庭成员教宝宝认识性别，如“妈妈是女的，你也是女的”，逐渐让宝宝能回答“我是女孩”。也可以用故事书中图上的人物问“谁是哥哥”、“谁是姐姐”等，以认识性别。

认识图形和颜色：教宝宝识记圆形、三角形、正方形、长方形等几何图形；在认识红、黄、黑的基础上，学认绿、白、蓝等颜色，要反复练习。

知道该怎么办：口渴时要喝水，肚子饿了要吃饭，困了要睡觉，冷了要穿衣，热了要脱衣，病了要上医院，等等。

想象能力

宝宝想象力的培育

培育宝宝的想象力，需要扩大宝宝的视野，丰富宝宝的感性认知。2岁左右的宝宝可以多多认识周围环境、托儿所和家庭附近地区的新鲜事物，认识一定的社会环境，如商店、邮局、图书馆、影剧院、当地的名胜古迹，有条件的可以去看一看乡村辽阔的田野，看一看农作物是怎样生长、成熟和收获的过程。应当常常带宝宝出去，让宝宝观察大自然的变化，经常与宝宝交谈，启迪宝宝的思路，唤起宝宝丰富多彩的想象力。

鼓励宝宝学会模仿也很重要。模仿，是想象力发展的起步。幼儿常常从模仿开始自己的再造想象，模仿得越像，再造得就越是自如。在模仿的过程中，逐步学会抓住事物的本质特征，建立本质间的联系。在此基础上，逐步把各种事物间的必然联系重新组合起来，进而发展创造性的想象能力。

想象力，是在各种活动中发生和发展的，给宝宝丰富多彩的活动机会，是发展想象力的有效辅助性活动。游戏，则是最好的活动。宝宝们之间只需说一声："咱们假装的……"便能开始有趣的构思，创造出爸爸、妈妈、解放军、哨兵、警察、医生等各行各业的形象；表演游戏中，进入小猫、小狗、小兔的神话世界，创造出新异有趣的角色和形象，使再造想象得到更快的发展。

早期教育应当把着眼点放在发展宝宝的观察力、想象力方面。看图讲述、编故事的结尾、说说画画、做做说说……在成年人的启迪下，学会有系统地描述事物、描述人物的内心活动、再现人与人之间的关系，把想象能力提高到新的水平。

适当做一些美术活动，让宝宝动手画，动手做，动手创作。两只大公鸡昂首对话、太阳底下做早操、帮助妈妈做事情、用泥塑造自己的玩偶、剪纸粘贴，手指尖的活动会使想象力更加新颖，更别具一格，富于创造性。

让宝宝多多参与丰富多彩的活动，给宝宝表演的机会和锻炼条件，充分发挥每一名宝宝的创造才能，给宝宝插上想象的翅膀，让活泼愉快的宝宝尽情大胆地想象。

大动作能力

拔萝卜

让宝宝站在地上或躺在床上做“萝卜”，你握住宝宝的双手，一前一后或一上一下地牵拉，边拉边说：“拔萝卜呀拔萝卜，拔了一个大萝卜。”把宝宝抱起来或立起。也可以在数次牵拉之后，显示出筋疲力尽的神态，并说：“萝卜太大了，我拔不动呀，叫爸爸来拔（或叫爷爷来拔，叫哥哥、姐姐、小花猫、小花狗一起来拔）吧。”增加宝宝的自信和兴趣。切忌动作力度要适度，不可拉伤宝宝。

爬树

父子面对面站着，爸爸假装是一棵树让宝宝爬上爬下。爸爸拉着宝宝的手，让他由膝盖处开始往上爬，由膝盖、腰部、腹部、胸部，依着顺序小心往上攀爬。如果爸爸此时身体微向后仰，宝宝则容易爬上去。当爬到爸爸的颈部时，让宝宝的两腿骑在爸爸颈部，爸爸一手扶住（臀、腰、颈一线），另一手放在宝宝的前胸部，两手用劲夹住宝宝让其翻转到地面，在宝宝脚未着地站稳之前，爸爸不可放手。攀爬、翻转，这样的动作可以培养宝宝的冒险精神，增进父子感情，以满足宝宝的攀爬欲望。

帮宝宝练习倒着走

为了帮助宝宝在行走的过程中能够比较自如地掌握身体的协调与平衡，可以在前几个月练习的基础上，鼓励宝宝练习倒退着走。

刚开始练的时候，宝宝可能会因为害怕而退缩，或是根本走不稳，这时你可以牵着他走。平时去户外活动的时候，也可以有意识地训练宝宝倒着走路。你可以双手牵着宝宝，与宝宝面对面，你向前走，宝宝向后退，边走边和宝宝说话，但是要注意安全。

踩影子

晚饭后散步时，路灯下影子变化的现象本身就会令宝宝感兴趣，再加上游戏本身吸引人，能令宝宝长时间保持浓厚的兴趣和愉快的情绪。由于做此游戏需要边躲边踩，不仅能锻炼宝宝动作的协调性，还能发展宝宝灵活应变的能力。

让宝宝多走一级楼梯

从出生起，每一个宝宝都必须经历躺、抬头、翻身、坐、爬、站的发展。1 周岁以后，宝宝身体发展的内在驱力，使得宝宝开始迈开步伐练习走路，变得较独立，活动范围也越来越大。专家们把幼儿 1～3 岁阶段称作“用脚思考”的阶段，因为宝宝迈开两只小脚，走到哪里，探索到哪里。上、下楼梯是这个阶段幼儿动作发展的重点之一。

18个月大时，宝宝就可以开始学习走台阶和上、下楼梯。现实生活中，有些父母喜欢抱着、背着宝宝走楼梯，这样能保护宝宝不会跌倒，也节省上、下楼梯的时间，却让宝宝失去了锻炼的好机会。

对于宝宝来说，走楼梯这项简单的活动好处很多。

人在上、下楼梯时，必须活动膝关节，同时必须调节身体的平衡。因此，对于急需发展自我动作技能的幼儿来说，上、下楼梯不仅能活动关节，还是一项很好的平衡运动。

刚学上楼梯的宝宝，只能借助楼梯的扶手或家人的牵引才能使自己保持平衡，因为3岁以前的宝宝重心偏高，肌肉缺乏锻炼，站立不稳。但如果经常锻炼，宝宝的膝关节慢慢就会变得灵活，肌肉会结实有韧性，大脑控制系统经常受到动作指令的刺激也会变得特别敏捷，眼、手、脚协调能力增强，宝宝逐渐反应灵敏，活动自如、轻松，能够自然地甩动双臂在楼梯上跑上跑下。

楼梯越爬越高，意志越练越强，从某个角度讲，两者之间有一种天然的默契。刚开始学习上、下楼梯时，宝宝会有一定畏难情绪，但如果能从家人的鼓励、支持中得到勇气，克服害怕摔跤带来的心理恐惧和身体疼痛，就能勇敢地迈出第一步，登上第一级。随着级数的增加，宝宝的视野渐渐扩大，不用再仰头看着楼上在心里发憷，也可以自由自在地上楼去看个究竟。宝宝会充分感受到控制自己身体所带来的喜悦，体验到成功的快乐。新的发现，不断激发宝宝克服困难继续去攀登、探索，日复一日，会渐渐培养成胆大、勇敢、坚强、不怕困难的优良品质。

既然走一走楼梯能给宝宝带来这么多的好处，不妨在学会走路后，让宝宝自己上、下楼梯吧。多走一级楼梯，会多一分锻炼、多一分收获。

宝宝刚学习上、下楼梯时，四肢的灵敏度尚不足，常常无法控制身体，若一时站不稳，就容易跌落下来。因此，一开始并不适合在楼梯上学习，可以利用婴幼儿常用的泡沫积木，堆成阶梯状，让宝宝先做一做练习。

动作做得熟练后，父母可以在幼儿身后，以双手牵着宝宝的上臂，让宝宝利用四肢的力量向上移动，切记在扶着宝宝时，须以上手臂为主，千万不要只抓住手肘以下的部位，因为幼儿的骨骼太脆弱，容易造成损害。扶宝宝上楼梯时，可以看到宝宝上身挺直，而脚已经比身体早一步往上走了，因为宝宝本身的力量不足，必须借力使劲。

以四肢爬行方式上、下楼梯，对幼儿的颈部神经或大小肌肉都有明显的帮助。很多7～8个月大时爬行不足的幼儿，会在爬楼梯时显得较为笨拙，应当多利用四肢爬行上楼梯的机会，加强宝宝身体运作的能力，对宝宝未来动作技能的学习，也会有密切的影响。

不同年龄段的宝宝，爬楼梯动作上的发展过程：

13个月	大部分宝宝能在这个时期开始练习用四肢向上爬楼梯
1岁半左右	可以自己爬楼梯，只是前后脚朝同一级台阶前进，还需要扶着墙或扶手
2岁左右	虽然仍然前后脚在同一级台阶向上前进，但不太需要扶手，可以随时停下来、转身
2岁半以后	慢慢地能每阶一步地迈上楼梯。不过，下楼梯时还得两脚同一级台阶下，等下到最下面一阶时，只要台阶不是太高，宝宝都喜欢并拢双脚往下跳。对于这个阶段的宝宝来说，楼梯是一个能带来快乐的地方

集体游戏，建立合作意识

几个宝宝一起玩，可通过游戏的集体活动，建立良好的关系，培养相互合作的意识。给宝宝玩各种套叠玩具、穿绳玩具、积木、积塑等，有助于锻炼幼儿小肌肉动作和手指的灵活性、准确性，培养注意力和观察力。套叠玩具有套塔、套碗、套环等。穿绳玩具包括木珠和塑料珠、塑料管、木线轴和花片等。玩这些玩具时，可先给幼儿做示范，然后让宝宝学会自己玩，父母可在旁边做指导。

平衡木、滑梯运动，发展平衡能力

可以利用走平衡木、滑滑梯来发展宝宝的平衡动作，既能培养宝宝的注意力，还能培养其勇敢精神。开始走平衡木或滑滑梯时，家人要在旁边扶持和鼓励，然后逐渐放开手，让宝宝自己玩。自制的平衡木可选择宽度约30厘米、长1.5米左右的木块，两头搭在两块大积木上，把大块木板的一头架高，自制成滑梯。

社交行为能力

教宝宝判断是与非

在宝宝与他人的交往中，继续教他是非观念。如他出现打人、咬人的行为时，大人要用语言、手势、眼神批评他，增强宝宝的控制力，且终止这种行为。对宝宝的不良行为要及时制止，态度要坚决，但不要打骂，更不能庇护、娇纵。

另外，父母平时要用自己的言行为宝宝树立起一个可供他模仿的正确榜样。在日常生活中，遇到好的行为要对宝宝说这是好的，强化宝宝正确的是非观。

宝宝旁观游戏

这个年龄段的宝宝，喜欢站在一边静静地观看大宝宝们的游戏。在成年人看来，宝宝自己并没有参与游戏，可宝宝自己却说："我在玩儿呢!"听起来，让人感到很奇怪。

在宝宝自己看来，自己正在享受旁观游戏的乐趣，的确也是在玩儿。当宝宝专心致志地观看别的宝宝做某一种游戏的时候，自己也沉浸在游戏的氛围中。由于同龄儿童之间的人际关系还没有形成，宝宝的心理上还处于不会积极主动地参加小伙伴们的游戏的状态。宝宝的心中，似乎还有一种看不见的心理屏障没有打破，暂时只能看着别人玩，自己处于旁观游戏的阶段。

从小在家里只和母亲或养育者打交道的宝宝，还不可能马上与外界的宝宝们建立起友好关系。这种旁观游戏的行为，并不是由于宝宝胆怯或懦弱，而是正在培育人际关系的抵抗力。

宝宝处在这个阶段的时候，绝对不要催促。最好的办法是等待，等到宝宝自然习惯。此时，父母可以把宝宝带到公园之类的地方，然后自己尽管读书或者织毛衣，放开宝宝，不要管，任宝宝自由行动。

宝宝暂时还会处在旁观状态，这是幼儿游戏的一个发展阶段，必须让宝宝充分体验这个阶段，因为，幼儿的智力发育，是不能越过任何一个阶段的。

等到宝宝心理抵抗力培植起来以后，宝宝会很自然而然地加入到小朋友当中去玩，并且过渡到下一个阶段——平行游戏阶段。

萌发爱国情怀

幼儿期是每一个人个性、品德开始形成的重要时期，错过这个时期，许多良好的品性很难形成。因此，对幼儿进行道德教育，使其健康成长，是家庭教育中一项最重要的内容。

对祖国和家人的爱是人类的美德，也是中华民族的光荣传统和珍贵遗产，它也是成才的巨大推动力。

因此，要教育幼儿努力给母亲、父亲、祖父、祖母带来欢乐，分担忧愁和不幸，关心、体贴、照顾家人病痛，有好东西要懂得谦让给父母和亲人。还可以通过游览、参观、旅行使宝宝领受到祖国山岳、江海、河川的美丽风光，知道祖国领土的辽阔、物资的丰富、文化的悠久，对幼儿进行爱国主义熏陶，使其萌发对祖国的爱。

养成文明礼貌的习惯

文明礼貌的行为，是精神文明的标志。文明礼貌的行为习惯是从小开始长期实践而形成的。培养文明礼貌的行为，家庭教育应当要求幼儿从小不骂人，不讲脏话，待人和气、热情、有礼貌，别人讲话不插话，不打断别人说话；要尊老爱幼；在别人家做客时，不乱翻东西，吃饭要守规矩，等等。

培养诚实的品质

教育宝宝做诚实的人，不隐瞒自己的过错，勇于改过。要使幼儿切实做到这些，最主要的是父母的教育态度。如果对宝宝的过错一味指责，很难培养宝宝这些品质。发现宝宝说谎时，应当分析说谎的原因，有针对性地解决。例如宝宝要买彩色笔画画，遭到父母拒绝，结果会去私拿邻居家的；宝宝做错了事，怕挨骂挨打而说谎，为了虚荣心而说谎，等等。若是父母不分青红皂白地批评宝宝，是解决不了问题的。

父母应处处以身作则，成为宝宝的榜样。宝宝待人不真诚、私拿别人的东西、说谎，有可能此前受到过家人不良行为的影响，这种潜移默化的影响，会使宝宝形成根深蒂固的恶习，不可掉以轻心。

培养勤劳俭朴的好品质

幼儿勤劳俭朴的品质是通过劳动来培养的，幼儿劳动主要从以下几个方面着手：

宝宝做自我服务的劳动，能自己做到的事尽量自己做。自己穿衣，洗脸，刷牙，吃饭，收拾床铺、玩具等。自我服务劳动行为，能培养幼儿生活的条理性和独立生活的能力，为宝宝参加家务劳动和社会公益劳动，以及独立人格的形成打下良好基础。

参与家务劳动，能使幼儿对家庭关心、爱护，成年以后知道主动关心别人，与各种人都保持良好的关系。通过劳动获得生存的能力，长大后用自己的双手创造幸福、美满、和谐的家庭。通过家务劳动，增强宝宝参与意识和劳动观念。可以让宝宝洗碗筷，打扫居室卫生，择菜等。通过劳动，培养幼儿爱惜劳动成果、热爱劳动和节省、俭朴的好品质。家庭生活习惯要做到不浪费水、电、食品，不与人攀比衣着、玩具，女宝宝不浓妆艳抹、不戴首饰等。

与人友好相处

培养宝宝大方、不自私。与人友好相处十分重要，要求宝宝事事处处不能只顾自己，要和小朋友一起玩，共同分享食品和玩具，能遵守游戏规则，收拾玩具。通过多种活动让宝宝与别的宝宝友好相处。培养宝宝生活的节律性，按时起床、就寝、进餐、学习做游戏。

培养勇敢、坚强、活泼、开朗的性格

勇敢是指个人具有不怕危险和困难，有胆量的一种心理品质。这种品质与人的自信心和自觉克服恐惧心理的能力结合在一起，必须从小开始培养。要教育宝宝敢于在陌生的集体面前说话、表演，鼓励宝宝参加力所能及的体育活动和各类游戏活动，培养宝宝的自信心；要求宝宝在黑暗中或听到大声音或遇到打雷、刮风、下雨的天气时不惊慌、不害怕，能克服各种困难坚持完成任务，勇于承认自己的过失和错误。

日常生活中，父母应当注意运用正确的教育方法，经常鼓励和支持宝宝参加各种有益的活动，不要随便指责、嘲笑、挖苦和恐吓宝宝，以免形成幼儿遇事胆小畏缩的心理。

为培养宝宝的勇敢品质，父母要教给宝宝相应的知识和技能，使宝宝具备足够的自信心。宝宝的胆怯行为，大多数是因为缺乏自信心产生的，而自信心又建立在必要的知识技能基础上。例如，幼儿会对雷电、风暴感到恐怖，在黑暗中会感到不安，这都是因为缺乏相应的知识和能力。父母应当给宝宝讲解有关知识，教一些基本的技能和方法，宝宝的恐惧感就能减轻。

宝宝怕困难，往往是因为对自己的能力缺乏信心，如果宝宝确实能力较弱，天赋较差，父母对宝宝的要求要尽可能符合宝宝的实际水平，还应给宝宝以具体指导和帮助。宝宝完成了力所能及的事后，要立即给予肯定，不管这事多么小，多么微不足道，鼓励和肯定教育，是令宝宝增强自信心的关键。

还可以用现实生活中的实事、故事、电影、戏剧等文艺作品中富有勇敢精神的形象来影响和教育宝宝，帮助宝宝克服恐惧心理。

幼儿天生好动，在运动中发展动作，发展智力，发展品德个性。但无控制的动、过分的动，会影响服从规范能力和注意力的良好发展。在多种活动中，应当正确诱导和培养宝宝自控力，使宝宝成为既活泼开朗，又善于控制自己情绪的人。

教养重点与疑问解答

别强迫宝宝多吃

有些母亲每一顿饭都紧盯着宝宝，催促宝宝“再吃一口，再多吃一口”。

宝宝在玩耍的时候，心情轻松，食欲旺盛。但是，一旦坐到餐桌前，看到那么丰富的菜肴，再感受到母亲这种进攻式的态势，食欲一下子就会消失得无影无踪。

尽管宝宝也努力想吃，可就是吃不下。因为宝宝在母亲的这种压力下处于应激状态，精神异常紧张，于是会影响到唾液和胃液都停止分泌，即使努力吃着，也味同嚼蜡。虽说宝宝拼命地努力去吃，但是母亲的强求、催促等强迫性做法，给宝宝的心理上造成强大的压力，怎么吃也吃不完，也颇费时间。最后，屈从到不吃不行的义务感，宝宝勉强着不得不吃。这样，宝宝在精神上很紧张，加上人为地努力进餐，是很难吃得下去的。

自古以来，人们都知道在愉快的气氛中进餐是很重要的。在轻松愉快的心情和气氛中进餐，唾液和胃液分泌旺盛，不仅吃得有滋有味，食物也容易消化吸收。如果让耳边充满了催促和说教声，再加上喋喋不休的营养学理论灌注，宝宝的精神会陷入过分紧张的状态，产生应激反应，效果就会适得其反。

紧张和松弛，是相反的两种心理和生理状态。如果过度紧张的心理状态长期持续，就会直接影响到生理机能，给身体带来各种不适，还会引起神经性习惯反应，例如啃指甲、哆嗦腿、尿频、尿床、颈颤等。让宝宝的紧张状态松弛下来，是治疗的捷径，单纯处理表面症状，结果会适得其反。

宝宝爱哭闹的心理治疗

婴幼儿的哭闹对于父母来说，无疑是一件很烦心的事。如果宝宝长时间地啼哭不止，不仅使家人心神不定，影响睡眠和工作，甚至会造成家庭的不和睦。家人一般只考虑宝宝哭闹可能是某种不适，如尿湿、患病等造成的。这里要提醒父母们的是，如果一向安静的宝宝一连几天哭闹不止，而且父母抱在怀里时不哭闹，一放到床上就手脚乱蹬、哭闹不止，这是心理问题，由于父母不良的情绪强化过程造成。

某医院儿科门诊曾接待了一名1岁半的宝宝，宝宝从小很乖巧，聪明伶俐，招人喜欢。但在最近一段时间里，只要一放在床上，宝宝就哭闹不休，甚至于夜间必须抱着才能睡觉，弄得父母心烦意乱、疲惫不堪。家人都以为宝宝身体不舒服，是不是得了什么病，到医院去检查，验尿、化验血均未发现任何躯体疾病，宝宝身体挺健康。

在儿科医生的推荐下，父母带着宝宝到心理门诊咨询，医生详细了解了宝宝近几个月的病史后，真相大白。原来，宝宝在两个月前生过一次病，受到家人们的特别照顾，抱在怀里百般哄逗，结果却导致宝宝病愈后离不开人，只要把宝宝放到床上，就会哭闹不休。这是因为家人不良的强化情绪行为造成，宝宝此时的哭闹，是为了得到家人的注意和呵护。

治疗这一类哭闹行为，比较行之有效的心理疗法是“消退法”——去除相应的强化亲昵因素，比如过多的注意、过多的怀抱和摇晃等亲昵行为。把宝宝定时地放在床上，即使哭闹也不予理会，经过一段时间的训练，可以使类似的哭闹行为消失。

实施“消退法”，要做好父母的思想工作，要“忍痛割爱”才行，不要因为宝宝一哭闹，就心疼到舍不得、受不了，继续强化溺爱宝宝，宝宝的心理疾病性哭闹岂能“消退”掉？

在父母的配合下，心理医生开出的“药方”是：每天晚上把宝宝单独放在床上便离开，无论如何哭闹也不予理睬！结果，宝宝第一天哭闹了1个小时，第二天哭闹时间就明显缩短，只哭了20分钟，第三天便不怎么哭了，一周后就不再哭闹，小家伙的心理性寻求亲昵的哭闹行为得到彻底的矫正。

如果宝宝出现类似的哭闹行为，不妨试一试这种心理治疗法。

什么是感觉统合失调

怎样是感觉统合失调呢？宝宝感觉统合失调的行为包括：动作笨拙、不协调，较晚学会走路或常跌倒、绊到自己的脚；不喜欢别人的拥抱或触摸，不喜欢洗头、理发；对刺激过度敏感，如果进入人多的地方、光线强之处会过度兴奋，在有声音的情况下不专心；对感觉刺激的敏感度过低，对各种感觉刺激反应慢，甚至不太有感觉，受伤跌倒时也不觉得痛，不会有反应；坐椅子常会跌下来，常把桌上的东西碰落到地上；容易分心，注意力集中时间短暂；做白日梦且无法注意周围事物，但听力正常；上幼儿园后，抄写或做习题时常会遗漏字句；画图、写阿拉伯数字或汉字时，左右、上下颠倒，如 53 写成 35；活动量过多，动个不停；活动过少，动作缓慢；语言发展迟缓或口齿不清；智力正常，但对阅读或数学的学习有困难；做精细动作时协调性不佳；缺乏自信，易遭受挫折，容易发脾气。

假如宝宝出现了上列某些症状，则可能是感觉统合有了异常，是神经系统的统合协调能力有问题，应带宝宝到医院接受神经系统评判。

例如宝宝做运动接球，要接得好，就必须整合听觉（球来了）、视觉（看着球的轨迹）、本体觉（自己的手脚位置）、触觉（摸到球）、平衡感、协调性等，才能接好球。一旦这些信号的整合有了障碍，就会产生动作协调不良、精细动作差、左右不平衡等。

感觉统合的治疗，是先评估分析宝宝的问题到底在哪里，针对问题设计治疗课程及活动，一般多采取游戏方式进行，以刺激宝宝感官的发展，让宝宝从这些活动中，学习整合各种刺激信息，使大脑的感觉统合功能逐渐改善，进而改进宝宝手眼协调、空间概念、注意力和解决问题的能力。

1. 全方位感觉统合育儿。感觉统合应当从胎教做起。目前一般误认为，感觉统合指的多数是较大的儿童，其实正确的观念应该从怀孕就开始，从妊娠期就应当注意胎教，在胎儿胎动时就可以抚摸腹部，传导对腹中胎儿的爱意。每天抽出时间跟胎儿谈谈心、说说故事、听听音乐，这些对宝宝出生后会有很大的帮助。
2. 拥抱安抚有助感觉统合。有些人误以为刚出生的婴儿一哭就要抱，易养成宝宝黏人、离不开人等坏习惯。

从感觉统合的观点来看，宝宝哭了，父母故意不予理会、不抱，宝宝的触觉发展可能会受影响，而且成长后对人与人之间的信赖程度也会大打折扣。从小宝宝哭闹时别不理会，最好抱一抱，并给予适当的安抚。

3 观察学步期宝宝。婴儿或学步期的幼儿，如果有易受惊吓、肌肉张力太低、不喜欢被拥抱、躁动不安、易怒、动作发展较慢等种种现象，也可能是感觉统合功能有障碍的信息，父母宜多加留意与关心。

当然，如果父母感觉到家中的小宝贝可能有感觉统合的问题时，最好带宝宝前往医院求诊，通过医生评估，了解是否真的是感觉统合问题。有感觉功能障碍的宝宝，在接受感觉统合治疗后，绝大多数都能达到一个适当的基点，健康成长。

宝宝一直问个不停

这个时期的宝宝的一大特征是没完没了地提出问题，打破沙锅问到底地提问，往往会问得母亲束手无策、难以应对。一直认真对待宝宝提问的母亲最终会让小家伙逼到无言以对的地步。

2岁前后的宝宝，被称作“是什么、是什么时期”；4岁前后的宝宝则被称作“为什么、为什么时期”。宝宝旺盛的求知欲和好奇心，促使他对自己周围的东西、发生的事情、自然现象等全都会产生无限的兴趣，许多在成年人看来司空见惯、极其平常的琐事，对于宝宝来说，都是新鲜事。令宝宝们心情激动、兴奋不已的事物接连不断地出现，宝宝是真心实意、热切地希望父母能够解释清楚自己的疑问。

其实，宝宝也并非是要求父母的解答多么符合科学性，多么正确。如果宝宝问妈妈：“大象的鼻子为什么那么长?”妈妈完全可以回答说：“因为大象妈妈的鼻子长，所以大象宝宝的鼻子也长啊!”宝宝要求的是对自己的提问做出反应，是希望母亲能和自己谈话，这个时期宝宝的刨根问底，不一定就在于问的内容，主要是想享受一番与母亲聊天谈话的乐趣。

2～4岁的幼儿，进入了语言的发展时期，特别是口语迅速发展的时期，自然会成天喋喋不休地说个没完没了，显得饶舌。而宝宝的饶舌，就是语言学习。因此，这个年龄段的幼儿会从电视节目里，从小朋友那里，随时随地不断获取新的语言，并且能马上拿过就用，至于谈话的内容无关紧要，其目的在于滔滔不绝地说话。

明白了这一点，父母应当把宝宝刨

根问底的提问看作是学习说话的好机会，乐于当宝宝谈话的对象，这样，通过对话，父母和宝宝都会感到非常愉快。

耐心回答宝宝的“为什么”

当宝宝一次又一次问“为什么”时，爸爸妈妈要耐心回答，不要因为厌烦而挫伤宝宝学习的积极性。如果宝宝已经问了很多遍，爸爸妈妈也告诉他好几次答案了，宝宝再问“这是为什么”时，爸爸妈妈不妨反问他：“你说说看，这是为什么呢?”如果宝宝答对了，要表扬他；如果宝宝不会回答或回答不对，也不要训斥他，这说明宝宝真的还没有掌握，这时你应该再耐心地告诉他一次。只有这样，宝宝才能学到更多东西。

宝宝孤僻怎么办

独生子女中，胆小孤僻性格者较多，主要是因为参与社会交往的机会少，宝宝怕见生人，遇上问题不知所措，不会躲避伤害，缺少朋友等，这样的个性显然不利于宝宝成年以后在社会中的生活。

对待孤僻的宝宝，应当首先给予锻炼机会，不要剥夺宝宝应当拥有的社会交往的机会。比如和小朋友们一起玩，或自己去做一点力所能及的“冒险”的事，当然，是指父母们看起来有“危险”的事。由于父母对宝宝过分的担心和忧虑，对危险的可能性往往估计过高，总是放心不下让宝宝去体验一下自己做事的快乐。父母总是替宝宝把什么都做了，长此以往，宝宝当然也就习惯于依赖，冒险精神也消失殆尽。当带上宝宝到一个陌生环境时，可以预先告诉宝宝一些应该注意的事，然后，就让宝宝自己去闯荡。当然，父母可以在一旁悄悄地观察宝宝，如果宝宝真正有危险时，不至于毫无准备。这样反复做的次数多了，宝宝就不再会惧怕陌生人和陌生环境了。

当然，如果有条件，最好让宝宝上托儿所、幼儿园，在集体环境中陶冶性情。集体环境的优点，是可以给宝宝以适当的压力，使得宝宝有机会自己独立地、毫无依赖地处理问题。一些胆小孤僻的宝宝承受外界刺激能力差，很小的压力刺激都容易使宝宝感到害怕，无法适应。而与之相反的是，胆大的宝宝接受刺激的能力就较强。因此，多给宝宝一些机会，让宝宝习惯于面对外界刺激，在幼儿成长教育中的作用十分重要。当宝宝对陌生的环境感到不再惶恐时，承受能力会在不知不觉之中提高，宝宝的性格也会由胆小、孤僻而发生根本的改变。

另外，宝宝处在集体环境中，与人交往多了，也会受到一定的挫折，经受一些不愉快的体验，而这些挫折体验，能从反面教育宝宝，有利于加速宝宝的心理成长。

玩水玩沙乐此不疲

宝宝天生喜欢玩水玩沙，如果带宝宝去河边、沙滩上，他往往会开心至极。这些大自然赋予人类的天然玩具，可以给宝宝带来无穷的乐趣，宝宝可根据自己的意愿随意玩耍，充分发挥自己的思维和想象能力，还能锻炼手脚和全身的动作协调能力。

对1岁半以上年龄段的幼儿，在家庭中玩水只需注意基本安全、防滑防摔。家庭中可以用小盆、小瓶、小碗、小杯和小漏斗等容器装上水，放手让宝宝去玩。家人可以先做给宝宝看，把盆子装满水，把瓶子压沉到水底下装满，然后拿起瓶子里的水倒进碗里。如果宝宝灵活运用手的技巧进步，可以让宝宝把小碗伸进水里，然后用小碗舀水再缓缓地倒进瓶子里。碗口大，瓶口小，容易洒漏，可以教会宝宝把碗拿高一些、离瓶子远一些再倒，多次训练，宝宝就能学会，达到手眼和全身的协调，准确无误。

这样做，可以训练宝宝手的控制能力和手眼协调能力。还可以用一个大盆，装上半盆水，把一些可漂浮的玩具如小船、小鸭子、小乌龟等放入大盆，让幼儿放手去玩，去做各种游戏，如小鸭戏水、小乌龟游泳等。开始玩时，宝宝可能会把水弄得满身满地，要及时在旁边指导，提醒宝宝不要弄湿衣服免得着凉，帮助幼儿卷起衣袖或裤腿。

家庭里让宝宝做玩沙游戏，可以选用沙箱玩具（小动物、房子、花、树和草等）模型、小铲子、筛子、桶和一些瓶瓶罐罐等。让宝宝用小铲把沙子装到小桶里，把小动物、房子、花、草等摆在沙箱的适当位置，布置成一个微型动物园或微缩的公园。在家庭用沙箱玩沙子时，要特别注意提醒宝宝，不要用带沙子的手去揉眼睛、鼻子。如果空气干燥，可以给沙箱中的沙子加上一定湿度，避免尘土飞扬。如果有的宝宝因玩沙手臂等部位出现过敏，要立即停止玩沙。

当然，周末和节假日，带上宝宝一起去海边、沙滩上做堆沙、玩沙游戏，更是令全家一起开心愉悦的好时机，是有益身心健康和良好发育的锻炼。

通过宝宝的眼睛看世界

对宝宝来说，游戏并不是单纯的为游戏而游戏，重要的是一种探索活动。在游戏过程中，使宝宝的心智与体能得到快速发展。

为鼓励宝宝发展自我认知，锻炼宝宝平衡能力的发展，父母应当为宝宝提供足够多的机会，让宝宝按照自己的意愿去爬、去跑、去跳……总之，做各种宝宝乐于做的游戏，才是顺应宝宝天性的最佳方式。适合宝宝的游戏有：

锻炼平衡能力的游戏

上、下台阶，可以轻松地帮助宝宝掌握身体平衡，也有助于加强宝宝对自己身体的认知；翻越障碍，如钻过某个模型、钻洞、跳过土坑、跨越圆木、翻越矮墙等，可以有效锻炼宝宝身体各部分肌肉；抓竿悬垂，既可以锻炼宝宝的臂力，有效锻炼宝宝的平衡能力，对宝宝的视觉开发也有帮助。

培养节奏感和韵律感的游戏

包括听音乐时音量的大小、节奏的快慢，乐曲所要表达的各种情感等，音乐的刺激不仅可以帮助宝宝辨别声音，对提高记忆力、开发智力也很有帮助。无论在家还是旅途中，音乐游戏都可以随时随地进行。

感受外界的游戏

通过触摸，宝宝会对冷暖、软硬、光滑与粗糙等各种抽象的概念有正确的认识。给宝宝一些按摩，轻轻捏捏或者敲敲宝宝身体的某些部位，给宝宝洗澡的时候用一些安全的玩具，比如塑料瓶子、浴球、喷水壶等，让宝宝触摸，或用这些物件在宝宝身上滚一滚、碰一碰，给宝宝身上喷水等，都能带给宝宝许多的乐趣。

发展智力的游戏

玩黏土、做手指画、拼图、沙画等游戏都会很有趣，还能锻炼肌肉。给宝宝玩颜色鲜艳的线团，用辨认颜色的玩具，可以帮助宝宝认识颜色，提高手眼协调能力。

宝宝从降生那一刻起，就对父母的声音特别敏感，喜欢按摩、做被动操等各种游戏，因此与宝宝玩游戏可以从宝宝一出生就开始。至于游戏的内容，父母可以根据宝宝的实际情况精心设计一些适合宝宝的游戏，以帮助宝宝更好地掌握各项技能，促进宝宝身体与心智的全面发育。

锻炼运动神经的游戏——追瓶子

自制一个装有谷物、豆子、彩色珠子、玻璃球、闪光纸等各种小物件的透明塑料瓶，把瓶口封紧，放在宝宝眼前。宝宝对五颜六色的瓶子很快就会产生兴趣。滚动瓶子时，瓶子里发出的哗啦哗啦的响声以及闪闪烁烁的色彩，会令宝宝感觉特别好奇。

给宝宝玩追瓶子游戏时，可以把瓶子放在离宝宝有一小段距离的地方，让宝宝自己去拿。游戏的工具也可用球、可滚动的色彩鲜艳的玩具代替。

吹肥皂泡

遇上阳光明媚的日子，带宝宝吹一吹肥皂泡，那一串串五彩缤纷的在空中飞舞的可爱小精灵，一定能让宝宝觉得十分好奇。让宝宝追一追到处飘舞的泡泡，滚一滚彩色的瓶子，是锻炼运动神经、提高手眼协调能力的好方式。

稳定躁动情绪的游戏——揉面团

无论用力揉捏生面团还是击打生面团，都可以让宝宝紧张的情绪放松下来。在宝宝小手的揉捏下，变化多样的面团能带给宝宝无穷的想象力与创造力。宝宝起初可能只是拿着面团乱揉一气，或者把面团揪成数段，都没有关系。虽然宝宝做着乱揉、乱揪面团的游戏，看不出任何创造力与想象力的成分，但可以有效锻炼宝宝手部肌肉和运动神经。等到稍大一些，可以给宝宝提供一些诸如塑料刀叉、形状各异的印模、压蒜器等工具，借此开展宝宝的创造力之旅。

当宝宝想象力与语言表达能力发展到一定程度后，可以给宝宝一些生日蜡烛、牙签、塑料花草等装饰用的小物件，让宝宝用面团做一个生日蛋糕，捏个偶人或小猫、小狗等小动物，用压蒜器压出一些细长面条，当作偶人或小动物的毛发；擀一些面片做小人的衣服、裙子、小鞋，用纸或牙签折叠，造一艘小船，制作山洞、桥梁、大山等布景。也可以给宝宝提供一些图形或实物，让宝宝照图样制作一些东西，或充分发挥想象力制作宝宝想象的物体等。利用这些道具和宝宝创造的产品，还能与宝宝一起来玩一些有趣的游戏，比如角色扮演游戏、讲故事的游戏等。通过揉面团游戏既可以给宝宝一些特殊的感性认识，还能帮助宝宝提高语言表达能力，创造一个发挥想象力与创造力的机会。

生面团的制作：

面粉 2 杯，盐 1 杯，油 2 汤匙，食用颜料适量。

制作方法：

1. 取食用颜料适量混合在面粉里，边搅拌边加水，大约加水 2 杯。
2. 和好的面放在平底锅中加热大约 5 分钟，边加热边搅拌。
3. 当面团与平底锅的边缘分离时，熄火。等面团晾凉后就可以给宝宝玩。不玩的时候，把面团裹在袋子里与空气隔离，在冰箱储藏盒里保存。

宝宝可以适当参与家务

如果想让自己的宝宝在青少年时期习惯于帮忙做一点家务，则必须在宝宝2岁时就慢慢培养和渗透这种习惯。不要以为宝宝长大了自然什么都会做，更不要以为宝宝什么都愿意做。如果没有从小培养宝宝做一些家务事的习惯，就别指望着宝宝长大后能主动做什么。当然，并不是要让父母把宝宝培养成劳动能手，但家庭中一些力所能及的事是宝宝应该分担的。

宝宝不愿意参与家务的可能原因

合理的做家务的年龄分别是：2岁的时候帮忙把饭碗拿到厨房；3岁的时候试着倒垃圾；4岁时可以扫一扫地……

当然，这仅仅是理想状况，做家务对宝宝来说，往往不过是一种新游戏，要新鲜有趣才行。很多宝宝刚开始会非常兴奋地帮忙整理玩具，帮妈妈摆餐桌、扫地、倒垃圾，但一旦宝宝发现这些家务事周而复始地重复，很无聊，就会躲得远远的，对父母帮助做家务的要求充耳不闻，完全不会考虑自己作为家庭成员有什么义务。

除了家务事不像游戏那样有趣之外，造成宝宝排斥做家务的原因，往往来自父母本身：

❶ 强制责任让宝宝变得逆反。如果父母希望宝宝能够做一些事情，最好用夸奖、认同、支持和鼓励等情绪来代替“责任”这一类有压力的词。如果总是使用父母权威，宝宝在长期的强制下，会拒绝甚至逆反。

❷ 成绩遭到轻视或否定。要求宝宝帮忙做家务的时候，总免不了担心宝宝会帮倒忙。这种担心无意识地通过语气和态度透露出来，让宝宝觉得自己的帮助不重要。比如，宝宝动作慢一点，父母就会露出不耐烦的神情，尤其是父母着急的时候会说：“算了，让我来吧，这个你做不了！”甚至在帮宝宝整理乱七八糟的玩具时，也总会在宝宝面前展示出“我比你快得多”的表现。

在宝宝的眼中，似乎没有多少长期帮忙做家务的理由，因为成年人会做得更快，而且做得更好，包括摆餐桌、洗碗、打扫卫生，还有倒垃圾……所有这些家务活成年人都会轻而易举地完成，好像让宝宝帮忙只是给他一个表现的机会似的。而宝宝很敏感，即便是很小时也能非常清楚地感觉到自己的帮助是否真的必要。如果宝宝看不到自己的行为被需要或被肯定，自然也就会丧失对做这些事的兴趣。

让宝宝感到被需要

为什么在过去的年代里，宝宝很小

就能承担大量的家务呢？因为那个年代的父母让宝宝感觉到自己很重要，爸爸妈妈需要自己的帮助，没有宝宝根本不行。所以，在宝宝的爷爷奶奶的那一辈人里，一个5岁的宝宝会照顾2岁的小弟弟，帮妈妈扫地，帮助妈妈拧衣服而不会有任何怨言。虽然繁重的家务劳动会让一个宝宝感到疲惫，但也会帮助宝宝建立起一种自信——我在这个家里是重要的，家里没有我不行！然而瞧瞧今天，家庭中的宝宝们，没有兄弟姐妹，大都是独生子女，家里需要洗的餐具不是很多，要洗的脏衣服都放进洗衣机里，地面也很干净，都用不着宝宝动手。

父母需要想办法找一点家务事让宝宝帮助做一做。宝宝一般是愿意帮忙的，宝宝希望模仿父母，希望做一点能够得到父母认可的事情。但父母需要牢牢记住：

不论多难，都要给宝宝这样的感觉，即宝宝的帮忙是真正的帮助，而不是形式。这需要父母有耐心，善于体会宝宝的感受。

父母需要注意的事情

1. 不要苛求宝宝把家务做成技巧娴熟的艺术。宝宝能不能以最快的速度把餐桌摆得井井有条不重要，重要的是2岁的宝宝能够慢慢学习怎么样布置餐桌，能在自己做好以后绕着桌子走来走去，体会劳动的快乐。
2. 要让宝宝尽早地了解并且参与日常生活模式，哪怕刚开始宝宝根本理解不了在做什么。要告诉宝宝，有哪些家务要做，以什么样的顺序来安排家务，随后可以给宝宝分配工作。购物的时候也可以问一问宝宝“你来看看，牛奶买得够不够”、“面包买了吗”等问题。
3. 在新鲜感和持久度之间找到平衡，让宝宝做的事要常常变花样。比让宝宝总是帮忙做同样的事，还是让宝宝每天自由选择更好。变化会给人带来乐趣，了解不同方面的知识，比如宝宝一会儿是“浴室专家”，可以找到各人专用的毛巾和浴液；一会儿又成为“美厨助手”，认识各种蔬菜和瓜果。宝宝除了体会到乐趣之外，更需要学会能长期承担一些义务，比如照料家养的几盆花，可能会需要宝宝每天浇水呵护，这种定期的浇水和看护，对宝宝形成专注持久的习惯非常有帮助。就连做洗碗、倒垃圾、准备餐桌等家务琐事，也需要持之以恒的能力。
4. 重要的一点是，不能对宝宝的所作所为吹毛求疵。如果宝宝把勺子塞到了糖罐里或者是把碗打碎了，都没有那么糟糕，宝宝必须有机会去发现和接受不完美的地方，自己想办法解决问题。当然可以问宝宝：“你给花儿浇水了吗？”如果宝宝忘记了，家人也可以偷偷地给花浇上水。但对大一点的宝宝，必须学会自己承担责任，哪怕是存在这样那样的问题，比如宝宝买了谁都不爱喝的酸奶，花盆里的植物干枯了。这样的经验对于宝宝来说，比父母不停地唠叨埋怨更有效。

5 要学会给宝宝一些夸奖和鼓励，不要总是挑毛病、找缺点、嫌哪儿做得不够，要对宝宝所完成的事情表现出欣喜。比如拍拍宝宝的肩膀，或者是对宝宝说："真不错，这一周你已经是第三次自己刷牙，并且把小白牙刷得这么干净了！"如果宝宝帮着家里倒了垃圾，可以把宝宝搂到怀里说："这些天你帮着倒垃圾，我很高兴。"

选择适合宝宝做的家务

如果打算用收拾房间来训练宝宝的责任感，很可能会碰壁。因为如今宝宝都有太多的玩具，而通常没有很合适的玩具箱。晚上宝宝会很疲劳，但又不想上床睡觉。这种情况下最好不要勉强要求宝宝收拾自己的玩具，可以对宝宝说："你先在厨房里帮我忙，晚一点我再帮你一起收拾玩具。"

从1岁半的时候开始，培养宝宝开始做一点家务劳动，给宝宝一块抹布让宝宝在身边忙碌，远比厨房里被宝宝打碎的漂亮酒杯有价值，可以随着宝宝逐渐有能力、有信心，不断把做家务的技能教会给宝宝。

宝宝能做的家务活：

1岁半时	能为自己拿尿布；把用完的尿布扔到垃圾箱里；从地上捡起小东西；关上柜橱的门锁；取报纸
2岁时	能玩完后收拾玩具；把勺子放进洗碗池；帮助喂养小动物；收拾玩具；把塑料杯子、碟子收好
2岁半时	照图解布置餐桌；折叠围巾；收拾餐具；把一定量的食物盛进不同的碗里；用小扫帚扫地；收拾扫帚和垃圾箱；拖小块地；整理杂志、沙发垫
3岁时	宝宝能自己刷牙洗脸、穿衣脱衣；擦掉家具上的灰尘；叠餐巾；把一堆堆衣服搬运到房间里；擦抹低层架子；倒空小垃圾箱；起床时叠好被子
4岁时	清扫卫生间；收拾书本；除尘；分类物品
5岁时	整理床铺；摆放餐桌；做房间的一般性清洁卫生
6岁时	能为全家人分倒牛奶；清扫桌子；将一般衣物折叠整齐

与宝宝沟通的技巧

从宝宝出生到成长到3岁，宝宝身上的变化是很神奇的，有时连最亲近的父母都有点捉摸不透。很多时候，父母绞尽脑汁都弄不明白宝宝到底在想些什么，想要些什么。其实，如果能与宝宝建立良好的沟通与交流，任何问题都能迎刃而解。

早期沟通能力的培养

宝宝不满1岁的时候，只能发出一些含混不清的声音。有些父母费尽心思去猜想宝宝在说些什么，实际上，宝宝只不过是在学习说话。要想真正进入宝宝的世界，请你按下面的步骤试试：

1. 与宝宝皮肤接触。最简单的办法就是多抱抱宝宝，温柔地抚摸宝宝的头、脸和身体等，让宝宝感到舒适愉快。稍微复杂一点的是进行婴儿按摩。父母可以借着按摩宝宝的过程认识小宝宝所发出的种种信息，进而增进彼此间的了解。

   在按摩的过程中，宝宝可以看到父母熟悉的脸庞，闻到父母身上特有的体味，听到父母发出的独特的声音和体验肌肤之亲，宝宝会感到无比的满足。学一下5～10分钟的简易婴儿按摩操，是与宝宝建立早期亲情交流和沟通的有效途径。

2. 与宝宝聊天。宝宝睡醒的时候，可以用缓慢、柔和的语调对宝宝说话，如：“乖宝宝，爸爸妈妈好喜欢你呀！”“宝宝饿了吧？妈妈去做好吃的！”还要温柔地看着宝宝的眼睛，轻轻地呼唤宝宝的名字。聊天活动可以每天进行2～3次，每次2～3分钟。

3. 模仿宝宝的声音和动作。对宝宝咿呀学语时发出的呢喃声，要尽可能去模仿。这样的回应会使宝宝很兴奋，就像拿到一个新玩具。为得到应答，宝宝会更积极地学发声。父母还可以发出别的声音等宝宝的回应，让宝宝认识声音与人的沟通作用。同时也可以去刻意模仿宝宝的动作与表情，宝宝同样会因此而兴奋不已。反过来，假如父母做一些夸张的动作，宝宝也能学得惟妙惟肖。

4. 用笑声和音乐去感染宝宝。1岁的宝宝已经具有了一点幽默感，喜欢看着别人对自己笑，也喜欢对着别人不停地笑。这时候的父母要毫不吝惜地对宝宝展露笑颜，并且用笑声来表示赞许。另外，宝宝开始懂礼貌，会挥手跟别人告别。千万不能忽视，与宝宝分别的时候，一定要亲吻宝宝，和宝宝愉快地道别；回来后，要向宝宝问好。平时，可以随着轻松活泼的节奏，拉着怀中小宝宝的手翩翩起舞。宝宝入睡的时候，父母可以轻拍宝宝的身体，吟唱动听的摇篮曲或播放轻柔的催眠曲。

5 适量的“维生素 N”。除了委婉地给宝宝吃“闭门羹”之外，父母也应当向宝宝提供学习服从的机会，即坚定地对宝宝说“不”，这是所谓的“最佳挫折训练”。当然在此之前，父母要充分衡量宝宝的心理承受能力，切忌对宝宝的心灵造成伤害。必要时对宝宝说“不”，等于给宝宝适量的“维生素 N”（即 No，英文“不”），对宝宝的心理健康是一种营养素。

与宝宝平等沟通

2 岁的宝宝喜欢独立做一些事情。宝宝的感情很丰富，对待父母比以前体贴和乖巧得多。父母在倍感欣慰的同时，开始考虑是否该用更尊重的态度、更平等的方式与宝宝交流。不妨学学这几招：

1 耐心当听众。无论宝宝讲什么，父母都要表现出认真聆听的样子，让宝宝感觉到爸爸妈妈很喜欢听自己说话，以此激发宝宝的表达欲望。在宝宝漫无边际的讲述中，父母可以了解宝宝的真实想法，发现事情的真正原因，便于说服教育。所以，和宝宝交谈时，父母不要只注重自己怎样说，更重要的是学会聆听。

2 分享想法。有时候宝宝的心理能量也不可小觑，宝宝有时可以帮助父母解开心结。父母遇到烦恼的时候，不妨向宝宝袒露自己的想法，当然要用比较形象的方法证明，否则宝宝会听不明白。比如，有一个母亲在工作单位挨了批评，回家问自己的宝宝：“假如你做一件事情做了很多次就是做不好，妈妈骂了你，你会怎么想？”宝宝可能会说：“那我就再做，做好了妈妈就会表扬我的。”这样的回答，会使这个母亲一下子感到心情舒畅、海阔天空。

3 参与家务劳动。这个时候的宝宝特别想为大人做点事，但往往成事不足，败事有余。父母应该给宝宝提供一些机会好好表现，比如可以让宝宝自己穿脱衣服、上厕所、自己吃饭、收拾玩具等。还可以主动提出要宝宝帮忙做事，比如打扫卫生的时候，父母在拖地板的时候，可以建议宝宝拿一块小抹布擦擦自己的小凳子。

4 共商家庭事务。如果家里想换一台新的彩电，不妨参考一下宝宝的意见。宝宝可能会拍手说：“好啊！”也可能指着旧电视说：“我喜欢这台。”如果家里正重新装修，父母忙着讨论每个房间的涂料颜色，这时候宝宝同样应当拥有发言权。宝宝可能会兴奋地说：“我的房间要粉红色，爸爸妈妈的房间要淡淡的黄色……”

学会沟通也是为人父母的一门必修课，顺利地通过这门课程后，家庭生活中教育宝宝的行为会变得其乐融融。

父母乐观，宝宝健康

父母在家庭中占有重要的地位，对子女的成长与发展有着巨大影响力。

在我国传统文化中有“严父慈母”之说，父亲往往是一家之主，承担着养家糊口、保护家人的重任；母亲则是慈爱的，操持家务，抚养子女，维持家庭的正常运转。由于这种角色上的差异，父母很默契地把养育子女的任务做了分工：父亲常与宝宝游戏，教宝宝学习，帮助宝宝与外面的世界打交道；母亲主要负责宝宝的饮食起居，日常生活的照顾。

通过与父亲的交流，宝宝能学习到更多的责任、义务；在和母亲的生活过程中，宝宝能学会如何去关心、体贴他人。一个内心积极健康的父亲，对宝宝的社会适应具有重要的作用，而一个乐观、慈爱的母亲，对宝宝安全感的建立有不可忽视的作用。而社会适应不良的宝宝容易退缩、脆弱，缺乏安全感的宝宝对人缺乏信任，感情冷漠。

父母在家庭日常生活中的言谈举止，对宝宝有直接的示范作用。面对一个工作压力大、情绪低落、经常在家发脾气的父亲，宝宝产生焦虑、压抑的心情。男孩还会逐渐学习到父亲的行为方式，转化成为自己的行为模式，在遇到类似的压力后，会以相同的方式表达出来。女孩则会观察到母亲的表现，学会更多的惊恐、抑郁。

因此，父母的心理健康状况，对宝宝的影响巨大，父母要认识到自己在养育宝宝过程中的特殊作用，并时时保持主动地位，扬利除弊。

正确运用惩罚原理

惩罚原理是指在一个特定的情景中，如果宝宝做了某件事情，爸爸妈妈（或外界环境）立刻给他一个负面的回应，那么，今后在类似情景中，他做出类似事情的可能性就会减小。这个负面的回应称为惩罚物。

对于没有受到惩罚的宝宝来说，第一次惩罚肯定是有效的。但是，惩罚的次数多了，效果就会明显降低。

惩罚物包括体罚、剥夺权利等方式，相同的惩罚物，对不同的宝宝的效果不一定相同。爸爸妈妈一旦决定对宝宝实施惩罚，必须选择有效的惩罚物。爸爸妈妈在实践惩罚原理时必须注意以下原则：

原则 1：宝宝做了错事之后立即实施惩罚。

原则 2：要惩罚什么必须明确具体。

原则 3：惩罚物要合理选择。

原则 4：惩罚原理应尽可能与教育原理一起实施，以达到更好的教育效果。

正确看待体罚

如今，“棍棒出孝子”的教养观念已经被摒弃，因为这样的行为会扭曲宝宝的性格形成，提高其形成反社会行为和暴力的攻击性。

一部分家长受到西方一些教育理念的影响，认为不管是怎样轻微的体罚，都可能会逐渐演变成为身体上的虐待，有进而引起暴力的疑虑；而另一些受到传统教育影响的成功人士们则认为，如果不是精神上的虐待，不能断言体罚就绝对不好，当然，这里所说的体罚不是对宝宝的暴力和虐待。有些家长在宝宝犯了错时，会用促进身体运动能力的体育活动来表示惩罚，这样，在让宝宝认识到自己错误的同时，还能使身体更强健。而体罚会不会伤害到宝宝的心灵，则取决于亲子间的关系是否融洽。

体罚好不好，这是一个有争议的话题，只要你无私地爱自己的宝宝，有时候，家长们凭着自己感觉的教养方式往往是最正确的。

Part 16

宝宝1岁6个月~2岁

宝宝的生长发育

身体发育

体重	男孩　约 12.64 千克	女孩　约 11.92 千克
身长	男孩　约 89.06 厘米	女孩　约 87.42 厘米
头围	男孩　约 48.44 厘米	女孩　约 47.39 厘米
胸围	男孩　约 49.06 厘米	女孩　约 48.47 厘米
坐高	男孩　约 54.02 厘米	女孩　约 53.06 厘米
牙齿	已萌出 16 颗左右牙齿，萌出第二乳磨牙	

语言发育

将近 2 岁的宝宝，注意力集中的时间比以前长了，记忆力也加强了，宝宝已经掌握了 300 多个词语，能够迅速说出自己熟悉的物品名称，会说自己的名字和简单的句子，能够使用动词和代词，并且说话时具有音调变化。宝宝常常会重复说一件事，喜欢一页一页地翻书看。给宝宝看图片，他已能够正确地说出图片中所画物体的名称。父母如果命令宝宝去做什么，宝宝完全能听懂，并且去照着做。宝宝开始学着唱一些有音调的歌，还喜欢猜一些简单的谜语。

快 2 岁的宝宝，已经很喜欢说话了，但是宝宝的词汇量还不够表达自己的意思。此时，父母要想方设法地帮助宝宝丰富词汇，提高语言表达能力。可以在游戏中锻炼宝宝的语言能力，例如通过玩“打电话”游戏，教会宝宝说出自己的姓名、住址，父母是谁、什么职业等常识。还可以教会宝宝唱儿歌、背诵诗词来丰富词汇量，增强语感。

可以给宝宝买一些图书、画报及低幼读物来讲给宝宝听，讲完以后，可以要求宝宝复述听过的内容，这样可以锻炼宝宝的记忆力和表达能力。也可以结合日常生活中经常遇到的问题让宝宝回答：如果你把别人的玩具弄坏了怎么办？你想借别人的玩具，别人不借给你怎么办？小朋友打你，你怎么办？类似问题既能教会宝宝解决问题的能力，又能培养其语言能力。

如果说宝宝到了2岁时，仍然不能流利地说话，应当考虑是否有语言发育迟滞，最好带宝宝去医院检查一下听力是否有问题、神经系统发育是否正常。当然，也可能宝宝一切发育都很正常，只是缺少语言训练而已，这就是父母的任务了。

心理发育

2岁的宝宝喜欢看画片，喜欢听故事，喜欢看电视动画片，喜欢大运动游戏，也很喜欢模仿大人的动作。宝宝会学着把玩具收拾好，并且对自己能独立完成一些事情的技能感到很骄傲。比如宝宝可能把积木搭好，然后拉着妈妈去看。2岁左右的宝宝很爱表现自己，也很自私，不愿意把东西分给别人，宝宝只知道“这是我的”，但还不能区分什么是正确的，什么是错误的。将近2岁的宝宝独立性还很差，如果突然改变环境，或让宝宝与父母分离，会感到恐惧。

宝宝快满2岁了，喜欢独自到处跑着玩，在床上跳上跳下蹦个不停，喜欢和小朋友们玩捉迷藏的游戏，喜欢玩有孔的玩具，习惯地把物体塞入孔中，反复玩弄，不厌其烦。还喜欢听儿歌、听故事、搭积木、按开关等有趣的活动。

宝宝开始模仿他人的行为，尤其是成年人和比自己大的幼儿的行为。越来越明白自己与其他人不同的同时，也会越来越喜欢寻找小伙伴，喜欢逗别人笑。开始显示出对人和物的选择性，显示出越来越强的独立性，开始出现挑战性行为，容易有挫折感，容易情绪变化和发脾气。偶尔显示出对与亲人分离的焦虑，这种焦虑1岁半左右会增加，然后随着时间的推移会逐渐减轻。在有陌生人时，可能仍然会害羞和黏人。

2岁左右的宝宝，胆量更大一些了，不像以前那样畏缩了，不再处处需要父母的保护，宝宝的情绪多数时间比较稳定愉快，有时也发脾气。在高兴时用亲昵的声音和举动靠近父母，在家庭中经常扮演节目主持人的角色。

这一年龄段的宝宝做事喜欢重复，并且有一定顺序和规律性。父母可以在日常生活中，如玩具的摆放、家庭简单物品的放置和生活规律上，给予有意识的培养。

宝宝的左脑开发

语言能力

多与宝宝互相问答

经常向宝宝提问，可以激发宝宝探究问题的兴趣，引导宝宝观察事物，提高思维能力。作为父母，要注意做到两个方面，一是善于向宝宝发问，知道问什么和怎么问；二是必须珍视和保护宝宝的好奇心和求知欲，对宝宝提出的每一个问题都要尽可能给予满意的解答，不能有丝毫的不耐烦。

向宝宝发问要注意

正确地选择问题，不是什么问题都能问宝宝，父母的提问，要符合宝宝的年龄和思维发育水平。问题太简单，宝宝会不爱回答；问题太难了，宝宝会回答不上来，挫伤探究事物的积极性。

要善于抓住机会提问，一般应当在宝宝兴致勃勃的时候发问，最好在一定的场景中，问场景中的问题，景物就在眼前，有利于宝宝思考和判断。

问题要提得宽泛，因为提问是为了增加宝宝的知识面，所以，应当走到哪儿就问到哪儿，说到哪儿就问到哪儿，不要翻来覆去总是问那么几个问题。只有父母多动脑筋，宝宝的思维能力才能提高得快。

父母自身的知识面要丰富，向宝宝提的问题，自己首先要清楚，不要自己问了自己也答不上来，甚至于影响宝宝的认识水平。

回答宝宝的提问要注意

对于宝宝的提问，能解答多少就解答多少，如果宝宝提出的问题父母根本不懂，要实事求是地告诉宝宝自己也不懂，不可以不懂装懂，胡乱解释，把错误的东西教给宝宝是有害的。

如果宝宝提出的问题是这个年龄还不宜理解的问题，就直截了当地告诉宝宝："等到你长大了，读了书就明白了！"宝宝一般不会纠缠不放。

宝宝的提问父母如果当时答不上来，尽可能争取事后把它弄清楚，然后给宝宝讲解明白。

父母也要随着宝宝的年龄增长，读一些《幼儿十万个为什么》、《儿童十万个为什么》之类的百科知识，这类书籍中包括了绝大部分宝宝常问的问题。父母事先读一点书，可以做到有备无患。

绕口令练习 sh、s 的音

登山

三月三，小三去登山。
上山又下山，下山又上山。
登了三次山，跑了三里三。
出了一身汗，湿了三件衫。
小三上山大声喊：
"离天只有三尺三！"

四个数字

四和十，十和四，
四十和十四，十四和四十。
说好四与十，全靠舌和齿。
谁说四十是"戏习"，
谁说十四是"事实"，
他的舌头没伸直。
认真学，常练习，
十、四、十四、四十、四十四。

谜语儿歌，有趣的语言游戏

青蛙

身穿绿袍小英雄，夏天田里捉害虫。

北风一吹不见了，春来又在池塘中。

（解说：青蛙身子是绿色的，像穿了绿袍子。它专门在田里捉害虫，是保护农作物的小英雄。天冷了，青蛙要冬眠，到了春天它又出现在池塘里了。）

猫

胡子不多两边翘，
开口总是"妙妙妙"。
眼睛好像两盏灯，
夜里捉鼠不睡觉。

（解说：猫的胡子不多，但向两边翘着。猫叫的声音"喵喵"就好像在说"妙妙"。猫的眼睛像两盏灯一样能发光，它夜里不睡觉，专门捉老鼠。）

鹅

身穿白袍子，头戴红帽子。
走路像公子，说话高嗓子。

（解说：鹅长着一身白色的羽毛，头上有一块红色的肉瘤，像戴了一顶红帽子。鹅走起路来一摇一摆，像个公子哥儿，叫起来嗓门儿很高。）

猜一猜

红眼睛，白皮袄，
长耳朵，真灵巧。
爱吃萝卜爱吃草，
走起路来蹦蹦跳。
谜底：（白兔）

小小年纪胡子翘，
看见小鱼咪咪叫。
爱洗脸，爱理毛，
老鼠见它吓得逃。
谜底：（猫）

身体轻又轻，空中来旅行，
有时像棉絮，又像烟重重。
谜底：（云）

千条线，万条线，
数不清，剪不断，
落在水里就不见。
谜底：（雨）

数松树

小老鼠，大袋鼠，
帮着松鼠数松树。
小老鼠数了四棵大松树，
大袋鼠数了六棵大松树。
它们共数了几棵树？

量词歌

一个人两只手，牵着一条小花狗。
两个人四只手，推着两辆小车走。
三个人六只手，抬着三箱葡萄酒。
四个人八只手，盖起四座大高楼。
五个人十只手，团结友爱手拉手。

学唐诗《绝句》

绝句

杜甫

两个黄鹂鸣翠柳，一行白鹭上青天。
窗含西岭千秋雪，门泊东吴万里船。

注释

黄鹂：鸟名。羽毛黄色，自眼部至头后部黑色，嘴淡红色。叫的声音很好听。

鸣翠柳：在绿色的柳树上啼叫。

白鹭：一种水鸟，羽毛白色，腿很长，能涉水捕食鱼、虾等。

窗含：实际是指从窗口可以看到的意思。

西岭：指位于成都西面的岷山。

千：在这里不是确切的数字，而是形容时间很长。

秋：这里表示“年”。

门泊：门前停着。

东吴：今江苏、浙江一带。

万里：泛指东吴到成都的路程，不是确切的数字，而是形容路程很远。

诗意

两只黄鹂在翠绿的柳树上欢快地啼叫着，一排白鹭在天空中飞翔。从窗口可以望见远处山上长年不化的积雪，门前停泊着东吴一带远来的船只。

这首绝句是杜甫在成都草堂写成的，描绘了草堂四周美丽的景色，表现了诗人宽阔的胸怀，令人百读不厌。

精细动作能力

钓“鱼”

在线的一端系上磁铁，另一端系上小棍，以便宝宝用手能握住。然后在一只盒子的底部放上一些钥匙、曲别针、铁珠子等小的铁制小东西。妈妈示范用“钓竿”钓“鱼”，然后鼓励宝宝模仿妈妈来玩试一试，每钓上来一个小东西用手摘下来，再接着钓。这是个非常考验手眼协调能力的游戏，也可以锻炼宝宝的精细动作技能。

可以邀请邻居小朋友一起玩。在玩游戏的过程中，妈妈不要干涉，让宝宝们自己玩，但也不要离开，以免棍子、磁铁等伤到宝宝。

用铅笔涂抹硬币

找一枚硬币，让宝宝翻过来翻过去地玩一会儿，引导宝宝观察两边图案的不同，并用手摸一摸有什么感觉。拿一张画纸和一支铅笔，将纸覆盖在硬币上，妈妈示范用铅笔来回涂画，一点点会涂出硬币的图纹，然后让宝宝模仿这样做。

这个时期的宝宝已经学会拿笔在纸上来回地涂画，使之留下痕迹，这可以给宝宝更多握笔涂画的机会，锻炼宝宝对笔的控制能力。

赶“小猪”

在一个宽阔的没有障碍的场地上面画出两条线：一条起始线，一条终点线。

妈妈站在起始线上，示范用小棍拨着空的易拉罐（“小猪”）前进到终点线。

然后把小棍和“小猪”交给宝宝，数三个数，宝宝开始赶着“小猪”向终点的方向走。

多准备一些玩具，与宝宝一起来比赛，看看谁先把“小猪”赶到终点。最好多邀请一些小朋友与宝宝一起玩。这样可锻炼宝宝手眼动作的协调性和动作的精确性。

这个游戏适合集体进行，可以锻炼宝宝的距离感，帮助他分享与别人一起游戏的快乐，初步了解竞争游戏。

玩用棍子的游戏时要注意安全，避免碰到眼睛等身体要害部位，游戏结束后，要将小棍收好。

记忆能力

记忆能力训练的4个阶段

记忆能力和人的其他各种能力一样，可以经过后天训练而加强。这个月龄的宝宝，正处在记忆训练最佳时期，只要训练方法得当，一定会收到意想不到的效果。可以把记忆力的训练分为 4 个阶段。

注意力的训练

人的注意力，是贯穿于人的一切活动中的一个复杂而重要的心理过程。离开对识记材料的注意，是不会有记忆的，因此，训练注意力应作为整个训练的第一步。

无意识记的训练

宝宝的记忆以无意识记为主，凡是直观、形象、有趣味、能引起宝宝强烈情绪体验的事和物，大都能让宝宝自然而然地记住，特别是与自身情感相联系的事情。所以，必须为宝宝提供一些色彩鲜明、形象具体、富有感染力的识记材料，使材料本身能吸引宝宝，以充分发展宝宝的无意识记和机械识记能力，促进宝宝有意识记和无意识记能力的发展。如各种材料制作的、不同形状的、有趣的小卡片，各类汉字卡片，能活动的计数器、玩具和实物等。对一些杂乱无章的材料，可采用歌谣式记忆法，把需识记的材料编成歌谣和顺口溜，形成一种节奏顺序，以提高记忆效果。

有意识记的训练

这个阶段要让宝宝有意识、有目的地去识记，有意识记的发生和发展是儿童记忆发展过程中最重要的质变。为了培养宝宝有意识记的能力，在日常生活和宝宝的活动中，要经常有意识地向宝宝提出具体明确的识记任务，促进宝宝有意识记的发展。如在听故事、外出参观、饭后散步时，都应该给宝宝提出识记任务，如果没有具体要求，宝宝不会主动进行识记。

记忆与思维协同训练

人的记忆能力与思维能力密切相关，好的记忆是正确思维的保证，好的思维能力是快速识记和长久保持的条件。

这个阶段要帮助宝宝把不同的事物联系起来，使周围的事物有意义。因此，需要运用各种方法，如趣味记忆法和特征记忆法，尽量帮助儿童理解所要识记的材料。可提出一些问题，如“鸟为什么能飞”、“鸭子为什么能在水中游”等，引导宝宝通过积极的思考，在理解意义的基础上进行记忆。

值得注意的是，在训练宝宝的记忆力时，对宝宝完成识记任务的情况要及时给予肯定和赞扬，以提高宝宝识记的积极性与主动性。必须识记的内容也应当在反复训练过程中加以巩固。

背诵诗词有助益智

就智力发育的内容看，幼儿的记忆力也是其中之一，通过背诵古诗词来训练宝宝的记忆力，是幼儿益智的一个重要方面。从生理的角度出发看，儿童的记忆能力很强，不仅对理解的东西，即使是不太理解甚至完全不理解的东西也能很快记住，尤其对那些没有内在联系的记忆内容，更能反映儿童的记忆优势。“熟读唐诗三百首，不会作诗也能吟”，就是对背诵唐诗后智力全面提高的明证。

智力内容中还包括语言表达能力，这也是综合智力的表现之一。只有经过记忆、想象、思考等全面智力活动后，才能与语言建立联系。汉语属于具有声调和韵律的语言，而古诗词的声调和韵律都比较严谨，堪称母语规范。如果正确引导宝宝背诵古诗词，幼儿的语言能力、节奏感和对音韵的感受能力则能大幅度提高。

从生理上来看，因为古诗词韵律严谨，朗朗上口，具有音乐性，读起来节奏鲜明，对宝宝的听觉器官是一种良性刺激，并能通过大脑产生良性生理效应。

朗读古诗句，是一种口腔运动，而口腔运动具有健脑作用。此外，反复吟诗，可使大脑皮层的兴奋、抑制过程达到相对平衡，血液循环加速，体内的生化代谢更加旺盛，能增加一些有益的激素及活性物质的分泌，这些物质能使血流量、神经细胞的兴奋趋于最佳状态，十分有益于体力和智力的发育。

不过需要注意的是，多记性少悟性是小宝宝的记忆特点，千万不要将背诵诗词变成机械性的强迫运动，可以用充满趣味性的游戏来引导宝宝朗诵、背诵，要建立在宝宝有兴趣的基础上，不能为了背诵而背诵。

学唐诗两首

望天门山

李白

天门中断楚江开，碧水东流至此回。

两岸青山相对出，孤帆一片日边来。

注释

天门山：位于安徽省当涂县西南部的长江西岸，江东的叫博望山，江西的叫梁山，两山笔直峭立，夹江对峙，形如门户，因此叫作天门山。

楚江：即长江。湖北、湖南、安徽等地区曾经是古代楚国的国土，因此把流经这里的一段长江叫作楚江。

至此回：原来长江的江水向东流，到了天门山，江水打回旋转弯向北流去了。

日边：天边。

诗意

天门山从中间断开，给楚江让出奔泻的通道，碧绿的江水，滚滚东流到这里，可是又旋转向北去。两岸青山对峙，双峰耸立，在那水天相连之处，一片白帆沐浴着灿烂的阳光，从天边驶来。

悯农

李绅

锄禾日当午，汗滴禾下土。

谁知盘中餐，粒粒皆辛苦。

注释

锄：锄掉谷子地的杂草。

禾：古时候指谷子。

锄禾：在种谷物的田地里锄草。

日当午：太阳正当中午。

当：正当。

午：中午。

诗意

农人种禾很辛苦，为了禾苗长得好，他们不辞辛劳，烈日当头仍挥汗如雨。当白白的米饭摆在桌上时，谁能想到它们是多么的来之不易呢？

让宝宝复述句子

可选内容简单但富有情节的小故事，如拔萝卜。先给宝宝讲几遍故事内容，然后教宝宝复述句子。复述时，你说出一句（3～5个字），让宝宝模仿一句。渐渐地，你说一句话的开头，宝宝可以补充后面的话，最后让宝宝自己把句子复述出来。训练语言表达能力、记忆能力。

听音乐，吃水果

选择两段优美的、节奏明快的音乐，让宝宝先听上一遍。

放一些水果在一起，告诉宝宝将相同的水果挑拣出来放在一块。

告诉宝宝听第一段音乐的时候去把水果按相同分类挑拣成几堆。当第一段音乐一完，要立即停止挑拣水果的动作，开始摸一摸自己爱吃的水果，然后告诉爸爸妈妈水果叫什么名字，水果的颜色、形状、大小、味道。当音乐停止时，宝宝的动作也应立即停止。

水果对于生长发育中的宝宝是十分重要的，家长可在吃水果时引导宝宝观察、认识水果的特征和作用，可以让宝宝摸一摸、闻一闻、尝一尝。

这样的训练可以锻炼宝宝听音乐做动作的能力，培养宝宝的节奏感，发展宝宝的味觉和触摸觉，发展宝宝的认知能力，认识水果的特性，也很考验记忆能力。

宝宝和苗苗

这时的宝宝大都喜欢户外活动，家长要有意识地利用这一机会教宝宝认识自然环境中的事物，看一看、摸一摸。这项活动也可扩展到花、草、树等植物上。

在盆中或院中种上一棵小豆子，等小豆子发芽长到两片叶时就带宝宝去观察。

看着刚出土的豆芽弯着头告诉宝宝，这是小苗苗在欢迎宝宝，宝宝也向小苗苗问好，摸一下小苗苗的两片叶子。

当小豆苗长出新叶时，让宝宝继续摸一摸，让宝宝回忆一下与刚开始时有何区别。

讲故事提问题

小虎拔牙

小虎威威长得虎头虎脑，每天醒了吃，吃了玩，玩了吃，吃了睡，无忧无虑。有一天，虎妈妈拿来一把小牙刷说："威威，你长大了，该刷牙了，不然牙长了虫子，牙齿要坏的。"威威一溜烟地跑开了："我从小就没刷牙，牙不是还好好的？"

这天，威威吃了很多肉，又吃了许多蛋糕，晚上睡觉时，它突然醒了过来，觉得自己的牙好痛啊，赶紧到医院里去就诊。牙医看了看说："哎呀！小虎，你的牙长虫了，虫在钻你的牙呢！"小虎很痛，问："那怎么办呢？"牙医摇摇头，说："那就只好拔牙了。"

从此，小虎威威就少了几颗牙齿。

（提问：小虎威威为什么会长虫牙呢？）

狼来了

从前，有个小孩每天赶一群羊，到山里去吃草。

有一天，这个小孩忽然大叫起来："狼来了，狼来了！"

在山里种地、打柴的人听说狼来了，都赶紧放下手里的活儿，带了镰刀、锄头、扁担，飞快地跑来打狼救孩。大伙儿跑到跟前一看，羊在乖乖地吃草，狼在哪儿呀？大伙儿问小孩，小孩哈哈大笑起来。

原来根本没有狼，是这小孩儿闹着玩儿呢。大伙儿很生气，说了小孩一顿，叫他以后不要再说谎了，就回去干活了。

过了几天，大伙儿正在忙着，又听见那个放羊的小孩在喊：

“狼来了，狼来了！”

大伙儿跟上回一样，放下活儿，带上镰刀、锄头、扁担，赶来打狼救孩。谁知道又上当了，根本没有狼，还是这小孩在闹着玩儿。

“上回跟你说了，叫你不要说谎，你为什么又说谎了？”

这小孩一边哈哈大笑，一边心里在想：瞧我，一个小孩能叫那么多大人上当，多有本事。

又过了几天，这小孩又喊起来：“狼来了，狼来了，快来打狼呀！”

大伙儿听见了，谁也不去理他。这个说：“这小孩说了两次谎，这回准又说谎了。”那个说：“咱们上了两次当，这回再也不能上当了。”

结果狼真的来了。咬死了几只羊，小孩后悔极了，以后再也不说谎了。

（提问：为什么小孩第三次喊“狼来了”的时候，大伙儿都不去了呢？）

雪娃娃

一大早，宝宝就起床了。他推开窗户往外一看，啊，好大的雪啊！宝宝高兴极了，蹦蹦跳跳地跑到外面，叫爸爸：“爸爸，爸爸，快来呀，我们来堆雪娃娃！”宝宝和爸爸一起一盆一盆地端来雪，往上堆呀堆呀，咦，一个大肚子出来啦！又堆呀堆呀，咦，一个圆乎乎的脑袋出来了。宝宝跑回屋，拿来一根胡萝卜和两个黑色圆积木，给雪娃娃做了个鼻子和眼睛。宝宝左看右看，又把自己的小红帽、小围巾给雪娃娃围上。这下雪娃娃不冷了吧？宝宝和雪娃娃一起拍了好多照片呢！

第二天，暖洋洋的太阳照在宝宝的小脸上。宝宝醒了，他一下想起雪娃娃，忙跑到窗口一看，咦？雪娃娃不见了。宝宝哭得伤心极了：雪娃娃，你到哪儿去啦？

（提问：宝宝的雪娃娃到底到哪儿去了呢？）

猴子学样

一个老头儿，挑着一担草帽上城里去卖。走到半路上，老头儿累了，放下担子，坐在大树底下休息，不知不觉睡着了。

有一只老猴子，带着一群小猴子出来玩。老猴子看见大树底下放着一担草帽，又看见一个老头儿戴着草帽，靠着大树在睡觉，就轻轻地走过去。小猴子看见老猴子走过去，也跟在它背后走过去。

老猴子拿起一顶草帽，学老头儿的样子，戴在头上。小猴子看见老猴子戴草帽，也各自拿了一顶草帽，戴在头上。

老猴子戴着草帽爬上了大树，小猴子也戴着草帽跟它爬上了大树。大家你看看我，我看看你，从这边树枝跳到那边树枝，“吱吱吱”，“嘻嘻嘻”，又是叫，又是笑，把卖草帽的老头儿吵醒了。

老头儿睁开眼睛一看，哎呀！箩筐里一顶草帽也没有了！他立刻跳起来，东寻寻，西找找，不见草帽，也不见一个人。

躲在大树上的猴子看见老头儿这样着急，又大声叫起来。老头儿抬头一看，只见大树上坐着一群猴子，每只猴子戴着一顶草帽。

老头儿气极了，指着猴子们大声说：

“你们这些顽皮的猴子，赶快还我的草帽！”

猴子只是吱吱喳喳叫，跳来跳去，谁也不肯把草帽还给他。

老头儿更气了，指着猴子大声嚷：

“你们这些坏东西，不还我的草帽，我就把你们都捉起来！”

猴子们看老头儿指手画脚地嚷嚷，也指手画脚地叫起来，不肯把草帽还给他。

老头儿更急了，一边晃着拳头，一边跺脚说：

“你们到底还不还我的草帽！再不还给我，我就把你们抓到城里去关起来！”

猴子们也学老头儿的样儿，晃着拳头，跺着脚，叫起来，还是不肯把草帽还给他。

老头儿又急又慌，脱下草帽，搔起脑袋来，什么办法也想不出来。

猴子们也学老头儿的样儿，脱下草帽，搔起脑袋来。

老头儿看见猴子又在学他的样儿，心里想：有了！有了！他就把手里的草帽使劲往地上一摔，叹了口气说：

“唉！真把我气死了！真把我气死了！”

猴子看见了，也学老头儿的样子，一个个把草帽使劲摔下来。

老头儿赶忙把地上的草帽捡起来，装到箩筐里，挑起担子，进城去了。

（提问：老头儿为什么往地上摔草帽呢？）

宝宝的右脑开发

适应能力

找到适合宝宝的识字法

想让宝宝识字，可面对多种多样的识字法父母难免会觉得无所适从。对于小宝宝来说，识字应从高频字入手。高频字，顾名思义，就是日常生活中最常用到的字，目的在于让宝宝尽早进入早期的阅读，就像是为宝宝打开知识的大门。

识字法是否适合关键要看宝宝的接受情况，宝宝和父母的认知规律不同，宝宝是先整体后部分的，所以教宝宝识字切忌脱离整体。给宝宝一个具体的语言环境，你会发现他的学习速度产生了让你吃惊的变化。可以试试分别教两个宝宝下面这组例子：

A：我喜欢小狗，想和它做朋友。

B：我、小、朋、和、友、它、想、喜、欢、做、狗。

同样的10个高频字，不同的是A组成了一个整体。看看哪种学得快、记得牢！

帮助宝宝记住自家地址、电话

教宝宝认自己家的楼号、楼层、门牌号、街道胡同名称等。如果家中有电话，也可让宝宝记住电话号，学习在电话亭给妈妈打电话。这是一种十分必要而有效的安全教育，宝宝可以在3岁前后学会。

观察能力

观察力帮助宝宝产生好奇心

宝宝一出生，就对周遭的事物充满了好奇，观察力就开始与日俱增。相信你一定有过这样的经验，盯着宝宝无邪的脸庞，看着宝宝眼睛四下里转，观察周遭环境。再大一点时，宝宝会用小手触摸好奇又陌生的事物。等到宝宝渐渐成长，开始尝试许多新鲜的活动。会走的宝宝，在追逐、游戏中不小心摔倒以后，会号啕大哭，但也学习到了什么是疼痛。

观察力对宝宝的帮助，在于产生好奇心，于是宝宝会主动地去看、去听、去触摸，在这些观察人和事物当中，形成一种循环的认识过程。由观察产生兴趣，从兴趣中又开始思索，再从思索中学习，在学习中增长知识，从知识中了解事物，由此周而复始，一次次地循环，一次次地了解、学习。

观察力虽然只是就生活中的琐小细微事物而言，却掌控着宝宝成长、学习的成败。因此，有效培养宝宝的观察力，是父母责无旁贷的使命。

昆虫学习法

蚂蚁的踪迹无论在南方还是在北方都随处可见。这种小小的昆虫，是训练宝宝观察力的好教材。因为，蚂蚁是一种相当有组织的生物，种群的分工相当精细，每只蚂蚁各司其职。可以在蚂蚁出入的地方，放一些饼干屑，然后和宝宝一起观察蚂蚁把饼干屑搬入窝的有趣情形，是引导宝宝观察的一种最自然且最方便的教材。

游戏学习法

可以运用图片、卡通、玩具积木等道具来训练宝宝的观察力，例如，把一大堆不一样形状的积木倒在地板上，让宝宝找出同样形状的积木，并且分类放好。或是拿两张相似的图片，让宝宝找出细微不同的地方，这样不但能训练宝宝的观察力，也能培养宝宝归纳和分析的能力，培养其成为一个细心且有组织能力的人。

家务学习法

做家务事，也能够训练宝宝的观察力。2岁左右的小朋友，已经可以开始分担一些简单家务事。可以把洗净、晒干的衣物收进家里，然后请宝宝一起做分类工作，哪一些是爸爸的，哪一些是妈妈的，哪一些又是宝宝自己的。别小看这些简单的分类工作，如果宝宝从小做这样的分类游戏，不但可以培养观察力、秩序感，还能经过耳濡目染，在无形之中培养出宝宝爱整洁、做事有条理，并且具有责任感的良好素质。

找出符合特征的卡片

准备三张正方形、三张圆形和三张三角形卡片，分别为红、黄、蓝三种颜色。再准备一个浅盒子。

❶ 将全部卡片放在桌子上。问宝宝：

“你能找出一张不是红色的卡片吗？把它放在盒子里。”

“还有没有不是红色的卡片？”

“把所有不是红色的卡片都放在盒子里。”

❷ 再将 9 张卡片放在桌子上。问宝宝：

“你能找出 5 张不是圆形的卡片吗？”

“将所有不是圆形的卡片放在盒子里。”

❸ 再将 9 张卡片放在桌子上。问宝宝：

“你能找出一张既不是红色，也不是圆形的卡片吗？”

“还有其他既不是红色也不是圆形的卡片吗？”

“留在桌子上的是什么颜色的卡片？”

❹ 再将 9 张卡片放在桌子上。

要求宝宝：“指出一张既不是蓝色又不是正方形的卡片来。”

反复提出两种否定特征、一个肯定和一个否定特征的条件要宝宝完成。

宝宝分类是按颜色、形状、大小顺序来区分的，颜色是最容易辨认的一种，因此练习分类最好从颜色开始，先教宝宝认识颜色，区分不同的色块。对于颜色的深浅还不必要求。

把画补完整

妈妈画 6 头猪，一头是完整的，另 5 头猪每头都少一部分（耳朵、眼睛、鼻孔、尾巴、腿），请宝宝说出每头猪缺什么，用笔补好。

大动作能力

顶气球

准备一只气球，让宝宝把球抛向空中，当球下来时，教宝宝用左右手向上击球，或让宝宝用头顶球，使球不落地。也可以和宝宝比赛看谁玩的时间长（或击的次数多），多者为胜。

捉影子

拿一面小镜子在阳光下反射亮光，忽高、忽低，忽左、忽右，多变换位置，鼓励宝宝随影子移动去捕捉，他会玩得很开心。训练宝宝的注意力、动作敏捷性与灵活性。

追鸭子，看看谁跑得快

准备拖鸭数个。小朋友坐在场地一端，阿姨对小朋友说：“小朋友，我今天带来许多小鸭，小鸭跑了，请小朋友跟在我后面追小鸭，看谁跑得快。”然后阿姨手里拿一些拖鸭，带着小朋友跟在自己后面追拖鸭。追两三圈后，阿姨把拖鸭分发给每个小朋友，让小朋友自由拖着玩一会儿，游戏才结束。通过这个游戏，锻炼宝宝的全身肌肉的活动能力，使他可以在指定的范围里跑，并在跑的时候相互不碰撞。

拍气球，踩气球

妈妈可以在市场上购买一些小气球，放在一间比较小的房间里，并让这些气球都飞起来。爸爸作为发号施令者，告诉宝宝如何去玩。当爸爸说开始时，宝宝就边拍球，边把球向脚下踩。

家长的指导语可以是："宝宝进到太空里面了，这么多气球，宝宝快去追呀，看宝宝能不能把球踩在脚底下。"

气球的气不能太饱，避免宝宝踩到球上时，因为球的硬度比较大而从宝宝脚下蹦出来。

不要用嘴对着气球吹气，以防宝宝模仿家长的动作而把气球吸进喉咙里。如果宝宝用两只手去捏气球，这时，家长也应给予及时制止。

这个游戏能提高宝宝控制身体动作的能力，发展动作的协调性；同时，能激发宝宝愉快的情绪。

开飞机，宝宝跑起来

让宝宝把双臂在身体旁平举起来，学着开飞机的样子在场地里跑。妈妈嘴里可以给宝宝念一些歌谣，如"小飞机，天上飞，我是小小的飞行员，我带爸爸妈妈去看白云"。做这个游戏最好是妈妈或其他小朋友与宝宝一起做，以训练宝宝在跑动时不与别人相撞。

躲闪，增强身体的灵活性

选择一个比较大的空间，让宝宝随意站在绳子周围的任意一处。妈妈把绳子放在地板上拖动，使之弯弯曲曲地像一条蛇在爬行一样，并提醒宝宝不要让绳子碰到自己。为了避免碰到绳子，宝宝需要不停地跑动，或在必要的时候跳起来。当宝宝熟悉这个游戏后，可以相应地加快一点速度，但动作不要太突然和剧烈。另外，如果宝宝想移动绳子当"蛇"，妈妈应该满足他，并配合他。

这种躲闪游戏可以锻炼宝宝走、跑，特别是跳跃的能力，增强身体的控制能力和灵活性。注意绳子不要太长，以免宝宝不小心踩到绳子摔倒。

和妈妈玩毛巾滚球

妈妈与宝宝各自抓住长毛巾一端的两只角，把一只皮球放在毛巾中间，分别提高毛巾的两只角，让球在毛巾上滚来滚去；还可以抬起毛巾，把球抛到空中再用毛巾接住。这要求宝宝有较好的肢体协调能力，从而能自如地与妈妈进行配合行动，不让小球掉落。

社交行为能力

情商的重要作用

情商（EQ），即情绪商数的简称，情商理论的提出是对传统智商（IQ）理论的挑战，也是对“聪明”和“人才”的一种全新的现代诠释。

人们早就发现，相当多的高智商者尽管学业优秀、反应灵敏、博闻强识，然而在事业上却远不如一些智商比自己低得多的人辉煌。还发现在智商相近的人群中，有人讨人喜欢，有人惹人讨厌，有人甚至找不到称心的配偶。而面对挫折，有人游刃有余，有人却一筹莫展。统计显示，在个人的成功因素中，智商只起 20％的决定作用，而情商却高达 80％。

情商并不是一种抽象的理论，也不仅仅是一种品质。它具有先天遗传的成分，但和智商相比，更多与后天的培养息息相关，原因很简单：一个人的大脑是依赖重复的经验成形的。情商包括：自我认识、情绪管理、自我激励、了解他人和社会交往能力。在评价情商高低时，一般具体细分为自信心、爱心、独立能力、意志力、竞争意识、目标性、乐观、诚实、交际与合作。

情商较低的人，在幼儿时期就能显出竞争劣势。一个经常被焦虑、愤怒等消极情绪困扰却不知如何摆脱的宝宝，肯定难以成为学习尖子。一个与集体格格不入、常常形单影只的宝宝，往往会缺乏自信，因而往往缺乏出类拔萃的内在动力。那些分不清愤怒、空虚、忧郁、饥饿等感觉的宝宝，往往会喜欢大吃大喝、饮食无度；相反，那些善于分清自己种种感觉的宝宝，则往往可以明智地做出自我控制的选择。此外，在挫折面前不知所措的宝宝往往难在失败以后重振旗鼓、迎头赶上，会过分冲动，不善于控制愤怒，不善于理解别人的情绪。

现在，宝宝与父母在一起的时间越来越少，家庭变得越来越小，宝宝与祖父、祖母或外公、外婆同住的“三代同堂”式家庭也越来越少。宝宝更多地与电视机、游戏机、电脑为伴，因而缺少与人沟通、交流的机会，从而妨碍了宝宝交往能力的发展。

情商更依赖于后天培养，这意味着最好要“从幼儿做起”。有一句老话叫“性格是从小养成的”。在过分注重智育的家庭中成长的宝宝，必然缺乏了解他人和社会交往的能力；在保护意识特别浓的父母呵护下长大的宝宝，必然缺乏独立性。相反，如果在宝宝幼小的时候，就接触情绪教育，给予他一个温暖、鼓励、健康的成长环境，创造足够多与同龄人交往和交流的机会，教会宝宝如何控制或平息愤怒、焦躁、忧郁等不良和消极情绪，对宝宝的一生都能起到良好的积极作用。

将游戏玩出不同的花样

在宝宝玩耍时，父母应尽可能抽出时间陪着宝宝一起玩，指导宝宝玩出新的花样。例如，玩具小汽车不光能用手推，或机械驱动或电动开着跑，还可以给汽车建一个车库；各种各样的动物玩具不一定要一件一件地玩，可以建一个动物园。

宝宝需要小伙伴

这个阶段的宝宝已能走会说，交往范围扩大了，他开始对小伙伴感兴趣，欲与其他小伙伴一起玩的愿望越来越强烈，一见到别的宝宝就表现得很高兴，他会跑过去拉拉手，摸摸人家的脸，或彼此相视而笑。

在大人的引导下，两个宝宝已能在一起玩上片刻。虽然他们在一起玩时往往是各玩各的，看似互不相干，但小伙伴在场与否，宝宝玩耍的兴趣和效果却不一样。有的研究认为，有小伙伴在场时，宝宝能用一个玩具做出更多的游戏动作，玩的时间也更长。在你的宝宝与别的宝宝一起玩的过程中，他开始意识到同伴的存在，学习与别的宝宝的初步协调，同时他也会观察学习别的宝宝的玩法。

当然，有时免不了会出现争抢玩具的现象，时常会因抢夺一张小纸片或一颗小石子而争吵起来，这是因为这个阶段的宝宝还分不清“你的”和“我的”，还没有形成“所有权”的概念。在他们的心目中，从别人手中取得的玩具与在自己玩具架上拿玩具没有什么差别。为了防止不愉快，最好给每个宝宝一件东西，或教他们用自己手中的玩具跟别人换。

如果你的宝宝表现得太好强，总是抢小伙伴的玩具，你可让他与大一些的宝宝一块玩，这样，他就会收敛一些，学习控制自己的愿望和行为，这是宝宝学习成功交往的开端。

有的宝宝不愿把自己手中的玩具给别人玩，对于这个阶段的宝宝来说是正常的。随着年龄的增长，家长要教宝宝在与小伙伴玩的过程中逐渐懂得与小伙伴分享自己的玩具，并体会到这样做而获得赞赏的愉快心情。

当宝宝间发生争抢玩具甚至推打的情形时，大人不要大声呵斥，或要求宝宝一味地退让，可以试着提议以轮流的方式解决。宝宝间的纷争，是他们学习处理问题的好机会。爸爸妈妈不要过度紧张或大惊小怪。

帮助宝宝面对自己的错误

宝宝没有学会道歉，可能是因为不懂得是非观念，不知道生活中什么是对的，什么是错的，为什么是错的，更不知道自己应该怎样改正错误。因此，家长切不可对宝宝动辄责备，应耐心地告诉宝宝为什么错了，错在哪里。

认错需要一定的勇气。宝宝不敢认

错，可能是害怕承担后果，家长应给宝宝一种安全感，告诉宝宝每个人都有犯错误的时候，只要改了就是好宝宝，避免宝宝产生畏惧感。

父母错时，要向宝宝认错

传统的家庭观念认为家长向宝宝道歉，会丧失自己的威严，所以，不少家长为了维护作为大人的面子，仍然坚持即使做错了也不向宝宝认错。

研究显示，父母向宝宝认错，不仅可以融洽家庭关系，而且可以用现身说法让宝宝明白每个人都会有错的时候，认错不是一件丢脸的事情。父母向宝宝认错，不仅不会因为认错而丧失尊严，反而会让宝宝更加尊敬父母。

我的信箱，了解交流方式

用纸盒和彩纸给宝宝做一个信箱，有可以打开的门和投递的缝隙，固定在家中门口的墙上。妈妈每天往这个信箱里投进一些专为宝宝设计的邮件。妈妈可以用宝宝已经认识的字来写一封信，还可以投写字卡、图片、明信片、照片或小故事等。把取信件的工作交给宝宝，然后与宝宝一起读这些信件。读完后把信件分类，请宝宝收藏好，有时间就拿出来读一读、看一看。让宝宝了解社会交往的一个主要方式——通信，发展宝宝的社会交往能力。

想象能力

数学游戏，想象“1”与“2”

妈妈先教宝宝用手指着自己身上的部位，然后说：“我有一个鼻子。”“我有一张嘴。”“我有两只眼睛。”“我有两只耳朵。”“我有两只手。”“我有两只脚。”反复玩，认识“1”和“2”。锻炼想象力，让宝宝在脑海中联想与“1”和“2”相关的种种事物。

红灯停，绿灯行

让宝宝和你一起用小汽车玩“红灯停、绿灯行”的交通游戏。你说：“红灯亮了，汽车赶紧停下。”就让宝宝的汽车停下来。或者说：“绿灯亮了，汽车可以开了，全速前进，把车开得快点。”“黄灯亮了，减速，慢行……”要让宝宝真正理解这一行为规则，平时可带宝宝进行实地考察，观察路口车辆行驶与红绿灯信号的关系。宝宝可以在思维中逐渐理解行为规则。

摸摸口袋里是什么

找几个宝宝较熟悉的玩具，放到布口袋里，叫宝宝把手伸进袋里去摸，并把摸到玩具的名称说出来，再拿出来看是否正确。或者你先说出玩具名称，叫宝宝摸出你所说的那个玩具。

教养重点与疑问解答

幼儿的“泛灵心理”

幼儿时期的“泛灵心理”，是指把所有的事物视为有生命和有意向的东西的一种倾向。在幼儿心目中，一切东西都是有生命、有思想感情的活物。

“泛灵心理”是幼儿在发展过程中出现的一种自然现象，是不可逾越的必经阶段。宝宝们所表现的“泛灵心理”行为，不能用简单的模仿与想象解释。

利用幼儿“泛灵心理”对幼儿进行教育，会起到意想不到的效果。父母应当善于把事物拟人化，激发宝宝的“泛灵心理”，让宝宝把外界物体同化到自己的活动中去。例如，宝宝在做游戏时，教育宝宝不要把墙壁弄脏，不要把小凳子弄坏，可以对宝宝说：“小凳子如果被摔了，一定会很疼的，如果把它的腿弄断了，走起路来多难受啊！”也可以说：“墙壁可喜欢卫生了，如果把它弄脏了，它就不跟你交朋友。”宝宝听了以后会非常注意，还会擦擦凳子，掸掸墙壁上的灰尘。

幼儿对会活动的东西，更容易引起“泛灵心理”反应。利用“灵化”了的外部事物对幼儿进行教育，会起到意想不到的效果。“灵化”了的外界事物，主要是指童话故事、寓言故事、民间故事等。这种教育宝宝的方法，比起向宝宝讲解难懂的大道理效果好得多。父母如果把这些寓言、童话故事编成小话剧、小舞蹈节目和宝宝一起表演，让宝宝接受直接的心理体验，效果会更好。

当然，幼儿的“泛灵心理”是一种意识发展不充分的表现。在利用“泛灵心理”进行教育的同时，还应指导宝宝逐步学会人物识辨、物物识辨，促进宝宝从本质上去认识事物，使宝宝的认识能力不断提高。

为什么宝宝喜欢反复看同一本书

宝宝之所以会在翻到书的最后一页后，又从头开始看，是因为自己实在太小了，书中的内容大大超出了宝宝能理解的范围，看一遍，并不足以让宝宝掌握新鲜知识。像一些新的词语，一些文字叙述的真正含义，宝宝需要时间去理解和接受。如果拿成年人和宝宝比，大概父母把一本书看到能背下多数内容的时间，只够宝宝刚刚搞清楚每一页的内容，如果让宝宝复述，宝宝会看到上一页，才能想起下一页大概是些什么。

为什么宝宝们都喜欢玩捉迷藏

几乎所有的宝宝都喜欢玩捉迷藏，尤其是全都喜欢充当先闭上眼睛数数，然后睁开眼睛去寻找的那个角色。

捉迷藏，能锻炼宝宝的认识力和社交技巧，因此受到各个年龄段宝宝的喜爱。

捉迷藏启发认知，会让宝宝发现那些暂时不在视线范围内的人，其实并没有走开——随着越长越大，宝宝从游戏中能慢慢学会去寻找自己要找的东西。

捉迷藏还能帮助宝宝获得这样一种认识：并非每个人眼中的世界都和自己眼中的一个样。

为什么宝宝会吃着吃着饭就睡着了

前一分钟，宝宝还吃着面条，一分钟后眼皮就耷拉下来，甚至还打起了小呼噜，这是怎么回事呢？食物太丰盛，会令人吃得生厌，这一点在年龄比较小的宝宝身上表现得特别明显。婴幼儿的大脑还不具备预料能力，也无法控制自己不希望发生的事情，而且宝宝无法区分“想睡觉”和“睡着了”两种状态。不管当时在干什么，宝宝只会听身体的话，所以只要感到想睡觉，身体状态就马上调整到自己想要的状态去。

如果宝宝吃饭时睡着了，父母得用手指把宝宝嘴里的饭抠出来，以防不测。防止宝宝吃饭时睡着的好办法是事先让宝宝对吃饭心里有数，知道吃什么、吃多少，让宝宝知道吃饭的时候不能睡觉，睡觉有固定的时间。宝宝的习惯性特别强，如果每天吃早饭、午饭、晚饭和夜宵的时间相对固定，就不大可能会在吃饭中途睡着。

为什么宝宝喜欢玩盒子，而不是小礼物

圣诞节到了，父母用尽心思让“圣诞老人”捎来了一个会走路和说话的卡通玩具。但宝宝似乎对这漂亮玩意儿不感兴趣，更喜欢在一个包装某种电器用的大纸盒里钻进钻出，而且十分入迷。在宝宝眼中，一个简简单单的旧盒子和市场上花样百出的玩具不一样。盒子是自己选择的，想怎么玩就怎么玩，而且能玩出好多花样。因此，在庆祝宴会上，面对琳琅满目的各色玩具，宝宝伸出手拿住的，可能只会是那种最简单、看起来不是那么华丽和耀眼的一个。

为什么有的宝宝爱“闹早”

“闹早”，即起床特别早，这样的宝宝有两种：一种是起来后情绪很好，另一种则不是那么情愿，看起来有点无奈。前一种是因为睡足了觉。宝宝需要的睡眠时间因人而异，有的需要12个小时，有的则只需要10个小时，甚至更短时间。如果宝宝总是起得很早，父母应该高兴才是，因为小家伙已形成自己的睡眠生物钟，只是宝宝的睡眠生物钟和父母的不太协调而已。

“闹早”起来以后，显得还睡眼蒙眬的一类宝宝，脾气暴躁，浑身软弱无力，在醒来后1～2小时内又会昏沉沉地重返梦乡，或者陷在沙发角落里看电视，或者动辄暴躁不已。心理学专家认为，宝宝早起以后表现出这些特征，是证明还没有睡够。

一个健康、睡眠充足的宝宝，不需要更多的睡眠，所以，宝宝“闹早”起来后一般不会很快又想睡。对于这样的宝宝，最好不要强迫他再回去睡觉，但可以适当调整作息时间，以使宝宝的睡眠生物钟和家里的人相协调。

如果你家的宝宝脾气古怪，总是缺觉，那么睡觉时间可能需要提前一小时，有的甚至需要提前得更多。父母们往往误认为，让宝宝早早上床，可能因为睡不着而越弄越晚。事实上，对于那些神经比较敏感、需要长时间睡眠的宝宝来说，早点上床去睡恰恰是非常必要的。

为了防止宝宝“闹早”，妈妈不妨参考以下办法：

1. 一开始可不加理睬。在宝宝清晨发出第一声啼哭时，爸爸妈妈不妨稍

微等待一下，如果宝宝不是大哭尖叫，可以慢慢加长等待的时间，宝宝哭一会儿后也许能翻个身再睡，或乖乖地自我娱乐一番。

2. 避免晨光直射进来。宝宝对光线比较敏感，早上天一亮就会醒来，可以将宝宝卧室的窗帘弄得厚一些，以更好地隔离光源，不让早晨的阳光直接照进宝宝的卧室。如果这样宝宝还是天微微亮就哭，可以在他醒来后看得到的地方，如床边，放一些安全的玩具，这样宝宝一睁眼就看到玩具，能降低哭闹的概率。

3. 不要让房间能听到噪声。宝宝对噪声非常反感，如果睡觉时能听到噪声，他必然会哭闹，因此宝宝的房间隔音要好，尤其是当居所面对大街时，睡前一定要关紧窗户。宝宝的房间应尽量远离街道，以免早晨的噪声惊醒宝宝。

4. 控制白天睡觉的时间。这个年龄段的宝宝可以每天睡 15 小时左右，宝宝如果白天睡得太多，晚上自然就睡得少。在不让宝宝过于疲惫的基础上，可以让宝宝白天睡得少一点。

爱早起的宝宝醒来 1～2 小时后往往要睡个回笼觉，这时可以尝试延缓宝宝再度入睡的时间，慢慢地从每天延长半小时一直到 1 小时，以至于能延迟宝宝早上醒来的时间。

暗示教育有奇效

父母一般都遇到过这样的场景：当宝宝吃手指时，父母会禁不住“啪”地打一下宝宝的手，大声喝道：“不许吃手!”但是，当宝宝压力过大时，反而更想把手伸入口中。而在此时，如果只是对宝宝来个暗示，比如摇一摇头，或者用眼神示意宝宝别咬手指头，要比前一种方式更能令宝宝接受。这种现象说明，暗示教育要比简单粗暴的呵斥和禁止行为有效得多。

一般说来，暗示教育包括语言、行为、榜样和情境教育几个方面。

语言暗示

在宝宝不想去幼儿园时，不必逼着宝宝答应去，可以这么说：“在幼儿园要同小朋友一块玩玩具。”从中暗示宝宝，今天要上幼儿园，并让宝宝想到上幼儿园可以和小朋友一起玩玩具。也不要直接对宝宝说：“不听话的宝宝才闹着不去幼儿园。”而换成：“明明昨天不乖，他闹着不去幼儿园。”宝宝会明白，闹是不对的。

当父母要让宝宝对某一事有深刻的印象时，不一定要反复强调，只需用暗示性的语言启发宝宝，就能达到目的。

比如教宝宝懂礼貌，可以问问宝宝："见到爷爷奶奶应该先说什么？"让宝宝自己说："问爷爷奶奶好！"

行为暗示

行为是直观的，最容易引起宝宝注意。一个小朋友敲一下门后笑着跑开，别的宝宝就可能也跑上去敲一下。所以，利用行为来暗示宝宝，也会起到好的教育作用。比如，宝宝不好好地吃饭，父母可以模仿卡通人物大力水手的样子，先吃一口菠菜，再伸一伸胳膊、蹬一蹬腿，宝宝就会明白你的动作暗示，知道吃好了饭力气大，便大口吃起来。

榜样暗示

有一个小朋友大声地哭，别的宝宝会随同着一起哭起来。这时采用暗示的方法，可以让宝宝的哭声停止。老师只需对没有哭的宝宝表示出赞赏，其他的宝宝就会向不哭的宝宝学习而停止哭闹。又如，妈妈听到奶奶进门的声音，急忙把桌上的水果收了起来，宝宝就可能从中接收到不良暗示：好东西不给奶奶吃。反之，妈妈把最大、最红的苹果拿给奶奶，宝宝也会从妈妈的行为中学到尊敬老人的好品德。

情境教育

爸爸在书房写作时，宝宝有可能跑到爸爸桌前又叫又跳，此时，如果妈妈厉声制止当然也能行，却不一定能比妈妈蹑手蹑脚进屋，小声对宝宝说"咱们到外面玩吧"效果更好。

当宝宝不睡觉时，可以指一指旁边睡着的小花猫，暗示宝宝该睡了。也可以躺在宝宝身边装睡，宝宝在"大家都睡"的情境之下，也会很快入睡。

对宝宝来说，暗示教育能够激发无意识的心理活动，让小家伙在轻松愉快的气氛中接受教育，比用强制性的、命令性的教育效果更好，更适宜亲子间的交流。

宝宝口吃怎么办

在幼儿神经系统快速发育时期，会因为某些精神因素作用影响，容易出现语言功能障碍。

2～3岁的宝宝，正是口头语言发展的关键时期，对周围事物的兴趣很浓，不断发现新鲜事，不断掌握新词汇。但宝宝的言语功能尚未成熟，还不会选择恰当的词语，造成说时迟疑不决，好重复，哼哼哈哈地不流畅。这种状况会随着发育自然好转。

有的宝宝上了学，说话还是结结巴巴，有的宝宝说出一个字后还要延长这个字的发音时间，有的宝宝每一个字重复多次后才能说出第二、第三个字。医学上将这些情况称为口吃。但也有宝宝平时说话口吃不严重，仅仅是在紧张时表现得非常突出。

口吃，初发生在 2～4 岁的幼儿，这段时间是幼儿学习说话的最佳时期。宝宝希望用较多的词语来表达自己的意思，却会因为掌握的词汇量太少，有时候要边想边说，往往会把第一个字重复多次。这个阶段宝宝还会出现用字不当、发音不准、语法结构错误等问题。父母对宝宝的语言表达能力往往会要求过高，宝宝出现表述困难时，会遭到父母的训斥和惩罚，这样一来，容易使宝宝产生焦虑不安、紧张烦躁等不良情绪，从而引起口吃。另外，有的宝宝会在无意中模仿口吃者的发音，时间一长，反倒会成了习惯。还有个别宝宝，虽然已经进了幼儿园，但说话时喜欢用重叠音来表达意思，如“饭饭”、“肉肉”等，长久下去，也容易引起口吃。

怎样纠正宝宝的口吃呢？

要主动关心宝宝，宝宝说错了不要紧，要耐心细致地反复纠正，教宝宝正确地说话。不可以嘲笑和训斥、责怪，切忌打骂，以消除宝宝紧张、焦虑的情绪。要劝阻周围人不要嘲笑或模仿有口吃的宝宝。此外，还要注意：

1. 叮嘱宝宝说话时不要太用力，要放低音量，用轻柔的音调讲话，要有节奏地发音，恢复语言的正常节律。
2. 说第一个字时要进行诱导，要缓慢地、轻轻地诱导宝宝发音，并逐渐变响，然后过渡到第二个字。
3. 平时要有意识地培养宝宝慢慢说话的习惯，还可以让宝宝每天朗诵几首儿歌或诗歌。
4. 尽可能让宝宝与人多交谈，尤其是谈一些愉快话题，宝宝不紧张，就不会出现口吃。
5. 当宝宝口吃有所改善时，要给予鼓励，以巩固成绩。

一般来说，只要经过这几项措施来耐心细致地逐步矫正，宝宝的口吃习惯会慢慢纠正的。

怎样处理宝宝眼馋

俗话说，“别人家的饭菜香”，为什么宝宝总是会爱要别人家的食物呢？

宝宝爱吃别人的东西，是由宝宝的年龄特点所致。宝宝年龄还小，不理解“所有权”概念，分不出“你的”、“我的”，宝宝才不管是谁的，想要了就伸手。另外，家人的教养不当，表现在家人的娇宠，形成宝宝以自我为中心，对宝宝自控能力的培养也不够。

处理好这个问题，要做到：

1. 备存一些必需的食品。现实生活中，有些家庭一味强调不给宝宝吃零食，在这方面限制过严，增加了别人家的食品对宝宝的诱惑力，致使宝宝眼馋、嘴馋，形成不良习惯。同时，家人要把握住分寸，不能用零食代替主食，不能有求必应，无原则地迁就宝宝。
2. 平时注意给宝宝讲道理。逐步让宝宝懂得这是自己的，那是别人的。自己的东西可以自己支配，别人的东西不能随便要、随便吃。即使在对方盛情难却的情况下，宝宝也要征得家人的同意，才能接受别人的食物。在日常生活中，父母应培养训练宝宝学会控制自己的某些需要。
3. 出门前要先备好一些食物带在身边。如果宝宝讨要别人的东西吃，可以拿出准备好的食物说："妈妈这儿有，宝宝不要别人的。"以此满足宝宝的需要。

在宝宝看到别人吃东西，自己非要不可时，不妨这样试一试：

1. 明确告知。告诉宝宝，向别人讨要吃的东西不好，大家会不喜欢。如果想吃，跟妈妈回家去拿。
2. 转移宝宝的注意力。可以带宝宝离开，或用其他事物吸引注意力。如对宝宝说："宝宝，我们去看汽车。""宝宝，你看那花多漂亮。"
3. 争取对方家人的支持，协同教育。应取得周围邻里的谅解和支持，当宝宝向别的宝宝讨要食物时，请宝宝们不要随便就给，协同做好对宝宝的教育。

摒弃过分的虚荣心

家庭教育中，不少父母存在着不同程度的虚荣心，对宝宝的健康成长危害很大，其主要表现有：

1. 常在别人面前吹嘘宝宝。父母过高地评价自己宝宝的发展水平，总觉得自己宝宝最聪明，甚至有些分明是宝宝的缺点，也带着欣赏的口吻加以谈论，口头上像是在批评宝宝，其实心中却颇为得意。
2. 过分强化技能早期训练。过早地让宝宝学弹琴、画画、数数、识字等，不顾宝宝的兴趣、爱好、天赋和能力，什么都要宝宝学，什么时髦学什么，这种教育上的急功近利有害于宝宝真正的发展。
3. 一味要求宝宝冒尖显眼。父母认为自己功名无望，把一切希望都寄托在子女身上，总担心宝宝落后于人，特别注重宝宝的名次、分数。为了使宝宝出人头地，不惜动用各种奖惩手段，或是物质刺激，或是实行强迫学习。这些教育方式必然导致宝宝求胜心过强而难以承受挫折。

如果父母有自我虚荣心，会为了面子而损害宝宝。为保证宝宝健康发育成长，父母自身必须纠正虚荣心。应当从素质发展的角度，从宝宝个性完整的视角对宝宝加以培养。对宝宝的各方面情况必须进行全面分析、正确估计，在全面了解宝宝实际水平的基础上，提出合理要求。绝不可赶时髦，让宝宝什么都学，否则，不仅希望落空，还会害了宝宝。

应当根据宝宝的不同性情，采取有针对性的教育方法。例如，不能强迫较乖的宝宝接受自己的生活节奏，对宝宝提出过高的要求，否则，宝宝成人后会缺乏自信，可能变成一个总是担心自己不能满足环境要求的人。对天性腼腆的宝宝，不要迫使其提前活跃起来，而应让宝宝自己与小朋友们慢慢混熟，否则，宝宝就会失去自信，心里不踏实。对活泼好动的宝宝，应该给一点挫折教育，使宝宝从中学会面对困难和失败。对个性有问题的宝宝，应有极大的耐心，宝宝只有在感觉到自己很受重视的时候，才会慢慢地增添自信心。

请宝宝当小助手

1 岁半到 2 岁的宝宝，精力旺盛，活泼好动，常常喜欢跟在大人后面跑来跑去，看见大人干什么他也想干什么，你不叫他做他也想做，假如你叫他去做一些简单的事，他则更乐意，如搬搬小凳子、拿拿衣服等。但有的爸爸妈妈认为宝宝帮做事是“瞎捣乱”、“越帮越忙”。

其实，宝宝的这种行为正说明了他心理发展的进步。爸爸妈妈应当利用宝宝的这种积极性，让他成为爸爸妈妈的好帮手，这也是对宝宝进行劳动教育的一个方面，同时也可满足小儿好动的天性。比如，在洗衣服时，可让他把小衣服、肥皂给爸爸妈妈送去，可让他洗洗小手绢之类的小东西；晒衣服时，让宝宝递递衣架、木夹子；收衣服时，让他帮助折叠小手绢、袜子；爸爸妈妈下班了让他帮着拿拖鞋；吃饭时让他分发筷子、搬放椅子；给爷爷送送报纸，给奶奶拿拿扇子，等等。

这些力所能及的劳动，会使宝宝感到自己是家中不可缺少的一员，同时养成爱劳动的习惯。相反，对于宝宝的劳动只是说“走开，别碍事”或说“真是越帮越忙”等，那么会打击宝宝的积极性，使其不能养成爱劳动的习惯。

当然，让宝宝做事首先要注意安全，不适合宝宝干的事，不适合宝宝去的地方，则不能让他去做，以免发生危险。如果宝宝一定要干，可利用注意力转移法把他支开，如叫他去“看看爸爸回来没有”、“看看玩具小狗在不在”等，这样既达到了阻止宝宝做不适合事的目的，又保护了宝宝做事的积极性。

宝宝爱告状该怎么做

宝宝爱告状有原因：

1. 为宣泄紧张情绪而告状。有的宝宝与伙伴发生了矛盾，或受了委屈，而向成人告状。这实际上是宝宝宣泄紧张情绪，减少忧虑，以达到心理平衡的过程。宝宝把成人作为诉说的对象，说完后会心满意足。
2. 告状说明宝宝有了一定辨别是非的能力。但宝宝总是先看到别人的缺点，而对自己的缺点总是忽视，即使这些缺点与别人的一样也不容易发现。所以，宝宝喜欢告别人的状，以示别人不好而自己好。
3. 宝宝告状是为了寻求解决问题的方法。宝宝遇到问题时常手足无措，他们便告状，以求成人帮助解决问题。

如何应对宝宝告状：

1. 以尊重、理解宝宝的态度认真倾听。当宝宝告状时，成人不应以“去，我忙着呢”或简单地应一句“知道了”这样的方法去对待。这对宝宝是不礼貌、不尊重的，会使宝宝更感委屈。成人应耐心倾听，并从宝宝的角度去尊重和理解他。
2. 弄清事实，帮助宝宝寻求解决问题的办法。成人应弄清宝宝告状的原因，适当安慰宝宝，但不应完全相信自己宝宝的话，更不应找别的宝宝的家长争吵，应鼓励、启发自己的宝宝说出事情的过程，想想是谁的错，该怎样解决问题。
3. 通过告状，了解自己宝宝的缺点。宝宝告状时说的别人的缺点很可能也是他自身的缺点，成人应留心，并启发宝宝：“××这样做不对，你应该怎样呢?”以帮助自己的宝宝从中吸取教训。

Part 17

宝宝2岁~2岁6个月

宝宝的生长发育

身体发育

体重	男孩 12.10～12.68 千克	女孩 11.66～12.24 千克
身长	男孩 88.45～90.69 厘米	女孩 86.6～87.9 厘米
头围	男孩 47.44～48.5 厘米	女孩 47.2～48.2 厘米
胸围	男孩 48.65～49.8 厘米	女孩 48.2～49.4 厘米
牙齿	16～18 颗牙	

语言发育

2 岁阶段，是宝宝从婴儿向具有思维和自我意愿的人生过渡的时期，这个过程会使宝宝变得有些暴躁、吵闹。但宝宝真正的目的，是想了解这个世界是如何运作的，并且希望参与其中。因此，在这个阶段到来后，千万别去抱怨宝宝的逆反，应多多珍惜他成长过程中的可爱之处。

2 岁的宝宝在人们心目中的形象总是和“麻烦”二字联系在一起：宝宝们开始了人生的第一个逆反期，经常乱发脾气；不管问什么，总是会回答“不”！出于父母的抱怨，这个年龄段的宝宝被冠以“逆反”的名头。但是，如果试着从另一个角度来看待这些问题，会发现 2 岁的宝宝其实很出色。

20 个月以后，宝宝的口语词汇量突飞猛进，到 24 个月时，有可能达到近千个，能够说出日常见到的大多数事物的名称，与成年人交流基本没有困难，也开始提出更多的要求和问题。宝宝能准确地说出自己和爸爸妈妈的名字，自己的年龄、性别，如果教得更多，还会记住更多。他已经会开始使用“现在”、“一点儿”、“特别”等副词，来更精确地表达自己的意思。

心理发育

心理健康对宝宝的茁壮成长有着重要意义，对智力发育、良好性格的形成和各种天资的发展，都起着很大的促进作用。

在生活中，家人经常不会注意幼儿的心理卫生。在幼儿园里或家庭里，教师或父母的情绪常常直接影响到幼儿。母亲不喜欢吃肉，在宝宝吃饭时不加回避地说：“我一吃肉就恶心！”还皱着眉头，一种厌恶的表情，这种语调和表情给宝宝留下了暗示作用。一些宝宝的偏食习惯，往往是由成年人的不当语言所引起的。还有的父母在幼儿吃饭的过程中批评、训斥宝宝，结果幼儿在消极情绪下，边擦眼泪边吃饭，吃得很不舒服，诱发厌食的因素。还有的幼儿教师缺乏素养，到吃饭时间后，只让没有淘气的宝宝吃，让淘气了的宝宝站在一旁看着不许吃，甚至对宝宝说：“看他们吃得香不香？你馋不馋？”这种做法对宝宝会产生一种难以承受的心理刺激。诸如此类，都会引起幼儿难以忍受的精神伤害，给宝宝造成心理上的不良情绪刺激，影响到宝宝的食欲。

与之相反，优美的环境、充足的玩具、自由自在的活动，教师和父母耐心和蔼的态度、可亲的面容和轻柔的举止，以及合理的生活制度、科学的常规，都会给幼儿良好的影响，使宝宝们情绪稳定，活泼愉快，性格开朗。良好的刺激可以带来精神上的欢娱、生活上的舒适、活泼健壮地成长，这些都是幼儿成长过程中必不可少的心理卫生环境。

适应性行为发展

宝宝能记住家中各个人物的称呼，如爷爷、奶奶、姥爷、姥姥、小姨、舅舅等。开始学会用代词称“你”、“我”。能说完整的句子，“妈妈上班了”、“我要吃香蕉”。能分辨清楚长铅笔和短铅笔，吃苹果能分辨出多少。能知道桌上桌下、身体的前面后面。能知道爸爸是男的，妈妈是女的，也知道自己的性别。

到户外玩耍后，能知道自己的家门，会走回家的路。喜欢和小朋友交往。能用声音表达出自己的喜怒情绪，高兴时会笑得很开心，生气时会发脾气、吼叫。有很强的自我意识，要自己穿袜子、穿鞋，穿鞋子时分不清左右。

宝宝的左脑开发

语言能力

学说完整句

教小孩学说完整句，即包括主语、谓语、宾语的句子，如“妈妈上班去了”、“我要上街”、“我要去公园”；并教宝宝使用些简单的形容词，如“我要红色的球”、“我要穿红色衣服”、“我要圆饼干”等，这些形容词一定要简单、形象，是宝宝生活中最常见的。

纠错，增加词汇量

与宝宝一起坐在车子里，当汽车开始发动时，假装把这辆车子当成一匹马，说：“出发喽！驾，驾！”宝宝听了会很开心，并会说：“这不是汽车发出的声音！”这时可以表现出惊讶的神情，并问宝宝汽车会发出什么样的声音。以此类推，各种动物发出的声音都可以张冠李戴，让宝宝来纠正。

唱宝宝熟悉的儿歌，故意漏掉或说错其中的一些关键字，让宝宝来纠正。如：“摇啊摇，摇啊摇，一摇摇到婆婆桥……”没等你说完，宝宝就会急着来纠正了：“是外婆桥，不是婆婆桥。”

这个游戏可增加词汇量，培养语言学习能力，还可加强宝宝记忆力，帮助宝宝确认物体属性，强化认知尝试，培养幽默感。

精细动作能力

学画圆圈

把一张大纸放在桌上，让宝宝右手握蜡笔，左手扶纸在纸上涂画。家长示范在纸上画圈，握住宝宝的手在纸上做环形运动，宝宝就开始画出螺旋形的曲线，经过多次练习，渐渐学会让曲线封口，就成了圆形。

倒米

妈妈准备一个大茶盘、一个大口杯和一个盛米的不锈钢杯。教宝宝用手握住盛米的杯子把手，慢慢把米倒入放在茶盘上的大口杯中。开始宝宝可能会把米撒出杯外，爸爸妈妈不要责备，重复多练几次，动作就会熟练起来。

逻辑推理能力

推理力训练

逻辑推理也是一项很重要的抽象思维，可以参考一些资料，设计有趣的题目让宝宝做。比如可以区分这样一组概念，让宝宝仔细听一听后做判断：

1. 所有的动物都会去上学；
2. 狗是动物；
3. 所以狗会去上学。

让宝宝判断这个说法对不对。

第二组概念：

1. 所有的桂花都在8月开花；
2. 现在公园的桂花都开了；
3. 所以……

让宝宝答出正确的结论来，这是“从总到分”式的推理。

还有从“从分到总”的角度进行的概念，如：

1. 苹果、梨、香蕉、西瓜都是水果；
2. 苹果是水果；
3. 梨也是水果；
4. 香蕉、西瓜也都是水果。

让宝宝把概念接着说下去。

1. 汽车、火车、飞机、轮船都是交通工具；
2. 汽车是交通工具；
3. 火车也是交通工具……

学龄前的宝宝认识多少字并不重要，如果能在平常的生活中，在兴致盎然的游戏中，锻炼和提高宝宝的思维能力，一定会为宝宝以后的学习打下良好的基础。

数理能力

学习计算和理解

要求宝宝理解数的概念，需要从许多具体事物中把数抽出来，才能形成数的概念。所以，尽管幼儿学习计算是比较困难的事情，但是它对宝宝思维的发育，对培养宝宝分析问题、解决问题的能力，以及创造才能有直接的意义，因此，父母一定要及时努力教宝宝学习好计算。

家庭教宝宝学习计算，可以分成5部分来说，即计算、测量、形状、空间、时间。

认识10以内数字

认识10以内数字，认识数学加减号，理解其中的含义。

认识几何图形

认识平面的正方形、长方形、三角形和圆形，立体的球体、正方体、长方体，能认识生活中物体的形状，可以用七巧板、积木拼出各种物体。

认识各种形状

能区分物体的大小、长短、高矮、粗细、厚薄、宽窄、远近、轻重等。

认识方向和位置

区分上下、前后、左右、中间、两边、里外等。

知道日期

学会看日历，知道星期几；学会看钟表，知道整点和半点。

认识货币

学会认识硬币和纸币。

以上内容，并不是要求宝宝必须掌握，而是可以根据宝宝的情况，循序渐进掌握内容，能掌握多少就掌握多少，不要急于让宝宝学。另外，不要用小学的课本来教宝宝学习，那里面的内容绝对不适合这个年龄的宝宝学习。

循序渐进地教宝宝学计算

教宝宝学数的概念，必须根据宝宝的特点，由易到难，由具体到抽象，循序渐进地进行。

2岁多的宝宝，可以学唱“一二三四五，上山打老虎”的数数歌谣，能手口一致地点数物品。虽然有时口和手不一致，或漏数、数重，但逐渐他们能数得很好，最后能数出总数。在日常生活中，慢慢掌握多少、大小、上下、前后、早晚的时间、空间概念。但往往不能正确表达物体的特征，把长的、宽的、高的都说成大的，把短的、窄的、矮的都说成小的。他们往往还凭猜测而不是凭计算得出结论，比如两排同样多的物体，一排排得松些，一排排得密一些，问宝宝两排是否一样多，他可能说排得松的多。

宝宝的右脑开发

适应能力

使用和爱护玩具

给宝宝买玩具，首先要根据幼儿身心发展的特点去选择。2～3岁的宝宝，可以选择较复杂的拼图、可拆卸的玩具，以促使宝宝思维和想象力的发展。其次，要选择符合卫生要求的玩具，玩具要无任何毒性，无锋利的边角等，还要结实耐用。最后，选择玩具时应当考虑益智作用和物美价廉。真正理想的玩具并不一定很昂贵，只要能引起和培养幼儿的兴趣，并能发展宝宝的智力即可。

在给宝宝买一个新玩具后，首先要教会宝宝掌握正确的玩法，培养宝宝自己动手的兴趣和信心，才能使玩具发挥应有的作用，切忌只由父母演示，只让宝宝看而不让宝宝自己动手。应当让宝宝懂得玩具的性能和特点，不同材料制作的玩具有着不同的性能和特点。由于宝宝不懂这些，往往会无意中把玩具毁坏掉，因此，父母应当事先告诉宝宝这件新玩具的特点和性能，讲明正确使用的方法，反复几次，宝宝就能使用和保护自己的新玩具。

不仅要教会宝宝使用和爱护玩具，还要教会宝宝如何收拾和保管玩具。家庭一般要为宝宝准备一个固定的地方，专门放置玩具。宝宝玩玩具时，可以拿出一两件，玩后，由宝宝自己放回原来的地方，反复做上几次，宝宝就能养成良好的习惯，不乱扔乱放，随意损坏了。父母还可以带着宝宝一起维修玩具，教给宝宝一些简单的维修技巧。这样，既培养了幼儿的动手能力，而且会让宝宝对自己修理过的玩具更加爱惜。

2～3岁的宝宝由于好奇心驱使，常常爱拆玩具，父母见到了不要妄加指责和训斥宝宝，要善于引导，应当利用宝宝的好奇心，对于某些能拆卸的玩具部位，启发宝宝自己装好。要注意不能让宝宝养成只拆不装，或者以拆卸玩具为乐的习惯。

学习给娃娃更衣

无论男女宝宝都喜欢娃娃，而且更喜欢与自己性别相同的娃娃。父母可以替宝宝购置塑料的光身子大娃娃，自制衣服以备更换。宝宝学习为娃娃更衣，可以学习自己穿、脱衣服。娃娃的衣服最好稍宽大一点，用松紧带固定，如宽大的套头衫、松紧带裤子等；或用粘贴尼龙代替扣子，更便于穿脱。平时鼓励宝宝自己脱掉衣服时，也可以让宝宝学习穿无扣的套头衫和背心，鼓励宝宝自己穿无跟袜子和鞋子。

学习认识性别

结合家庭成员教宝宝认识性别，如“妈妈是女的，姥姥也是女的，你是男的，爸爸也是男的”，逐渐让小孩能回答“我是男孩”。也可以用故事书里图中的人物问“谁是哥哥”、“谁是姐姐”，以认识性别。

大动作能力

训练立定跳远

与宝宝相对站立，拉着宝宝双手，然后告诉宝宝向前跳，熟练后可让宝宝独自跳远，并继续练习从最后一级台阶跳下后独立站稳的动作。

训练上高处够取物品

将玩具放在高处，在爸爸妈妈监护下，看宝宝是否学会先爬上椅子，再爬上桌子站在高处将玩具取下，让宝宝锻炼四肢协调能力和身体灵巧性。训练前，家长要先检查桌子和椅子是否安放牢靠，并在旁监护。宝宝学会了上高处够取物品之后，家长要注意，洗涤剂、化妆品、药品等凡是有可能让宝宝够取下来误吞误服的东西，都应锁入柜子内，不能让宝宝自己取用。当宝宝能取到玩具时应即时表扬：“瞧我们宝宝多棒！真能干！”

足尖走路

练习身体平衡，学会单足站稳后再开始走路。

先学习提起一个足后跟，学习用一只脚尖走，一只脚学会后再提起另一只脚后跟，学习用两只脚尖走路。

学习用脚尖走路要求将身体重心从整个脚底移至脚的前半部，脚后跟提起，练习时要求身体伸直，不能前倾。否则在走路时抬起一足，身体重心就会完全落在宝宝另一脚底的前半部分，容易跌倒。需要保持身体平衡的小脑、大脑和脊髓运动神经协调。这个动作能促进各神经系统间的联系和协调，为以后更复杂的体能训练打下基础。

社交行为能力

情感与交际能力训练

1. 认识环境。外出散步时，可以教会宝宝熟悉和认识居住区的环境、标志物。先教宝宝认识家门，再认识附近的几条路、附近的商店等，以及父母常去的地方，然后教宝宝顺利地找到家。
2. 区分早上和晚上。早上起床时，对宝宝说“宝宝早上好”，让宝宝回答说“妈妈早上好”。一边起床一边向宝宝介绍：“早晨天亮了，太阳也快出来了，咱们穿好衣服出去看看。”白天要开窗户，使宝宝享受新鲜空气，让宝宝知道白天天很亮，不用开灯。到晚上要向宝宝介绍：“天黑了，外面什么都看不见了，要开灯才能看得见。咱们赶快吃晚饭，洗澡睡觉。”让宝宝能分清早上和晚上，并让宝宝学习说“晚安”才闭上眼睛。可以多说几遍“晚安”，让宝宝把这些常用词说得熟练。
3. 学习广交朋友。带宝宝到户外散步时，鼓励宝宝与别的小朋友交往，互换玩具，一起背儿歌。选择讲述小朋友团结友爱的故事给宝宝听，让宝宝和小朋友一起玩时，要做个好宝宝，不打人、不咬人、不哭闹。

帮助宝宝发现别人的优点

能够发现别人的好，并发出由衷的赞美，这对小朋友们来说是很重要的。在发现别人身上的美好的过程中，孩子们会发现原来整个世界都是美好的。

让宝宝练习微笑着并用友好的语气说出以下赞美的话：“好球!”“（救球）救得好!”“（你的）背包真漂亮!”“哇，这辆自行车真棒!”“你学习真棒!”

在练习这些一般的赞美的话之后，就可以转向具体的赞美。让宝宝选择他愿意赞美班里的哪一个同学，他比较欣赏这个同学的哪些方面，他应该怎样去说这些赞美的话。要提醒宝宝，他只可以说那些诚挚的赞美的话，而不要讲过分赞美的话。一句赞美话是很好的，一串赞美的话（我喜欢你的衬衫，我喜欢你的裤子，我喜欢你的鞋子……）听起来就不真诚了。

交友能力培养

宝宝与小朋友和睦相处、与别的宝宝交朋友是一种能力，也需要培养。宝宝2岁时，可以开始培养宝宝交朋友的能力。

对待这种需求，可以在游戏中教会宝宝学习与人沟通的能力。通过做游戏，宝宝能够学会与他人分享快乐，遵守游戏规则；会懂得要轮流来玩；通常情况下，也会礼貌地对待游戏伙伴。试一试通过活动培养宝宝的能力吧。

跟我做

在这个游戏中，父母可以组织同龄的宝宝跟随自己一起来做各种各样的动作，这些动作可以自由命名，并且由父母来表演，越滑稽越好。为了增加一些趣味，父母可以在整个过程中设置一些简单的障碍，领着宝宝们爬过障碍，穿过用纸箱做的隧道，或者绕着椅子一圈又一圈地走。

画大幅的图画

鼓励两个或更多的宝宝一起画画，可以用粉笔在人行道上画，或者在家里用蜡笔在一张纸上涂涂画画。

跳舞

放一些音乐，进入角色，看着自己的宝宝和小朋友一起投入地舞蹈。

老鹰捉小鸡

这种很古老的游戏，不仅能增强宝宝们的协调能力，还能培养宝宝们的团队精神。

教养重点与疑问解答

防止宝宝精神发育不良

生活要有规律

要防止婴幼儿发生精神发育不良，必须加强对幼儿的生活管理，把宝宝每天的生活安排得丰富多彩，但又不过分劳累，以保证有规律地活动。

防止宝宝神经疲劳

幼儿高级神经活动的特点是兴奋强于抑制，两者还很不平衡，抑制机能很差，过久地抑制自己的行动，或从事过分细致的学习，绝大多数宝宝不能胜任。过分的抑制会导致大脑兴奋，容易造成精神疲劳。

幼儿时期本来就是游戏时期，许多知识是在游戏中学到的，感知能力、注意力、记忆力、想象力和思维能力也都是在各种活动中得到充分发展的，如果硬是要让年幼的宝宝像小学生一样坐板凳学习，要求宝宝死背唐诗，不顾宝宝实际能力过高地要求，会加重宝宝的精神负担。

幼儿长时间地集中注意力，会降低脑功能。在过分紧张时，要消耗大量的能量，使大脑过度疲劳。枯燥无味地静坐，也要消耗能量，不仅有碍幼儿学习兴趣的培养，还会造成神经衰弱，影响智力发育，影响到入学后的学习。

很多父母都希望自己的宝宝握笔学写算，认为这样会使宝宝及早成才。有一些幼儿教师也总是喜欢把宝宝们束缚在小椅子上，不许跑，不许说，不许动，认为安安静静的好管理，结果造成幼儿活泼好动的天性被压抑。

因此，在幼儿教育中，各个方面都要避免使幼儿负担过重，不能过高、过严地要求。以幼儿适应的方式和方法组织幼儿学习，才会收到良好效果。

宝宝的逆反心理

宝宝怎么变得那么不听话了呢？——父母好说歹说、软硬兼施，怎么也不奏效。

如果有这种感觉，意味着宝宝开始暗暗地挑战父母的权威了。

个中缘由，当然绝对不是宝宝故意对父母“以怨报恩”、“忤逆不孝”，而是宝宝开始形成自己的个性，开始学习揣摩和理解人与人之间的关系，哪些权限是成年人的，哪些权限是宝宝的，彼此之间的需求与规范又应该如何磨合，各取所需。

2 岁以上的宝宝，开始与父母进行较量与磨合。宝宝的反抗行为，固然是令人头疼的事，更令人担忧的是矫正这种不良习惯面临一个大难题——父母的教育权威受到挑战。宝宝心目中父母的地位和威信，是接受管教和建议的心理基础，一旦父母的权威动摇或者受到“创伤”，亲子之间的合作关系就变得不顺畅，常常会闹得不愉快。

2 岁之后的宝宝，开始懂得父母与自己的愿望不同。2 岁之前的宝宝，只知道自己是有愿望的，并认为自己的愿望就是别人的愿望。现在的宝宝已经开始懂得，父母有自己的愿望，感觉到父母的要求与自己的愿望不符合的时候，宝宝总想探个究竟：这是为什么？我能不能使父母的愿望变成自己的愿望？一定要试一试。因此，宝宝的各种反抗都是这一种心理驱动力的反映。

在过分溺爱的家庭里，宝宝会觉察到，跟随、哭喊、翻滚、撕咬等反抗行为是一种控制父母的手段。以前的宝宝是很纯洁的，完全受生理功能的支配，冷了、饿了、湿了，才会用哭声招引父母，自己的生理需要满足后就不闹了，如果还有什么想法，顶多也只是想让父母哄逗和爱抚一会儿。现在就不同了，小家伙的想法和心事多了，碰到不如意的时候，又调节不好自己的情绪，于是就尝试黏着父母，如果父母不顺从自己，就会使出各种绝招来控制父母，达到自己的目标。

从 2 岁开始，宝宝进入第一反抗期：听话的宝宝常常变得急躁、不听话、调皮。一般父母都知道，宝宝第一反抗期的苗头从 2 岁开始，可能会持续到 5 岁。这个时期的宝宝，什么事都要自己做，一贯温顺听话的宝宝常常会变得急躁、不听话、固执；不让做的事情偏要做，会试一试挑战父母神圣的教育权威。

开始挑战父母的权威，是宝宝发现了“人各有志”的现实，在自我与父母需要之间的矛盾中找到自己的合适位置。大自然没有赋予宝宝实现自我的本能，主要得看父母教给宝宝什么样的自由与规则界限。在独立的自我个性与社会、家庭规范之间，教育和培养宝宝的适应能力，培养完整的人格和个性，是这个年龄段幼儿教育的关键所在。

2～5 岁是宝宝人生的第一反抗期，反抗是宝宝人生的第一次自我塑造。父母因为生气、愤怒而过多压制反抗期的宝宝，会形成宝宝的“奴性”人格，长大后唯唯诺诺、胆小怕事、缺乏主见。并且因为宝宝屈服于自己所处的劣势，会产生很多不良的情绪，在长期找不到合理宣泄的情况下，会给宝宝产生不可修复的伤害。因此父母一定要冷静对待处于反抗期的宝宝。

旧玩具玩出新花样

只要父母稍稍用心，被宝宝抛在一边的各种旧玩具可以被重新开发出来，再度吸引幼儿。例如，父母和宝宝一起玩开商店的角色游戏。

游戏开始时先分配角色：一个当顾客，一个当售货员。角色的分配，要采取民主的方法，让宝宝自由选择，给宝宝自己做出决定的机会。

接下来，把所有的旧玩具都摆出来，和宝宝一起整理货架。整理货架，是训练宝宝从分类中发展数理思维能力的好机会。要引导宝宝把所有的玩具分门别类地放置在设好的货架上，分别归纳出交通工具类如自行车、小汽车、公共汽车、飞机、轮船等，兵器类如手枪、坦克、大刀等，娃娃类如玩具娃娃和小动物等，炊具类如小盆、小锅、小勺子等。

货架整理好以后，就开始“买卖”。买东西是需要钱的，当然可以用代用品，一些玩具如小画片、小纸片等，只要宝宝能想得出，都可以当钱用。当然，也可以使用真的钱，这样能使宝宝对钱币有直观的认识，并从中学习数数、计算和理财。

在“买卖”的过程中，还可以不断引导宝宝认识颜色、大小，学习把“商品”归类等。还可以与宝宝交换角色重复游戏。最后，在游戏结束后，和宝宝一起把玩具收拾好。

玩这样的角色游戏，宝宝参与的热情会很高，游戏既让旧玩具得到了最大程度的利用，又培养了宝宝的注意力、想象力等思维能力，还加强了亲子间的沟通。

别对宝宝说“不知道”

1 岁半到 2 岁的宝宝，不管看到或听到什么，总是会不断提问“这是什么，那是什么”，从这个时候开始，宝宝的语言能力急骤增长，几乎把所有精力都花在记事物的名称上。宝宝一旦知道所有的东西都有名称后，就开始胡乱提出问题，想要记住新的名字。这表明宝宝进入了“第一期的问题阶段”；到四五岁，就进入“第二期的问题阶段”了。

大人对这一类询问通常不加以理会。2 岁前后的“问题阶段”，宝宝所问的内容都相当单纯，总是让大人感到啰唆。其实，这绝不是啰唆！宝宝就是通过这种方法，来记人名、认识事物的，这也是宝宝聪明的一种表现。

对待 2 岁宝宝不厌其烦的提问，要注意把握好几个原则：

反复做相同的回答

在记新名称时，只告诉宝宝一次是不够的，要反复做相同的回答，让宝宝真正确认这个名称后才算数。而且，在宝宝多问几次时，父母不能以“刚刚才说过”为理由来加以责备，反而要更清楚地回答。

反问宝宝

不要光回答宝宝，偶尔反问宝宝“这是什么”是个好办法。宝宝如果会，一定会回答，答对以后要夸奖他。这样，可以增加宝宝的信心。这就是亲子之间的“问答游戏”，回答问题时，如果能举出实例是最好的。

父母的态度很重要

父母回答问题的态度相当重要，一旦给予宝宝坏的印象，宝宝就不敢再提出问题了。父母再怎么忙碌，也要尽可能正视宝宝的脸，满脸笑容地回答宝宝所问的问题。

2 岁宝宝提出的问题，父母如果以大人能理解程度的内容回答，会使宝宝丧失兴趣。回答宝宝的问题，并不是要父母回答得非常圆满，而是要尽可能地让宝宝容易懂。宝宝懂了之后自然会满足，再继续提出新问题。

千万不要敷衍了事地回答宝宝的提问，因为这种方式绝不会满足宝宝；只有明确的回答，才能激起宝宝再提出问题的欲望，进而逐渐认识和理解周围的事物。

表扬宝宝要注意哪些问题

表扬是父母常用的一种鼓励宝宝的方法，用这种方法肯定宝宝的优点，鼓励宝宝进步，效果很好。但表扬要讲方法，讲艺术，如果方法不对会适得其反。

该表扬的表扬

宝宝做出值得表扬的事情，才能给予表扬，这样才能给宝宝留下深刻印象。

表扬要具体

父母应特别强调宝宝令人满意的具体行为，表扬得越具体，宝宝对哪些是好行为就越清楚。比如，两个小朋友在一起玩耍，一个小朋友摔倒了，爬不起来就哭了，另一个小朋友跑过去把他扶起来，帮他拍净身上的土，把小朋友送回家。如果父母说“你今天真乖”，宝宝往往不明白“乖”是指什么。你可以这样说：“你今天把小朋友扶起来送回家，你做得很好，妈妈很高兴，以后和小朋友在一起玩耍，也要像这样互相关心、互相帮助。”用这种方法既表扬了宝宝，又培养了宝宝关心别人、助人为乐的良好行为。

要及时表扬

如果宝宝做了某一件好事，父母就应立即表扬，不要拖延。否则，时间过长，宝宝对这个表扬不会留下什么印象，更不能强化好的行为。

表扬奖励相结合

宝宝表现得好，可以适当地给一些精神奖励和物质奖励，如给宝宝讲一个有趣的小故事，或给一个小玩具、小食品等，以鼓励宝宝继续努力。

在称赞与叱责两种教育方式中，后

者似乎较能发挥教育效力。不过请别急于下结论，因为，常常挨骂的幼儿，他会为了反抗而发展出不正常的能力。所以，对于幼儿教育，正确使用“褒”、“贬”是很重要的，做父母的应在周全的考虑之下而为之。

可以用钱奖励宝宝吗

传统观念中，父母大多不想与宝宝分享钱的快乐，其实大可不必。让宝宝早点接触到钱，未必不是好事。关键是要让宝宝对钱有个正确的态度，让他明白父母亲赚钱的不易。

首先，父母需要了解儿童的心理发展特点，耐心读懂宝宝的心。对于用钱奖励宝宝的父母来说，并不是想和宝宝做交易，而只是以此作为激励宝宝更努力地学习的一种方式。

要让宝宝知道世上没有不劳而获的金钱，要让他知道父母是怎么工作才得到钱的。不妨每天给宝宝提一些要求，待他完成了再给予奖励。最好给宝宝买一个储蓄罐，让他把“奖励”存起来。父母不要在宝宝的眼泪面前无原则地投降，父母现在的心软是对宝宝未来的残忍。

培养宝宝的幽默感

1～2 岁的宝宝已能体会出什么是幽默感。2～3 岁的宝宝已慢慢能领略幽默的本质，他们的幽默已变成社会性的了。

作为教育者，爸爸妈妈要及早培养宝宝的幽默潜能。幽默虽然无法传授，但如果爸爸妈妈在教育子女的过程中注意运用幽默，在生活中化平淡为神奇，宝宝便容易培养出幽默的气质。幽默感是这阶段宝宝生活的润滑油，也是活力的来源。双亲应努力与宝宝共享趣味，并引导宝宝体会生活中富于幽默的点点滴滴。

举个例子，细心的爸爸妈妈可以试验一下用幽默的方法和说教的方法哪个更有效。当爸爸妈妈领宝宝外出，宝宝不小心摔了一跤，大哭不止，这时的爸爸妈妈往往是连哄带逼让宝宝止哭，而如果爸爸也假装不小心地当着宝宝的面摔一跤，做出鬼脸，幽默一下，看宝宝是不是破涕为笑了？

为宝宝创造益智环境

让宝宝拥有高智商，是年轻的爸爸妈妈共同企盼的事情。据专家分析，除了遗传、营养、早期教育等因素外，给宝宝创造一个良好的生活与学习环境也非常重要。什么样的环境对宝宝的智力有益呢？

宁静益智

研究表明，生活在宁静、柔和环境中的宝宝智商较高。如果居室环境内的噪声超过 55 分贝，人的理解错误率就会上升 15%。所以应该让宝宝尽量避免各种噪声的干扰，以利于智力的发育。

芳香益智

在宝宝的居室放置几盆花草或芳香物品，为宝宝营造一个气味清新、天然芳香的环境，可达到益智功效。与一般环境相比，生活在芳香环境中的宝宝，无论在视觉、知觉、接受与模仿能力等方面，都有明显的优势。芳香能给人一种良性刺激，使人心情舒畅、情绪高涨，听觉、嗅觉及思维的灵敏度增强，智商也得到提高。

颜色益智

颜色不同，对心理和生理的影响也不同。红色使人兴奋，绿色可缓解心理矛盾，灰色令人消沉。思绪不畅时，可用适宜颜色进行调整，科学家称其为“颜色疗法”。浅蓝色、黄绿色、橙黄色能振奋精神，提高注意力；黑褐色、白色会降低智商、损害智力。

和睦益智

家庭和睦，气氛融洽，可促进宝宝的智力发育。如果爸爸妈妈争吵不休，宝宝心情压抑，智力就会受损。

交往益智

渴求社会交往既是人的本能，也是扩大信息、促进脑功能发育的重要措施，宝宝尤其如此。爸爸妈妈应多鼓励宝宝走出封闭的小圈子，广交朋友，这将有助于宝宝的智力发育。

宝宝爱抢别人玩具怎么办

2 岁左右的宝宝，正处于分不清楚“你的”、“我的”的童稚阶段。因此，宝宝看到喜欢的东西就会拿走，有感兴趣的东西就据为己有，这些是很正常的。

作为父母，首先要接受宝宝的这种无意识的自私行为，要站在他的角度去理解他。他为什么要抢？因为妈妈没有教导他正确的索取方式，他也并不知道那个东西在商场可以买到，他更不知道到商场买需要钱，钱需要付出很多劳动才可以得到，如果这些他都知道的话，他是绝对不会抢的。父母在理解之后，再心平气和地给予宝宝一些必要的指导。比如，当宝宝抢同伴的玩具时，你可以强调一下："这布娃娃是小哥哥的，你玩一下后要还给小哥哥哦。你也有布娃娃，可以借给哥哥玩。"这些话可以让他们尽快建立所有权的观念。宝宝分清你、我、他之后，独占习惯和行为就会慢慢改善。

如果宝宝抢他人玩具而没有成功时，他可能会大哭。这时，妈妈只能表示同情，安静地注视他，让他哭吧。他哭着哭着常常会忘记自己为什么感到痛苦，你还得提醒他，"这是××的，你确实得经得他同意才能要"，慢慢地物权观念就建立起来了。当然他有权不让小朋友玩自己的玩具，你不要强求他，否则他对物权没有安全感，会延迟分享进程。

妈妈不可因为宝宝抢别人的玩具就马上给宝宝买一个一模一样的，长此以往，会使宝宝产生虚荣心与好胜心，产生别人有的自己都要有的心理。

宝宝喜欢打人怎么办

宝宝喜欢打人是常见事了，因为在这个阶段，他的语言能力还没有跟上行为能力的发展，对于情绪，他只能用最直接的行动来表达。然而，有的宝宝却明显地偏爱这种"暴力"行为。对于这种情况，妈妈要学会正确的处理方法。

立即制止打人行为

很多宝宝一而再、再而三地打人，以致发展到"屡禁不止"，这往往是因为刚开始的几次尝试没有得到立即有效的制止。宝宝如同一张白纸，无意间写上"暴力"两个字，如果没有及时擦掉，就会越描越深、越画越重，无心之过反而成为一种恶习。

进行"冷处理"

我们当然不会选择以暴制暴的下下策，那样只会树立一个坏榜样。有时，没有行动也是一种行动——"冷处理"的效果比简单地呵斥、打骂好。所谓"冷处理"，就是作为惩罚，在一段时间内全家人都不跟他说话，用肢体语言告诉他，刚才的表现让他不受大家欢迎了。

第一次发现宝宝出现打人行为时，大人往往觉得十分有趣，从而会大声哄笑，甚至认为这是宝宝智力发育的表现，而鼓励宝宝再来一个。殊不知，大人的这种反应就会给宝宝一种误导，宝宝会觉得这种行为是好的，是值得常做的，无形中强化了宝宝的攻击行为。

Part 18

宝宝2岁3~6个月

宝宝的生长发育

身体发育

体重	男孩 12.55～13.13 千克	女孩 12.1～12.68 千克
身长	男孩 90.3～91.7 厘米	女孩 88.45～90.69 厘米
头围	男孩 47.7～50.2 厘米	女孩 47.44～48.5 厘米
胸围	男孩 49.1～50.2 厘米	女孩 48.65～49.8 厘米
牙齿	宝宝的乳牙 20 颗已近于出齐，有一定的咀嚼能力，但乳牙外面的釉质较薄	

感觉运动发育

能认识几种不同颜色的物品，还能认识圆形、三角形和方形。玩球时会接住反跳球。会用面团捏成碗、盘等。能单足站立，自己会扶栏上楼梯，一步一级交替上楼，下楼梯双足踏一台阶。会分清晴、阴、风、雨、雪天气。会解扣子及拉开、拉上末端封闭的拉锁。

语言、适应性行为发育

2 岁半左右的幼儿已经掌握很多词语，说简单句子很完整。会背诵简单的唐诗，学会看图讲故事，叙述图片上简单突出的一点。能组织玩过家家游戏，扮演不同的角色，如当妈妈、当娃娃、当医生等。能说出日常用品的名称和用途，如梳子梳头发，毛巾洗脸时用等。

宝宝的左脑开发

语言能力

看图说话

与幼儿一起看生活用品图片，一边看画片，一边讲述各种物品的特点和用途，让宝宝模仿父母的语言，边指着画片边练习说。

描述表达

和宝宝一起看图画，讲出画面上的内容，让宝宝回答图画内容，如“这是××（动物）”，能用语言描述和表达出动物的特点。

学会传耳语

妈妈在宝宝耳边说一句话，让宝宝跑到爸爸身边，告诉爸爸妈妈刚才说的是什么，由爸爸把话再讲出来，看宝宝是否把话听懂了并且正确地传出去。耳语是一种特有的方式，它声音低，不让别人听见，同时，听者只能运用听觉去理解，不能同时看眼神和动作。宝宝们一般都很喜欢耳语，因为它有一种神秘感。2岁半的宝宝正处在语言学习阶段，光靠听觉，没有其他辅助方式，要听懂耳语会有一定难度。开始时，可以先说一种物名，或两三个字的短句子，让宝宝第一次传递耳语成功，增强宝宝的信心，以后再逐渐增长句子并且适当增加难度。

精细动作能力

和宝宝一起敲键盘

宝宝开始使用计算机，最好是在3岁或是更大一点以后。父母应该在宝宝使用计算机时在旁指导，就在近处随时帮助宝宝，回答问题，使用计算机时持续与宝宝互动。

花时间观察并参与宝宝的计算机活动，以了解宝宝在想些什么及学些什么。观察宝宝使用计算机，可以对宝宝如何思考、解决问题有更多的认识。

和宝宝一起使用计算机，并鼓励他与小朋友一起使用。和他人一起使用计算机可以协助宝宝发展重要的社交技巧，像是轮流使用东西、合作，并帮助宝宝建立说话与聆听能力。

让宝宝多学一些软件的使用，并在宝宝使用软件前小心地检查。尽管市售的多数软件都是高质量的产品，但有一些软件由于过于困难、强调暴力的主题，或是无法促进宝宝的语言能力和学习，并不完全适合年幼的宝宝使用。

把计算机放在全家人可以共享的公共空间里，例如厨房或是客厅，假如电话铃声响起或是厨房烧的开水沸腾了，父母会正处在宝宝伸手可及、可以随时求援的地方。

对计算机使用时间做严格的限制，并严格执行。3～5岁的宝宝一次使用计算机的时间不超过30分钟。要建立家庭计算机使用守则——如不能边使用计算机边吃饭，用完计算机后一定要退出应用软件、关闭电源等。

陪伴是最佳的策略，父母可以在宝宝使用计算机时帮助宝宝解决问题，或是欣赏宝宝所制作的一个画面。父母也可以通过和宝宝谈一谈在计算机上面做了些什么，来鼓励宝宝的语言发展，较小的宝宝需要父母直接的帮助，较大的宝宝只要父母就近回答宝宝的询问题即可。不管宝宝几岁，陪在旁边其实是告诉宝宝：使用计算机的时间，是一个可以和他人分享的时刻。

学习使用更多的工具

快速穿珠子

穿珠子时穿一个红的，再穿两个白

的、一个黑的，让宝宝一面穿一面点数，1 分钟内穿上 10 个珠子。

使用剪刀

家长可以选用儿童专用的安全剪刀，让宝宝用拇指插入一侧手柄，食指、中指及无名指插入另一侧手柄。小指在外帮助保持剪刀的位置。快到 3 岁的宝宝只要求会拿剪刀，能将纸剪开，或将纸剪成条就行。在使用剪刀时家长一定要在旁监护，防止宝宝用剪刀伤及自己或他人。这种活动可以锻炼手的能力。

拣豆豆

将红豆、绿豆和黄豆混装在一个碗里，让宝宝分类拣出。开始时家长可以帮助他拣其中一种，这样不但能减小难度，还能激发他的竞争心理。随着宝宝动作的熟练，就让他独立挑拣。

画简单的卡通画

现在宝宝已经能熟练地画圆形物品了，家长可以在此基础上教宝宝画简单的卡通画。如画人物的脸，先让宝宝仔细看家长的脸，然后画个大圆圈，在圆圈内添上各个部位。多数宝宝先画两个圆圈表示眼睛，再在大圆的顶上添几条线表示头发。这时家长帮助他添上鼻子和嘴，再让宝宝添耳朵。家长可以示范画一条线代表胳膊，叫宝宝添另一条线；又示范画一条腿，让宝宝画另一条。这种互相添加的方法可逐渐引导宝宝获得成功，使宝宝对人身体各个部位有进一步的认识。

宝宝的右脑开发

适应能力

建立初步的时间概念

单单说“时间”两个字，对于年幼的宝宝来说多少有些抽象。所以，要教宝宝掌握时间观念，就要教宝宝从他能理解的、最熟悉的、亲身经历过的或感兴趣的事开始。

用具体事件标示时间。时间看不见也摸不着，和宝宝说“3点钟我们去××处”，他可能无法清楚地理解，可是如果你对他说“睡好午觉后我们去院里玩”，他一定很兴奋。所以，大人教宝宝认识时间或是和宝宝讨论时间，尽量用具体的时间来标示。例如，“早上”可以是“太阳出来的时候”、“奶奶送你去幼儿园的时候”，也可以用宝宝所熟悉的其他具体事件来表达。同理，“中午”、“晚上”都可以用这样的方法来表示。所以，对宝宝，妈妈不一定要他知道几点钟时应该做什么事，而是可以告诉他“早上起来要喝牛奶”、“吃过午饭要睡午觉”、“周末时爸爸妈妈都休息”等，来作为时间的概念传达给他。这样宝宝就很容易听懂了，而且能比较直观地检验这个时刻的到来。

有意识地使用时间词语。虽然宝宝的时间概念发展大都不如他对时间词语的掌握，但是学习使用时间词语，可以增进他们的时间观念。因此，家长可以有意识地在宝宝面前使用时间词语，如“今年宝宝2岁，明年3岁了”、“明天星期六，我们要去姐姐家”；或者给小孩念唱一些和时间有关的儿歌，如“太阳公公起得早，我们大家来做操”、“小雪花，轻轻飘，告诉我，冬天到”等。

有效利用钟表。小宝宝的思维都是具体形象化的，家长可以和宝宝一起，把钟表上的数字形象化、具体化。自己做一个只有时针的大时钟，和宝宝一起动手，画一些简单的图画，如床、面包、玩具等，或者是把现成的贴纸贴在钟的相应位置上。如在 7 点贴上面包，表示 7 点要吃早餐了；在 3 点贴上玩具，表示 3 点是游戏时间。

生活作息有规律。要宝宝从小就养成有规律的生活习惯，给他制订一份科学合理的作息时间表。这样，他就可以知道，每天妈妈起床后他也应该起床了，吃过午饭后就应该午睡……这样就会加强宝宝的时间观念。相反的，如果家长本身的生活就没有规律，宝宝在遵守时间方面就会无所适从。

熟悉水

给宝宝准备一大盆水、小口瓶子、漏斗、量杯及各种大小不同的杯子及可在水里沉或浮的物品、塑料围裙等。让宝宝自由尝试用各种容器装水和倒水。可引导宝宝从大容器向小容器里倒水，用量杯给不同的容器装水，用漏斗往小口瓶子里装水等。

引导宝宝用不同的方法了解水的特性。如把空杯子倒置平放在水面，再按到水底，会出现什么情况？用小篮子装水会出现什么情况？将水壶灌满水，给它加热会怎样？冬天把一杯水放到室外会怎样？

成人和宝宝一起讨论可以用水做什么，让宝宝完整地讲述用某一种方法玩水的过程和感觉，最后一起收拾玩水的用具等。

识别昆虫

蝴蝶。它有很多很多种类。它的头部有眼睛和细长的触角，有两只美丽的翅膀，翅膀上有各种图案。蝴蝶会在草地上、花丛中飞来飞去。

蜻蜓。它的头上有圆圆的眼，身体细长。翅膀轻薄透明，飞起来像小飞机一样平稳。它是益虫，喜欢吃小虫子。

螳螂。它黄绿色的身体又细又长，有透明的翅膀。三角脑袋会转圈，前面两只粗大的脚像两把大镰刀，捉起害虫不留情，后面还有两对脚。

苍蝇。它的身体小，有翅膀，到处飞，到处爬，喜欢脏的地方和食物，所以常把病菌乱传播。这种害虫，我们一定要消灭它。

蚊子。它的身体更细小，也有翅膀，到处飞。嘴是一根长吸管，刺入皮肤偷血喝。它会传播疾病，所以是害虫。

认识野生动物

2 岁之前，宝宝玩过的看图认物的图片现在又有了新的用途，要进一步地要求他掌握更具体的常识。例如大象，有长长的鼻子，它的鼻子会将食物卷起放入口中，还会卷起木材和较重的东西。动物园里的大象还会用鼻子吹口琴，为图画上的人贴上鼻子哩！兔子有两只长耳朵；长颈鹿的颈很长，可以吃到树顶上的嫩叶；老虎和豹不同，老虎身上有条纹，豹身上有一个个金钱样的点点，所以叫金钱豹。这些动物都有四条腿，能在山上、树林中跑，寻找食物。会飞的鸟类都有翅膀，它们冬天飞到南方过冬，夏天飞回北方。鱼类没有腿，鳍帮助它们在水中游泳，尾巴特别有用，可以在水中定方向。鱼以水中的植物为食物，在水中才能生存，离开水很快就会死亡。宝宝很喜欢动物，能很快学会识别它们的特点和生活习性，遇到电视中讲述动物时也要让宝宝多看，假日可带宝宝去动物园。

认识交通工具

准备一系列交通工具的图片，让宝宝认识交通工具的名称和图片的背景。如飞机在空中飞，轮船在大江和大海上走，小木船或游艇在公园的湖中游。大街上有公共汽车、中巴车和出租汽车，也有许多人骑自行车和摩托车。城市地下有地铁，各城市之间有火车在铁路上跑。不同用途的汽车有特殊的名称，如送病人的救护车、送货物的货车、打仗用的坦克、海中的潜水艇、空中的轰炸机，甚至飞到宇宙去的宇宙飞船，还有洒水的洒水车和扫地的清洁车，还有粪车等。

在图片上学过的知识最好要实地观察，有时宝宝会发现许多新鲜事物，如建筑工地上的推土机、挖土机和大吊车等。只要宝宝真正看到过的东西，家长介绍过的名称会留下深刻印象，如果结合英语学习，如 car、plane、ship 等，宝宝都能记住。

掌握一些安全常识

现在是电器时代，家里到处都是电线、插座、开关等，家长如果不小心看护，极易发生小孩触电事故。为防止此类事故的发生，首先应把这些导电物品安装在安全的地方，并采取一些防护措施。同时家长要经常教育宝宝，电是危险的，不要随便碰这些电器，以引起宝宝的警惕。

大动作能力

步行训练

不可轻视走路，走路对幼儿发育具有十分重要的意义。走路是典型的全身运动，走路的时候肌肉的运动，总是一张一弛，节奏感极强，能使幼儿的大脑活动顺畅。2～3 岁的宝宝，每天可做走路练习，开始时走 150～200 米，3 岁时能走 250～300 米。父母早上送宝宝入幼儿园时，可以早一些出门，让宝宝步行走到幼儿园。路上不要让宝宝过分出汗，可根据气温增减衣服。

跳绳

跳绳是一项全身性的活动，训练宝宝手脚协调配合，可促进幼儿的协调性。同时，跳绳时呼吸加深，手握绳头不断地甩动，又会刺激拇指的穴位，对脑下垂体产生作用，进而增加脑细胞的活动，提高思维能力。脚，又是人体之根，六条经脉在这里交错汇集。跳绳可以促进血液循环，使人精神舒畅，行走有力，更主要的是可以起通经活络、健脑的作用。

骑自行车

经常骑自行车，可以发展宝宝腿部和足部肌肉的力量，提高宝宝运动的速度、反应的灵敏度和平衡能力等。可以给 2 岁半的宝宝准备一辆三轮自行车，这种车的重心较低，不容易倾倒，幼儿很快就能掌握骑车的要点。宝宝一旦发现自己能很快掌握一门新技术，还会有助于增加自信心。

游泳、爬山

游泳可以增加肺活量，提高身体对外界环境的适应能力，增进对疾病的抵抗力；爬山可以锻炼宝宝的毅力，开阔宝宝的视野，使宝宝形成心胸开阔、乐观向上的性格。

社交行为能力

锻炼忍耐的性格

2 岁的宝宝往往脾气急躁，尤其是想要的东西不能马上得到时就会发火，要让宝宝学会等待。例如，妈妈正在做饭，但是宝宝早已饥肠辘辘，这时千万不要给他吃点心，否则吃饭时就没有胃口了。应当请他来当助手，看看桌子摆好没有，帮助清洗盛菜的盘子等。他一面忙碌着，一面耐心等待，直到开饭时自然胃口很好，也能自己将饭菜吃完。有时，宝宝看见别的小朋友手里有个好玩具，很想玩一下，但人家又不放手。这时妈妈应当想办法转移宝宝的注意力，让宝宝去注意另外好玩的东西。如果宝宝仍然想念那件玩具，要让他学习等待，告诉他要遇到机会才能买到相似的玩具。在儿童游戏乐园中，如上滑梯、坐碰碰车、坐飞机等都要经过排队才可以玩，要教导宝宝耐心等待，才可以享受玩的快乐。等待在生活中是免不了的，要从 2 岁能听懂解释的时候起，就找机会让宝宝学习忍耐，这是性格培养中必不可少的一步。

帮忙买东西

带宝宝去超级市场及自由市场时，不要让他被动地坐在小推车里，要牵着他让他当助手。例如，去超级市场，在取包装好的商品时，可以抱着他去够取，告诉他商品的名称和用途。当他对买到的东西感兴趣时，不妨逐一介绍，使他认识更多的东西。出门结账时，让他看看计算器如何显示，如果他认识数字，不妨让他念出来以提高他认数字的兴趣，让他看着付钱和找钱。在自由市场购物时，可以让他提出建议，如选择他喜欢的菜，或介绍一两种他不认识的菜，购买回家尝尝。让他听到卖菜人的介绍，怎样讨价还价，怎样用秤来量菜的多少。宝宝对这些都很感兴趣，回到家来常常将所见所闻在游戏中重演。目的是让宝宝认识各种商品和购物的程序。

感知和表达快乐和悲伤等情绪

让宝宝指出图中谁最快乐，谁在哭；为什么笑，为什么哭；谁在生气，谁在发火，为什么？宝宝最容易理解故事中人物的情感，让他用词说出这些感受。在看动画片时，爸爸妈妈要为宝宝讲解人物及他们的表情。爸爸妈妈下班回家也要问宝宝："你今天过得好吗？""什么让你觉得快乐？""什么让你或别人生气？"让宝宝讲述自己的感受。

想象能力

幼儿的想象世界

宝宝在 2 岁左右，出现想象的萌芽，会把模仿成年人活动的行为迁移到游戏中去，形成最初想象的简单因素。

随着言语的发展和经验的积累，模仿成年人做事的心理需要很快发展起来，到 2～3 岁，想象逐渐进入初级状态。

3 岁以前想象的特点是：想象的内容极其简单，有很大局限性，受活动范围所制约；想象只限于模仿，还没有创造性成分；没有预计目的，只是由具体事物特征或当时情境所引起，很零散，只是片断。

父母应当创设方便的条件，给宝宝更多的模仿机会。宝宝模仿得越像，将来想象得越真切、丰富。父母应当珍视宝宝这简单幼稚的想象嫩芽。

丰富宝宝的想象力

家长可以学会用新方法认识平常事，丰富宝宝的想象力，引导他用新的眼光和方法来重新认识身边一些习以为常的事物。

在一张纸上贴上一个图案，比如小猫，然后让宝宝在这个图案周围随心所欲地画他想画的东西。给宝宝一个预想不到结果的起点，而不是让他照葫芦画瓢，对 3～10 岁的宝宝是一种很好的培育方式。还有一种有趣的开启宝宝创造力的方法，这种方法在宝宝 6 岁时就可以采用：先让宝宝描述自己的教室，然后让他发挥想象，重新设计自己心目中的教室，不知道他会设计成什么样子。那些合规合矩的窗户很可能都会变成动物的形状，这将有助于培养他多重的创造能力。

教养重点与疑问解答

宝宝过度恋母怎么办

恋母是自然界生物中普遍存在的正常现象，从生理学的角度来看，幼儿期的宝宝对母亲的依恋，是健康的重要标志之一。婴幼儿尤其是在生病或疲劳时，会加倍地依恋母亲，母亲一般也会自然满足宝宝的要求。

正常的母子依恋，有利于婴幼儿正常生长发育。

然而，有一些宝宝除了母亲外不要任何人管护，对母亲过分依恋，往往会让母亲精疲力竭。过分依恋母亲不利于宝宝的发展，会使宝宝探索环境的兴趣降低，与外界进行交流的机会减少；该入托幼机构过集体生活时，会有很长时间不适应新的环境，甚至会生病。

对婴幼儿的过度恋母趋势，需引起注意，应当采取措施适当疏远宝宝一点。

1. 疏远但不要离开。不要觉得宝宝反正自己会玩，或者反正睡着了，发现妈妈不在哭一下就过了，这样会带来不安全感，给宝宝造成不能信赖妈妈的心理。
2. 与家人或保姆同时照看宝宝。要解决宝宝对母亲的过分依恋，就要逐渐让宝宝与其他人多接触，妈妈可以做一点自己的事情，让宝宝跟家人或保姆玩，但要让宝宝看到自己。

③ 缩短母子单独相处时间。让宝宝有更多的时间与爸爸、爷爷、奶奶等人接触，逐渐适应与其他人相处。

④ 让宝宝接触更多的人。带宝宝走出家门去接触大自然，经常带宝宝到公园、游乐场、儿童乐园等人多的地方，与别的宝宝一起玩。看到树木花草、更多的人、高楼大厦等，会激发宝宝的好奇心，引发宝宝对事物和人的兴趣。在自然环境中可以学到、看到更多的事物和人，对宝宝的视、听感知觉器官是很好的刺激，能促进视觉和听觉的发展。宝宝逐渐熟悉了解外界环境后，会主动要求到外面去，见到陌生人也不害怕，愿意与小朋友玩，逐步克服对母亲的过分依恋。

⑤ 让宝宝学会与别人合作。宝宝平时主要是一个人或和妈妈一起玩，时间长了，容易形成孤僻的性格。可以把两个人的游戏设计为多人游戏，让宝宝学会与别人合作。两个人的传接球游戏，可以设计为三人、四人传球，让更多的人参与。在与小朋友接触的过程中，宝宝会学到一些集体生活能力和与人和睦相处的交流能力，以后进托幼机构时，能很快适应集体生活。

宝宝入园前的心理卫生

进入幼儿园，是宝宝从家庭走向社会的第一步，宝宝有那么多需要适应的问题：没有爸爸妈妈，没有亲人，只有陌生的老师和同龄的小朋友；没人整天围着自己转，相反，吃点心、玩玩具都必须等待和排队……

年幼的宝宝天天要应对陌生情境的挑战和冲击，真是让父母心疼和担忧。可是，这个适应期是宝宝成长所必需的，绝不能因为心疼和担忧而让宝宝逃离和回避。明智的做法应该是为宝宝及早做好充足的准备，帮助宝宝更容易、更迅速地喜欢上集体生活。

提前做好相关心理卫生准备

帮助宝宝提前做好相关心理卫生准备，目标是要让宝宝达到最佳心理状态，培养宝宝拥有：

自豪感。我已经长大了，所以我要上幼儿园了！

向往感。幼儿园里可以学好多本领，还有很多小朋友一起做游戏，可开心啦！

熟悉感。我知道幼儿园是什么样子，做什么事情，妈妈都告诉过我。

安心感。爸爸妈妈很爱我，老师也会喜欢我。

具体做法

❶ 看一看幼儿园的生活。参观班级活动，观看小朋友们的上课、游戏；瞧一瞧盥洗间、午睡房间等地方；喂一喂饲养栏中的小动物；玩一玩幼儿园里的大型玩具……让宝宝感觉到，幼儿园是一个美好的地方，知道小朋友在幼儿园中做什么，逐渐建立“幼儿园里真开心”的概念。

❷ 讲一讲幼儿园的故事。全家都对宝宝去幼儿园的行为表示肯定和赞赏。在和邻居朋友们玩耍时，故意大声表扬某个宝宝认识的小朋友，并得出结论：“难怪呀，原来是上了幼儿园呀，宝宝如果上了幼儿园也会很棒的……”让宝宝对幼儿园产生一种期待的心理。

把宝宝要入园当作家里的一件喜事来讨论、迎接：“我们的宝宝长大了，要到幼儿园里去学本领啦！”让宝宝觉得入园是件高兴的事，使等待入园的过程充满乐趣。

常常给宝宝描述幼儿园的有趣之处，比如，上幼儿园可以认识新朋友，可以跟老师学本领，可以参加各种有意思的活动等。在宝宝任性、不听话时，对他说：“如果你表现好，才能让你进入幼儿园。”与之相反，千万不可以说：“你这么不听话，真该去幼儿园了！”

还可以利用故事和儿歌，使宝宝向往幼儿园的生活。比如讲一些小动物离开妈妈独立生活的故事，让宝宝知道幼儿园是宝宝们的乐园，是学习本领的地方。

❸ 玩一玩“幼儿园游戏”。在参观幼儿园，了解幼儿园里的日常要求和活动内容后，在家可以和宝宝玩“在幼儿园上课”的模拟游戏。使宝宝了解将要在幼儿园里面对的规则，帮助宝宝今后更容易适应。

❹ 交一交新朋友。多带宝宝出门接触小朋友，鼓励宝宝主动地和他人进行语言沟通，鼓励宝宝与同伴分享食物和玩具。常请小伙伴们到家里来做客，让宝宝当小主人，招待好客人们。

在宝宝正式入园前，最好帮助宝宝认识一两个同班级的小伙伴。宝宝进入幼儿园后，班级里有熟悉的同伴，陌生感和不安全感会减少很多。

给爸爸妈妈的特别叮嘱

❶ 要给宝宝一份安心。不想与爸爸妈妈分开，是很多宝宝不想上幼儿园的主要原因。上了幼儿园以后，宝宝就得独自面对、处理问题，很容易产生失落、焦虑与不知所措的感觉，甚至会担心爸爸妈妈不要自己了。所以在宝宝入园前，爸爸妈妈要努力和宝宝建立起良好的亲子关系，多陪宝宝游戏，听宝宝说话，对宝宝耐心些、细心些，让宝宝对

爸爸妈妈的爱感到放心和安心，并告诉宝宝，老师会像爸爸妈妈一样喜欢他的。

2. 相信宝宝，相信老师。父母们特别是祖父母，可能对宝宝上幼儿园不放心，会在言行中有意无意地流露出来。宝宝是很敏感的，会从成年人的态度中认为幼儿园并不是一个有趣、安全的地方。父母们应当坚信，去幼儿园是宝宝走向社会的重要一步，对宝宝的成长有很多好处。宝宝都有很强的适应能力，只要给予适当的帮助，上幼儿园就会是一件快乐的事情。

3. 相信老师也很重要。幼儿园里的老师都经过专业培训，了解幼儿的心理，其中绝大多数很有爱心和责任心。父母的尊重、信任和配合对老师会是良好的激励。

4. 不可以对宝宝说的话：

“看你这么调皮，送你到幼儿园去，叫老师好好收拾你。”

“你再不听话，就把你送到幼儿园，让老师把你关起来。”

“唉！到幼儿园你就没这么开心了。”

诸如此类的话，会让宝宝感觉幼儿园很恐怖、老师很严厉，从而对幼儿园生活产生抵触甚至恐惧心理。

入园前的自理能力训练

幼儿园有着与家庭里不同的作息制度，宝宝必须要做自己还不会做的事情，造成很多宝宝入园适应困难。要特别提醒父母的是，缺乏自理能力，什么都不如别的小朋友，什么都需要人帮助的宝宝心理会很沮丧。有的宝宝吵闹着不肯去托儿所，就与这一点有关系。

随着年龄的增长，活动能力的提高，宝宝并不愿意事事依赖父母，也要逞一逞自己的能耐，尝试自己动手的快乐，从中找到自信。在幼儿园里，虽然老师也会帮助生活自理能力较差的宝宝，但是如果长久下去，宝宝容易形成不良的自我评价——“我比别人笨”，并且有可能影响到宝宝的一生。

在宝宝入园前，父母要调整宝宝的作息时间，培养宝宝各项生活自理能力，以减少宝宝入园后的焦虑和自卑。

睡眠训练

选择好幼儿园以后，父母应当详细了解幼儿园的作息制度，如早上入园时间、上下午吃点心的时间、午餐时间、午睡时间等，然后在入园前的两三个月中，逐步把宝宝在家的作息习惯调整到与幼儿园一致。主要包括：

1. 早睡早起。合理安排宝宝早上起床的时间，要考虑到穿衣、盥洗、吃早餐和路上所需的时间，保证从从容容，父母上班、宝宝上学都不会迟到。晚上入睡的时间，则根据宝宝需要的睡眠量来定，保证宝宝有充足的睡眠。

2. 每天午睡。幼儿园的作息制度中都有午睡，时间一般为 2 个小时，这是保证宝宝有充足睡眠，有利于宝宝健康成长的措施之一。在家里没有午睡习惯的宝宝，最好在上幼儿园之前养成午睡习惯。

3. 独立入睡。有些宝宝在家里往往要抱着、拍着、哄着才能入睡，而幼儿园的老师不可能守在每个宝宝身边，因此宝宝入园后会不适应，一到午睡时间就会特别想妈妈。

应当培养宝宝独立入睡，不抱不拍也不哄。为了让宝宝安心，可以告诉宝宝，妈妈（或老师）虽然不在身边，但一定在附近（或教室里），有什么需要（上厕所或身体不舒服）可以随时叫妈妈（或老师）寻求帮助。另外，注意把宝宝的入睡习惯告诉老师，争取老师的帮助。

吃饭训练

1. 自己吃饭。不要给宝宝喂饭，鼓励宝宝自己吃。多多鼓励，耐心一些，可以让宝宝对自己产生信心。宝宝吃得好时，要及时奖励或肯定；如果吃饭过慢，可以用竞赛的方式逐步限定吃饭的时间，还可以一次少盛一点饭，吃完了再添，这样让宝宝在吃完后享受一种成就感。不要在旁边逼着、催着宝宝吃，以免破坏宝宝尝试自己吃饭的热情和兴趣。

2. 固定时间和地点。吃饭时间要固定，而且要求宝宝一定要坐在餐桌旁吃饭。不能边看电视边吃饭或边玩边吃，吃饭的时候不能随意走动。

3. 不偏食不挑食。如果家中的食物品种单一，宝宝的口味习惯也就往往比较单一，碰到自己没有吃过的东西就很难接受。所以父母要鼓励宝宝对各种不同的食物都愿意尝试，并适当吃一些较硬的或纤维较粗的食物。

如厕训练

宝宝入园时如天气还较热，一般穿的是单裤，可以训练宝宝自己脱、提裤子。入冬后穿得较厚时，老师会帮忙的。

有的幼儿园使用的是幼儿坐便器，宝宝用起来比较方便。如果是蹲坑，由于宝宝没用过，可以在家庭中事先以游戏的形式进行训练：在平地上摆两块砖，间隔一定距离，和宝宝比赛上、下、蹲下、起来的动作，并逐渐加宽两块砖中间的距离和高度。然后训练宝宝双脚踩在砖头上站立、脱下裤子下蹲、站起来拉上裤子等一系列动作，反复练习，直至熟练。同时，要注意观察宝宝大便的规律，养成定时大便的习惯。

自己穿脱衣服、鞋子

1. 认识衣服。教宝宝认识自己的衣服，

分清上下、前后、左右。必要的话，可以在衣服上缝上名字。

② 穿脱衣服。宝宝到幼儿园穿的衣服和鞋一定要舒适、方便脱穿，如宽松的、有松紧带的裤子；前面系扣的衣服，纽扣大一点，扣眼也开大一点；套衫的领口要松一些，最好是前面或肩上有2个扣子；鞋子最好选择有松紧带的。如果穿脱过于烦琐，会给宝宝增加很多困难。

此外，宝宝会因为穿衣服比别人慢而自尊心受挫。父母要有耐心，及时鼓励宝宝的点滴进步。可以通过儿歌、比赛的方式，使穿、脱衣服变成一种有趣的游戏。每个宝宝都可能有自己穿、脱衣服的方法，只要宝宝穿得快，穿得好，不必拘泥于一种模式。

学会大声清楚地表达自己的需求

在口渴时，会向成年人要水喝，或自己主动去喝水。

身体不舒服时，会说出或用手指出具体的地方，例如头痛、肚子痛等。这一点非常重要，利于入园后宝宝出现类似情况时，老师能够及时采取应对措施。

告诉宝宝憋便的害处，出现便意时，要及时告诉老师，万一已经拉出，也要告诉老师，让老师帮助换裤子。

平时可有意识地教宝宝做一些这方面的练习。“告诉妈妈，你想干什么?”“你刚才玩什么呀，给爸爸讲讲好吗?”……

其他

养成喝白开水的好习惯；饭前便后自己洗手。

宝宝掌握一些独立生活的本领后，会更顺利地适应幼儿园生活，增强自信心。

减缓宝宝入园的分离焦虑

分离是一个渐进的过程。开始，爸爸妈妈可以短时间地离开孩子的视线，但要让孩子听到你的声音。以后，这个时间可以加长，让孩子形成信任：现在爸爸妈妈不在，但不久会回来。

少一些“代孩子言”，让孩子学会表达自己的需求。

改变关注方式，把关注的重点从孩子每时每刻的生活需要转向孩子心理成长的需要。有时候，也许要刻意放慢自己已经建立起来的快速反应习惯，留一点时间让孩子自己去应付困境。

要让孩子多一些同伴，让孩子在交往中学会与同伴相处。

多一些照顾他的人，让孩子与更多的成人建立信任关系。

适当训练，让孩子学会必要的生活技能：自己用杯子喝水、自己上厕所、自己洗手吃饭、自己穿衣服……

提前熟悉幼儿园的环境和老师，减少入园后的陌生因素。

如何让宝宝早些走出焦虑状态

承认

当宝宝哭的时候，你说“这有什么好哭的，幼儿园多好呀”一点儿也没用，只能让宝宝觉得你一点儿也不理解他的难处。还不如告诉他，你知道他很难过，好多事情还不知道怎么办，但你相信，宝宝是会找到办法的，一切都会好起来的。

设计告别仪式

无论如何，悄悄溜走的方法都不可取。宝宝从实际中学习的能力是很强的，第二次，他就会放弃他喜欢的玩具，牢牢地看住你。设计一个和宝宝独特的告别方式，比如，到窗口和妈妈再见，和妈妈拥抱一会儿再说“再见”等，都会产生特殊的效果。

依恋物

和幼儿园老师协商，让宝宝带上一件平时在家最喜欢的玩具上幼儿园。一件宝宝所依恋的玩具，能减缓宝宝的焦虑。

和伙伴建立更密切的关系

邀请一两个幼儿园同班的小朋友到家里来玩，或一起在户外玩。在比较宽松的环境下，宝宝之间容易建立比较好的关系，而且这种关系会帮助宝宝适应一个新环境。

聊聊幼儿园的开心事

这不是讲道理式地说幼儿园好，而是和宝宝聊聊在幼儿园的生活，强化其中快乐的体验。

及时发现生活难题

有时候，不会上厕所、不会系扣子都有可能成为宝宝不爱上幼儿园的原因。及时发现，及时训练，提高生活技能，也是缓解宝宝焦虑的一个重要因素。

适当嘉许冒险精神

2 岁的宝宝，自主意识不断增强，渴望着能独立活动。这个年龄段的宝宝喜欢自己走路，父母应该多多给予鼓励。宝宝看到路边成堆的沙子、石头或别的什么东西，都会引起强烈的兴趣，总是会想走到跟前去看一看、摸一摸。宝宝也不会像成年人那样感到危险，因为正处于对任何事物都感兴趣的阶段——宝宝这种对环境充满好奇，积极探索的态度极其可贵，可以帮助宝宝通过对感兴趣事物的观察，发展自己的两大项智力：注意力和认识能力。

这时候的宝宝特别容易跌跤、闯祸，应当在注意宝宝安全的同时鼓励冒险精神和探索兴趣。可适当采取一些安全措施，也可以通过看图片、讲故事等方式，提醒宝宝注意安全，小心跌跤。这个时期是培养宝宝的勇敢性格和冒险精神的关键时候，绝不能随意阻止宝宝的行动，从而使宝宝形成胆小怕事、处处退缩的性格，因此失去对环境积极探索的可贵精神和兴趣。

“家老虎”和“外小猫”

这个年龄段的宝宝，有个别的会出现一些性格上的奇怪现象，如有的宝宝在家里说一不二，跟一个“小霸王”似的，在外边却很怯懦，胆小得像一只小猫。

这种情况下，宝宝的心情是：“我想大声说话，可是怎么也说不出来。我想玩个痛快，可就是不行。”实际上，宝宝在努力去做，却连高声说话的声音都发不出来，身体也不灵活和听指挥，宝宝自己也不知道这是为什么。而且，这种表现，一般只会出现在幼儿园里，一回到家，宝宝就恢复了常态，说话声音也高了，身体也能行动自如了。

为什么在幼儿园里和家里有这么大的不同呢？这是因为宝宝对幼儿园的集体生活形成的心理压力太敏感，产生了一种压抑感。换句话说，由于过分紧张，使宝宝身体所有方面的功能都受到了抑制。

在家里，宝宝却不会有这种精神压力，身体里的能量能够自由地释放出来。因为外界环境中形成的心理压力，并不是宝宝一个人能够对抗得了的，所以说，父母应该做的，就是培养宝宝对这一种集体生活的压力的承受能力。

具体的做法是，和幼儿园的老师商量，请对方帮助，也找出性格内向、温顺，也具有“在家是老虎，在外像小猫”类似倾向的宝宝，把宝宝的父母介绍给自己认识，让两个宝宝在两个家庭之间互相往来。今天到这一家吃点心，明天去那一家游戏，让宝宝们生活在一起，游戏在一起，因为宝宝都属于内向性格，心理平衡，两个宝宝都能得到人际关系的训练，培养出抵抗力。

同时，寻求幼儿园老师的支持和理解，把两个宝宝的座位安排在一起，让两个宝宝能够共同应对集体生活的压力，逐渐获得抵抗能力。

贪心的宝宝

物欲较重，人们一般称作贪心，幼儿时期的宝宝有所谓的贪心现象并不鲜见，这种宝宝容易被人认为是对物的贪婪。

表面上看来，宝宝的表现的确是对物的贪恋。但是宝宝尽管霸占玩具、贪得无厌，却既不爱护这些玩具，也不拿它们玩，更看不出宝宝占有了这些玩具有什么快乐的样子，对这些玩具也没有流露出心爱、珍惜和体贴之情。

宝宝独占了玩具，果真就满足了吗？坐在玩具中间，既不表示欣赏，也不显示高兴，这种现象不能称作是贪心，宝宝本身也并不明白自己为什么会那么贪得无厌。

在幼儿表现出贪得无厌时，父母的眼光不要只顾着去看重物，而是要把注意力放在宝宝的感情方面。

在很多情况下，宝宝并不是对物本身贪恋和执著，而是为了用这种对物的贪占行为，来补偿别的某种东西。

例如，宝宝如果感觉到母亲的爱被小弟弟夺走了，会感到不满而又寂寞，因此，会一心一意去夺取自己能夺到的物来替代母爱。但是，物只不过是一种补偿，无论拿到多少，都得不到真正的满足，于是，就会越发起劲地去抢夺东西。宝宝越是这样，越容易被人看成是一个物欲很重或者贪得无厌的宝宝。

理解到这一点后，就知道，母亲应当经常与宝宝谈一谈心，增强母子之间的感情交流，充分给予宝宝抚爱。

实际上，宝宝贪心是一种需要母爱、害怕失去爱抚的内心恐惧感的物化表现。

挨打会产生心理偏差

父母打宝宝，往往是出于一时冲动，却会对宝宝的心灵造成不可弥补的严重后果。常挨打的宝宝，会出现一些不良心态和心理偏差。

说谎

有的父母发现宝宝做错事后，用

打骂宝宝来作为惩罚。宝宝为避免皮肉之苦，瞒得过就瞒，骗得过就骗，如果能骗过一次，就可减少一次“灾难”。可是宝宝说谎，往往站不住脚，容易被父母发现。一旦再次被发现后，为了惩罚宝宝说谎，父母态度更加强硬。为了逃避挨打，宝宝下一次做了错事更加恐慌，更有可能会说谎，构成恶性循环。

懦弱

如果宝宝经常挨父母的拳打脚踢，时间一久，宝宝一见到父母，就会感到害怕，不敢接近。因此，不管父母要求做什么，也不管父母的话是对是错，都只得乖乖服从。在这种不良的、绝对服从的环境下成长的宝宝，常常容易形成自卑、懦弱的性格。这种宝宝往往会唯命是从，精神压抑，学习被动。

孤独

挨打的宝宝，常会感到孤独无援。尤其是父母当众打宝宝，会使宝宝的自尊心受到伤害，往往会怀疑自己的能力，会自感“低人一等”，显得比较压抑、沉默，因为被小朋友看不起而抬不起头。于是宝宝往往不愿意与父母交流，也不愿意和小朋友一起玩，性格上会显得孤独。

固执

有的父母动辄就打宝宝，损害宝宝的自尊心，使宝宝产生对立情绪、逆反心理。于是，有的宝宝会用故意捣乱来表示反抗，存心让父母生气。有的宝宝父母越打越不认错，犟劲越大，变得越来越固执。

粗暴

由于宝宝模仿性很强，在家里挨了父母打，到外面就去打别的宝宝，尤其是比自己小的宝宝。父母打宝宝，实际上起了教自己的宝宝去打人的坏榜样作用。

怪僻

有的父母打了宝宝以后，还硬要宝宝认错，表示宝宝是接受教训了。这样做，只能促使宝宝的排他倾向加剧。表面上看，宝宝似乎是依照父母的要求去做，实际上，抵触情绪很大。在被打之后，宝宝会不知所措、惶惶不安，久而久之会变得越来越怪僻。

喜怒无常

有的父母打过宝宝以后，又觉得心痛、后悔，立即去抚慰宝宝挨打的痛处，甚至抱着宝宝痛哭，并加倍给宝宝以物质上的补偿。这种情况，宝宝开始会感到莫名其妙，时间一久会习以为常，慢慢也变得喜怒无常。

宝宝提出无理需求了怎么办

宝宝慢慢地已经能够说很多话了，同时变得越来越不讲道理，喜欢跟大人捣蛋，还时不时提出一些无理的要求。对于这样的宝宝，妈妈首先不要训斥或发火，因为这么大的宝宝就是这个样子，父母要学会理解和一些沟通技巧。

巧用“冷处理”

2岁多的宝宝会故意做一些恶作剧，以观察父母的“紧张”反应。比如父母说：“别打开电视机，我们干点别的事。”话音未落，宝宝会故意跑过去把电视打开，然后在一旁幸灾乐祸地等着父母发作，好看“热闹”。这时，应当故意装作看不见，自己去干别的事。当宝宝故意的逆反行为讨了个没趣后，就会渐渐停止这种恶作剧。

转移注意力

对待宝宝不合理的要求或有危险的活动，可以采取转移注意力的办法进行软处理。如宝宝已经吃了很多冷饮，还想再吃，父母先不要正面回答他，可以让宝宝打开电视机看一些有趣的节目，也可以给他一件最喜欢的玩具，或者干脆带宝宝到外面去玩等。当然，对于一些无关紧要的小事，可以故意让宝宝赢上一两个回合，也可以满足宝宝“当家做主”的愿望。

适时地说“不”

除了委婉地给宝宝吃“闭门羹”之外，父母也应当向宝宝提供学习服从的机会，即坚定地对宝宝说“不”，这是所谓的“最佳挫折训练”。当然在此之前，父母要充分衡量宝宝的心理承受能力，切忌对宝宝的心灵造成伤害。

必要时对宝宝说“不”，对宝宝的心理健康是非常有益的。

怎样让宝宝集中注意力

3岁以前，宝宝是以无意注意（无目的的注意）为主导的，注意活动主要由外界事物、对象所决定。3～6岁的宝宝无意注意仍占优势，有意注意（具有自觉目的，需要意志努力）逐渐发展。宝宝无意注意在幼儿阶段已高度发展，而且相当稳定，鲜明、直观、生动具体的形象，突然变化的场景，都能引起他的无意注意，使得他注意力分散。

宝宝平均注意的限度

2岁时7分钟，3岁时9分钟，5岁时14分钟，当然这是平均，如果感兴趣，宝宝注意集中时间都会大大超过平均时间。在任何阶段，大人都不应对宝宝要求过高，十分专注对宝宝来说是很困难的。

提高宝宝注意力的方法

1. 以宝宝为中心。抓住无意注意的特点，以宝宝为中心，他对什么感兴趣，他在注意什么，他问什么，他想知道什么，就告诉宝宝什么。比如宝宝关注蝴蝶了，你不必非要让他知道蜜蜂；宝宝在玩汽车时，你不必非要让他听故事，否则只会分散他的注意力。
2. 给宝宝一点时间。小孩子有自己观察世界、探索世界的独特方式，当他注意看着一只蝴蝶时，谁也不知道他在想什么、在发现什么、在摸索什么，做父母的，不妨给他一点独处的时间，不要打断他难得的有意注意，有时候大人的介入反而会让他不耐烦。
3. 让环境单纯一些。干扰宝宝集中注意的，除了大人外，还有环境。如果想让宝宝能较长时间地注意一个事物，那么在这个事物的旁边不要出现过多的其他事物，也就是说让环境单纯一些，一次不要拿太多玩具，一两件就可以了，正确玩出花样来，否则宝宝难免会“见异思迁”或者“喜新厌旧”。

Part 19

宝宝2岁0~6个月

宝宝的生长发育

身体发育

体重	男孩 13.0～13.53 千克	女孩 12.55～13.13 千克
身长	男孩 91.35～93.38 厘米	女孩 90.3～91.79 厘米
头围	男孩 47.88～48.95 厘米	女孩 47.7～48.8 厘米
胸围	男孩 49.45～50.54 厘米	女孩 49.1～50.2 厘米

感觉运动发育

喜欢看图书、听故事，能回答故事中的主要问题。穿鞋时能分清左、右。学习自己洗脚，自己穿有扣子的衣服。喜欢帮助妈妈做事。能自己收拾衣物和玩具。

语言、适应性行为发育

宝宝会用简单句与人交往，不仅会用“你”、“我”、“他”等代词，还会用连词。知道许多日常生活用品的名称和用途。所用简单句包括主语、谓语和宾语。所用词汇中以名词最多，动词次之。直接用名词陈述自己或别人的行为。开始出现问句，如“我们上哪儿去玩”。开始学会等待，如去公园玩碰碰车知道要排队等候。

生长特点

2～3岁这个年龄阶段的宝宝，体格生长仍处于较慢的衡速生长期，但心理发育的速度加快。这段时期仍然是幼儿口语发育的关键期，宝宝说话和听话的积极性都很高，语言水平也进步很快，掌握了基本的语法结构，词汇量和句型也在迅速扩展，爱听故事、儿歌、诗歌等。注意和记忆能力也较之前有所提高，能较长时间地注意看电视、看电影、做游戏或听成年人讲故事，也能记住一些简单的情节和片段。

感知思维也逐步活跃。这个时期的宝宝个性逐渐显露，在自我意识发展的基础上，宝宝的自我评价和道德品质开始有了初步的发展，能够判断“好”与“不好”、“对”与“不对”，并且能用语言来控制和调节自己的道德行为。

由于语言和动作发展日趋成熟，认识范围不断扩大，好奇心和求知欲不断增强，因此，宝宝很希望与人交往，愿意与小朋友一起玩。

在这个阶段里，宝宝的独立愿望很强，具有一定的自我服务能力和从事一些简单劳动的能力，比如可以自己吃饭、穿衣、洗脸、洗手、扫地、擦桌子及帮助家人取送东西、拔草、浇花等。

幼儿运动技巧有了新的发展，动作日臻成熟，会跑、攀登、钻爬，两手也更加灵活，能玩些带有技巧性的玩具。

这个年龄的宝宝，由于智力的发展，兴趣爱好广泛，往往兴趣不在吃上，有的宝宝还出现厌食或边吃边玩的现象。

宝宝的左脑开发

语言能力

让宝宝掌握说话的节奏

刚刚学会说话的 2～3 岁宝宝说话节奏很快，像打机关枪一样，别人听不清楚。这是因为宝宝的性情比较急躁，做什么事都急于求成，风风火火的，说话也没有耐心，恨不能一口气把要说的事倒出来。也有可能是因为家庭中的成年人尤其是父母说话节奏很快，宝宝跟着模仿。还有可能是宝宝向父母讲述事情时，父母经常没时间听或嫌宝宝啰唆，宝宝想表达自己的心愿又怕父母不耐烦，便加快说话速度。另一种可能是宝宝与父母说话时，父母老是插嘴或打岔，宝宝怕打断自己的话而会抢着说。

要使宝宝说话速度放慢，可以采取下列措施：

❶ 父母和宝宝说话的节奏放慢。宝宝听见父母说话不慌不忙、有条不紊的，会逐渐调整自己的语速来适应父母说话的节奏。

❷ 宝宝与父母说话时，要耐心地倾听，不要插嘴，也不要打岔，先让宝宝把话都说出来，即使宝宝某项要求是不合理的，也要等说完后再提出批评意见。宝宝不担心父母打断自己的话，心里不紧张，也就不必抢着说了。

❸ 对性情急躁的宝宝，要培养耐心，要求做事说话稳重，不要慌忙。当宝宝说话急得涨红了脸时，父母要和蔼地说："别着急，慢慢地告诉我，我想听清楚你讲的事情。"也可以让宝宝喝点水、歇歇气再说。

❹ 晚上躺在床上睡觉之前，是宝宝精神上放松的时间，可以坐在宝宝身边与宝宝说一会儿话，让宝宝谈在一天中的所见所闻。宝宝觉得父母不急着休息，有时间听自己讲话，就会放慢速度说话。

❺ 用稍慢的节奏教宝宝念诗歌。教宝宝

念诗歌时可把某些字音拉长，每句诗之间的停顿加大，边念边做些动作，有助于纠正宝宝说话的快节奏。例如唐诗《春晓》可以这样念："春眠——不——觉晓——，处处——闻——啼鸟——。夜来——风雨声——，花落——知——多少——？"（"——"表示把字音拉长。）

⑥ 讲生动有趣的故事给宝宝听，故事讲过几遍后，再要求宝宝复述故事给父母听，培养宝宝有条不紊地叙述事情的能力。

鼓励宝宝和别人交流

宝宝在学语言的过程中，常会出现这样一种情况，就是宝宝说的话，只有自己的父母才能听懂，别人要知道宝宝说什么，还得通过家长的翻译。显然，这种情况不利于宝宝语言能力的发展与进步，因为宝宝不可能总是只跟家长交流。所以，日常生活中，家长应多多训练宝宝的发音，训练宝宝讲完整的句子，不要用幼儿式的语言和宝宝进行交流。

精细动作能力

培养宝宝的动手能力

在平素的家庭生活中，应当有意识地针对宝宝不同的年龄特征，安排适当的动手操作活动，锻炼和促进手眼协调能力和小肌肉的发育，促进脑部相应区域的发展。

在日常生活中，只要是宝宝表示愿意自己动手做的事，父母都应当耐心地在一旁指导，而不要自己动手代替宝宝去做。如宝宝希望自己学吃饭的时候，就不要喂；宝宝自己要学穿衣服时，就不要再替宝宝穿衣服；宝宝可以自己握笔时，就应当给宝宝纸和笔画着玩。宝宝刚开始学习这些动作时，难免做得不完善，需要反复地练习。通过反复动手、反复运用，宝宝就能掌握比较复杂的手部动作。

动手练习的内容，一定要适合宝宝的年龄特征，如经常让幼儿做一做手工，包括画图、剪贴、泥塑、折纸等，能促进幼儿手部动作发展。

发现宝宝有不正确的动手习惯时，应当及时予以矫正。例如，要注意宝宝端碗，拿匙子、筷子，握笔，握球拍，用剪刀以及拿其他工具的方法是否正确，发现问题应当及时给予指导和纠正。当然，最好从一开始就教会宝宝采取正确的操作方法，尽量杜绝不正确的动手方法。

要特别注意宝宝动手操作时的安全卫生。同一操作活动不应持续过久，以免宝宝手部过度疲劳而失去控制力，造成事故，影响手部正常发育。宝宝在使用金属工具，如剪刀、刀子、铲子和榔头等之前，父母应当先做示范，教给宝宝正确的操作方法，一定要嘱咐宝宝注意安全。宝宝使用的工具，也应当有安全措施，如剪刀最好是圆头的，刀子、铲子不要过于锋利。

完成动手操作活动后，要提醒宝宝及时洗手，以保持手部的清洁。

用筷子比赛夹起红枣

父母示范用筷子夹红枣到盘子里，然后鼓励宝宝自己夹，最好能比赛，妈妈和宝宝看谁夹到盘子的红枣多。手的活动与脑细胞发育有关，而使用筷子则是一种十分有效的锻炼方法。通过手指的控制活动而有效地刺激脑的运动中枢，所以家长应早点把如何使用筷子吃饭作为一个重要的教育手段施行。当然，太早了有个安全问题，家长要注意。

触觉能力

赤脚走路

选择一个适宜的天气，带宝宝到外面，脱掉鞋子，光着脚走一走。除了草地之外，泥土路、细沙路、小石子路、水泥路、柏油路，各种不同的路面，都让宝宝去尝试走走看；平坦的、上坡的、下坡的、高低起伏的、直的、弯曲的，各种不同地形，也都可以带宝宝去体验。

脚心是非常敏感的部位，赤脚接触各种路面，会给宝宝以丰富的触觉感受，积累各种触觉经验。脚底承受身体的重量后再踩在不同触感的路面上，会产生很强烈的触觉刺激，这种尝试的触觉感受传到大脑中会持续很久，能够刺激大脑中相应部位的发育。

宝宝的右脑开发

适应能力

教会宝宝随遇而安

学会随遇而安，是教会宝宝正确对待全新生活环境的一种优良素质。

宝宝的新环境是指新的生活环境，最主要的是幼儿园环境。

从家庭的个体生活走向幼儿园的集体生活，对宝宝来说是一个巨大的变化。由于生活环境、生活方式，特别是接触对象的不同，宝宝开始会感到不习惯、不适应，产生怯生、恐惧心理，出现哭闹、逃跑、不肯吃饭、不肯午睡等现象。类似现象有时候会持续一两个星期甚至更长的时间。

怎样才能让宝宝尽快地适应新的环境？首先，需要做好宝宝进入新环境前的准备工作。

心理准备。入幼儿园前，先带宝宝去幼儿园玩一玩，与老师交谈交谈，消除宝宝的怯生心理。通过参观幼儿园的活动室、玩具橱、游戏室等设备，增进宝宝的羡慕和愉悦情感；让宝宝通过看一看幼儿园小朋友们欢乐的活动场面，从旁边体验一下幼儿园富有情趣的集体生活，促使宝宝产生“我不久就上幼儿园了”、“我是大宝宝了”的自豪感。宝宝产生了进入新环境的意愿，就能为将来适应新环境奠定良好的思想基础。

培养生活习惯。给宝宝安排与幼儿园相适应的作息时间，早睡早起，每天中午定时睡午觉等，进入新环境后，宝宝就容易适应新的生活制度。

培养生活能力。注意培养宝宝的自理、自立能力，放手让宝宝自己吃饭，自己大小便，自己脱衣上床睡觉。家务劳动时，可以让宝宝在身边学着剥一剥豆子，拿一拿工具。外出时可以带上宝宝，尽可能让宝宝多接触外界的人和事，以增进宝宝的独立性，减少依赖性。

通过几个方面的准备工作，宝宝进入幼儿园的新环境后，很快就能适应。值得注意的是，进入幼儿园前，切忌使宝宝产生恐惧心理，例如，不要用“不听话就送你去幼儿园”之类的话来恐吓宝宝。

宝宝进入新环境后，如果出现不适应、不习惯现象，父母不应当过度溺爱心疼，舍不得、放不下，更不应当在一旁当陪伴。爸爸妈妈应当信任幼儿园教师会亲切地关心宝宝，尽量避免自己同宝宝多接触。宝宝回家后，应该从多方面夸赞新环境，促使宝宝心理上的转变。

大动作能力

接球、拍球和踢球

这个年龄的宝宝，可以学习双手接球和拍球、踢球，提高动作的协调性。开始可以由成年人和宝宝相距1米站好，让宝宝先学着接住滚过来的球。滚动的球经地面摩擦减速，使宝宝容易迎到球滚过来的方向，把球捡起来，再用力抛到成年人身边。然后逐渐加大与宝宝之间的距离，使宝宝意识到球滚过来的地方与自己有一段距离。还可以不断变换球的方向和速度，把球滚给宝宝。

然后，可以让宝宝接反弹起来的球，球经过地面反跳之后弹起来，速度要比直接扔过来慢，因此宝宝能来得及接住反跳的球。父母把球往下掷，等到弹起来以后，再叫宝宝用双手去接。也可以让宝宝自己把球掷下去，再双手接住球。要注意提醒宝宝不要用双臂去接，以免被球弹中胸部，打痛了会影响到宝宝的兴趣。

练习一段时间接球后，就能拍球了。先把球掷在地上，待弹起来后再用手去拍，教宝宝学习连续拍球。由低到高，由轻到重，由慢到快，循序渐进地教会宝宝掌握拍球的技巧和力度，这对宝宝全身协调能力是一种极好的锻炼。

玩踢球时，开始可先把球放在宝宝脚前，让宝宝把球踢出去，然后捡回来再踢。玩熟练后，可以把球滚到宝宝的脚边，让宝宝踢滚动的球。还可以把球放在距宝宝1～2米处，让宝宝加上助跑上前去踢球。然后，父母可以和宝宝相互踢球，还可以让几个小朋友一起踢球，比赛谁踢得远。一定要注意提醒宝宝，不能用脚去踩球，以免摔倒。

玩球要注意，不要用充气太足、弹性太大的球，防止宝宝因为接球困难而失去信心。

颠颠轿子

爸爸妈妈双手搭成“井”字架，让宝宝分开两腿坐在架子上，用两只小手分别抱住爸爸和妈妈的脖子，爸爸妈妈随节拍走动或颠动。可由场地一端走到另一端，取玩具以增加游戏兴趣。也可一边走一边说儿歌：“轿子轿子向前走，轿子轿子颠一颠，上下颠、左右颠，前前后后颠一颠。”这样可以刺激宝宝的前庭器官，锻炼宝宝对身体的控制和平衡能力，在另一个高度看周围不断变换的环境，使宝宝的空间感也得到充分的发展。

社交行为能力

教宝宝学会自我肯定

所有的宝宝都需要从心理上不断地自我肯定，来获取进步所必不可少的原动力。父母要帮助宝宝学会自我肯定，找到自信，有几种简单易行、行之有效的方法：

适当降低对宝宝的要求

对待已经有自卑心理的宝宝，应当适当降低对宝宝的要求。假如宝宝画了一匹马，最好不要挑剔这里不好、那里不像，而应当对宝宝的每一点成功之处及时发现，做出由衷的赞赏：“看，那马尾巴画得真好呀，好像是在风中飘舞一样！”“你为马涂的颜色真漂亮！我敢说它是世界上跑得最快的马！”

需要强调的是，应该让宝宝觉得，父母的赞赏完全出自诚恳，而不是应付、客套，更不是虚伪、做作的。

变更表扬的主语

让宝宝多做自我肯定，有一个最简单的方法是改变表扬的主语：只要把“我”改成“你”，把“我们”（父母）对你（宝宝）的表扬改造成你（宝宝）对自己的表扬。这种简单的变化，能够更充分、有力地让宝宝认识到自己的行为正确，起到一种增加对宝宝赞赏的效果。例如：“你今天用积木盖起了这么高的大楼，我真为你自豪！”可以改为：“你今天用积木盖起了这么高的大楼，你一定为自己感到自豪！”

鼓励宝宝确立主见

父母应当对自卑的宝宝多做表扬，但其他人却不一定能做到这一点。小伙伴们或许会“实话实说”，或许会故意挑剔，甚至讽刺挖苦。此外，宝宝不可能永远依赖别人的评语来寻求动力，或迟或早都要依靠自己内心的动力来进步。假如宝宝完全依赖成年人的赞许，不知道怎样认可自己，如果长大了去做个球员，就可能在比赛时每打出一个球就回头去看看教练的脸色，当然就很难成为一个成熟的好球员。因此，对宝宝来说，指出做得好的地方以后，要提醒宝宝不必过分看重别人的评论。

努力强化宝宝的自我肯定

对自卑情绪严重的宝宝来说，心目中的自我肯定往往会很脆弱和飘摇不定，极需要得到外界经常不断的强化。强化宝宝的自我肯定的方法很多，例如可让宝宝为自己记一本“功劳簿”，让宝宝每周花几分钟时间，写出或画出自己的“功劳”。告诉宝宝，所谓“功劳”，不一定非得是了不起的成就，任何小小进步，以及为这种进步做出的任何小小努力，都有资格被记录下来。还可以为宝宝准备一些小小的奖品，如画片、玩具、图书等，每当宝宝做出一点成绩、一件自己感到自豪的事，就有可能获奖。还可以教宝宝学会以“自言自语”的方法，不断对自己做出赞扬和鼓励，当宝宝遇到困难、正踌躇畏缩时，不妨鼓励宝宝自己给自己鼓劲：“来吧，你是一个不怕失败的好宝宝，再做一次努力吧!”

自我肯定不宜过度

鼓励特别自卑的宝宝，多做一些自我肯定，并不意味着应该让宝宝滥用自我肯定。不要鼓励宝宝在任何时候、任何情况下都采用自我肯定。自我肯定也应当有度，要分时间、分场合，更要有一定的原则、标准和尺度。再好的良药也不能用过量，宝宝的自我肯定如果用过了头，有可能变成一个自负高傲、唯我独尊的偏执者。

教养重点与疑问解答

什么是宝宝惧怕症

害怕，是正常儿童发育过程中的一种体验，是儿童的一种健康的反应。但是，如果幼儿什么都怕，离不开父母和成年人的身边，即使在大白天或在家中，也不能独自待在一个房间里，就有可能属于情绪障碍，有惧怕症的倾向。

矫正惧怕症，可以根据惧怕症发生的原理，通过条件反射持续不断地设法来纠正宝宝的惧怕行为。如果对某种事惧怕，就要鼓励宝宝克服害怕的心理，指导宝宝去做所怕的事，用行为告诉他这事并不可怕，从而让宝宝找到自信和培养认识事物的能力。宝宝怕小动物，可以带着宝宝接触这种小动物，从跟成年人一起抚摸，到自己敢于单独直接接触。如果怕水，可以先培养宝宝在澡盆里玩水，往身上洒水，再发展到敢于用小桶提水，用水浇花，带宝宝一起去钓鱼、游泳等，最终消除害怕水的心理障碍。

严重的惧怕心理，是一种心理异常的表现，不利于婴幼儿成长发育和身心健康，任其发展会造成难以逾越的精神障碍。因此，在婴幼儿家庭护理过程中，要细心观察，充分重视，及时矫正。

宝宝学写字不宜过早

为开发早期智力，许多父母很早就教宝宝写字，这种做法不妥。因为教宝宝识字和写字是两码事，写字对幼儿的要求要高得多。

从幼儿的生理、心理发展来说，幼儿期儿童神经抑制机能还很差，不能过久地抑制自己的行为，或从事过分细致的活动。在知觉方面，常常表现出笼统、不精确的特点，宝宝较难区别相似的文字。在空间方位知觉方面，幼儿尚无法掌握左右方位的相对性和角度，3～4岁的幼儿对上、下方位掌握还不很稳定。在手的运动感觉方面，幼儿手上骨骼肌肉远远没有达到成熟程度，手部关节骨化过程还没有完成，手部肌肉的力量也很差，不能胜任持久用力的动作。再加上幼儿的手、眼、脑的协调能力也差，写字时，眼睛总要盯住笔尖。为了能看到笔尖运动，宝宝便会歪着身子，侧着脑袋，尽量使右侧的肩、肘、腕向前。因此，过早地要求幼儿学习正确的姿势，学会从左到右、从上到下的笔顺书写文字很困难。

2～4岁的幼儿，90％处于涂鸦状态；5周岁的幼儿，95％能准确地临摹画画，却有75％的幼儿还不能以正确的笔顺、姿势稳定地书写简单的汉字；6周岁以上的幼儿基本上能以正确的姿势、笔顺准确地书写简单的汉字。因此，宝宝学习写字基本上属于入小学以后的事，不宜在幼儿期提倡。

幼儿尊重需要

幼儿在成长发展过程中，有一种强烈的尊重需要——对自尊、自重和来自他人的尊重的需要或渴望。对父母来说，透过宝宝的行为表现，识别宝宝的真实意图很重要。

幼儿尊重需要的表现形式可以归纳为几类：

1. 要求得到成年人的关注。幼儿是在与外界环境的互动中发育成长的，成年人的关注是宝宝的生理需要、安全需要得以满足的首要条件。同时，幼儿也通过成年人的关注来确认自己的存在。大多数情况下，宝宝会用积极的办法引起成年人的关注，如主动招呼父母来看自己搭的积木、画的画、做的某个动作，要求父母帮自己数跳绳、拍球的次数等。宝宝迫切地希望父母或老师看到自己，从成年人的关注中，获得自信和自尊。
2. 要求自主，对抗成年人的意志。就整个幼儿期来讲，接受成年人的旨意，服从成年人的安排，构成了幼儿生活的主要内容。然而一味地顺从听话，势必会抑制幼儿的天性，阻碍幼儿个性发展和成为独立的自我。为此，幼儿会在尊重需要的支持下，表现出一些自主性行为——

不依赖他人，自由地做出判断和主张。比如，宝宝会自己选择穿哪一件衣服，自作主张看哪一部卡通片、玩哪一样玩具，把父母的要求当作耳旁风。当然，在幼儿阶段，宝宝对成年人意志的反抗能力是极有限的，如果父母真严厉起来，宝宝也会收敛自己的行为，但宝宝的自主性却不会随之消失，一旦时机成熟，便会再度凸显出来——这是宝宝在捍卫自己作为一个人的尊严的标志。

3 要求被赞扬和被认可。“宝宝都爱听好话”、“哄宝宝”等日常用语，从经验层次面上反映出幼儿的一种普遍倾向，即喜欢被成年人赞扬和认可。出自这种需要，幼儿除了要求父母对自己的各种“杰作”、“本事”给予关注外，也迫切希望得到成年人的夸奖和表扬。

4 负责要求。要求负一定的责任，是幼儿自主性行为进一步发展的表现，最常见的现象是宝宝不再顺从于成年人对自己生活的包办代替，而总是会要求“我自己来”。于是，从自己吃饭、穿衣、洗澡到帮助家人烧饭、擦地，宝宝什么事都想“插一手”。小家伙会跑来跑去、忙个不停，即使被称作“帮倒忙”、“添乱”也乐此不疲，除非遭到强令禁止、训斥，被赶到一旁才肯罢手。限于发展的水平和已获得的社会经验，宝宝能完成的负责行为毕竟很有限，但宝宝却能从这有限的行为中，看到自己的力量，通过自己对这个世界的操纵和控制，得到成就感、自尊感的愉悦体验。

5 要求有自己的空间。幼儿的行为控制能力虽然很弱，却渴望拥有一块领地，这块领地既是空间上的，也是心理上的。在那里，宝宝可以随意摆放自己的物品、玩具，任意给玩具分配角色、安排任务，可以讲述自己的故事、倾泻情感，还可以保存自己的小秘密。这块领地是幼儿精神发展的庇护所，也是宝宝作为个人尊严的重要堡垒，就和成年人的隐私一样，不容得别人随便刺探。在成年人眼里，也许宝宝这块领地里的一切，连同宝宝的小小心计都会一目了然，但绝对不要轻易地把它点破。因为，一旦让宝宝发觉自己的秘密全在父母的掌握和控制中，宝宝的尊重需要就会遭受挫折，滋生出自卑、弱小、无能感，从而丧失基本的自尊与自信，在性格上造成极其不利的影响。

如何对待宝宝的过错

宝宝的过错大大小小，几乎是每天都发生的，父母首先应弄清情况，然后根据具体情况采取适当的措施进行教育。如果对宝宝的过错不闻不问，甚至过于纵容，对宝宝的健康成长是有害的，显然也是错误的。但是，如果对宝宝说错一句话、做错一件事也要严加训斥，甚至又打又骂，都是不对的。干预过多，会让宝宝变得胆小怯懦，会影响宝宝心理健康成长。应当根据宝宝过错的不同性质，采取宽严相结合的方式进行教育，才能取得好的效果。

如果宝宝是在做好事，由于缺乏经验而出了错，父母要肯定宝宝的良好愿望和正确行为，然后再向宝宝讲明在做这件事的过程中需要注意什么，宝宝会比较高兴地接受。例如，宝宝自己洗手洗脸，弄湿了衣袖，父母应耐心地告诉宝宝，在洗手洗脸时要挽起袖子，并做给宝宝看，很快宝宝就会记住，从而避免类似的过错再次发生。

如果宝宝做了故意损害别人或破坏东西的错事，父母一定要严肃对待。首先问清宝宝为什么要这样做，然后仔细耐心地和宝宝谈谈，讲一讲为什么这样做是错误的，这样做的后果是什么，启发宝宝认识到自己的错误，促使以后改正。如果宝宝在外面欺负了小朋友，父母除进行批评之外，还可用一些正面的事例来启发宝宝，应该怎样与小朋友们相处，这样才能使宝宝得到深刻的印象，引起足够的重视。

给宝宝适当的劣性刺激

良性刺激，是指能够满足人的生理、心理需要，使人愉快的外界刺激。与此相反，劣性刺激是指令人不满意、不舒服、不愉快的外界刺激。适当的劣性刺激对于通常被娇惯宠爱的宝宝来说，是必需和有益的，会对宝宝成长后适应复杂的社会，经受各种挫折和困难的磨砺起到良好的作用，培养一定的心理承受能力。

2~3 岁的宝宝虽小，也可以根据宝宝的身心发展特点，给予一些劣性刺激。

饥饿刺激

让宝宝感受一下饥饿的滋味。有些宝宝的营养品、补品多，零食不离口，经常挑食拒食，饭到嘴边没胃口。不妨有意识地给宝宝一点饥饿刺激，宝宝饿了就能食欲旺盛。同样，宝宝在心理上也需要饥饿刺激。每个宝宝都有欲望和要求，父母如果无限制地满足宝宝的一切欲望，宝宝的兴奋感会处在饱和状态，就会失去追求事物的热情。因此，就应当给宝宝适当制造欲望的“空腹”状态，让宝宝有“饥饿感”。例如，给宝宝买很多玩具，宝宝反而会东挑西拣，兴趣不专。宝宝玩具少了，反而会专心地玩，还玩得津津有味。

困难刺激

有意识地给宝宝设置一些障碍，可以增加宝宝的心理承受能力和磨砺克服困难的意志。例如，宝宝学走路时，会摔跤，在克服困难、多次摔跤后，终于能独自行走。要让宝宝独自一人关灯入睡，就需要克服胆小、惧怕的心理。喜欢睡懒觉的宝宝，早上不肯起床，不妨安排好日程早起早睡，跑步锻炼。从日常生活琐事中，让宝宝认识到人生的道路并非畅通无阻，碰到困难和障碍是常有的事。

劳累刺激

父母总是认为宝宝小，做不了什么事，处处包办代替，而宝宝从小不劳动，不知道苦累，会变得懒散、依赖、怕苦，活动越来越少，越来越缺乏锻炼。长此以往，不仅对身体发育不利，还会影响智力发育，促使不良性格的形成。因此，宝宝尽管小，也要做一些力所能及的事，如学习自己穿脱鞋袜、洗手洗脸、整理玩具，还可以帮助家人拿报纸、浇花等。

批评刺激

谁都喜欢听好话，听到批评就不高兴，要让宝宝从小学会能分清是与非，知道对与错，明白做了不对或不好的事情后，要听从劝告，否则要受到批评。

劣性刺激是一种科学的教育方法，能锻炼宝宝的心理承受能力。宝宝就像小树一样，经受了风霜的刺激和考验，才能长得更茁壮。

游戏中的输和赢

做游戏，免不了输和赢。输和赢不是目的，也不是什么大问题。无论输了还是赢了，都感到有意思，这是正常的儿童心理。

从表面上看，宝宝的游戏似乎也是计较输赢的，但实际上宝宝并不真的计较输赢。可以证明这一点的是，即使输了，还要再玩，而且玩得很开心。

宝宝们游戏，不是为了胜负，游戏本身就是目的。其实，成年人似乎应当学一学不以胜负为目的的儿童心理，着眼点放在游戏本身上，跟宝宝说：“你玩得很好呀!”至于胜负，附带问问就可以了。

父母不计较，宝宝也就松一口气。若是宝宝在游戏上也表现出竞争心，那么，对待其他的学习岂不更变成一个竞争主义者了吗?如果斤斤计较和与人攀比，这种人生会变得乏味无聊。游戏之中得到快乐，人生之中有乐趣。做父母亲的，应该领悟到这方面的意义。

宝宝的生活与游戏活动有着不可分割的密切关系。因此，对输赢不要计较，父母在平时就应当很好地处理目的与手段的关系，让宝宝有一种正常的心理成长环境。

怎样教育感情脆弱的宝宝

有一些宝宝感情脆弱，遇上一点小事爱哭；听故事、看电视、听到或看到可怜的情况时，也是眼泪汪汪的；出门同小朋友玩耍，稍稍被人欺负一下，就会哭着跑回家。

对待这类善感爱哭的宝宝，应当予以特别注意，绝不可以视作劣等性格，妄加评论宝宝缺乏自尊心、心眼儿小等，最好不要给宝宝下结论。对待有这类性格倾向的宝宝，妄加评论往往会适得其反，强化宝宝的弱势，不利于宝宝的健康成长。而多一点关照，多一点爱心，会让宝宝倍感温暖，增强自尊与自信。

社会当中的人们有各种各样的性情，就会有这种生性敏感的人。对待这类宝宝所具有的善感心灵，应当慎重。即使等到长大成年以后，也要继续加以保护。当然，也要加强锻炼。晕车的宝宝坐公共汽车，最好逐渐增加乘车里程。在托儿所内午睡时，让宝宝睡在最靠近老师的床位，让宝宝放心去睡。睡不着也不要训斥，可以启发宝宝想象一下童话故事中的情节。宝宝从外面哭着回来时，不要反复追问为什么，而是跟宝宝讲一讲愉快的事。让宝宝感到，人生中不仅有伤感事，更有很多很多愉快的事。

过分袒护宝宝固然不好，但为人父母、为人师长者，绝不能因为幼儿感情脆弱而责怪宝宝。人生并不是集体旅行，只要能健康成长，高高兴兴地生活下去就行。无论是坚强的人，还是感情脆弱的人，都要善于利用自己的天性，来共同组成多彩的社会。正是各种各样的天性，才使人性完美，使世界呈现多样化的美丽。

怎样对待淘气的宝宝

好动、好奇、好模仿是幼儿的特点。随着年龄的增长、个性的形成、兴趣爱好的逐渐广泛、模仿力增强，宝宝探求尝试活动越来越多，以满足其身心发展的需要，是发展的自然规律。但由于认知能力不高，自我制约力不强，宝宝往往会做出令人哭笑不得、应接不暇的蠢事或恶作剧。在“淘气包”中，尤以男孩居多。

对待淘气的宝宝，可以借鉴下列方法：

转移注意力

人们专心致志、兴趣正浓地做事时最担心别人打扰。宝宝也有同样的心情，常常会把家中的东西，不管是有用的还是无用的，不管危险的还是安全的，拿来当作道具，兴趣十足地做游戏。在这种时候，如果强迫、威吓宝宝中止游戏是不明智的。可以利用幼儿注意力的自控能力较弱、稳定性差的特点，转移宝宝的注意力，随后把不可以玩的东西拿走，放到宝宝不易拿到的地方。

正视现实

宝宝的个性和兴趣由于年龄阶段不同，体现的程度也有差异。家里如果真有一个“小淘气”，父母要正视现实，理解宝宝的心情，走进宝宝的心里，与宝宝平等相处交朋友，及时发现宝宝的优点，给予肯定及表扬，使宝宝得到正面的强化教育，以利改正错误。如果仅仅对淘气的宝宝一味地责备、批评，会导致宝宝心理偏差，效果适得其反。

利用兴趣、爱好因势利导

宝宝精力旺盛、想象力丰富，加上好动、好奇的特性，是出现“淘气”现象的主要原因。可以根据宝宝的兴趣爱好，引导幼儿进行有益的活动。如宝宝爱玩打仗的游戏，可以讲一讲《三国演义》的故事，教育宝宝既要勇敢，又要有智谋。宝宝喜欢玩动手动脑的游戏，可以为宝宝准备一个玩具箱，放一些废旧的锁、手电筒、收音机等物品，给喜欢飞机的宝宝一架飞机模型专门拆、装，引导宝宝进行探索，培养兴趣。这些有益的活动，既丰富知识，又满足愿望，同时能帮助宝宝克服淘气。

五音不全的宝宝

宝宝稚气的歌声，让人们听了总会泛起会心的微笑。然而，有的宝宝在唱歌时，经常会出现五音不全，大致有以下几种情况：

1. 宝宝的五音不全主要体现在唱歌的音准方面，唱起歌来会走音跑调。
2. 唱歌时，像在说话、说歌，没有高低音之分，不入调。
3. 唱歌时，发音忽高忽低，唱不准组成旋律的每个音。
4. 宝宝普通话的咬字发音不准，影响唱歌时的音准。

对五音不全的宝宝，可以通过以下方法训练，逐步纠正听音能力的差异：

培养宝宝的听音能力。音准和听音能力有很大的关系，听音能力差的，弹和唱完全是两个调。父母可以演奏乐曲，或者用录音机放歌曲让宝宝听后跟着唱，有条件的，可以让宝宝学一种乐器，让宝宝边弹、边听、边唱，听听弹的音和唱的音是不是一样准确。

不要让宝宝清唱歌曲。清唱，往往会让宝宝起音不准，更容易走调，要让宝宝跟着琴声唱，或者跟着录音机磁带唱，刚开始小声地跟唱、练习。对某句歌曲唱不准的，要耐心地逐句教，让宝宝逐句听录音，逐句学唱练唱，直到唱准为止。

如果宝宝普通话发音不准，可以选择一些儿歌，让宝宝朗诵，要注意朗诵时的咬字发音和声调，帮助宝宝提高音准能力。

选择适合宝宝唱的歌曲，使宝宝在自然声区里唱歌，有利于提高宝宝的音准。

宝宝爱忌妒怎么办

宝宝其实也有忌妒心。尤其是在宝宝进入集体生活以后，老师的称赞和表扬，会引起宝宝内心的不服和忌妒，如果不加以疏导，会引发宝宝之间的矛盾甚至敌意。

宝宝出现这种情况，不仅父母、老师着急担心，宝宝自己也难受。帮助宝宝克服忌妒心要加以正确疏导，提高宝宝自我认知能力，培养移情能力和努力奋斗的能力。

提高自我认知能力

帮助宝宝提高自我认知水平，是克服忌妒心理的基本途径之一。父母一旦发现宝宝忌妒心强，应该跟宝宝讲清楚，每个人都有长处和不足，如果父母平时就能做到这一点，就等于给宝宝的忌妒心理打了预防针。随着宝宝认知能力的发展，会逐渐懂得每个人的能力都有限，谁也不可能什么事情都比别人强。如果能学会经常这样去想问题，宝宝的忌妒心理就会慢慢打消，变得能够客观地评价自我、评价别人。

培养移情能力

自我认知能力较强的宝宝，也比较容易培养移情能力。简单说来，所谓移情，就是能设身处地为别人着想。移情能力，是宝宝心理成熟的重要标志，而心理成熟的宝宝才具备自我排解忌妒心理的能力。

例如，2 岁的小甜甜看动画片，常会被剧情感动得哭，说明宝宝已经会站在剧中人物的角度想问题。但看到妈妈抱别的小朋友，甜甜却忌妒得不得了，这又说明宝宝的移情能力还比较弱。对此，父母不妨经常带上宝宝去有相仿年龄宝宝的朋友家做客。事先告诉朋友，看到甜甜以后抱一抱他。回到家里，父母就可以问："××的妈妈抱你，甜甜是不是也很开心?"让宝宝明白，别人的妈妈抱自己，是表示欢迎自己和妈妈，宝宝自己开心，宝宝的妈妈也开心。接下来进一步引导宝宝，别的宝宝到我们家做客，我们也应该做到让他们都开心。

移情能力强的宝宝，在人际交往中更受周围人的欢迎。

把忌妒心转化为努力

可以尝试着把宝宝的忌妒心理转化为竞争意识，先让宝宝明白自己落后的原因不在于别人，而在于自己。如果宝宝一时还无法接受，父母不妨先赞扬宝宝哪些方面做得好，在宝宝情绪平静后，再一起看看哪些方面没有做得很好，需要更努力。此外，父母平时也要注意自己的言行，因为成年人自己不自觉流露的忌妒心，很容易感染宝宝。

多参加竞赛类游戏

可以鼓励宝宝多参加一些竞赛游戏，比如飞行棋、国际象棋等棋类游戏。对于忌妒心强的宝宝来说，游戏的功能在于能多一些体验成功与失败交织的矛盾感受。多经历一些这样的心理上的矛盾冲突，可以锻炼宝宝的心理自我调适机能。

Part 20

宝宝2岁6个月~3岁

宝宝的生长发育

身体发育

体重	男孩　13.13～13.53 千克	女孩　12.55～13.13 千克
身长	男孩　91.7～93.38 厘米	女孩　90.35～91.77 厘米
头围	男孩　48.8～48.95 厘米	女孩　47.7～48.8 厘米
胸围	男孩　50.2～50.54 厘米	女孩　49.1～50.2 厘米

脑发育

3 岁末，脑的重量为 1000 克，整个幼儿期脑容量只增长 100 克。但脑内的神经纤维迅速发展，在脑的各部分之间形成了复杂联系。神经纤维的髓鞘化继续进行，尤其运动神经锥体束纤维的髓鞘化过程进行更显著，为幼儿动作发展和心理发展提供了生理前提。

神经系统的抑制过程明显发展，但兴奋过程仍占优势，因此，幼儿易兴奋。

幼儿期大脑皮层活动特别重要的特征，就是人类特有的第二信号系统开始发育，为儿童高级神经活动带来了新的特点。儿童借助于词的刺激，从而形成复杂的条件联系，这是儿童心理发展的重要基础。

感觉运动发育

3岁的宝宝，自主性很强，能随意控制身体的平衡和跳跃动作。可掌握有目的地用笔、用剪刀、用筷子、用杯、折纸、捏面塑等手的精细技巧。学会单脚蹦，会拍球、踢球、越障碍、走“S”线等。

语言、适应性行为发育

3岁的宝宝能主动接近别人，并能进行一般的语言交往。学会复述经历，学会较复杂的用语表达。好奇心强，喜欢提问。生活自理能力增强，会自己穿衣服及鞋袜。到这个阶段，个性表现已很突出，喜爱音乐的爱听录音机的歌曲；对画画感兴趣的喜欢各种颜色；对文学感兴趣的；喜欢听故事，朗读也带表情，语言流畅，能表达自己的意思，会讲故事、背诗词等，会猜简单谜语。

心理发育

3岁儿童独立行走之后，能够自由行动，会主动接近别人，能和小朋友一起玩，接触到更多的事物，对幼儿期儿童的独立性、社会性和认识能力的发展均有积极作用。宝宝双手的动作发展得复杂多样化，能自己穿脱衣服，自己洗手、洗脸等。双手协调，不论在动作的速度上还是在稳定性上都有明显增强。此时的宝宝已经能熟练掌握300～700个单词，和人交往时，已经能适用合乎日常语法的简单句子，并能发问。

幼儿通过游戏活动，开始出现高级情感萌芽，懂得一些简单的行为准则，知道了“洗了手才可以吃东西”、“不可以打人，打人妈妈不喜欢”这些行为准则，可以和小朋友们和睦相处，也是为品德发展做准备。

睡眠

3岁的宝宝夜间睡10～11小时，午睡1～1.5小时。

宝宝的左脑开发

语言能力

培养阅读的爱好

经常对刚学会走路的宝宝讲话，帮助宝宝建立丰富的词汇库。在给宝宝穿衣服、做饭、带宝宝上商店时，要让宝宝忘掉婴儿用语，用常人和标准的词汇表达认识和感情，这样，宝宝能很快从所处的环境中了解词的真正含义。

有规律地大声朗读，是父母帮助宝宝培养阅读爱好的最重要方法。有规律地大声朗读，也能使亲子之情更加亲近和浓郁。

让宝宝积极参与阅读。教宝宝吟诵喜爱的诗歌或摇篮曲，宝宝听到自己的朗诵声，会受到鼓舞，从而使语言表达能力进一步提高。

让宝宝模仿父母阅读。如果宝宝看到父母经常阅读书籍，也会模仿。

有规律地去图书馆。即使宝宝还不会读书，也要有规律地带上宝宝去图书馆，使宝宝幼小的心灵早早地留下概念：读书是生活的重要组成部分。

引进第二语言

此时不是“学”外语，而是通过一些手段如听录音带，或一些短片、英文歌曲等，让宝宝产生第二语言的语感。这种语感的获得，与没有这种获得相比，在今后学习第二语言时，完全不在一个档次。当然，不必等到 3 岁，这种第二语言的输入可以追溯到胎儿期。但此时的输入，则增加一些刻意让他注意的成分。

用“因为……所以……”造句

当宝宝问妈妈“为什么”的时候，妈妈要用“因为……所以……”这样的关联词给宝宝一个完整的答案，如宝宝问：“为什么要穿很厚的衣服?”“因为现在是冬天，天气很冷，所以要穿很厚的衣服，不然就会生病。”“为什么冬天天气很冷?”……妈妈也可问宝宝一些问题，鼓励宝宝用“因为……所以……”来完整地回答。

训练复合句

除了简单句以外，家长应有意让宝宝说一些带关联词的复合句。如：“如果今天不下雨，我们全家都到公园去玩”。“尽管我有缺点，但我一改正了，就是好宝宝。”这可是一次不小的进步！

精细动作能力

蜘蛛网游戏

在纸板上用打孔器打出许多小眼，引导宝宝把自己想象为一只会结网的小蜘蛛，在小眼中穿梭，编织有趣的图案，结出美丽的“蜘蛛网”。用彩色的毛线穿网效果最好，如果没有也可以用鞋带代替。还可以引导宝宝编出其他的图案，激发宝宝的想象力。

手指角力赛

让两个小宝宝各自伸出一根手指，与对方的一根手指相对，如拇指对拇指，然后互相用力，看谁的力气较大，能把别人的手指推到旁边去。如果家长和宝宝比赛，注意只要稍稍用力就可以了，能感受到小宝宝用力即可。

宝宝的右脑开发

适应能力

培养宝宝的竞争意识

首先，我们应该让宝宝放松地介入竞争（包括比赛和学习），不要奖励胜利、惩罚失败。如果宝宝获胜，我们应该祝贺宝宝而不是奖励，也不要马上提出新的目标。其次，就是做更多的练习，培养宝宝在竞争时的感觉。通过充足的准备，培养宝宝对竞争的渴望和兴奋；通过反复的练习，增强宝宝对压力的承受能力，以及意志的顽强、策略的灵活。根据宝宝的愿望，尽可能多地创造宝宝参与比赛的机会。如果条件不允许，也可借用其他形式。比如当宝宝做数学题时，我们就引导宝宝假想有一个和他水平差不多的同学，正在和他比赛，看谁能做得又快又好。再比如和宝宝一起从电视上观看宝宝喜欢的比赛，认真聆听解说员的分析，并一起讨论各个参赛者的个人特点和竞争状态。

强化宝宝的公德意识

爸爸妈妈要教育宝宝在公共场所不攀折花木，不乱涂乱画，不随地吐痰；要尊敬老人，严守纪律。对宝宝违反公德的行为要及时指正，让宝宝逐渐认识到，良好的社会行为是人格高尚的外在表现。

入园前的心理准备

在适当的年龄上幼儿园，是城市里每个小朋友必然要经历的事。所以，在宝宝还没有上幼儿园的时候，就应逐渐培养宝宝对幼儿园的兴趣和习惯，避免宝宝产生分离性焦虑。

1. 从小就让宝宝多与小朋友们接触，不要整天把宝宝关在家里，要让宝宝多找一些玩伴。和小朋友一起玩时，鼓励宝宝把自己的玩具拿出来给别人玩，培养宝宝合群和与他人友好相处的能力。这样的宝宝在集体的环境中会很受欢迎，使宝宝感到愉快，为适应幼儿园的环境、避免发生分离性焦虑症打下基础。

❷ 有意识地培养宝宝生活自理的习惯，如吃饭、穿衣、洗手、洗脸、大小便等，如果什么事情父母都包办，宝宝过分依赖父母，就不能很好地适应幼儿园的生活，产生紧张、恐惧和焦虑。

❸ 在去幼儿园之前，可以带上宝宝去幼儿园参观，熟悉幼儿园的环境，并且给宝宝讲一讲幼儿园的生活，让宝宝看看小朋友们是如何愉快地在那里做游戏、溜滑梯、唱儿歌等，让宝宝对幼儿园有好感而产生向往。

❹ 在家可以先练习与妈妈分开，让宝宝逐渐习惯妈妈离开后的感觉，比如有意识地让宝宝单独待一会儿，不要总有父母跟着宝宝。逐渐地，父母与宝宝分开的时间加长，次数增多，让宝宝习惯于没有父母在跟前也觉得很自然，不会焦虑，这样，在去幼儿园时就不会总有与妈妈分离的忧虑。

大动作能力

玩球

球在早期教育中是一种使用频率最高的玩具，3 岁的宝宝完全可以接抛球、举手过肩抛向指定地点，将球踢向“门”内，还有，看谁抛得高、投得远，总之，球是宝宝喜欢的东西，应充分利用。

训练宝宝用脚尖走路

妈妈在地上画一条“S”形曲线，让宝宝用脚尖在线上走，训练他的平衡能力。如果走得好，要及时鼓励，让他反复做这种练习。

练习跳

大人与宝宝相对站立，拉着宝宝的双手让宝宝向前面跳。待宝宝熟练后，再让宝宝独自跳远，并练习从最后一个台阶上跳下，能够独立站稳的动作。

社交行为能力

避免宝宝小气

小气的宝宝，表现为喜欢吃独食，自己的玩具不让别的小朋友玩等，时间长了，很难与小朋友们相处，在幼儿园及学校里，也很难结交到好朋友。父母们一般都希望自己的宝宝能够豁达大度，能够宽容别人。对于独生的宝宝来说，要避免宝宝小气，确实需要父母从一点点小事做起，逐渐培养宝宝豁达的性格。

首先要让宝宝明白，家里好吃的东西并不是只有宝宝能吃，好玩的玩具人人都能玩。如果父母在宝宝面前只知道一切为了宝宝，一切都让给宝宝，会使宝宝错误地认为，父母让他都是应该的，到需要他让父母的时候，那就是违反常规了，宝宝自然不能接受。一开始，宝宝会把好吃的东西让给父母吃，父母不吃，时间长了，宝宝会认为这是正常的。一旦家里来了小客人，父母要求宝宝把好吃的东西让给小客人时，就比较困难。所以，宝宝小气，还是由于父母长期宠溺令宝宝养成的习惯。

宝宝小气，还表现出不能承受任何委屈。比如，和小朋友们一起玩时，小朋友不小心踩了宝宝的鞋，宝宝马上翻脸："把我的鞋踩脏了，我不和你玩了。"这时候，父母应该用大度的态度来影响他，说："没有关系，不必在乎！来，我给你擦一擦，继续和小朋友玩吧！"宝宝就会高高兴兴地继续和小朋友们玩去了。宝宝在外面受了小小的委屈，父母不要太在意，更不要领着宝宝去找小朋友算账，否则，宝宝这种小气会表现得越来越明显。

做宝宝的好榜样——宝宝的胸怀是不是豁达大度，受到父母的影响，父母的言行和处世态度，和宝宝有直接的关系。需要父母平时加强自身修养，在家里上敬老，下让小，夫妻之间也不斤斤计较，邻居家来借东西，热情地借给人家等，为宝宝做出榜样。

教宝宝慷慨助人

父母们喜欢在宝宝很小的时候就教宝宝慷慨大方，常常会让宝宝把手里的东西送给别人。有时候宝宝玩腻了手里的玩具，或者是吃饱了，会把手里的东西递出去。还有的情况是，宝宝被成年人逗玩习惯，知道没有人要自己的东西，也会递出食物去，假如真把这食物咬上一口，必定会惹得宝宝哇哇大哭不止，因为婴儿还不懂得与他人分享的道理。对于婴儿期的宝宝来说，父母没必要强迫宝宝把东西送给别人，也完全没有必要认为宝宝小气、自私，更不要因为宝宝小气，父母觉得没面子。

宝宝逐渐长大到了幼儿期，会和小

朋友们一起玩之后，可以开始让宝宝理解与他人分享的乐趣，体会到互相交换的好处。在宝宝做出与他人分享的事情之后，要多鼓励，多赞扬，让宝宝感到自豪，体悟到新的乐趣，明白慷慨并不会让自己失去什么。

在这个年龄阶段上，应当鼓励宝宝多帮助他人，特别是值得同情的人。让宝宝乐于助人，也是教育宝宝慷慨大方的一种方法。父母经常带着宝宝帮助别人，参加社会公益事业活动，让宝宝学会关心他人。对弱者的关心，会激发宝宝乐于助人的愿望，使宝宝从小具备富于同情心和乐于助人的行为。

教养重点与疑问解答

城市宝宝的“高层病”

对于幼儿来说，久居高层楼房，会限制宝宝的活动空间，成为影响宝宝健康成长的因素。

住在城市的高层楼房的家庭，要在儿童房间中尽量地丰富宝宝的天地，多给宝宝准备一些可以运动的玩具，让宝宝多蹦蹦跳跳，减少一些画画儿和看书的时间。还可以给宝宝饲养一些小动物，虽然在高层楼房中养小动物很麻烦，但可以想办法养一些比较小的动物。常常给宝宝请来邻家小朋友们一起玩儿，让宝宝学会交往。当然，最好还是给宝宝创造更多的机会到户外活动，户外活动不仅能加强宝宝的肌肉、骨骼等运动器官的发育，同时还能丰富对宝宝的刺激，使宝宝把许多听到的、看到的、摸到的、闻到的各种信息传递到大脑去。大脑接到这些信息，进行比较、分析和综合，就能促进大脑的发育。

宝宝早用筷子好不好

用筷子夹菜这一动作，需要牵动多个关节。它不仅是5个手指的简单屈伸动作，腕、肩及肘关节都要参加，完成这一动作的过程也相当复杂。

如果宝宝的年龄小于2周岁，刚开始学用勺子吃饭，就不能很好地完成用筷子吃饭的动作。手动作的训练虽然可以促进大脑发育，但也要以大脑发育至一定水平为前提，“越早越好”的“早”也应有一定的度。

一般情况下，对宝宝的智能训练要遵循儿童大脑发育的客观规律。幼儿可以从3岁起练习使用筷子吃饭。如果过早地逼宝宝用筷子，由于宝宝手部的动作还未发育完好，不但学习起来困难，还可能会因为动作不协调把饭碗弄翻、饭菜弄撒。如果父母不够耐心，难控制自己的情绪，责怪或训斥宝宝，就会挫伤宝宝进餐的积极性，影响进餐情绪，酿成厌食的后果。

教宝宝从小懂得爱惜

有的宝宝把吃不完的馒头、点心随手一扔，或故意把娃娃的胳膊拧坏；有的宝宝摇晃小树，践踏草地；有的宝宝在雪白的墙上乱涂乱画，在椅子上任意踩踏……这些现象，让人看了十分不舒服，而宝宝自己却满不在乎。造成这些现象的原因，是家庭教育中没有使宝宝养成爱惜的好习惯。

教宝宝从小懂得爱惜

1. 让宝宝从爱惜自己的玩具、图书做起。宝宝喜欢各种玩具，父母在为宝宝购买玩具后，必须教会宝宝玩具的玩法和保管的要求，督促宝宝在玩过后，把玩具整理好，放在固定的地方。对一本喜欢的图书，宝宝会爱不释手，应当及时教育宝宝，在看书时要一页一页小心地翻，不要弄破，看完后放回原处，整理好。
2. 通过参观成年人劳动的过程，来培养宝宝爱惜劳动成果的品质。如参观服装厂，看到漂亮的服装要经过多道复杂的工序才能制成，参观装修工人怎样粉刷墙壁，让宝宝了解到每一件劳动成果都来之不易，宝宝就不会再往白色的墙上乱画。
3. 以身作则。父母自己对一切物品都要很爱惜，不浪费粮食和水电，不乱扔书籍；在公共场所不踩踏座椅和栏杆，会给宝宝留下深刻的印象。

4 让宝宝参与力所能及的家务劳动。只有让宝宝通过自身的劳动，克服困难，付出辛劳，才能体会到劳动成果来之不易，进而尊重别人的劳动。

5 不要轻易满足宝宝的要求。不要宝宝要什么就给什么，否则会使宝宝对物品不爱惜或持无所谓的态度，觉得损失了没关系。如果宝宝不爱惜食物、玩具、图书等，可以通过故事等来讲明爱护物品的道理，同时延缓添置被损坏物品的时间，让宝宝充分体会到损坏东西后所带来的不便。

如何应对宝宝的性好奇

宝宝从出生起，就对性产生天然的好奇，是正常的现象。

应该明白，儿童对异性的兴趣大多停留在男女形体区别、生殖器结构的解剖和行为规范等方面的不同上。与其说是宝宝对异性的兴趣，倒不如说是对异性的好奇心。然而，多数父母只教给宝宝认识全身其他器官的名称，如耳、眼、鼻等，对性器官却闭口不谈，对男孩的生殖器仅用一个代名词；如“小雀雀”，对女孩则不知讲什么好。这样，会使宝宝对性器官感到神秘莫测。宝宝偶然向父母提到这些问题，会遭到阻止，或避而不谈，或哄骗甚至恐吓宝宝，反而会让宝宝胡思乱想。

宝宝对异性的兴趣，还表现在性游戏上。在幼儿园或者在家庭中，一些幼儿结伴玩游戏时会做过家家的游戏，男孩当爸爸，女孩做妈妈，在性别角色上一般不会发生错位。宝宝还会模仿影视中的镜头或父母的亲昵情况，互相拥抱接吻；会怀抱洋娃娃喂奶，还会合睡盖一条被子；也有的宝宝会相互观察各自的生殖器等。

儿童的性游戏是好奇心的表现，并非带有真正的性色彩。老师、父母看到类似情形时，往往会阻止责骂，有的还会因此阻止宝宝与异性小朋友一起玩。这样做反倒容易导致宝宝的性压抑，使宝宝误以为性器官是见不得人的东西，一切与之有关的行为都要受到惩罚，以至于不能以自然的态度与异性接触。

正确的做法，是让宝宝既与同性小朋友一起玩，也和异性的小朋友一起玩。特别是在幼儿园里，不要形成男孩和女孩分开的风气，更不要见到一个男孩和一个女孩一起玩就嘲笑。在幼儿园里也不宜把男孩女孩洗澡时分开，可以让宝宝看到异性的裸体。如果女孩指着男孩的生殖器官问这是什么东西，为什么自己没有时，应当坦然告诉宝宝：这是男女性别不同的标志，女孩的生殖器是平坦的，男孩的生殖器像小鸡鸡一样。这样做满足了宝宝的好奇心，宝宝也就会不再注意了。

发现宝宝玩起不适当的性游戏时，父母和老师应巧妙地用玩具、讲故事或诱导宝宝玩别的游戏等方法，把宝宝的好奇心和注意力吸引到别的方面去。

总之，宝宝对身体认识的自然态度，对与异性接触的自然态度，都有益于宝宝形成健康的性心理，有助于减少宝宝在成年后出现这样那样的性问题。

培养宝宝学习的兴趣

学习，并不单纯是指读书，应当包括所有对世界和事物的认知能力。宝宝最大的特点是爱玩，而寓教于乐，则是让宝宝学习的最佳方法。

❶ 玩中学习。游戏，是最容易也是最乐意被宝宝接受的学习方式，玩具则是宝宝们最直接和最易接受的教具。那些有无穷玩法的玩具，是最佳的智力玩具，可以让宝宝们学到许许多多的知识。

❷ 快乐阅读。为了鼓励宝宝的阅读兴趣，父母可以每天拿出一段固定的时间，和宝宝一起看书，不仅是父母讲、宝宝听，也可以让宝宝设想下一步故事情节，积极地参与和分享，有助于提高宝宝的理解能力和语言能力，更重要的是，使阅读的过程更加有趣。

❸ 你问我答。爸爸妈妈不仅可以当问题的解答者，也可以充当提问者，比如问宝宝："你看，树上的叶子落到地上了，这是为什么呀?"这一类的问题可以有多种答案，启发和鼓励宝宝从多种角度思考。

❹ 知识分享。爸爸妈妈看到了什么有趣的节目或图书时，可以用简单的语言向宝宝讲一讲书或节目的内容，即使宝宝不能完全理解里面的主题，也能从父母的表情和语言中感受到兴趣和热情，会传输给宝宝这样一个观念：学习是一件充满乐趣的事情！

宝宝"人来疯"如何应对

妈妈请客人到家里来的时候，宝宝会特别兴奋，表现得特别淘气，有时把玩具丢得满屋子都是，或者在客人面前跑来跑去，这种情形一般被称为“人来疯”。

宝宝出现“人来疯”的原因：

1. 想引起注意。宝宝有着强烈的表现欲，希望引起别人对自己的注意。当他认为被忽视时，会下意识地想引起大人的注意。
2. 陌生人是新鲜的刺激。陌生的客人对宝宝来说是新鲜的刺激，容易让宝宝感到兴奋，而宝宝的大脑神经系统的抑制功能尚不完善，一旦兴奋起来就难以控制。
3. 大人态度的变化。当有客人时，妈妈可能对宝宝的态度发生了变化，如当着客人的面会满足宝宝的一些小小的无理要求，没有像平常一样让他遵守某个规则，如限制看电视的时间等。宝宝了解这些变化，会一次次地犯错，试探规则的界限。加上客人的放纵与宽容，更助长了宝宝的“人来疯”。

防止来客人时，宝宝“人来疯”，妈妈应注意以下几点：

1. 在客人要来之前，向宝宝说明一下情况，给宝宝一定的心理准备时间。平时，妈妈可以让宝宝学习一下待客之道。
2. 与宝宝一起接待客人，像对待大人一样对待宝宝，比如向客人介绍宝宝的同时，向宝宝介绍客人，让他感觉到自己也是主人。
3. 安排宝宝做一些他能做的事情，主要是宝宝能力范围所及的招待工作，如递个餐巾纸，给客人拿水果之类的，不仅让宝宝有成就感，也能让他学到一些应对客人的基本礼节。
4. 如果宝宝想展示才艺，不妨给他机会，然后和客人一起表扬他，让他觉得自己的存在不仅被感觉到，而且还被肯定。
5. 如果与客人确实有重要的事情要谈，可以给宝宝安排一个任务，比如捏橡皮泥、画画等，告诉他待会儿客人会看他的作品。这样同时也可以训练宝宝的自律能力。
6. 像平常一样坚持原则。如果宝宝趁客人来而提出过分要求，父母不要妥协。
7. 如果宝宝哭闹，不要训斥和哄骗他，将宝宝带到没人的地方，让他静一静，然后再去见客人，效果会更好。

对于宝宝的淘气行为，父母不要当着客人面教训他，以免他闹得更厉害，让父母和客人都尴尬。父母可以找个借口叫他离开，等客人告辞后再进行教育。但不要拖得太久，若时间长了，宝宝早已忘记发生的事情，不但会收不到教育效果，还会使宝宝反感。

宝宝喜欢吐口水怎么办

宝宝喜欢吐口水的原因：

好奇心

吐口水，可能只是见了别人这样吐，觉得好玩才学着吐。妈妈发现宝宝的问题后，要告诉宝宝随地吐口水是一种不文明的行为。妈妈可以通过与宝宝做游戏或者用其他事物来转移宝宝的注意力，不让宝宝再吐口水。

表达不满

有些宝宝吐口水不是对所有的人，而是对伤害他、羞辱他的人，当他觉得自己的自尊受到了伤害的时候，就用这种方式表达愤怒。这种方式可能是从邻居的孩子那里学来的，因为那个小孩，只要有人骂他，就会向人吐口水。

纠正吐口水坏习惯的方法：

1. 暂时远离有这样吐口水坏习惯的小朋友。脱离了这样的环境，宝宝就不会再去模仿。
2. 转移宝宝注意力。当宝宝有要做这个动作的趋势时，妈妈可以适当地转移一下宝宝的注意力。比如带他去做一些别的他感兴趣的事。
3. 教导宝宝正确宣泄情绪。和宝宝多沟通，引导宝宝用正确的方式去宣泄自己的情绪，比如有什么不满意可以用正确的语言表达出来。
4. 教宝宝为自己的行为负责。当宝宝有了吐口水这个动作后，妈妈一定不要去训斥和打骂宝宝，这样只会强化宝宝的这个动作，妈妈可以向被吐口水的小朋友道歉，给宝宝做个榜样，给宝宝养成一个好的习惯后，他就不会再这样了。

宝宝做什么都拖拉怎么办

有的宝宝做事、走路、吃饭都很慢。父母应知道，宝宝拖拖拉拉不是故意的，宝宝做事动作慢，问题不在宝宝，大人以自己的心情去评估和要求宝宝是不合理的。

1. 宝宝的精细动作还没有发育好，动作不灵活，做事、穿衣、吃饭所花的时间自然需要比大人多一点。
2. 宝宝易分心，常被周围东西所吸引，因此动作更慢。宝宝注意力集中的时间短暂，听到大人说“快穿衣服”，可注意力很快转移到其他事情上而忘了大人的嘱咐。
3. 宝宝做事拖拉主要是因为宝宝没有

什么时间观念，对动作的快慢、用时的长短毫不在乎。要想让宝宝有所改变，需要想办法让宝宝对自己做事的快慢重视起来。

一般前两种原因引起的动作慢都比较好解决。宝宝精细动作欠缺，可以慢慢培养；宝宝容易分心，妈妈可以在宝宝做事情的时候，取走一切可以使宝宝分心的事物，以提高宝宝的做事效率。

如果宝宝是因为没有什么时间观念才会养成做事拖拖拉拉的毛病，妈妈就要采取一些方法改掉宝宝这种坏习惯了。

启发宝宝的竞争心理

妈妈可以帮宝宝设计一个“自己和自己比赛成绩表”，专门记录宝宝起床、穿衣服、洗脸、刷牙、吃早饭等事情所用的时间，并鼓励宝宝不断加快速度，自己和自己比赛。

通过一天一天的比较和练习，宝宝很快就能改掉做事磨蹭的毛病，变得行动利落起来。当然，利落的前提是事情要做好。

通过游戏加以改变

妈妈可以经常和宝宝玩一些和时间有关的小游戏，使宝宝在快乐的游戏中提高动作的敏捷度，改掉做事磨蹭的坏习惯。比如，妈妈可以和宝宝比赛给布娃娃穿衣服，看谁穿得又快又好。如果宝宝胜出了，妈妈可以亲亲宝宝，并用夸张的语言来表彰孩子的“胜利”。

在宝宝做事情的时候，妈妈可以放一些节奏稍微紧张些的音乐，使宝宝在音乐的调节下不知不觉地加快做事的速度。

如何应对入园生病的怪圈

到开始为宝宝考虑入园的时候，要选择合适的时间入园，更要选择一所合适的幼儿园，这是让父母们颇费脑筋的问题。除此之外，父母们最担心的是宝宝不能适应幼儿园生活，一入园就生病。

很多宝宝平时在家里身体很好，两三岁几乎没生过什么病，可一进幼儿园就不对劲了，没完没了地生病，严重的甚至每月都得往医院跑。有没有办法帮助宝宝们摆脱这个怪圈呢？

在入托之前，宝宝大都是单独生活在各自的家庭中，交叉感染的机会少，宝宝受关注的程度高，这些是生病少的原因。入托之后，宝宝与十几个甚至几十个同龄宝宝生活在一起，无形之中受感染的概率相对增加了。

在决定是否上幼儿园之前，父母

应当首先要知道宝宝是不是具备了某些能力。比如自己控制大小便的能力，能不能在出现情况之前先行报告，并在成年人的帮助下顺利完成，如果还不具备这一点，最好暂缓入园，否则，容易因为尿湿了衣裤而引起感冒。另外，宝宝是否已经能够区分玩具与食物，不会轻易去撕咬玩具；是否有良好的卫生习惯，不吮吸手指、不挖鼻孔等。这些习惯都有助于减少交叉感染的概率。

在选择幼儿园时，不要只关注硬件是否先进，教育上是不是抓得紧，更应该注意的是一些日常的细节问题。父母可以暗中观察老师在清洗餐具或玩具时是否上心和仔细，每天晨检的卫生老师是否认真负责，冬天室内开空调时是否注意教室的通风工作等。这些细枝末节虽然是每座幼儿园都应该做好的日常工作，但其中的差异，却足以影响宝宝的身体健康。

宝宝初入园都有一个适应的过程，不仅是心理上从排斥到接受，进而喜欢，还有一个生理的适应期。

刚刚入园时，几乎没有一个宝宝会立刻喜欢上幼儿园，宝宝们或是哭闹不休，或是无声抗议，这个阶段是宝宝心理上的断乳期。在初入园的一两个月里，父母应该多花一些时间来陪伴宝宝，给宝宝心理上的安全感，这样宝宝才会慢慢去对待新的生活安排，逐渐接受。

在这段时间内，父母不要出自对宝宝补偿的心理，在双休日带着宝宝东奔西跑游山玩水，要让宝宝好好休息。因为初进幼儿园时宝宝难免的忧郁与哭闹是非常伤神的事，宝宝更需要的是精神上的安慰与身体上的休息，而不是新的感知与刺激。

每天晚上，要尽早安排宝宝上床睡觉，因为幼儿园里的午睡，对有些宝宝是改变了作息时间，睡眠质量难以保证，晚上的睡眠就显得更为重要。

另外，不要总是担心宝宝在幼儿园没吃饱、没吃够，在餐饮问题上要保持一颗平常心，就像以前一样安排即可。对宝宝而言，宁可饿点，也不要吃撑了。

宝宝不愿叫人怎么教育好

当宝宝不愿意开口叫人，父母不要表现得过于急切，要及时、合理地引导宝宝逐渐改善不爱叫人的习惯。

教宝宝从小养成礼貌待人的习惯

在出门前预先告诉宝宝如果遇到熟人该怎样对待，如果宝宝表现良好，回家大大表扬；如果表现不佳，要就明确指出："没有礼貌的宝宝大家都不会喜欢。"

当宝宝拒绝叫人时，不用硬逼他，你可以把话题转移，等宝宝放松后反而有可能会想要表现一下，自动自觉地重新开金口。如果有其他宝宝同时在场，而这个宝宝很乐意叫人，就适当地利用一下这个条件，表扬大方叫人的宝宝，利用宝宝好胜争宠、爱模仿的心理让他打开金口。

带宝宝外出时遇到熟人，妈妈可以先跟别人打招呼，给宝宝树立良好的示范作用。如果宝宝不肯叫人，那么告诉他，点头微笑也是打招呼的一种方式，让他学着试试看。

当宝宝不愿意开口叫人时，有的父母往往会这样说："叫了阿姨才有巧克力吃。""宝宝越来越不乖，都不肯叫人，妈妈不喜欢你了。"诸如此类的说法都会给孩子一种逼迫他的感觉，往往适得其反，宝宝通常会用一声不吭作为回答。